Stanislav Grof

El camino del psiconauta
La enciclopedia del viaje interior

Volumen 1

Traducción del inglés de David González Raga

Este libro ha sido posible gracias al generoso apoyo de Jonas Di Gregorio y Kristina Soriano, asesores de la *Psychedelic Literacy Fund*

Título original: The Way of the Psychonaut: *Encyclopedia for Inner Journeys, Volume One*

© 2019 by Stanislav Grof, M.D., Ph.D.
© de la edición en castellano:
2022 by Editorial Kairós, S.A.
www.editorialkairos.com
© de la traducción del inglés al castellano: David González Raga

Revisión: Amelia Padilla
Fotocomposición: Grafime Digital S.L. 08027 Barcelona
Diseño cubierta: Sarah Jordan
Imagen cubierta: Brigitte Grof

Imagen cubierta: «Shiva Nataraja apareció en mis sesiones psiquedélicas más importantes y lo considero mi arquetipo personal. También tuve muchas experiencias extraordinarias en torno a Shiva cuando estuve con Swami Muktananda, que he descrito en el libro *When the Impossible Happens*. Esta imagen concreta de Shiva fue tomada en mi casa de Big Sur por Brigitte en algún momento de los catorce años que pasé en Esalen, una época muy importante de mi vida».
Stanislav Grof

Primera edición: mayo 2022
ISBN: 978-84-9988-992-4
Depósito legal: B 5087-2022

Impresión y encuadernación: Romanyà-Valls. 08786 Capellades
Todos los derechos reservados.
Cualquier forma de reproducción, distribución, comunicación
pública o transformación de esta obra solo puede ser realizada
con la autorización de sus titulares, salvo excepción prevista por
la ley. Diríjase a CEDRO (Centro Español de Derechos Reprográficos,
www.cedro.org) si necesita algún fragmento de esta obra.

Este libro ha sido impreso con papel que proviene de fuentes respetuosas con la sociedad y el medio ambiente y cuenta con los requisitos necesarios para ser considerado un «libro amigo de los bosques».

A Brigitte,
amor de mi vida y mi otra mitad, que has aportado luz,
shakti, inspiración, entusiasmo y amor incondicional a mi mundo, esposa
extraordinaria y compañera ideal en los viajes interiores y exteriores, con
profunda gratitud y admiración por lo que eres y lo que representas

«La expresión… *psiconauta* está bien elegida, porque el espacio interior es tan inmenso y misterioso como el exterior, y, como sucede con los astronautas –que no pueden permanecer mucho tiempo en el espacio exterior–, también deben regresar a la realidad cotidiana quienes se adentran en el mundo interior. Para que sean realmente beneficiosos y puedan hacerse con el mínimo peligro, ambos viajes requieren además una adecuada preparación».

ALBERT HOFMANN, *Memories of a Psychonaut* (2003)

En la celebración del 75.º aniversario del descubrimiento de Albert Hoffman del LSD-25.

La revolución científica que comenzó hace 500 años ha desembocado en la moderna tecnología y la civilización actual ha experimentado un avance extraordinario durante el último siglo. Hoy damos por sentadas la exploración del espacio exterior, las tecnologías digitales, la realidad virtual, la inteligencia artificial y la comunicación a la velocidad de la luz, pero, pese a todo este progreso, aún sigue escapándosenos la naturaleza de la realidad fundamental. Una búsqueda en internet de las preguntas sin respuesta en el campo de la ciencia pone claramente de relieve que seguimos sin saber gran cosa de las dos cuestiones más importantes sobre la naturaleza de la realidad: ¿de qué está hecho el universo y cuál es el fundamento biológico de la conciencia? Y es evidente que se trata de dos preguntas relacionadas porque, si queremos conocer la existencia, debemos ser conscientes de ella.

Stan Grof ha sido un auténtico pionero en la comprensión de la realidad interior y su relación con la experiencia de la llamada realidad exterior durante los últimos sesenta años. Estos dos volúmenes exploran sistemáticamente su viaje de los dominios personales de la existencia a los transpersonales y trascendentes. Cometerá, por tanto, una imprudencia quien, estando interesado en profundizar en los misterios de la existencia y la experiencia, ignore esta obra monumental.

¿Cuál es el significado de la vida y de la muerte? ¿Cómo influye el trauma del nacimiento en nuestra experiencia vital? ¿Existen otros ámbitos de experiencia más allá del «sueño» despierto? ¿Por qué debemos conocerlos para aliviar nuestro sufrimiento personal y colectivo? ¿De qué manera puede la humanidad curar los traumas que se autoinflige? ¿Cómo superar el miedo a la muerte? ¿Cuál es, más allá de la experiencia del cuerpo, la mente y el universo, nuestra verdadera naturaleza?

Stan Grof es un gigante sobre cuyos hombros tenemos la suerte de ir encaramados. Llamarle el Einstein de la conciencia sería quedarnos cortos. Estoy profundamente en deuda con él por ser un faro en este camino. No me cabe la menor duda de que las generaciones futuras reconocerán su contribución para ayudarnos a despertar de esta hipnosis colectiva a la que llamamos realidad cotidiana.

He permanecido despierto toda la noche leyendo esta obra maestra de Stan Grof.

Deepak Chopra

Sumario

Prólogo 13
Prefacio 17
Agradecimientos 27

   I. La historia de la psiconáutica: *tecnologías antiguas, aborígenes y modernas de lo sagrado* 37
   II. La revisión y el reencantamiento de la psicología: *el legado de medio siglo de investigación sobre la conciencia* 95
   III. Mapas de la psique en la psicología profunda: *hacia una integración de enfoques* 197
   IV. La arquitectura de los trastornos emocionales y psicosomáticos 245
   V. Emergencia espiritual: *comprensión y tratamiento de las crisis de transformación* 319
   VI. La respiración holotrópica; *una nueva aproximación a la psicoterapia y la autoexploración* 363

Índice 397
Sobre el autor 417
Anexo 421

Prólogo

Todo el mundo tiene hoy la sensación de que la humanidad y la comunidad terrenal han llegado a una encrucijada en la que nos enfrentamos a problemas ecológicos, espirituales, psicológicos, sociales y políticos cuya importancia es imposible exagerar. Nuestra época se halla inmersa en un clima de crisis, de transformación radical y, quizás, como dijo C.G. Jung cerca del final de su vida, en un momento de «cambio de dioses». Los principios y símbolos fundamentales que, hasta el momento, habían gobernado nuestra civilización están experimentando una profunda revisión.

En este proceso, la humanidad parece estar atravesando una extraordinaria deconstrucción de su antigua identidad y visión del mundo, una suerte de muerte y transformación simbólica quizás necesaria para evitar formas más literales de muerte y destrucción. Como las visiones del mundo crean mundos y se ven conformadas por nuestra psique individual y colectiva, nuestro futuro colectivo depende de la voluntad de un número adecuado de individuos y comunidades dispuestos a experimentar una transformación y despertar profundos que puedan contribuir a la reintegración de nuestra civilización a ese entorno mayor del que el *homo sapiens* moderno creía hallarse fundamentalmente separado.

Es probable que no exista hoy nadie que, como Stanislav Grof, posea un conocimiento práctico tan amplio y profundo de los estados no ordinarios de conciencia y de los procesos de transformación psicológica profunda. Durante más de sesenta años, Grof ha trabajado denodadamente con miles de personas interesadas en explorar sus profundidades interiores al servicio de la curación, el despertar espiritual, la liberación de sus mentes y de sus almas y la apertura de las puertas de su percepción. La presente obra resume el conocimiento y la experiencia acumulada de un dominio que la mayor parte de la psicología y psicoterapia actuales apenas se ha permitido reconocer y menos todavía explorar y entender de manera adecuada.

Basada en seis décadas de experiencia clínica y miles de informes de sesiones de terapia, la cartografía ampliada de la psique esbozada por Grof nos proporciona una visión nueva y mucho más profunda de la etiología de los trastornos emocionales y psicosomáticos. La inclusión de conceptos como los sistemas COEX, las matrices perinatales básicas (MPB) y los contenidos del dominio transpersonal del inconsciente le permitió a Grof conectar e integrar las ideas de Sigmund Freud, C.G. Jung, Otto Rank y Wilhelm Reich, así como las de Karl Abraham, Sandor Ferenczi y Melanie Klein, entre otros, en una visión integral de la psique humana.

Por una parte, su cuidadoso análisis de los distintos niveles de la psique y del papel que desempeñan en la etiología de los trastornos emocionales le permitieron corregir la intuición básica de Freud sobre el modo en que los recuerdos inconscientes de las experiencias y traumas tempranos de la vida configuran el desarrollo de nuestro psiquismo. Su investigación, sin embargo, también le permitió descubrir que las interpretaciones de Freud se hallaban lastradas por un modelo superficial de la psique limitado a la biografía postnatal y el inconsciente individual. Su reconocimiento del impacto psicotraumático de las lesiones físicas, las enfermedades, el nacimiento biológico y una amplia gama de influencias transpersonales (ancestrales, colectivas, raciales, kármicas, filogenéticas y arquetípicas) le permitió esbozar una explicación mucho más plausible y clínicamente fundamentada de gran cantidad de síntomas y síndromes patológicos.

Muchas de las explicaciones poco convincentes y problemáticas de Freud –como las fobias, la conducta suicida, Tánatos, la vagina dentada, el complejo de castración, distintos trastornos sexuales, el misticismo y la «experiencia oceánica»– se vieron así liberadas de las limitaciones conceptuales reduccionistas que las lastraban y ubicadas en un contexto más amplio. Esta extraordinaria ampliación de nuestra comprensión de la psique humana y de la compleja matriz de factores intervinientes es, en sí misma, una aclaración teóricamente liberadora que, al identificar un amplio abanico de mecanismos terapéuticos útiles para la terapia y la autoexploración experiencial, abre nuevas perspectivas a la autoexploración y la psicoterapia.

Aunque Grof ha escrito numerosos artículos y libros profesionales dirigidos al mundo psiquiátrico y académico, la presente obra se dirige fundamentalmente a aquellos lectores comprometidos con el autoconocimiento y la profundización de su conciencia ordinaria, es decir, los «psiconautas» que dan título a esta enciclopedia. Se trata de personas que reconocen que esta exploración y profundización no solo puede contribuir a la curación y expansión de su conciencia, sino también a la curación y transformación de la comunidad humana y terrestre más amplia de la que todos formamos parte.

Cada vez está más claro que, en ausencia de prácticas iniciáticas efectivas, muy pocas personas tienen, en nuestra cultura, la oportunidad de conectar con las fuerzas inconscientes y los significados y objetivos arquetípicos profundos que les permitan confiar en las poderosas energías transformadoras que están abriéndose paso en la psique colectiva y conectar con un cosmos animado mayor independientemente de que las principales estructuras ejecutivas del ego se hallen o no en condiciones de procesarlas.

En el curso de su dilatada vida profesional, Grof ha logrado traer al contexto del mundo contemporáneo las grandes prácticas iniciáticas de las tradiciones de sabiduría ancestrales e indígenas, pero, por encima de todo, las ha integrado rigurosamente con formulaciones psiquiátricas y psicoanalíticas precisas basadas en décadas de una experiencia clínica sin parangón. Además, también ha conectado esta investigación y experiencia con un amplio elenco de avances revolucionarios en otros dominios –como la física cuántico-relativista, la teoría sistémica, los estudios religiosos, la antropología, la mitología, la tanatología, la astrología arquetípica, los estudios esotéricos y el pensamiento del nuevo paradigma en muchos campos– trabajando estrechamente con autoridades líderes en todos estos campos. El resultado de todo ello es la obra de un maestro y sanador que puede servirnos como inestimable y duradero manual de transformación personal.

Grof no contó con manuales ni con mapas. Se sumergió en las profundidades de los mundos inferiores y se elevó a las alturas de los mundos más elevados y abrió las puertas para que, día tras día, año tras año y década tras década, muchos otros siguieran su camino. Fue un trabajo valiente, brillante, compasivo y hábil (en el sentido budista del término) que, con el paso del tiempo, ha acabado revelando su importancia en campos que van mucho más allá de la psicología como la historia, la cosmología, la filosofía de la ciencia, la ecología, la política, los movimientos por la paz, el feminismo, la sexualidad y las prácticas del parto, así como para la evolución de la conciencia.

Pero todo comenzó con el silencioso y heroico trabajo de Grof en el crisol privado de la psicoterapia con mujeres y hombres sufrientes y, en ocasiones, profundamente perturbados. A esa tarea aportó una paciencia, una sabiduría y un centramiento espiritual forjados a lo largo de su propio viaje de autoexploración. Con el paso del tiempo, el trabajo de Grof no solo se adentró en las profundidades sagradas de la psique humana, sino que llegó hasta el *anima mundi*, es decir, el alma del mundo, la sacralidad de todo ser. Grof confiaba en que las grandes pérdidas y traumas pueden desembocar en grandes curaciones y despertares espirituales y en que morir conduce a una nueva vida y transmitió esa confianza a miles de personas que hoy difunden esta labor fundamental por todo el mundo.

RICHARD TARNAS
Julio de 2018

Prefacio

Fueron varias y muy diversas las circunstancias que me llevaron a escribir esta enciclopedia. La primera de ellas fue darme cuenta de que estaba acercándome a la novena década de mi vida, momento en el que los investigadores suelen echar un vistazo retrospectivo y tratan de revisar y resumir sus descubrimientos. He dedicado seis de estas décadas a la investigación de lo que yo denomino estados holotrópicos, es decir, un amplio e importante grupo de estados no ordinarios de conciencia que tiene un amplio potencial terapéutico, transformador, heurístico y evolutivo. Como esta ha sido una aventura por territorios que la psiquiatría y la psicología convencionales aún no han explorado ni reconocido, habría sido poco realista esperar, en algún momento anterior, estar en condiciones de presentar en su forma final toda la información recopilada a lo largo de esta búsqueda.

A medida que profundizaba en los nuevos dominios de la psique y presentaba mis descubrimientos en una serie de libros, mi comprensión iba modificándose porque, aunque los hechos básicos seguían siendo los mismos, la importancia que atribuía a los distintos hallazgos cambiaba con el paso del tiempo. Durante los primeros años de mi investigación psiquedélica, descubrí sorprendido que, en nuestra psique inconsciente, llevamos el registro detallado de todos los estadios que atravesamos durante nuestro nacimiento biológico, un hallazgo que contradecía lo que había aprendido en la facultad de medicina. Una vez convencido de la veracidad de ese hallazgo, me centré en los efectos del trauma del nacimiento en una gran variedad de áreas, incluida una nueva comprensión de los trastornos emocionales y psicosomáticos, la vida ritual y espiritual de la humanidad, la violencia y la codicia humanas, la sexualidad, la muerte y el contenido de las obras de arte.

Si miramos hacia atrás, el reconocimiento de la extraordinaria importancia psicológica del nacimiento biológico no fue una gran hazaña intelectual. No cabe la menor duda de que el cerebro del recién nacido es un órgano lo suficientemente desarrollado como para guardar los recuerdos de una experiencia que pone en peligro la vida. También hay investigaciones que afirman la sensibilidad del feto que se halla en el vientre materno y que la capacidad de formar recuerdos existe en organismos muy inferiores en el árbol evolutivo al bebé humano. Una vez que acepté que el nacimiento es un trauma psicológico muy importante, me resultó difícil entender la incapacidad de los clínicos y académicos de la corriente convencional para reconocer este punto.

Durante los últimos años que dediqué a la investigación psiquedélica, mi interés se desplazó hacia fenómenos cuya existencia resultaba mucho más desafiante desde el punto de vista intelectual, porque no parecía existir sustrato material alguno que los explicase. Entre ellos cabe destacar los recuerdos ancestrales y filogenéticos, las experiencias de vidas pasadas, la identificación experiencial con animales y plantas, los dominios históricos y arquetípicos del inconsciente colectivo, las sincronicidades, la conciencia cósmica y la «creatividad superior». Esta nueva comprensión determinó un desplazamiento de mi interés desde el proceso del nacimiento hasta la dinámica arquetípica. Entonces fue cuando me di cuenta de que las matrices perinatales básicas (MPB), es decir, las pautas experienciales que rigen la reviviscencia de los diferentes estadios del nacimiento biológico, eran expresión y manifestación concreta de esa dinámica arquetípica.

Este cambio conceptual me permitió conectar también mi nuevo marco conceptual con la astrología arquetípica esbozada por Richard Tarnas y sus colegas. Y la alianza entre estas dos disciplinas aclaró y profundizó mi comprensión de las experiencias psiquedélicas y de la respiración holotrópica, así como de los episodios de emergencia espiritual, algo que anteriormente me resultaba imposible de entender. Al escribir esta enciclopedia me ha parecido importante describir todos los fenómenos que he estudiado en la forma en que ahora los veo.

El segundo catalizador de este libro ha sido la proximidad del septuagesimoquinto aniversario del descubrimiento del LSD realizado por Albert Hofmann que marcó toda una época. Este es un buen momento para reflexionar sobre lo que el LSD ha aportado al mundo y el modo en que ha cambiado nuestra comprensión de la conciencia y de la psique humana. Ninguna otra substancia ha sido tan prometedora en disciplinas tan distintas. Resulta lamentable, sin embargo, que una legislación tan drástica como irracional pusiera fin a lo que se consideraba una edad de oro de la psicofarmacología y acabase convirtiendo al «niño prodigio» de Albert en un «niño problema». Después de varias décadas, durante las cuales la investigación legal de los psiquedélicos ha sido prácticamente imposible, estamos experimentando ahora el inesperado renacimiento de un interés global por esta fascinante substancia. Cada vez tenemos más claro que el LSD fue un niño prodigio que tuvo la mala suerte de nacer en una familia disfuncional.

Durante todo este tiempo, la práctica común de transmitir la experiencia y el conocimiento de una generación a la siguiente se vio interrumpida a lo largo de varias décadas y la enfermedad y la muerte están provocando la rápida salida de escena de los pioneros de los años 50 y 60. Son muchos, en la actualidad, los nuevos proyectos de investigación con psiquedélicos y enteógenos que están poniéndose en marcha y los jóvenes terapeutas de nuevas generaciones que entran ahora en escena. Creo que todos ellos podrían beneficiarse de la información acumulada por quienes tuvimos la suerte de poder investigar en una época en que los psiquedélicos eran legales y por aquellos otros que descubrieron vacíos legales, que les permitieron proseguir con su investigación en la clandestinidad. Espero que estemos en el camino de cumplir el sueño de Albert de una *Nueva Eleusis*, un futuro en el que el uso legal de los psiquedélicos se integre en el tejido de la sociedad moderna para beneficio de la humanidad.

El tercer y más inmediato impulso para mi escritura fue la invitación que me hizo Stephen Dinan, director ejecutivo de Shift Network, de esbozar un curso *online* de ocho semanas llamado *Psychology of the Future*. La participación en este curso fue tan nutrida (más de seiscientas personas) que Stephen me pidió elaborar un curso avanzado de veinticuatro semanas que decidimos llamar *The Way of Psychonaut*, una petición que, después de cierta reticencia y deliberación, acabé aceptando. Y, aunque me resultó difícil esbozar un curso de ocho semanas con veinticuatro módulos adicionales sin incurrir en muchas repeticiones, también tuve la oportunidad de revisar mis primeros escritos y ver qué debía modificar y dónde debía perfeccionar mis formulaciones originales. Asimismo, tuve que explorar áreas que, en el pasado, había soslayado, o a las que no había prestado la debida atención. Mi esposa Brigitte, que estaba asistiendo al desarrollo de los acontecimientos, me señaló la posibilidad de presentar la información contenida en forma de libro y de concebir esta obra como una enciclopedia que permitiese a los interesados en los viajes interiores encontrar toda la información necesaria sin necesidad de verse obligados a buscarla en varios libros o en internet.

Fueron varios los objetivos que tenía en mente cuando decidí escribir la presente obra. Quería proporcionar una formulación completa y concisa de la información necesaria para los nuevos terapeutas que empiezan a hacer sesiones psiquedélicas, sus clientes y quienes estén dispuestos a embarcarse en su propio viaje interior. Igualmente decidí incluir las revolucionarias observaciones proporcionadas por paradigmas de la investigación de los estados holotrópicos de conciencia que no solo dejan obsoletos los conceptos dominantes de «conciencia» y «psique», sino que señalan la necesidad urgente de llevar a cabo una revisión completa. También he sugerido los cambios que serían necesarios en la teoría y la práctica psiquiátrica para integrar estos «fenómenos anómalos» en el cuerpo principal del conocimiento psicológico. De ese modo, los psiquiatras contarían con una comprensión mejor y más profunda de los trastornos emocionales y psicosomáticos y de los métodos de tratamiento más eficaces.

La primera parte de esta enciclopedia describe la historia de la psiconáutica, a la que se define como «la investigación y el empleo sistemático de los estados holotrópicos de conciencia para la curación, el autoconocimiento, la búsqueda espiritual, filosófica y científica, la actividad ritual y la inspiración artística». El anhelo de experiencias trascendentes, fuerza motivadora de la psiconáutica, es el impulso más poderoso de la psique humana, una búsqueda que se remonta a los albores mismos de la historia de la humanidad, los chamanes del Paleolítico. Este impulso ha permanecido vivo a través de los siglos en las principales culturas de la antigüedad, los antiguos misterios de la muerte y el renacimiento, los ritos de paso, las ceremonias de curación y otros acontecimientos tribales de las culturas nativas. Las grandes religiones del mundo desarrollaron sus propias «tecnologías de lo sagrado», métodos utilizados en los monasterios y sus vertientes místicas para inducir experiencias espirituales.

La psiconáutica moderna comenzó en los albores del siglo XX con el aislamiento de la mescalina, el principio activo del peyote, realizado por Arthur Heffter, seguido del aislamiento de la ibogaína y la harmalina, principios activos, respectivamente, del iboga (el arbusto africano *Tabernanthe iboga*) y de la alharma (la hierba siria llamada *Peganum harmala*). Los experimentos clínicos con mescalina se llevaron a cabo durante las tres primeras décadas del siglo XX. La época dorada de la psiconáutica comenzó en 1943 con el descubrimiento de Albert Hofmann de los efectos psiquedélicos del LSD-25, un *tour de force* químico que prosiguió con el aislamiento de la psilocibina y la psilocina, los alcaloides activos de las «setas mágicas» empleadas por los indios mazatecos, de la monoamida del ácido lisérgico (LAE-32) y de las semillas de la gloria de la mañana *(ololiuqui)*, nuevas substancias psicoactivas que precipitaron una oleada de estudios clínicos y de laboratorio. Por desgracia, lo que parecía el comienzo de una gran revolución de la conciencia acabó viéndose bruscamente interrumpido por las medidas impuestas por una legislación y una administración ignorantes.

Las cuatro décadas en las que no hubo casi restricción legal a la investigación con psiquedélicos se convirtieron en un capítulo muy importante de la psiconáutica gracias a la investigación y experimentación semilegal y hasta ilegal que no solo produjo, sino que también exploró, los efectos de un amplio abanico de enteógenos derivados de la fenetilamina y la triptamina. En el entorno del actual renacimiento de la investigación psiquedélica, la información proporcionada por estos estudios informales podría servir de inspiración para estudios legales controlados, como ya ha empezado a ocurrir con el caso de la metilendioximetanfetamina. Es de esperar que estemos asistiendo a los comienzos de un nuevo y apasionante estadio del desarrollo de la psiconáutica.

La segunda parte de esta enciclopedia se centra en las observaciones y experiencias de la investigación realizada sobre los estados holotrópicos que ponen de relieve la urgente necesidad de llevar a cabo una revisión radical de algunos supuestos básicos de la psiquiatría y la psicología convencionales. También sugiere las áreas en donde más necesarios son esos cambios y describe su naturaleza. Existe una evidencia abrumadora de que la conciencia no es un mero producto del cerebro humano, sino un aspecto básico de la existencia o, dicho de otro modo, que, si bien el cerebro tiene que ver con la conciencia, en modo alguno la genera. Tampoco la psique humana se limita a la biografía postnatal y el inconsciente freudiano individual, porque incluye dos ámbitos adicionales extraordinariamente importantes: el estrato *perinatal*, estrechamente vinculado al trauma del nacimiento biológico, y el estrato *transpersonal,* que es la fuente de experiencias que trascienden las limitaciones del espacio, el tiempo y el alcance de nuestros sentidos.

Otra área que requiere una importante revisión es la del origen y la naturaleza de los trastornos emocionales y psicosomáticos psicógenos (es decir, que carecen de fundamento biológico). Muchos de ellos no se originan en la infancia ni en la niñez, sino que tienen raíces que se remontan a los dominios perinatal y transpersonal más profundos. En el lado positivo, las intervenciones terapéuticas que giran en torno al nivel biográfico postnatal no son la única alternativa con que contamos para mejorar el estado clínico porque, cuando la regresión provocada por los estados holotrópicos llega a los niveles perinatal y transpersonal, se ponen en marcha poderosos mecanismos de curación y transformación positiva de la personalidad.

Otro aspecto de la psiquiatría que debe experimentar un cambio radical tiene que ver con la actitud con la que se contempla la espiritualidad. A la vista de los descubrimientos realizados desde los estados holotrópicos, la espiritualidad no es, como considera la ciencia materialista, un signo de superstición, pensamiento mágico primitivo, falta de conocimiento científico o enfermedad mental, sino que se trata, muy al contrario, de una dimensión legítima de la psique humana y del orden universal. Cuando la regresión que acompaña a los estados holotrópicos alcanza los niveles perinatal y transpersonal, las experiencias asumen una nueva cualidad que C.G. Jung denominó «numinosidad», es decir, la percepción directa de la naturaleza extraordinaria y ultramundana de lo que se experimenta.

Las comprensiones más interesantes proporcionadas por los estados holotrópicos son las que conciernen a la estrategia de la terapia. Hay un gran número de escuelas de psicoterapia que discrepan entre sí en algunos aspectos fundamentales de la teoría y la terapia. En consecuencia, los representantes de las distintas escuelas subrayan de manera diversa la relevancia de cuestiones diferentes e interpretan las mismas situaciones de forma también diferente. Este es un dilema que el trabajo con los estados holotrópicos resuelve ofreciendo una alternativa radical. Entrar en estos estados moviliza una inteligencia autocurativa interna que orienta automáticamente el proceso hacia material inconsciente que posee una fuerte carga emocional que se halla cerca del umbral de la conciencia y lo lleva de manera espontánea a la superficie para su adecuado procesamiento.

La tercera parte de este volumen ofrece una revisión de los mapas más importantes de la psique creados por los fundadores de las distintas escuelas de la psicología profunda: su padre Sigmund Freud, los famosos renegados Alfred Adler, Otto Rank, Wilhelm Reich, Carl Gustav Jung y Sandor Ferenczi. Luego contempla las enseñanzas de estas distintas escuelas a través de la lente proporcionada por los descubrimientos hechos por la investigación de los estados holotrópicos de conciencia y determina cuáles de las ideas esbozadas por esos pioneros se han visto confirmadas y cuáles, por el contrario, deben ser modificadas, complementadas o descartadas. Esta revisión ha concluido que cada uno de ellos se centró en una franja limitada del amplio espectro de experiencias que puede manifestar la psique humana y, luego, describió adecuadamente su particular fenomenología y dinámica.

El problema fue que cada uno de ellos pareció estar ciego a las bandas del espectro estudiadas y subrayadas por los demás y acabó reduciéndolas a su peculiar modelo y forma de pensar. Así fue como Freud se especializó en la biografía postnatal y, con pequeñas y breves excepciones, ignoró el ámbito perinatal y redujo la mitología y los fenómenos psíquicos al dominio de la biología. Rank, por su parte, reconoció la importancia primordial del trauma del nacimiento, pero convirtió los fenómenos arquetípicos en simples derivados del proceso del nacimiento. Jung reconoció y describió correctamente el amplio inmenso dominio del inconsciente colectivo, pero negó enfáticamente cualquier significado psicológico al nacimiento biológico. Este análisis histórico deja bien claro que una navegación segura por realidades alternativas requiere de una cartografía amplia de la psique, un modelo que tenga en cuenta e integre los niveles biográfico, perinatal y transpersonal.

La cuarta parte de este volumen aporta una visión radicalmente nueva de los trastornos emocionales y psicosomáticos accesible apenas ampliamos nuestra comprensión de la psique agregando las dimensiones perinatal y transpersonal. Aunque está claro que, cuando pretendían remontar las raíces de los trastornos emocionales hasta sus orígenes en la temprana infancia, Freud y sus seguidores no iban por mal camino, lo cierto es que no llegaron lo suficientemente lejos y acabaron soslayando las raíces perinatales y transpersonales de las psiconeurosis, los problemas sexuales, la depresión, el suicidio y, en particular, las psicosis. Las pautas experienciales asociadas a la reviviscencia de los diferentes estadios consecutivos del nacimiento (matrices perinatales básicas o MPB) proporcionan plantillas lógicas y naturales para los síntomas y el modo en que estos se agrupan en síndromes.

El hecho de que, en el núcleo de los trastornos emocionales, se halle el trauma del nacimiento, un proceso de vida y muerte, explica una intensidad y profundidad que, de otro modo, resultarían incomprensibles. Los casos extremos de la conducta humana –como la violencia desenfrenada que desemboca en el asesinato brutal y el suicidio violento– deben tener un origen de intensidad y relevancia comparables. Así fue como, aunque iba en la dirección correcta, la visión freudiana de la psicopatología era poco convincente y caía, en ocasiones, en el terreno de lo absurdo y lo ridículo. Los psiquiatras convencionales que respondieron a esta situación acabaron arrojando al bebé junto al agua de la bañera cuando, renunciando a buscar causas creíbles de los trastornos emocionales en la historia temprana de las personas, lo sustituyeron por el «enfoque neokraepeliniano», que se limita a la mera descripción de síntomas sin consideración etiológica alguna.

La introducción del dominio perinatal en la cartografía de la psique resuelve también el conflicto que existe entre los psiquiatras que se decantan por las explicaciones biológicas de los problemas emocionales y los que se inclinan por sus determinantes psicológicos. El nacimiento es un proceso complejo y poderoso e implica una inextricable amalgama de emociones y sensaciones físicas extraordinariamente intensas. Las experiencias postnatales pueden subrayar entonces un aspecto u otro de este híbrido, pero, a un nivel más profundo, constituyen las dos caras de la misma moneda. La participación de la dimensión transpersonal en la psicopatología y su interacción con el nivel perinatal pueden explicar fenómenos como la flagelación, que conjugan espiritualidad y violencia, o la combinación de asesinato y suicidio con un objetivo religioso.

La parte relativa a la arquitectura de los trastornos emocionales y psicosomáticos incluye un amplio abanico de trastornos emocionales, como las psiconeurosis clásicas de Freud (fobias, histeria de conversión y neurosis obsesivo-compulsiva), la depresión, la conducta suicida, las disfunciones y desviaciones sexuales, las enfermedades psicosomáticas y las psicosis funcionales. Mi objetivo consiste en mostrar cómo podemos explicar muchos aspectos de su peculiar sintomatología partiendo de una combinación de elementos biográficos, perinatales y transpersonales, una comprensión novedosa que tiene importantes implicaciones para la terapia de estas aflicciones.

La quinta parte de esta enciclopedia aborda el concepto de crisis transpersonal o «emergencia espiritual», que probablemente sea la implicación más importante del trabajo con los estados holotrópicos de conciencia y la cartografía ampliada de la psique. A partir de nuestras experiencias con la terapia psiquedélica y la respiración holotrópica, mi difunta esposa Christina y yo nos interesamos por un amplio e importante conjunto de experiencias holotrópicas espontáneas que la psiquiatría convencional diagnostica y trata como manifestaciones de enfermedades mentales graves o psicosis.

Descubrimos que, adecuadamente entendidos y apoyados, estos problemas tienen un extraordinario potencial terapéutico, transformador, heurístico y hasta evolutivo. En esta sección abordo la fenomenología, los desencadenantes, el diagnóstico diferencial y la terapia de estos problemas. También menciono brevemente las distintas formas que asume la emergencia espiritual, como la crisis iniciática chamánica, la activación de *kundalini*, la «experiencia cumbre» de Abraham Maslow, el proceso de renovación por descenso al arquetipo central de John Perry, los problemas con los recuerdos de vidas pasadas, las crisis de apertura psíquica, los estados de posesión, etcétera.

La sexta y última parte de este libro se centra en el trabajo de respiración holotrópica, una innovadora modalidad de psicoterapia experiencial que desarrollamos con mi difunta esposa Christina mientras vivíamos en el Instituto Esalen en Big Sur (California). Este enfoque induce poderosos estados holotrópicos de conciencia a través de un método muy sencillo, una combinación entre respiración acelerada, música evocadora y un trabajo corporal liberador realizado en un entorno especial. Los participantes trabajan en parejas, alternando los papeles de respiradores y acompañantes. Finalizada la sesión, los participantes pintan mandalas en los que tratan de reflejar la experiencia que acaban de tener. Finalmente, se reúnen en pequeños grupos para compartir y procesar lo que han experimentado durante la sesión.

La respiración holotrópica combina los principios básicos de la psicología profunda con elementos del chamanismo, los ritos de paso, las grandes filosofías espirituales de Oriente y las tradiciones místicas del mundo. Su teoría se basa en la psicología transpersonal y en la ciencia del nuevo paradigma y está formulada en un lenguaje psicológico moderno. Después de describir el poder curativo de la respiración, el potencial terapéutico de la música y el uso de intervenciones físicas liberadoras y de apoyo, esta sección describe la preparación del entorno y de las sesiones, el papel desempeñado por los respiradores y los facilitadores, la fenomenología de la experiencia, el dibujo de mandalas y el procesamiento en los grupos de intercambio. Durante todo este proceso se presta una especial atención a la exposición de los resultados terapéuticos y los períodos de seguimiento que siguen a las sesiones.

He escrito los dos volúmenes que componen esta enciclopedia con la esperanza de que se conviertan en guías útiles para los psiconautas, aportando algunas visiones retrospectivas útiles sobre las experiencias que hayan tenido en sus viajes pasados y proporcionando la información básica para que, quienes están a punto de embarcarse en las emocionantes aventuras de descubrimiento y autodescubrimiento a realidades alternativas, puedan realizar un viaje seguro y productivo. *¡Bon voyage!*

STANISLAV GROF
Mill Valley (California), marzo de 2018

Agradecimientos

El camino del psiconauta es un intento de presentar, en forma concisa y exhaustiva, los resultados de más de sesenta años de investigación sobre la conciencia llevados a cabo en el Instituto de Investigación Psiquiátrica de Praga, en el Instituto de Investigación Psiquiátrica de Maryland en Baltimore (Maryland), en el Instituto Esalen en Big Sur (California) y en los talleres de respiración holotrópica y programas de formación que he impartido en todo el mundo. Durante todos estos años he recibido el generoso apoyo intelectual, emocional y material de tantas personas, instituciones y organizaciones que me resulta imposible mencionarlos a todos por su nombre. Limitaré, por tanto, mi lista a los más importantes y pediré disculpas a todos los que deje fuera de la siguiente enumeración.

Mi propia iniciación en el camino del psiconauta comenzó en noviembre de 1956, cuando tuve mi primera sesión de LSD en la Clínica Psiquiátrica de Praga bajo los auspicios de mi preceptor, el doctor en medicina George Roubíček, y la supervisión personal de mi hermano menor Paul que, por aquel entonces, era estudiante de medicina. A ambos les estoy muy agradecido por el papel que desempeñaron en esa increíble experiencia que transformó para siempre el curso de mi vida. Comencé mi propia investigación psiquedélica en el complejo de institutos de investigación de Praga-Krč bajo la dirección y colaboración del doctor en medicina Miloš Vojtěchovský. Después de dos años de este trabajo, principalmente de laboratorio, una experiencia que valoro de manera muy positiva, me dediqué a la investigación clínica.

En enero de 1960 me convertí en miembro fundador del recién creado Instituto de Investigación Psiquiátrica de Praga-Bohnice. Ahí tuve la gran suerte de que el director del instituto, el doctor en medicina Lubomír Hanzlíček, fuese una persona muy liberal que creía en la libertad intelectual y me permitiese realizar investigaciones sobre el potencial diagnóstico y terapéutico del LSD-25 y de la psilocibina. Sin su apoyo, jamás habría podido llevar a cabo mi investigación básica sobre esta área tan fascinante como controvertida. En 1967, gracias a una generosa beca del Foundations Fund for Psychiatric Investigation de New Haven (Connecticut) y a una invitación personal del profesor Joel Elkes, director de la Clínica Henry Phipps de la

Universidad Johns Hopkins de Baltimore (Maryland), pude desplazarme a los Estados Unidos como becario clínico y de investigación. Después de la invasión soviética decidí no volver a Checoslovaquia y nunca expresaré lo suficiente mi agradecimiento por las oportunidades que se me abrieron en mi nueva patria.

También agradezco la cálida acogida, el apoyo y la amistad que recibí del doctor Albert Kurland, director del Centro de Investigación Psiquiátrica de Maryland en Spring Grove, y de su personal, que me abrieron sus corazones y sus hogares y se convirtieron en mis nuevos colegas y en mi familia. Juntos llevamos a cabo el último proyecto de investigación psiquedélica que ha sobrevivido en los Estados Unidos trabajando con alcohólicos, drogadictos, neuróticos, pacientes terminales de cáncer y profesionales de la salud mental. En este contexto, solo puedo mencionar brevemente los nombres de los miembros de nuestro equipo de Spring Grove y agradecerles de todo corazón los maravillosos recuerdos que me llevé cuando, en 1973, me trasladé de la Costa Este a California. Las personas que participaron en las diferentes etapas del proyecto de Spring Grove fueron Sandy Unger, Walter Pahnke, Charles Savage, Sid Wolf, John Rhead, Bill e Ilse Richards, Bob y Karen Leihy, Franco di Leo, Richard Yensen, John Lobell, Helen Bonny, Robert Soskin, Mark Schiffman, Lock Rush, Thomas Cimonetti y Nancy Jewell.

Asimismo quiero expresar la profunda gratitud que siento por mi difunto amigo Abraham Maslow por invitarme a participar en el pequeño círculo de colegas de Palo Alto que, junto a Tony Sutich, Miles Vich, Sonja Margulies y Jim Fadiman, formaron la cuna de la psicología transpersonal. Esta invitación me proporcionó la oportunidad de contribuir con los descubrimientos de mi investigación a esta incipiente disciplina y de llevar posteriormente su mensaje al mundo como presidente fundador de la Asociación Transpersonal Internacional (ITA). Al mencionar la ITA no puedo dejar de pensar en el Instituto Esalen de Big Sur (California), lugar en que nació la ITA. Mi más sincero agradecimiento a Michael Murphy, propietario y cofundador de Esalen que, en 1973, me invitó a pasar ahí como becario un año sabático. La belleza natural de Big Sur y el clima intelectualmente estimulante de Esalen me encantaron y permanecí allí un período de catorce años que se halla entre los más gratificantes de mi vida desde el punto de vista profesional.

Con el entusiasta apoyo de Dick Price, el otro cofundador de Esalen, mi difunta esposa Christina y yo dirigimos treinta talleres de un mes de duración en Esalen con un elenco estelar de profesores invitados, entre los que quiero destacar a Joseph Campbell, Jack Kornfield, Huston Smith, Fritjof Capra, Rupert Sheldrake, Karl Pribram, Michael y Sandra Harner, Frances Vaughan, Roger Walsh, John Lilly, Tim Leary, Ram Dass, Ralph Metzner, Richard Tarnas, Ángeles Arrien, Humphrey Osmond, Gordon Wasson, psíquicos, parapsicólogos, maestros tibetanos, yoguis indios, chamanes americanos y mexicanos, y muchos otros. En el fascinante, informal e íntimo entorno de Esalen entablamos una profunda amistad con estas personas, la mayoría de las cuales se convirtieron en fervientes y fieles ponentes de los congresos de la ATI. Michael Murphy y Dick Price también fueron, como yo, miembros fundadores de la ATI.

Me gustaría expresar mi gratitud a varios de los amigos y colegas que me han proporcionado una gran inspiración intelectual y han ampliado y complementado creativamente mi trabajo, introduciéndolo en nuevas áreas. La crítica al materialismo monista y al paradigma cartesiano-newtoniano presentada por Fritjof Capra en su libro *El Tao de la física* me ayudó a conectar la psicología transpersonal con las ciencias duras. Esa crítica me dejó claro que la conexión no debía basarse en la filosofía materialista del siglo XVII y su obsoleto paradigma, sino que debía hacerse a través de la física cuántico-relativista y los avances de la ciencia moderna. Otros importantes apoyos para la psicología transpersonal y los hallazgos de la investigación moderna acerca de la conciencia fueron el modelo holográfico del cerebro de Karl Pribram y la teoría del holomovimiento de David Bohm.

Jack Kornfield, querido amigo y extraordinario maestro budista, nos ayudó a encontrar un fundamento espiritual para nuestro trabajo. Hemos dirigido conjuntamente más de treinta retiros muy populares en Estados Unidos y Europa llamados *Insight and Opening* en los que exploramos el terreno que comparten el budismo Vipassana, la psicología transpersonal y el trabajo de respiración holotrópica. El revolucionario libro de Rupert Sheldrake *La nueva ciencia de la vida* supuso una fuerte crítica a la filosofía monista y materialista subyacente a las ciencias naturales. Sus conceptos de resonancia mórfica y campos morfogenéticos fueron una bienvenida contribución a la comprensión de las experiencias transpersonales al reemplazar el requisito de un fundamento material de la memoria por campos inmateriales que son portadores de esta.

La investigación realizada por Rick Tarnas, gran amigo y brillante historiador, filósofo y astrólogo, ha conectado mis hallazgos con la astrología arquetípica, una improbable y controvertida alianza que ha supuesto una auténtica revolución. Después de cuarenta años de una fascinante cooperación con Rick estudiando las extraordinarias correlaciones existentes entre los tránsitos planetarios y el momento y contenido arquetípico de los estados no ordinarios de conciencia no dudo en referirme a la astrología arquetípica como la «piedra Rosetta de la investigación de la conciencia». Creo que la combinación entre los estados no ordinarios de conciencia y la astrología arquetípica constituye la estrategia más prometedora de la psiquiatría del futuro.

También creo que la hipótesis de la conectividad y el concepto de holocampo akásico de Ervin Laszlo, el teórico de sistemas más importante del mundo, nos proporciona una explicación plausible para una variedad de fenómenos anómalos, observaciones y desafíos paradigmáticos que ocurren durante la terapia psiquedélica, en las sesiones de trabajo de respiración holotrópica y en episodios espontáneos de estados no ordinarios de conciencia («emergencias espirituales»). El brillante mapa de la realidad de Laszlo, basado en teorías y descubrimientos que se hallan a la vanguardia de distintas disciplinas científicas, nos proporciona una elegante solución para estos dilemas y paradojas y confiere credibilidad y aceptabilidad científica a descubrimientos aparentemente absurdos.

En esta enumeración de las personas que me han ayudado a llevar mi trabajo a nuevas áreas debo también dar las gracias a mi difunta esposa Christina. Su disposición a emprender estas aventuras la llevó a buscar ayuda para los problemas que padecía: emergencia espiritual, adicción al alcohol y síndrome de estrés postraumático, efectos secundarios de los abusos sexuales de que había sido objeto. Como dijo Roger Walsh sobre Christina durante la celebración de su quincuagésimo cumpleaños, consiguió como pocos «convertir sus problemas personales en proyectos útiles para toda la sociedad». Su problema con la bebida inspiró un taller de Esalen de un mes de duración y dos grandes congresos transpersonales internacionales titulados *Mystical Quest, Attachment and Addiction*, que establecieron un puente entre los programas de doce pasos y la psicología transpersonal. En 1980, puso en marcha la Red de Emergencia Espiritual (SEN) que acabó convirtiéndose en un movimiento mundial en busca de nuevos tratamientos alternativos para estos trastornos, y su libro *The Eggshell Landing* ha aportado consuelo e inspiración a muchos supervivientes del abuso sexual.

Guardo un especial agradecimiento hacia el círculo de amigos personales cercanos, pioneros del movimiento transpersonal, que asistieron regularmente como profesores invitados a nuestros seminarios de un mes de duración, a las conferencias de la ATI y a los programas de formación en respiración holotrópica, así como a los participantes en los muchos actos sociales que organizamos: Michael y Sandy Harner, Jack Kornfield, Wes Nisker, Frances Vaughan, Roger Walsh, Rick Tarnas, Ram Dass, Jack y Ricci Coddington, Ralph Metzner y Angeles Arrien. Nuestros libros, artículos y conferencias que expresaban aspectos diferentes de la visión que todos compartíamos se potenciaron mutuamente y convirtieron el desarrollo del campo transpersonal en un proyecto colectivo apasionante. Betsy Gordon, J.B. Merlin y Bo Legendre, miembros muy queridos de nuestro círculo, merecen nuestro mayor agradecimiento por haber sido los anfitriones, a lo largo de los años, de muchas de las fiestas que organizaron, que combinaban una comida deliciosa, una compañía extraordinaria y estimulantes intercambios intelectuales. Carmen Scheifele-Giger ha sido durante muchos años una amiga muy querida y una defensora de mi trabajo que me proporcionó una ayuda inestimable cuando escribí un libro sobre su difunto marido, el genio del realismo fantástico H.R. Giger. También acogió nuestros módulos de formación en el Museo H.R. Giger de Gruyères, y su traducción de mi libro *La psicología del futuro* lo puso a disposición del público de habla germana.

Quiero expresar también mi profunda admiración por el Instituto de Estudios Integrales de California (CIIS) de San Francisco, una escuela inusualmente progresista y abierta, que ofrece programas de alta calidad y titulación académica en psicología transpersonal a estudiantes de todo el mundo. Me gustaría dar las gracias a los presidentes Robert McDermott y Joseph Subbiondo por permitirnos, a Rick Tarnas y a mí, impartir allí los populares seminarios de postgrado «Psique y Cosmos» que combinan la investigación en los estados holotrópicos de conciencia y la astrología arquetípica, dos áreas demasiado controvertidas para las instituciones convencionales.

Me siento muy honrado por el apoyo moral que recibí del presidente checo Václav Havel y su esposa Dagmar cuando, en 2007, me concedieron el prestigioso premio Vision 97 por mi papel en la fundación de la psicología transpersonal y el desarrollo de la respiración holotrópica. También quisiera expresar mi gratitud a los amigos que han ofrecido apoyo financiero para mi trabajo, algunos de ellos desde hace muchos años y otros más recientemente, como John Buchanan, Betsy Gordon, Bokara Legendre, Oleg Gorelik, Bo Shao, Bill Melton, Meihong Xu, George Sarlo, Friederike Meckel-Fischer, Fischer Konrad y Paul Grof. Me gustaría aprovechar esta ocasión para dar las gracias a Susan Logeais, directora de cine de Portland y mujer de múltiples talentos, por un tipo de apoyo diferente, por el tiempo, la energía y la entrega que ha dedicado para trabajar en un documental sobre mi vida y mi obra, así como sobre el potencial curativo de las substancias psiquedélicas. También estoy muy agradecido a la gran ayuda de nuestra asistente Jean Friendly, encargada de la organización de nuestros viajes y de nuestra vida en California.

Me siento bendecido por el apoyo que he recibido de los miembros de mi familia inmediata. Brigitte, con quien estoy felizmente casado desde abril de 2016, que ha aportado luz, alegría y amor incondicional a mi vida. Fue ella quien, después de escuchar los módulos del curso *online* que hice para Shift Network, me convenció de la necesidad de poner este material a disposición de un público más amplio en forma de enciclopedia. Ella me ha proporcionado, además, un entorno ideal para la escritura al encargarse de la mayoría de las cuestiones prácticas. Brigitte es psicóloga y psicoterapeuta; nos conocemos desde hace más de treinta años; ha estado practicando y enseñando respiración holotrópica durante todo este tiempo y me conoce a mí y a mi trabajo mejor que nadie. Esto hace que pueda hablar con ella de los temas sobre los que estoy escribiendo y obtener de ella un *feedback* muy valioso.

Tengo la suerte de tener un hermano maravilloso. Paul es cuatro años y medio menor que yo y también es psiquiatra. Su área de interés especial es diferente a la mía; es muy respetado en el mundo académico como experto en el área de los trastornos afectivos, por lo que recibió el prestigioso premio NARSAD. Sin embargo, está asimismo profundamente interesado en la psicología transpersonal y ha tenido experiencias personales con psiquedélicos y con la meditación. Puedo confiar en que siempre obtendré de él un juicio sincero, ya se trate de un comentario positivo o de una crítica estricta y constructiva.

Me resulta difícil encontrar las palabras adecuadas para expresar mi agradecimiento por el increíble trabajo realizado durante las últimas décadas por Rick Doblin y su entusiasta y entregado equipo de la Asociación Multidisciplinaria de Estudios Psiquedélicos (MAPS). Ellos lograron algo que parecía imposible: disipar la maldición que una legislación ignorante e irracional había lanzado sobre la investigación psiquedélica y poner en marcha el actual renacimiento mundial del interés sobre la investigación de estas notables substancias. A ellos redoblo también mi agradecimiento por haber publicado varios de mis libros sobre psiquedélicos. Me gustaría dar especialmente las gracias a Sarah Jordan y a Brad Burge por la experiencia, el tiempo y el amor que han dedicado a *El camino del psiconauta*.

Igualmente estoy muy agradecido a Renn Butler, que se ofreció a editar los dos volúmenes de esta enciclopedia. Habría sido difícil encontrar otra persona con la experiencia necesaria tanto en la respiración holotrópica como en la investigación psiquedélica. Renn es un astrólogo arquetípico del linaje de Rick Tarnas cuyo enfoque trata de ayudar a la gente a entender e integrar sus experiencias holotrópicas y psiquedélicas.

Lamentablemente, miles de personas cuyas contribuciones a este libro han sido esenciales deberán permanecer en el anonimato. Me refiero a mis pacientes de Europa, Estados Unidos y Canadá, a los participantes en nuestros talleres y a los profesores, facilitadores y aprendices de nuestros módulos de trabajo con la respiración. Todos ellos tuvieron la valentía de adentrarse en los rincones más ocultos de su psique y de compartir conmigo sus experiencias. Sus informes verbales sobre lo que descubrieron y el arte con el que ilustraron sus aventuras en esas realidades alternativas han sido, para mí, una fuente esencial de información. Apenas tengo palabras para expresar mi deuda y gratitud con estas personas dispersas por multitud de países. Sin ellos, este libro no hubiera podido ver la luz.

Stanislav Grof

El camino del psiconauta
La enciclopedia del viaje interior

Volumen 1

I. La historia de la psiconáutica: *tecnologías antiguas, aborígenes y modernas de lo sagrado*

Antes de entrar en los temas concretos de esta enciclopedia, me gustaría aclarar algunos de los términos que usaré a lo largo de esta obra. Y, para ello, me basaré en sesenta años de experiencias y observaciones sobre un amplio e importante conjunto de estados no ordinarios de conciencia que, pese a poseer un considerable potencial curativo, transformador, evolutivo y heurístico, la psiquiatría moderna sigue considerando distorsiones patológicas y agrupa bajo el epígrafe de «estados alterados».

Los estados holotrópicos de conciencia

Cuando, en los inicios de mi carrera profesional, me di cuenta del gran potencial de estos estados, sentí la urgente necesidad de corregir ese error, para lo cual decidí acuñar el término «holotrópico», que significa movimiento hacia la totalidad (del griego *holos,* que significa «total», y *trepo/trepein,* que significa «moverse hacia algo» o «verse atraído por algo»), un neologismo relacionado con la expresión *heliotropismo,* es decir, con la propiedad de las plantas de orientarse siempre en dirección al sol.

La expresión «estados alterados de conciencia» habitualmente empleada por los clínicos y teóricos convencionales me pareció inadecuada debido a su énfasis en la distorsión o alejamiento de una supuesta «forma correcta» de experimentarse a uno mismo y al mundo. (Conviene decir de pasada que, en el inglés coloquial y en la jerga veterinaria, el término *alter* se utiliza también para referirse a los animales domésticos castrados). Aunque la expresión «estados no ordinarios de conciencia» me parece más adecuada, también resulta demasiado general, porque incluye un amplio abanico de estados que no poseen los efectos beneficiosos que suelen acompañar a los estados holotrópicos. No olvidemos que, entre estas alteraciones de conciencia, cabe destacar los delirios leves provocados por enfermedades infecciosas, el abuso del alcohol o las enfermedades circulatorias y degenerativas del cerebro habitualmente asociadas a la desorientación, el deterioro de las funciones cognitivas y la consiguiente amnesia que, si bien son clínicamente importantes, carecen de todo valor terapéutico y heurístico.

Por su parte, los estados que denomino holotrópicos tienen una gran importancia teórica y práctica. Son estados que los chamanes novatos experimentan durante sus crisis iniciáticas e inducen luego en sus clientes con fines terapéuticos. Las culturas antiguas y nativas han empleado estos estados en sus ritos de paso y en sus ceremonias de curación. También son experiencias holotrópicas las que tienen los iniciados en los antiguos misterios de muerte y renacimiento y las descritas por místicos de muchas épocas y países.

Las grandes religiones del mundo como el hinduismo, el budismo, el jainismo, el taoísmo, el islam, el judaísmo y el cristianismo han utilizado procedimientos –«tecnologías de lo sagrado»– destinados a inducir estos estados. Entre ellos cae mencionar la meditación sedente, la meditación en movimiento, los ejercicios respiratorios, la oración, el ayuno, la privación del sueño y hasta el empleo del dolor físico. Los métodos más poderosos para inducir experiencias holotrópicas son las plantas psiquedélicas, los alcaloides activos puros de ellas extraídos y los enteógenos sintéticos. También existen formas poderosas de psicoterapia experiencial, como el llamado renacimiento [*rebirthing*], la respiración holotrópica y otras técnicas capaces de inducir esos estados sin necesidad de apelar al empleo de substancias psiquedélicas.

El término «holotrópico» sugiere algo que puede resultar sorprendente para el occidental medio: saber que, en nuestro estado de conciencia cotidiano, no somos conscientes de la totalidad de nuestro ser y nos hallamos circunscritos a una fracción muy limitada de nuestra capacidad perceptiva y experiencial. En palabras del filósofo y escritor británico-estadounidense Alan Watts, los estados holotrópicos de conciencia pueden ayudarnos a romper el «tabú contra el conocimiento de uno mismo», a darnos cuenta de que no somos «egos encapsulados en la piel» y a reconocer que, en última instancia, estamos construidos a semejanza del principio creativo cósmico (Watts, 1973). Pierre Teilhard de Chardin, paleontólogo, jesuita y filósofo francés, lo expresó de otra manera cuando dijo: «no somos seres humanos teniendo experiencias espirituales, sino seres espirituales teniendo una experiencia humana» (Teilhard de Chardin, 1975).

Esta sorprendente idea no es nueva. El antiguo *Chandogya Upanishad* hindú responde a la pregunta «¿Quién soy yo?» diciendo: «*Tat tvam asi*», una sucinta frase sánscrita que literalmente significa «Tú eres Eso» o «Tú eres la Divinidad». Esto sugiere que no somos *namarupa*, es decir, que no somos nombre y forma (o cuerpo/ego) y que nuestra identidad más profunda es la de una chispa divina de energía creativa cósmica asentada en nuestro ser más profundo *(Atman)* que, en última instancia, es idéntica al principio universal supremo que crea el universo *(Brahman)*. Y esto, para los hindúes, no es una creencia ni una convicción despojada de fundamento, sino algo que puede corroborar experimentalmente quien emprende con rigor ciertas prácticas espirituales y diversas formas de yoga.

Pero el hinduismo no ha sido la única religión que ha hecho este descubrimiento. La revelación relativa a la identidad que existe entre el individuo y la divinidad es el secreto último que se esconde en el núcleo místico de todas las grandes tradiciones espirituales, un principio que las distintas religiones conocen con nombres tan distintos como Tao, Buda, Shiva (shivaísmo de Cachemira), Cristo Cósmico, Pleroma, Alá, y muchos otros.

Ya hemos visto que los hindúes creen en la identidad esencial entre Atman y Brahman y que las *Upanishads* revelan nuestra naturaleza divina en su *Tat tvam asi*. Swami Muktananda, cabeza visible de la tradición del *siddha yoga*, solía decir: «Dios habita en ti como Tú»; en las escrituras budistas podemos leer «Mira en tu interior, tú eres el Buda», y el objetivo de la práctica budista no consiste en llega a algún lugar o en convertirnos en algo distinto a lo que somos, sino en darnos cuenta de que ya estamos ahí y de que ya lo somos.

Según el cristianismo místico, Jesús dice a sus seguidores: «Padre, tú y yo somos uno» y «el Reino de Dios no viene por más que lo esperemos; el Reino de Dios está aquí y la gente no lo ve». Según San Gregorio Palamas, «el Reino de los Cielos –y, más aún, el Rey de los Cielos– está dentro de nosotros». El cabalista Avraham ben Shemu'el Abulafia declaró: «Él y nosotros somos uno». En los textos de Confucio leemos: «El cielo, la tierra y los seres humanos son lo mismo». Según Mahoma, «Quien se conoce a sí mismo, conoce a su Señor». Y el gran poeta persa sufí Mansur Al-Hallaj, que se dio cuenta de su propia divinidad y tuvo la valentía de proclamarlo públicamente diciendo «Ana'l Haqq, es decir, yo soy Dios, la Verdad Absoluta», tuvo que pagar por ello un elevado precio porque, no contentos con acabar con su vida, quemaron luego su cuerpo.

Las experiencias holotrópicas tienen la capacidad de revelarnos nuestra verdadera identidad y nuestro estado cósmico y también nos proporcionan una visión profunda de la naturaleza de la realidad que trasciende con mucho lo que nos resulta accesible en el estado de conciencia ordinaria (Grof, 1998). Hay veces en que esto tiene lugar de forma gradual, mientras que, en otras, ocurre en forma de grandes avances. Podríamos definir la psiconáutica como la búsqueda y el empleo sistemático de estados holotrópicos de conciencia con fines de sanación, autoconocimiento, actividad ritual, inspiración artística y búsqueda espiritual, filosófica y científica. Es la respuesta al profundo anhelo de experiencias trascendentales que Andrew Weil calificó, en su libro *La mente natural*, como el impulso más profundo de la psique humana, más poderoso aún que el sexo (Weil, 1972).

Los psiconautas del Paleolítico

La inducción de estados holotrópicos de conciencia se remonta a los albores mismos de la historia de la humanidad. Este es el rasgo distintivo del chamanismo, el más antiguo de los sistemas espirituales y de arte curativo del ser humano. Sus orígenes se remontan a no menos de treinta o cuarenta mil años y hunden sus raíces en el Paleolítico. Las paredes de las famosas cuevas del sur de Francia y del norte de España, como Lascaux, Font de Gaume, Les Trois Frères, Altamira y otras, se hallan decoradas con hermosas imágenes de animales, la mayoría de las cuales representan especies que vagaban por el paisaje de la Edad de Piedra, como bisontes, uros, caballos salvajes, ciervos, íbices, mamuts, lobos, rinocerontes y renos. Otras veces, sin embargo, representan criaturas míticas que tienen un claro significado mágico y ritual, como la «Bestia Mítica» de la cueva de Lascaux, con largos cuernos paralelos (un «doble unicornio») que sobresalen de su frente y recuerdan las máscaras de los aborígenes australianos. Varias de estas cuevas tienen pinturas y tallas de extrañas figuras que combinan rasgos humanos y animales y representan indudablemente a los antiguos chamanes.

La más conocida de todas estas imágenes es el llamado «hechicero de Les Trois Frères», una misteriosa figura que amalgama varios símbolos masculinos, como cuernos de ciervo, ojos de búho, cola de caballo salvaje o lobo, barba humana y patas de león. Otro famoso grabado de un chamán procedente del mismo complejo de cuevas es el que se conoce como «el maestro de las bestias», que preside una escena de caza repleta de hermosos animales. También es muy conocida la escena de caza que adorna una pared de Lascaux y muestra un bisonte eviscerado atravesado por una lanza y una

La «bestia mítica» de la caverna de Lascaux lleva un par de cuernos paralelos («doble unicornio») que salen su frente (arriba) semejantes a las máscaras rituales que llevan los aborígenes australianos (abajo).

figura tendida en el suelo, una escena que inicialmente se interpretó como un accidente de caza hasta que se observó que la figura tiene un pene erecto, algo muy improbable en una persona herida o moribunda, pero un signo muy habitual del trance chamánico.

La gruta conocida como La Gabillou alberga el grabado de una figura chamánica en movimiento dinámico al que los arqueólogos llaman «el bailarín». En el suelo de arcilla de una de esas cuevas (Tuc d'Audoubert), los descubridores encontraron huellas dispuestas circularmente en torno a dos efigies de bisonte de arcilla, lo que sugiere que sus habitantes realizaban danzas similares a las que llevan a cabo hoy en día muchas culturas aborígenes para inducir estados de trance. Los orígenes del chamanismo pueden rastrearse hasta un entorno aún más antiguo, el culto neandertal al oso de las cavernas, como ejemplifican los santuarios de animales de la era interglacial encontrados en algunas grutas de la región suiza de Engadina y del sur de Alemania (Campbell, 1984).

Debió ser muy difícil grabar y pintar estas imágenes en las profundidades inaccesibles de esas cuevas utilizando únicamente antorchas primitivas y, en algunos casos, de pie sobre pequeños resaltes ubicados en lo alto de las paredes. Hubiera sido mucho más sencillo pintar animales, representar escenas de caza, o utilizar imágenes con fines igualmente relacionados con la magia, sin necesidad de hacerlo dentro de una cueva. Es evidente que, para enfrentarse a tales retos, debía haber una razón especial. En su libro *The Mind in the Cave*, el estudioso del arte rupestre David Lewis-Williams sugirió que los artistas de estas cuevas eran antiguos chamanes que reproducían en las paredes las visiones experimentadas en estados de trance (Lewis-Williams, 2002). El mitólogo Joseph Campbell esbozó la hipótesis de que esas cuevas, a las que se accede atravesando largos y estrechos pasadizos, eran lugares representativos de los genitales y el vientre de la Gran Diosa Madre donde se celebraban rituales en su honor. También dijo que las antiguas figuras y estatuillas de Venus que representaban la fertilidad femenina, como la Venus de Willendorf, la Venus de Dolní Věstonice o la Venus de Laussel, estaban relacionadas con el culto a la Gran Diosa Madre.

El chamanismo no solo es antiguo, sino también global y podemos encontrarlo tanto en Norteamérica como en América Central, Sudamérica, Europa, África, Asia, Australia, Micronesia y Polinesia. El hecho de que tantas culturas diferentes a lo largo de toda la historia de la humanidad hayan encontrado importantes y útiles las técnicas chamánicas sugiere que los estados holotró-

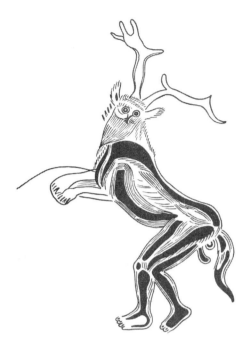

«El hechicero de Les Trois Frères». Pintura de una caverna de una figura misteriosa compuesta por varios símbolos masculinos: cornamenta de ciervo, ojos de búho, cola de caballo salvaje o lobo, barba humana y patas de león (izquierda); «el bailarín», figura antropomorfa, probablemente un chamán bailarín, de la caverna de La Gabillou (grabado, abajo a la izquierda, y dibujo, abajo a la derecha).

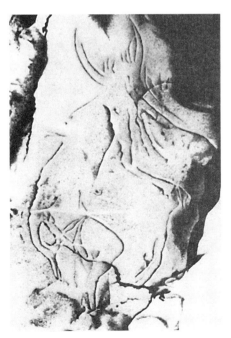

«El señor de las bestias». Detalle de una gran pintura mural en la caverna de Les Trois Frères que representa una figura antropomorfa, muy probablemente un chamán paleolítico, rodeado de animales.

Chamán-abeja cubierto de hongos, petroglifo de una caverna de Tassili, desierto del Sáhara. Período neolítico, entre 9.000 y 6.000 a.C.

picos afectan a lo que los antropólogos denominan «mente primordial», un aspecto básico de la psique humana que trasciende la raza, el género, la cultura y hasta la época histórica. En las culturas que han escapado a la influencia distorsionadora de la civilización industrial occidental, los procedimientos y las técnicas chamánicas han sobrevivido hasta nuestros días.

La carrera de muchos chamanes comienza con una crisis psicoespiritual espontánea («enfermedad chamánica»), un poderoso estado visionario durante el cual el futuro chamán experimenta un viaje al inframundo –el reino de los muertos– en el que se ve acosado por espíritus malignos, sometido a diferentes pruebas, asesinado y, finalmente, desmembrado, una experiencia a la que le sigue un renacimiento y el posterior ascenso a los reinos celestiales. El chamanismo también está ligado a los estados holotrópicos y los chamanes más experimentados son capaces de entrar en trance a voluntad y de forma controlada. Ese es precisamente el estado que emplean para diagnosticar y sanar a sus clientes cuando uno, el otro o ambos se encuentran de manera simultánea en un estado holotrópico. En este sentido, los chamanes desempeñan, durante los estados holotrópicos, el papel de «psicopompos» [o mediadores] que proporciona a los miembros de su tribu el apoyo y la guía necesarios para atravesar los complejos territorios del más allá.

Espiritualidad nativa y ritos de paso

Las tribus nativas de diferentes lugares y épocas han dedicado mucho tiempo y esfuerzo a desarrollar métodos para inducir experiencias holotrópicas o «tecnologías de lo sagrado», como también se las conoce. Entre ellas cabe destacar el empleo de tambores, cascabeles u otras formas de percusión, música, cánticos, danzas rítmicas, cambios respiratorios y aislamiento sensorial y social, como permanecer en una cueva, en el desierto, en el hielo ártico o en la altura de las montañas. También recurren con frecuencia a intervenciones fisiológicas extremas, como: el ayuno, la privación del sueño, la deshidratación, la circuncisión, la subincisión, el empleo de laxantes y purgantes, y hasta la exposición a dolores y sangrías.

Son varios los objetivos a los que apuntan las culturas nativas en su empleo de los estados holotrópicos, como: posibilitar una conexión experimental directa con la dimensión arquetípica de la realidad (deidades, reinos mitológicos y fuerzas numinosas de la naturaleza); la curación de individuos, grupos y hasta de una tribu entera (como ocurre en el caso de los bosquimanos del desierto africano del Kalahari); la inspiración artística (ideas para rituales, pinturas, esculturas y canciones), y el cultivo de la intuición y la percepción extrasensorial (encontrar personas y objetos perdidos, obtener información sobre personas que se hallan en lugares remotos y seguir los movimientos de la presa que persiguen).

Otro objetivo importante de la inducción de estados holotrópicos es la de expandir la conciencia de los participantes durante los actos rituales celebrados por las culturas nativas, algo que el antropólogo holandés Arnold van Gennep denominó «ritos de paso» (Van Gennep, 1960). Este es un tipo de ceremonia que han utilizado todas las culturas nativas conocidas y que siguen utilizando muchas sociedades preindustriales de nuestro tiempo. Su principal objetivo consiste en redefinir, transformar y consagrar a individuos, grupos y hasta culturas enteras. Los ritos de paso se llevan a cabo en momentos de transiciones biológicas o sociales importantes, como el parto, la circuncisión, la pubertad, el matrimonio, la menopausia y antes de la muerte. También hay rituales asociados a la iniciación al estatus de guerrero, el ingreso en sociedades secretas, los festivales asociados a cambios estacionales de renovación, las ceremonias de sanación y las migraciones de grupos humanos.

Los ritos de paso apelan a poderosos procedimientos de expansión de la conciencia que inducen experiencias psicológicamente desorganizadoras que posibilitan el acceso a un nivel de integración más elevado, un episodio de muerte y renacimiento psicoespiritual que se interpreta como la muerte del antiguo rol y el nacimiento de otro nuevo. En el caso, por ejemplo, de los ritos de pubertad, los iniciados comienzan el proceso siendo niños o niñas y salen de él siendo adultos con todos los derechos y obligaciones correspondientes al nuevo estatus. En todas estas situaciones, el individuo o el grupo social deja atrás una forma de ser y asume circunstancias vitales completamente nuevas, lo que significa que la persona que atraviesa esa iniciación no es la misma que la que entró. Después de haber experimentado una profunda transformación psicoespiritual, la persona experimenta una conexión personal con las dimensiones numinosas de la existencia, lo que va aparejado a una visión del mundo nueva y más amplia, un nuevo sistema de valores, una mayor confianza y una imagen más exacta de sí mismo. Todo ello es el resultado de una crisis deliberadamente inducida que, en ocasiones, resulta aterradora, caótica y desorientadora y afecta a las dimensiones más profundas del ser del iniciado. Por eso, en ciertas ocasiones, el iniciado puede encontrarse en un estado confuso que los antropólogos denominan «entre esto y aquello» debido a que, si bien se ha despojado de su antigua identidad, todavía no ha alcanzado una nueva. Los ritos de paso ejemplifican una situación en la que un período de desintegración y agitación temporal desemboca en una mayor cordura y bienestar, algo que el psiquiatra polaco Kazimierz Dabrowski observó que ocurría espontáneamente en sus pacientes y para el que acuñó la expresión «desintegración positiva» (Dabrowski, 1964).

Aunque sean muchos los rasgos que comparten los dos ejemplos de «desintegración positiva» recién mencionados (la crisis iniciática chamánica y la experiencia de un rito del paso), lo cierto es que también difieren en aspectos muy importantes. Mientras la crisis chamánica irrumpe inesperadamente y sin previo aviso (es decir, de manera espontánea y autónoma) en la psique del futuro chamán, los ritos de paso son un producto de la cultura y se atienen a una secuencia predecible. La experiencia de los iniciados es el resultado de «tecnologías de lo sagrado» desarrolladas y perfeccionadas por las generaciones precedentes.

Las culturas que llevan a cabo ritos de paso y veneran a los chamanes consideran a la crisis chamánica como una forma de iniciación muy superior al rito de paso. Ellas las consideran el resultado de la intervención de un poder superior y el indicador, por tanto, de una vocación especial y de una elección divina. Desde otra perspectiva, los ritos de paso representan un paso más avanzado y positivo de los estados holotrópicos de conciencia. Las culturas chamánicas aceptan y tienen en alta estima tanto los estados holotrópicos inducidos espontáneamente durante las crisis iniciáticas como los trances de sanación experimentados o inducidos por reconocidos chamanes. Los ritos de paso introducen los estados holotrópicos en la cultura, los institucionalizan y los convierten en parte integral de la vida ritual y espiritual de la comunidad.

Misterios antiguos de muerte y renacimiento

Los estados holotrópicos desempeñaron un papel fundamental en los antiguos misterios de muerte y renacimiento, procedimientos sagrados y secretos que se extendieron por todo el mundo antiguo. Estos misterios se basaban en relatos mitológicos sobre deidades que simbolizaban la muerte y la transfiguración. En la antigua Sumeria, se trató de Inanna y Dumuzi; en Egipto, de Isis y Osiris; en Grecia, de las deidades Atis, Adonis, Dionisio y Perséfone, y, en

Roma, del Mitra romano-iraní. Sus contrapartidas mesoamericanas fueron el azteca Quetzalcóatl (la serpiente emplumada) y los héroes gemelos mayas de los que habla el *Popol Vuh*. Estos misterios fueron especialmente populares en el área mediterránea y Oriente Medio, como lo demuestran las iniciaciones realizadas en los templos sumerios y egipcios y los misterios mitraicos, así como los ritos coribánticos griegos, las bacanales y los misterios de Eleusis.

La clave de la poderosa transformación experimentada por los iniciados en el curso de los misterios de Eleusis fue la poción sagrada, conocida con el nombre de *kykeon*, capaz de inducir visiones del más allá tan poderosas que tenían la capacidad de transformar la forma en que los participantes veían el mundo y el lugar que ocupaban en él. El reconocimiento de que eran almas inmortales en cuerpos mortales les liberaba del miedo a la muerte. Un testimonio impresionante del poder y el impacto de lo que ocurría en estos casos es el hecho de que los misterios llevados a cabo en el santuario de Eleusis, cerca de Atenas, tuvieron lugar y sin interrupción cada cinco años durante un lapso de casi 2.000 años (observándose regularmente desde el año 1.600 a.C. hasta el 392 d.C., aproximadamente) y que, después de esa fecha, siguieron llamando la atención del mundo antiguo. Las actividades ceremoniales de Eleusis se vieron interrumpidas de manera brusca cuando el emperador cristiano Teodosio prohibió la participación en los misterios y

Ruinas del Telesterion, la gigantesca sala que albergó los misterios de Eleusis. Al fondo puede verse la caverna con la entrada al mundo subterráneo utilizada, según la leyenda, por Hades para secuestrar a Perséfone.

demás cultos paganos. Poco después, en el año 395 d.C., la invasión de los godos destruyó el santuario.

En el Telesterion, la gigantesca sala de iniciación de Eleusis, más de 3.000 neófitos experimentaban simultáneamente poderosas experiencias de transformación psicoespiritual. La importancia cultural de estos misterios para el mundo antiguo y su papel todavía no reconocido en la historia de la civilización europea resultan evidentes cuando nos damos cuenta de que, entre los iniciados, había muchas figuras famosas e ilustres de la antigüedad, entre las que cabe destacar a los filósofos Platón, Aristóteles y Epícteto, el guerrero Alcibíades, los dramaturgos Eurípides y Sófocles y el poeta Píndaro. Otro famoso iniciado, el emperador Marco Aurelio, estaba fascinado por las esperanza escatológica ofrecida por estos ritos. El estadista y filósofo romano Marco Tulio Cicerón participó en estos misterios y escribió un exaltado informe en el que subrayaba la importancia de sus efectos en las civilizaciones griega y romana.

En *De Legibus* (*Sobre las leyes*), Cicerón escribió:

> Porque entre las muchas contribuciones que Atenas ha producido y ha aportado a la vida de los hombres ninguna, en mi opinión, me parece mejor que aquellos misterios que tanto han contribuido a alejarnos de una forma de vida bárbara y salvaje y acercarnos a un estado de civilización más educado y perfeccionado

Modelo del santuario de Eleusis durante el período romano. El Telesterion, la sala en la que tenían lugar los misterios, y las puertas monumentales mayores y menores.

y, como tales ritos, son llamados «iniciaciones», nos han enseñado los verdaderos principios de la vida y no solo hemos logrado el poder de vivir felizmente, sino también de morir con una mejor esperanza (Cicerón, 1977).

El mitraísmo es otro ejemplo del gran respeto e importancia que, en el mundo antiguo, despertaban las antiguas religiones mistéricas. Comenzó a extenderse por el Imperio romano en el siglo I d.C., alcanzó su máximo esplendor en el siglo III y sucumbió ante el cristianismo a finales del siglo IV. En el apogeo de su culto podían encontrarse santuarios mitraicos subterráneos *(mithraea)* en muchos lugares, desde las orillas del Mar Negro hasta las montañas de Escocia y la frontera del desierto del Sahara. Los misterios mitraicos representaban una religión hermana del cristianismo y su principal competidora (Ulansey, 1989).

Los detalles concretos de los procedimientos de expansión de la conciencia implicados en estos ritos secretos han permanecido fundamentalmente desconocidos, aunque tres respetables científicos –el micólogo Gordon Wasson, el descubridor del LSD-25, Albert Hofmann, y el erudito griego Carl Ruck– recopilaron muchas pruebas que apuntaban a que la poción sagrada *kykeon* utilizada en los misterios eleusinos era un brebaje que contenía alcaloides del cornezuelo del centeno similares al LSD: una meticulosa investigación descrita en su libro *El camino a Eleusis: una solución al enigma de los misterios* (Wasson, Hofmann y Ruck, 1978). También es muy probable que las substancias psiquedélicas estuvieran implicadas en las bacanales y otros ritos. Los antiguos griegos desconocían la destilación del alcohol y no podían fermentar bebidas con una concentración superior al 14%, lo que detiene el proceso de fermentación. Según los informes con que contamos, sin embargo, los vinos utilizados en los rituales dionisíacos debían diluirse de tres a veinte veces y bastaba con tres tazas de ellos para «llevar a algunos iniciados al borde de la locura».

Las prácticas espirituales de las grandes religiones

Además de las tecnologías antiguas y aborígenes de lo sagrado antes mencionadas, muchas grandes religiones desarrollaron sofisticados procedimientos psicoespirituales especialmente destinados a inducir experiencias holotrópicas. Entre ellos, por ejemplo, cabe destacar diferentes sistemas de yoga, la meditación sedente y la meditación en movimiento, utilizadas en el Vipassana, el Zen y el budismo tibetano, y los ejercicios espirituales de la tradición taoísta, junto a complejos rituales tántricos. También hay que mencionar diferentes enfoques utilizados por los sufíes, los místicos del Islam que, en sus ceremonias sagradas o *dhikrs*, suelen apelar a un tipo de respiración intensa, cantos devocionales y una danza giratoria inductora del trance.

Dentro de la tradición cristiana podemos destacar los ejercicios respiratorios de los esenios y su bautismo, que implicaba una especie de semiahogamiento. En este punto cabe señalar la oración de Jesús *(hesicasmo)*, los ejercicios de san Ignacio de Loyola y las danzas jasídicas, así como las meditaciones cabalísticas, que utilizan letras del alfabeto hebreo, la recitación del nombre de Dios, la respiración y la música. Los enfoques destinados a inducir o facilitar experiencias espirituales directas son característicos de las ramas místicas de las grandes religiones, sus órdenes monásticas y sectas marginales como los pentecostales y las iglesias de los manipuladores de serpientes o del Espíritu Santo.

El uso ritual de los fármacos psiquedélicos

Los medios más poderosos para inducir estados holotrópicos de conciencia son las plantas y las substancias psiquedélicas, cuyo uso ritual se remonta miles de años atrás. Más de cien estrofas del *Rig Veda* están dedicadas a la planta y la poción sagrada llamada *soma*. El noveno mandala del *Rig Veda*, conocido como Soma Mandala, esta compuesto enteramente por himnos dirigidos a Soma Pavamana (es decir, el «soma purificado») (Jamison y Brereton, 2014). El poder del soma es evidente en las afirmaciones que describen su efecto, como «la mitad de nosotros está en la tierra y la otra mitad en el cielo, hemos bebido soma», o «hemos bebido soma y nos hemos vuelto inmortales; hemos alcanzado la luz y hemos descubierto los dioses». El *Zend Avesta* zoroastriano se refiere a la misma bebida sagrada con el nombre de *haoma*.

El primer registro histórico sobre el poder curativo del *cannabis* se encuentra en los escritos del emperador chino Shen Neng del año 2737 a.C. Diferentes variedades de cáñamo se han fumado e ingerido con nombres muy diversos (como hachís, *charas, bhang, ganja*, kif o marihuana) en la India, Oriente Medio, África y el Caribe con fines recreativos, por mero placer o durante las ceremonias religiosas. También ha representado un importante sacramento en grupos tan diversos como los brahmanes, ciertas órdenes sufíes, los antiguos escitas y los rastafaris jamaicanos.

Según algunas teorías ciertamente polémicas, los psiquedélicos podrían haber desempeñado un importante papel en la historia judeocristiana. En su libro *The Mystery of Manna: The Psychedelic Sacrament of the Bible (El misterio del maná: El sacramento psiquedélico de la Biblia)*, Dan Merkur sugirió que el maná podría ser una substancia psiquedélica (Merkur, 2000). El estudioso de los rollos del mar Muerto John Allegro también argumentó, en su libro *The Sacred Mushroom and the Cross (El hongo sagrado y la cruz)*, que el cristianismo comenzó como culto chamánico que utilizaba como sacramento el hongo agárico de la mosca *(Amanita muscaria)* (Allegro, 1970). John Lash Lamb encontró numerosas representaciones de hongos estilizados en el Salterio de Eadwine de París (Lash Lamb, 2008).

Mike Crowley subrayó, en su bien documentado libro *Secret Drugs of Buddhism: Psychedelic Sacraments and the Origins of the Vajrayana*, el importante papel desempeñado, en el budismo tibetano, por las substancias que expanden la conciencia. Basándose en las escrituras sagradas, la iconografía, la botánica y la farmacología, Crowley acumuló multitud de pruebas de que las substancias psiquedélicas, desde el soma hasta el *amrita* [el llamado néctar de los dioses], influyeron profundamente en el desarrollo de las religiones indias (Crowley, 2010). Según dijo, Chintamani, la joya que cumple los deseos, pudo haber sido un hongo relacionado con el género *psilocybe*, y los árboles asociados a la diosa Tara, como la acacia, podrían haberse utilizado para producir bebidas que contienen DMT, un poderoso psicoactivo semejante a la ayahuasca («indohuasca»).

El micólogo Gordon Wasson llevó a cabo una meticulosa investigación acerca de la comida que, según el *Sutra Maha-parinibbana*, preparó para el Buda el herrero Cunda antes de que aquel entrara en el *parinirvana*. Hay diferencias en las escrituras sobre el significado de la palabra *sukara maddava*, el nombre de la última comida del Buda. La traducción literal de esta palabra es «trozos de cerdo» (de *sukara*, que significa cerdo, y *maddava*, que significa tierno o delicado). En este sentido, los budistas Theravada creen que lo que el Buda comió fue carne de cerdo, mientras que los budistas Mahayana creen que este nombre se refiere a algún tipo de trufa o seta, un manjar que gusta mucho a cerdos y jabalíes. La investigación llevada a cabo al respecto por Wasson pareció corroborar la versión Mahayana y llegó a la conclusión de que la expresión «trozos de cerdo» probablemente se refería a un hongo enteógeno (Wasson, 1982).

El uso ceremonial de distintas substancias psiquedélicas tiene también una larga historia en América Central. Las plantas que expanden la conciencia eran muy conocidas por diferentes culturas prehispánicas como los aztecas, los mayas y los toltecas. Las más famosas de ellas son el peyote (*Lophophora williamsii*), el hongo sagrado teonanácatl (*Psilocybe mexicana*) y el ololiuqui, que son semillas de diferentes variedades de la planta de la gloria de la mañana (*Ipomoea violacea* y *Turbina corymbosa*). Estas substancias tienen todavía un uso sacramental para los huicholes, los mazatecos, los chichimecas, los coras y otras tribus mexicanas, así como entre los miembros de la iglesia indígena.

La famosa escultura azteca de Xochipilli (el Señor de las Flores), el dios de las flores, del maíz, de la belleza, del canto y de la danza, que fue descubierta en las faldas del Popocatépetl y que se halla expuesta en el Museo Arqueológico Nacional de Ciudad de México, está ricamente decorada con grabados de diseños florales. El etnobotánico de Harvard Richard Schultes señaló que todas las tallas menos una representaban plantas psiquedélicas (como los zarcillos de *Rivea corymbosa, Psilocybe coerulea aztecorum, Nicotiana tabacum* y *Heimia solicifolia*) y llegó a la conclusión de que la postura de la cabeza y el cuerpo y la flexión de los dedos de los pies indican que la escultura representa a la deidad en un trance extático provocado por un hongo enteógeno.

Los poderosos procedimientos de expansión de la conciencia desempeñaron un papel muy importante en la antigua cultura maya. Numerosos relieves en estelas de piedra, esculturas y pinturas en cerámica funeraria muestran que, además del peyote, los hongos mágicos y la *salvia* utilizada por los adivinos (*Salvia divinorum*), los mayas también utilizaban las secreciones de la piel y las glándulas parótidas del sapo *Bufo marinus*. Una técnica específicamente maya de alteración de la mente era la sangría masiva provocada por la perforación de la lengua, los lóbulos de las orejas y los genitales con lancetas hechas de espinas de raya, sílex u obsidiana (Schele y Miller, 1986; Grof, 1994).

El famoso *yagé* o *ayahuasca* sudamericano utilizado desde hace siglos por varias tribus amazónicas para rituales curativos y de iniciación es una decocción de una liana de la selva *(Banisteriopsis caapi)* combinada con otros aditivos vegetales *(Psychotria viridis* y otros). La ayahuasca es legal en Brasil y es utilizada por ayahuasqueros individuales, en sesiones de grupo de la União do Vegetal, una sociedad religiosa que busca promover la paz

Lophophora williamsii, cactus mexicano que contiene el alcaloide mescalina (arriba); administración de un enema de peyote, jarrón maya (Guatemala), período maya clásico, 600 d.C. (centro); enema de peyote, antigua terracota maya (abajo).

Psilocybe mexicana, var. *Aztecorum*, hongos «mágicos» de los mazatecas (arriba izquierda); hongo de piedra, ciudad de Guatemala, *ca.* 2.000 años de antigüedad (arriba derecha); usuario del hongo psicoactivo y Mictlantecuhtli, el dios de la muerte. Detalle de una hoja de un códice azteca fechado en los años inmediatamente posteriores a la conquista española. *Códex Magliabecchi* (México) (abajo).

Bufo alvarius, sapo cuya piel y glándulas parótidas segregan substancias psiquedélicas (arriba); recipiente maya con forma de sapo.

Anita Hofmann, esposa de Albert Hofmann, con un ramo de la planta psiquedélica *Salvia divinorum* (arriba); *Ipomoea violacea* (conocida como gloria de la mañana), fuente de las semillas psiquedélicas ololiuqui (abajo izquierda) y *brugmansia* (conocida como trompeta del ángel), una planta de la familia de las solanáceas que contiene las substancias psicoactivas atropina, escopolamina e hiosciamina (abajo derecha).

Quetzalcóatl, la serpiente emplumada, dios prehispano de la muerte y el renacimiento. Quetzal, un pájaro colorido semejante a un loro, representa el elemento espiritual del ser humano y coatl, la serpiente, representa su naturaleza terrenal. Azteca, siglos XIV-XVI.

y trabajar por el desarrollo espiritual de los seres humanos, y por el Santo Daime, un movimiento religioso sincretista con una misión parecida.

Los orígenes del uso de la ayahuasca se hallan envueltos en el misterio. Esta poción sagrada es un brebaje de la selva que requiere una combinación de dos plantas diferentes que tienen un perfecto sentido químico. La *psychotria* y otros aditivos utilizados en la preparación de la ayahuasca contienen triptaminas psicoactivas y la liana *Banisteriopsis* aporta un inhibidor de la monoamino-oxidasa (MAO) que protege a las monoaminas de su rápida degradación en el tracto gastrointestinal.

No es difícil imaginar que una persona hambrienta encuentre una seta en el bosque y, al probarla, descubra sus propiedades psiquedélicas. Menos probable –aunque igualmente concebible– es que, pese a su desagradable sabor, alguien se empeñe en comer un cactus peyote. Pero es astronómicamente baja, sin embargo, la probabilidad de combinar de manera accidental dos, de entre las miles de plantas amazónicas, que complementen idealmente sus efectos químicos y produzcan una poción psiquedélica. Además, el hecho de que, para extraer el alcaloide, la dura liana leñosa requiera muchas horas de cocción torna casi imposible el descubrimiento accidental de este procedimiento. Según afirman los nativos, fueron las mismas plantas las que les indicaron el modo de utilizarlas.

En las últimas décadas, la gente del Santo Daime y de la União do Vegetal han introducido el uso ritual de la ayahuasca en la civilización industrial como un intento de contrarrestar la alienación, la pérdida de espiritualidad y la degradación ecológica de nuestro planeta. La región amazónica y las islas del Caribe son conocidas también por una variedad de rapé psiquedélico. Las tribus aborígenes de África ingieren e inhalan preparados de la corteza del arbusto iboga (*Tabernanthe iboga*) que utilizan en pequeñas cantidades como estimulantes en las cacerías de leones y durante los largos viajes en canoa y, en dosis mayores, durante los rituales de iniciación de hombres y mujeres

El interés científico en las plantas psiquedélicas

Comparado con los milenios de uso humano de las plantas y compuestos psiquedélicos como sacramentos y medicinas sagradas, el tiempo en que la ciencia se ha interesado en ellas ha sido relativamente corto. La investigación científica de los psiquedélicos empezó a comienzos del siglo XX con el aislamiento, por parte de Arthur Heffter, de la mescalina, el principio activo del peyote. A ello le siguieron tres décadas de experimentación con esa substancia que culminaron con la publicación del libro de Kurt Beringer titulado *Meskalin Rausch* (Beringer, 1927). Resulta sorprendente que, durante este período, los investigadores no descubrieran ni describiesen el potencial terapéutico de la mescalina ni su capacidad para inducir experiencias místicas. Su conclusión fue que esta substancia provocaba una psicosis tóxica y centraron fundamentalmente su atención en sus efectos sobre la percepción sensorial y la creatividad artística.

El alcaloide activo de la *Tabernanthe iboga* se vio aislado en 1901 por Dybowski y Landrin y denominado ibogaína que, desde los años 30 hasta los 60, se vendía en Francia en forma de Lambarène, un extracto de la planta *Tabernanthe manii*, y se promocionaba como estimulante mental y físico, pero, en 1966, acabó retirándose del mercado. También se han aislado alcaloi-

Arthur Heffter, químico alemán que aisló la mescalina, el principio activo del peyote.

des activos del *Peganum harmala, la Banisteria caapi* y la harmalina (también llamado banisterina, yagueína o telepatina). De los principios activos de las secreciones del *Bufo alvarius* se identificaron derivados de la triptamina, como la dimetiltriptamina (DMT) y la 5-metoxi-DMT, mientras que las propiedades psiquedélicas de la bufotenina (5-hidroxi-DMT) siguen siendo inciertas. Estas mismas triptaminas resultaron ser también los principios activos de los rapés psiquedélicos caribeños.

Albert Hofmann y la edad de oro de la psiconáutica

La edad de oro de la psiconáutica comenzó con la síntesis del LSD-25, un alcaloide del cornezuelo de centeno, y el descubrimiento de sus efectos psiquedélicos llevados a cabo por Albert Hofmann. Aunque este descubrimiento suele describirse como algo accidental, lo cierto es que las cosas fueron bastante más complicadas. El mismo Albert Hofmann prefirió llamarlo «serendipia», vocablo procedente del antiguo cuento persa titulado *Los tres príncipes de Serendipia [Sri Lanka],* una historia de tres hermanos que viajan juntos y descubren, accidentalmente y debido a su perspicacia, la naturaleza de un camello que se había perdido. Su sagacidad les permitió deducir, a partir de pistas sutiles procedentes del entorno, que el camello tenía un solo ojo, que le faltaba un diente, que estaba cojo, que llevaba a una mujer embarazada y que iba cargado de miel en un lado y de mantequilla en el otro.

Albert Hofmann sintetizó por primera vez el LSD-25 en 1938 como la vigésimoquinta versión de una serie de derivados del ácido lisérgico, un componente esencial de los alcaloides del cornezuelo. El nombre de este ácido refleja el hecho de que se obtiene por dilución (*lisis en* griego) del cornezuelo. Los compuestos del cornezuelo se utilizan en medicina para detener las hemorragias ginecológicas, aliviar las migrañas y mejorar la circulación sanguínea del cerebro de los pacientes geriátricos. El psiquedélico LSD-25 era, pues, en este sentido, una especie de manzana que había caído muy lejos de su árbol.

Siguiendo con el protocolo rutinario, Albert envió la muestra para su análisis al departamento de farmacología, pero los resultados que le mandaron al respecto resultaron muy desalentadores. El informe afirmaba que el LSD-25 era una substancia que carecía de todo interés especial y no merecía, en consecuencia, una investigación adicional. Durante los años siguientes, Albert siguió sintetizando otros derivados del ácido lisérgico, aunque sin

Albert Hofmann con un modelo de la molécula del LSD-25.

poder quitarse de la cabeza la sensación de que, en el caso del LSD-25, los investigadores del laboratorio debían haber pasado algo por alto.

Fue así como, después de revisar el informe del laboratorio, descubrió que, tras la administración de LSD-25, algunos de los ratones que habían participado en el experimento mostraban una curiosa agitación psicomotriz. Entonces llegó a la conclusión de que, debido a su similitud estructural con la niketamida, un estimulante del sistema nervioso central, resultaría interesante probar su poder analéptico. Finalmente, en 1943, esta sensación se intensificó tanto que decidió sintetizar otra muestra de LSD y comprobar la veracidad de su intuición, pero, por más sofisticadas que fueran estas nuevas pruebas, los experimentos realizados con animales no llegaron a descubrir ningún efecto psiquedélico. Fue entonces cuando tuvo lugar un notable accidente.

Mientras trabajaba en esta síntesis, Albert empezó a sentirse extraño: experimentaba fuertes oleadas de emociones, veía extraños colores y su percepción del entorno se vio profundamente alterada. Al comienzo temió estar sufriendo un episodio psicótico, pero, cuando dos horas y media más tarde, recuperó la normalidad, llegó a la conclusión de que quizás se hubiera intoxicado accidentalmente con la substancia con la que estaba trabajando y, tres días después, decidió hacer un experimento en el que él mismo serviría de sujeto. Llevó a cabo su trabajo del día y luego tomó una dosis medida de LSD-25. Siendo muy conservador tomó lo que él mismo describió como una dosis minúscula de 250 μg (microgramos, es decir, millonésimas de gramo o gamma), un cuarto de la dosis habitualmente utilizada con otros alcaloides del cornezuelo.

Por supuesto, Hofmann ignoraba el enorme poder psicoactivo de la substancia que había creado. En nuestro uso terapéutico posterior del LSD-25, 250 μg era una dosis que requería varias horas de preparación, un entorno especial y, preferiblemente, dos facilitadores (un hombre y una mujer) dispuestos a acompañar entre seis y ocho horas a la persona afectada. Mantuvieron a esos clientes durante la noche en el instituto y hablaron con ellos por la mañana antes de dejarlos marchar a casa. Así pues, Albert tomó por casualidad esta dosis esperando que operase como habitualmente y cerraba los ojos cada media hora aproximadamente para verificar si estaba ocurriendo algo especial.

A los cuarenta y cinco minutos, empezaron a resultar evidentes los efectos de la substancia que, en esta ocasión, eran desproporcionadamente intensos. Albert tuvo que dejar de trabajar y pidió a su ayudante que le llevara a casa, pero eran tiempos de guerra, la gasolina estaba racionada y la gente se desplazaba en bicicleta. La descripción de Albert de ese paseo en bicicleta por las calles de Basilea se ha convertido en una leyenda porque le parecía que nunca iba a terminar (Hofmann, 2005). Cuando finalmente llegaron, Albert se encontraba muy desmejorado; sospechaba que su vecina era una bruja que estaba obsesionada con hacerle daño, pensó que estaba muriendo y pidió a su ayudante que llamara a un médico, pero, cuando el médico llegó, la situación era muy diferente. Albert había revivido su nacimiento y se sentía de maravilla, como si fuese un recién nacido.

Luego escribió un informe a su jefe, el doctor Walter Stoll, sobre este extraordinario experimento. Dio la casualidad de que el hijo del doctor Stoll, Werner, era psiquiatra y accedió a llevar a cabo un estudio piloto con esa fascinante substancia administrando LSD-25 a un grupo de sujetos normales y a un grupo de pacientes aquejados de diferentes trastornos psiquiátricos. En 1947 publicó un artículo sobre este estudio titulado *LSD-25: A Fantasticum from the Ergot Group* (Stoll, 1947). Después de la publicación de ese artículo, el nuevo derivado semisintético del cornezuelo se convirtió, de la noche a la mañana, en una auténtica sensación en el mundo de la ciencia.

No todo el mundo sabe que no fue el efecto psiquedélico del LSD el que provocó tal sensación. Hacía tiempo que los antropólogos e historiadores sabían que muchas culturas antiguas y nativas utilizaban, en su vida ritual y espiritual y con un objetivo curativo, plantas con efectos psiquedélicos. En la época del descubrimiento de Albert, los químicos ya habían aislado los principios activos de algunas de estas plantas. Lo realmente sorprendente fue la extraordinaria intensidad de los efectos del LSD-25, que resultaba eficaz en cantidades ínfimas de millonésimas de gramo (es decir, con microgramos o gammas). A efectos comparativos, digamos que se necesitan unos 100 mg de mescalina para una buena sesión, pero se pueden conseguir aproximadamente experiencias con la misma intensidad con unos 100 μg de LSD-25, una milésima parte de esa dosis.

Era concebible, por tanto, que el cuerpo humano pudiese producir una substancia parecida («toxina X») y que las enfermedades mentales graves o psicosis fuesen, en realidad, aberraciones químicas que pudieran tratarse con el antídoto adecuado, es decir, con una substancia que neutralizase sus efectos. Ese hubiera sido un remedio de laboratorio para la esquizofrenia, el Santo Grial de la psiquiatría. Durante los primeros estadios de la investigación sobre el LSD, los psiquedélicos se denominaban alucinógenos, substancias psicotomiméticas y hasta delirógenos, y los estados inducidos por ellos recibieron el nombre de «psicosis experimentales». Fue necesario, por tanto, que los clínicos con orientación psicoterapéutica superasen este sesgo preconcebido. Así fue como el descubrimiento del LSD y la búsqueda de la «toxina X» pusieron en marcha lo que ha acabado conociéndose como «la edad de oro de la psicofarmacología».

Durante un período de tiempo relativamente corto, los esfuerzos conjuntos realizados por bioquímicos, farmacólogos, neurofisiólogos, psiquiatras y psicólogos sentaron las bases de una nueva disciplina científica que bien podríamos denominar «farmacología de la conciencia». Durante ese lapso se determinó la estructura química de los principios activos de distintas plantas psiquedélicas que se vieron sintetizadas en forma químicamente pura. Un capítulo muy importante y apasionante de la historia de la psiconáutica fue la resolución del misterio de los efectos de las «setas mágicas» de los mazatecos, un pueblo indígena del estado mexicano de Oaxaca.

La investigación etnomicológica de Gordon y Valentina Pavlovna Wasson

Gordon Wasson y su esposa, la pediatra rusa Valentina Pavlovna, fueron los protagonistas de este capítulo de la historia. Gordon era un exitoso banquero de Nueva York y vicepresidente de J.P. Morgan Trust Company, el tipo de persona que más improbablemente se involucraría en algo relacionado con la psiconáutica. Esta notable historia comenzó en 1927, cuando él y su joven esposa pasaban su postergada luna de miel en las Catskills. Durante uno de sus paseos por el bosque, Valentina Pavlovna recogió setas silvestres e insistió en prepararlas para la cena.

Como típico anglosajón, Gordon era un *micófobo*, término que más tarde acuñó para referirse a las personas que creen que las únicas setas comestibles son las que se encuentran en el supermercado y que llaman «toadstools» [que literalmente significa «asiento de sapo»] a quienes consumen setas silvestres. Le horrorizaba la idea de comer setas y trató sin éxito de disuadir a su esposa para que no las cocinara. El criterio de Valentina que, por su parte, era *micófila* –término con el que Gordon se refirió posteriormente a los entusiastas de las setas de Europa del Este–, acabó imponiéndose y preparó una cena deliciosa utilizando como ingrediente principal setas silvestres. Gordon probó a regañadientes el plato y acabó encantado con él.

A la mañana siguiente, cuando descubrió con gran sorpresa que tanto él como su esposa estaban sanos y salvos, experimentó una espectacular conversión de micófobo a micófilo. Esa experiencia despertó en él un profundo interés por los hongos que duró toda su vida y acabó convirtiéndole en un etnomicólogo aficionado de fama mundial. Gordon y Valentina pasaron los siguientes veinte años estudiando el papel desempeñado por los hongos en la historia de la humanidad, la arqueología, la religión comparada, el folclore y la mitología. Esa exhaustiva investigación culminó con la publicación de su colosal obra de bibliófilo titulada *Mushrooms, Russia and History* (Wasson y Wasson, 1957), en la que los Wasson concluyeron que el culto a los hongos era un componente importante de la vida religiosa de la humanidad preletrada de la mayor parte de Eurasia y América.

Estaban especialmente fascinados por el uso ritual del hongo psicoactivo *Amanita muscaria* por parte de los chamanes ugrofineses y de otros pueblos del extremo norte de Eurasia. Este interés les llevó a descubrir los escritos de fray Bernardino de Sahagún, un misionero franciscano que participó en la evangelización católica de Nueva España y a interesarse por el uso ritual que las culturas prehispánicas y de la América Central contemporánea hacían de los «hongos mágicos». Después de tres viajes de campo a México conocieron a María Sabina, una curandera mazateca que empleaba, en sus ceremonias de curación, hongos psicoactivos, conocidos en Mesoamérica como *teonanácatl* o «carne de los dioses».

En junio de 1955, los Wasson y su amigo Allan Richardson, un fotógrafo neoyorquino, se convirtieron en los primeros occidentales conocidos que pudieron participar en un ritual de hongos celebrado por María Sabina y conocido como *velada*. Su libro *Mushrooms, Russia and History (Setas, Rusia e Historia)* explicó por primera vez el encuentro de los Wasson con María Sabina y su experiencia con las setas mágicas. Quedaron profundamente impresionados por los poderosos efectos de las setas ingeridas en la velada de María Sabina. Recogieron muestras de ellas y las enviaron a Europa para su identificación botánica.

Los Wasson solicitaron para ello la ayuda de Roger Heim, un famoso botánico francés especializado en micología y fitopatología tropical, que identificó los hongos teonanácatl como *Psilocybe mexicana* y sus congéneres. Heim pudo cultivar algunos de estos hongos en su laboratorio y él y Gordon enviaron muestras a los laboratorios de la empresa farmacéutica suiza Sandoz para su análisis químico. En un brillante *tour de force* químico, Albert Hofmann llegó a identificar y sintetizar un par de alcaloides activos responsables del efecto de las setas *Psilocybe* a los que bautizó con los nombres de psilocibina y psilocina. Sandoz produjo grandes cantidades de pastillas de los dos nuevos psiquedélicos y las puso a disposición de la investigación clínica y de laboratorio de todo el mundo.

La siguiente contribución de Albert Hofmann a la historia de la psiconáutica fue el aislamiento del principio activo de las semillas de la *Rivea corymbosa*, conocida entre los nativos como *ololiuqui*, que Gordon Wasson obtuvo de un nativo zapoteco. Para gran sorpresa de Albert, el alcaloide activo resultó ser la monoetilamida del ácido lisérgico (LAE-32), cuya estructura química solo difería en un grupo etílico del LSD-25. Era tan improbable que los derivados del ácido lisérgico pudiesen ser producidos por plantas tan alejadas en la escala evolutiva como el hongo cornezuelo del centeno y la planta con flor *Rivea corymbosa*, que los colegas de Albert le acusaron de haber contaminado su muestra de ololiuqui con ácido lisérgico de su laboratorio. Sin embargo, la identificación del alcaloide resultó ser correcta y Albert llegó a la conclusión de que el LSD debía considerarse un miembro del grupo de los sacramentos prehispánicos.

Como ya hemos visto, la mescalina, la ibogaína y la harmina (banisterina) habían sido aisladas e identificadas químicamente a comienzos del siglo XX. El arsenal de substancias psiquedélicas se enriqueció todavía más con el descubrimiento de los derivados psicoactivos de la triptamina –DMT (dimetiltriptamina), DET (dietiltriptamina) y DPT (dipropiltriptamina)– sintetizados y estudiados por un grupo de químicos de Budapest dirigido por Stephen Szara y Zoltan Böszörményi. La DMT y la 5-metoxi-DMT fueron reconocidas como los principios activos de las secreciones psiquedélicas de las glándulas parótidas y de la piel del sapo *Bufo alvarius* y un importante ingrediente de la ayahuasca (que literalmente significa «soga de los muertos»), una extraordinaria poción que, durante siglos, ha tenido fama de medicina milagrosa entre las culturas nativas de Sudamérica.

En 1964, el químico israelí Raphael Mechoulam hizo otra importante contribución a la psiconáutica al aislar, identificar y sintetizar el principio psicoactivo del *cannabis* (marihuana y hachís), el tetrahidrocannabinol (THC) (Mechoulam, 1970). Los experimentos originales de Mechoulam tuvieron lugar a comienzos de la década de 1960 con hachís procedente de una comisaría de policía local y sus investigaciones pusieron de relieve el extraordinario potencial psicoactivo y medicinal de este compuesto vegetal único.

El banquero y micólogo neoyorkino Gordon Wasson con una efigie prehispánica de un hongo (arriba izquierda). Stanislav Grof visitando a Wasson en 1973 en su casa de Danbury (Connecticut) (arriba derecha); efigies prehispánicas de hongos. Se encontraron esculturas similares en el sur de México, Guatemala y El Salvador datadas entre el 1000 a.C. y 500 d.C. (abajo izquierda). Escultura de terracota que representa a unas personas danzando en torno a la efigie de un hongo, posiblemente un Árbol del Mundo (*axis mundi*). Colima, 200 a.C. a 100 d.C. (México) (abajo derecha).

Mechoulam también logró aislar el segundo cannabinol más abundante, el cannabidiol (CBD), que resultó ser un potente analgésico que, sin llegar a inducir un estado holotrópico de conciencia, tiene otros efectos terapéuticos.

Raphael Mechoulam sigue investigando y, junto a sus colaboradores, ha aislado e identificado un gran número de cannabinoles con una amplia gama de efectos clínicos útiles, dándose cuenta de que el consumo del *cannabis* no tiene nada de casual. En 1992 descubrió que el cuerpo humano produce naturalmente sus propios cannabinoides que regulan el estado de ánimo, el dolor, la memoria y mucho más. Por sus investigaciones, ha recibido numerosos premios nacionales e internacionales y se ha ganado merecidamente el nombre de «abuelo del *cannabis*». Con los avances que actualmente tienen lugar en la descriminalización de la marihuana su trabajo resulta cada vez más importante.

Durante la década de 1960, los investigadores disponían de una amplia gama de alcaloides psiquedélicos en forma pura, lo que posibilitó el estudio en laboratorio de sus propiedades y les permitió determinar la fenomenología de las experiencias que inducen, así como su potencial terapéutico. La revolución psicofarmacológica provocada por el descubrimiento fortuito de Albert Hofmann del LSD y la búsqueda de la toxina X se hallaban en marcha. En 1954, Wooley y Shaw esbozaron una teoría bioquímica de la esquizofrenia basada en el antagonismo entre el LSD-25 y la serotonina (5-hidroxitriptamina) (Woolley y Shaw, 1954; Grof, 1959).

Abram Hoffer y Humphry Osmond pensaron que la esquizofrenia podría estar causada por un metabolismo anormal de la adrenalina que da lugar a los derivados psiquedélicos adrenocromo y adrenolutina (Hoffer y Osmond, 1954 y 1999). El efecto del LSD en el pez luchador siamés *Betta splendens* les llevó a esbozar la hipótesis de que sus efectos (y la esquizofrenia) podrían explicarse por una interferencia con la transferencia de oxígeno a nivel subcelular (Abramson y Evans, 1954; Abramson, Weiss y Baron, 1958), basándose en la observación de que el hecho de añadir LSD-25 a un tanque en el que había esos peces provocaba conductas anormales semejantes a las causadas por los derivados del cianuro.

El «niño prodigio» de Albert

Aunque las hipótesis bioquímicas de la esquizofrenia acabaron viéndose refutadas y abandonadas, el LSD siguió llamando poderosamente la atención de los investigadores de campos muy diferentes, algo que nunca antes había sucedido. El descubrimiento del LSD supuso, para los psicofarmacólogos y neurofisiólogos, el inicio de una edad de oro de la investigación que podría resolver muchos enigmas relacionados con los neurorreceptores, los transmisores sinápticos, los antagonismos químicos y las complejas interacciones bioquímicas que subyacen a los procesos cerebrales.

Los experimentos con LSD aportaron a los historiadores y críticos de arte nuevas y extraordinarias ideas sobre la psicología y la psicopatología del arte. Esto resultó especialmente cierto en el caso de las pinturas y esculturas de diferentes culturas nativas, las llamadas culturas «primitivas», los pacientes psiquiátricos y el arte marginal (el llamado *art brut*), así como de diferentes movimientos modernos como el abstraccionismo, el impresionismo, el cubismo, el puntillismo, el surrealismo, el realismo fantástico y el dadaísmo.

La experimentación con LSD también produjo interesantes observaciones de gran interés para los pintores profesionales que participaron en la investigación de esta substancia, y la sesión psiquedélica solía propiciar un cambio radical en su forma de expresión. Su imaginación se veía considerablemente enriquecida, sus colores resultaban más vivos y su estilo era mucho más libre. Además, a menudo podían llegar a las profundidades de su psique inconsciente y servirse de fuentes de inspiración arquetípicas. A veces, personas que nunca antes habían pintado eran capaces de crear obras de arte extraordinarias (Masters y Houston, 1968; Grof, 2015).

Lo mismo ocurrió en el caso de los maestros espirituales y los estudiosos de las religiones comparadas. Las experiencias místicas observadas con frecuencia durante las sesiones de LSD proporcionaron una comprensión radicalmente nueva de una amplia variedad de fenómenos del dominio espiritual asociados al chamanismo, los ritos de paso, los antiguos misterios de muerte y renacimiento, las religiones y filosofías orientales y las tradiciones místicas del mundo entero. El hecho de que el LSD y otras substancias psiquedélicas fuesen capaces de desencadenar una amplia gama de experiencias espirituales se convirtió entonces en objeto de acalorados debates científicos.

Estos debates giraban en torno al fascinante problema de la naturaleza y el valor del «misticismo químico» y del «instante». Como demostró Walter Pahnke en su famoso experimento del Viernes Santo, las experiencias místicas inducidas por los psiquedélicos son indistinguibles de las que pueden encontrarse en la literatura mística (Pahnke, 1963), un hallazgo, recientemente confirmado por un meticuloso estudio llevado a cabo por los investigadores de la Johns Hopkins University Roland Griffiths y Bill Richards, que tiene importantes implicaciones teóricas y legales (Griffiths, Richards, McCann y Jesse, 2006).

El LSD se vio recomendado como una extraordinaria herramienta de enseñanza no convencional que permitiría a psiquiatras, psicólogos, estudiantes de medicina y enfermeras pasar unas horas en un mundo semejante al de sus pacientes. Como resultado de esa experiencia, podrían entenderlos mejor y, en consecuencia, comunicarse mejor y aumentar la eficacia de sus tratamientos. Fueron miles los profesionales de la salud mental que aprovecharon esta oportunidad única. Esos experimentos dieron resultados realmente asombrosos, porque no solo proporcionaron una visión profunda del mundo interno de los pacientes psiquiátricos, sino que revolucionaron también nuestra comprensión sobre la naturaleza de la conciencia y las extraordinarias dimensiones de la psique humana.

Fueron muchos los profesionales que, como resultado de estas experiencias, reconocieron la inadecuación del modelo actual de la psique, que la circunscribe exclusivamente a la biografía postnatal y el inconsciente individual freudiano. Mi propio intento de crear un mapa de la psique que recogiera adecuadamente todo el abanico experiencial de las sesiones psiquedélicas experimentó una ampliación radical del modelo empleado por la psiquiatría convencional añadiendo dos grandes dominios. El primero de ellos, el dominio perinatal, está estrechamente ligado a la memoria del nacimiento biológico, y el segundo, el dominio transpersonal, que se solapa, en cierta medida, con el inconsciente colectivo histórico y arquetípico de C.G. Jung, aunque también lo amplía y modifica; dos grandes dominios que desempeñarán un papel muy importante en capítulos posteriores de este libro.

Los primeros experimentos llevados a cabo con LSD y otros psiquedélicos también pusieron de relieve que, a diferencia de lo que afirma la psiquiatría tradicional, la raíz de los trastornos emocionales y psicosomáticos no se halla en los recuerdos traumáticos de la infancia y la niñez, sino que se remonta a dominios mucho más profundos de la psique, las dimensiones perinatal y transpersonal. Los informes de los psicoterapeutas psiquedélicos pusieron de relieve la capacidad única del LSD para profundizar y acelerar el proceso psicoterapéutico. Utilizando el LSD como catalizador, la psicoterapia puede ser de utilidad para los grupos de pacientes a los que antes resultaba difícil llegar, como los alcohólicos, los drogadictos, los reincidentes y las personas aquejadas de desviaciones sexuales (Grof, 1980).

La psicoterapia con LSD también resultó ser especialmente útil para el tratamiento de los pacientes de cáncer terminal. En un elevado porcentaje de estos pacientes, el LSD alivió –llegando incluso, en algunos casos, a eliminar– síntomas emocionales difíciles como la depresión, la tensión general, la ira y el insomnio. En estudios realizados con pacientes de cáncer, el LSD demostró tener también propiedades analgésicas; a menudo aliviaba el dolor físico intenso y, en ocasiones, demostraba ser útil para el tratamiento de pacientes que no habían respondido al tratamiento con narcóticos. En algunos casos, el efecto analgésico del LSD no se limitaba al tiempo de acción farmacológica de la substancia, sino que proseguía durante varias semanas.

El efecto más importante del LSD en los pacientes de cáncer en estado terminal fue la reducción significativa y hasta la desaparición del miedo a la muerte; y esto era algo que afectaba incluso a quienes sabían que morirían en cuestión de meses o hasta días. Como resultado de esta experiencia, su calidad de vida mejoró considerablemente y transformó de manera muy positiva su experiencia de la muerte (Grof, 2006). Después de cuarenta años de bloqueo del uso clínico de los psiquedélicos debido a una legislación tan irracional como ignorante, estos resultados están viéndose confirmados ahora por una nueva generación de investigaciones centradas en los efectos terapéuticos del LSD y la psilocibina.

El más interesante e importante de los avances que tuvieron lugar durante las primeras décadas de la investigación psiquedélica fue el reemplazo de la visión reduccionista de laboratorio por una comprensión mucho más amplia del enorme potencial revolucionario y transformador de los psiquedélicos. Los terapeutas que tuvieron el privilegio de trabajar con ellas quedaron convencidos de que estas substancias son herramientas únicas y agentes terapéuticos extraordinarios para la investigación de la conciencia y la exploración de los recovecos más profundos de la psique. Las grandes implicaciones filosóficas de esta investigación se ven ahora respaldadas por investigaciones revolucionarias procedentes de otras disciplinas, como la cosmología, la física cuántico-relativista, la teoría sistémica y la biología (Barrow y Tipler, 1986; Sheldrake, 1981; Laszlo 2003, 2007 y 2016, y Goswami, 1995).

Mi primera investigación con psiquedélicos fue un ensayo de laboratorio destinado a comparar los cambios en los registros psicológicos, bioquímicos y

Raphael Mechoulam (1930), el «padre del cannabis», químico israelí que aisló el principio activo tetrahidrocannabinol (THC) y muchos otros cannabinoles (arriba izquierda). Walter Pahnke (1931-1971), psiquiatra, psicólogo, pastor y pionero en la terapia psiquedélica que dirigió el famoso «experimento del Viernes Santo» (arriba derecha). Bill Richards, psicólogo y pionero en la investigación psiquedélica, miembro del personal del Maryland Psychiatric Research Center a finales de los 60 y comienzos de los 70. Actualmente es investigador psiquedélico de la Johns Hopkins University (abajo izquierda). Roland Griffiths, psicofarmacólogo e investigador psiquedélico de la Johns Hopkins University (abajo derecha).

electrofisiológicos derivados de la administración de psiquedélicos a pacientes psicóticos (Vojtěchovský y Grof, 1960). El descubrimiento más fascinante de este estadio de la investigación fue la extraordinaria variabilidad inter- e intraindividual de las experiencias que tuvieron los participantes en ese estudio. La misma substancia administrada en la misma dosis, el mismo *set* [estado interior] y el mismo *setting* [entorno exterior] daban lugar a experiencias radicalmente diferentes en cada uno de los sujetos. Algunas sesiones giraban en torno a hermosas visiones geométricas abstractas, mientras que otras iban acompañadas de la reviviscencia de recuerdos de la infancia e interesantes percepciones psicológicas. Los únicos síntomas de algunas sesiones eran sensaciones físicas desagradables, mientras que, en otras, eran experiencias de bienestar emocional y físico y hasta de éxtasis. También hubo quienes atravesaron episodios netamente paranoicos o con tendencia a la conducta maníaca.

La misma variabilidad pudo advertirse en una serie de sesiones psiquedélicas de los mismos individuos. Cada una de las sesiones de la serie era diferente, con frecuencia muy diferente y, a veces, hasta opuesta. Esta imprevisibilidad de los efectos me dejó muy claro que la nuestra no era una investigación farmacológica ordinaria, es decir, que no estábamos trabajando con substancias que tuviesen efectos predecibles y que, en consecuencia, estábamos adentrándonos en terrenos mucho más interesantes. Estábamos trabajando con catalizadores muy potentes y explorando los dominios más profundos de la psique humana. Como resultado de ello, perdí el interés en la investigación de laboratorio de los psiquedélicos y empecé a interesarme por el estudio de su potencial como herramientas de exploración de la psique y aspectos ligados a la psicoterapia.

En mi primer libro, titulado *Realms of the Human Unconscious*, sugerí que la importancia del LSD para la psiquiatría y la psicología era semejante a la del microscopio (para la biología y la medicina) o a la del telescopio (para la astronomía) en cuanto a su capacidad para revelarnos dominios hasta entonces desconocidos (como la existencia del micromundo y la profundidad del universo, respectivamente). De manera parecida, el LSD nos permite estudiar procesos profundos de la psique anteriormente inaccesibles a la observación (Grof, 1975).

Para la población en general, el punto de inflexión en la actitud hacia los psiquedélicos giró en torno a la correspondencia sostenida por Aldous Huxley y Humphrey Osmond en su búsqueda de un nombre apropiado y no clínico para referirse a la nueva categoría de substancias. Esa correspondencia fue una especie de competición que se llevó a cabo mediante un intercambio de

Humphry Osmond (1917-2004), psiquiatra canadiense y pionero de la terapia psiquedélica que acuñó el término «psiquedélico» (arriba izquierda). Aldous Huxley (1894-1973), escritor, novelista y filósofo británico-estadounidense, y su segunda esposa, Laura Archera Huxley (1911-2007) (arriba derecha). Claudio Naranjo (1932-2019) psiquiatra nacido en Chile, de ascendencia árabe-morisca, española y judía y pionero de la terapia psiquedélica (abajo izquierda). Ralph Metzner (1935-2019), psicólogo, psicoterapeuta, escritor y pionero psiquedélico que llevó a cabo las primeras investigaciones realizadas al respecto en la Harvard University con Richard Alpert y Timothy Leary (abajo derecha).

poemas. Huxley envió a Osmond el siguiente pareado «si quieres convertir en sublime este mundo mundano, deberás tomar de fanerótimo medio gramo», a lo que este contestó diciendo: «si quieres comprender el infierno o tornarte angélico, toma una pizca de psiquedélico».

El término «psiquedélico» de Osmond, el ganador de este concurso, no tardó en reemplazar a palabras como *alucinógeno, psicotomimético, delirógeno* y a la expresión *psicosis experimental* cargados, todos ellos, de connotaciones patológicas, por un término mucho más amable y apropiado. La palabra psiquedélico (del griego *psyche* y *deloun*, que significa «tornar visible») significa literalmente «desvelar» o «manifestar la psique», un término en cuya aceptación resultó decisiva la contracultura de los años 60. Hoy en día, solo vemos los términos como «alucinógenos» y «psicotomiméticos» en artículos de investigadores que esperan ser tomados en serio por autoridades excesivamente conservadoras.

El cambio de enfoque desde una orientación reduccionista y patologicista a otra más centrada en la exploración de la conciencia y en los logros más distantes de la psique humana permitió recopilar conocimientos fascinantes en campos tan distintos como la estructura de los trastornos emocionales y psicosomáticos, la sexualidad humana, la vida ritual y espiritual de las culturas antiguas y nativas, las grandes religiones del mundo, las tradiciones místicas, la muerte y el proceso del morir, la psicología del arte y los artistas y la astrología arquetípica, entre otros muchos, nociones que exploraremos en capítulos posteriores de esta enciclopedia.

El interés por el potencial terapéutico de los psiquedélicos generado por la experimentación clínica con el LSD-25 y la psilocibina también inspiró a algunos terapeutas a profundizar en el aspecto químico y farmacológico de substancias psicoactivas menos conocidas desde comienzos del siglo XX. Aprovechando la favorable situación legal de su país natal, el psiquiatra chileno-estadounidense Claudio Naranjo llevó a cabo un estudio clínico pionero con alcaloides puros de las plantas psiquedélicas ibogaína y harmalina y con MDA y MMDA, dos derivados anfetamínicos estructuralmente semejantes a la mescalina.

Claudio describió este estudio en su libro *The Healing Journey: New Approaches to Psychedelic Therapy [El viaje sanador. Tratamientos pioneros de terapia psicodélica]* (Naranjo, 1974), en el que prestó una especial atención al potencial psicoterapéutico y espiritual de estas substancias. Para distinguirlas de los psiquedélicos clásicos como el LSD, la mescalina y la psilocibina, acuñó para ellas los términos «potenciadores de la emoción» y «potenciadores de la fantasía». En los años posteriores, la mayoría de los investigadores prefirieron el nombre de «enteógenos», que literalmente significa «generadores del Dios interior».

El paso de la psiconáutica a la clandestinidad debido a una legislación irracional

La investigación psiquedélica parecía hallarse en camino de cumplir sus promesas y expectativas iniciales hasta el desafortunado incidente de Harvard en el que se vieron envueltos Tim Leary, Richard Alpert y Ralph Metzner, así como la autoexperimentación masiva no supervisada y la contracultura de la joven generación que acabó convirtiendo al «niño prodigio» de Albert Hofmann en un auténtico «niño problema» (Hofmann, 2005). Y los problemas asociados a esta evolución se vieron exagerados también por la prensa sensacionalista.

Las ignorantes restricciones políticas y administrativas contra los psiquedélicos que tuvieron lugar durante la década de 1960 solo interrumpieron la investigación científica obediente con la ley, pero, como todo el mundo sabe, en modo alguno lograron detener el uso en la calle de las substancias psiquedélicas. Las draconianas sanciones legales en contra de los psiquedélicos y la engañosa propaganda antidroga no hicieron sino motivar a una generación joven y rebelde a experimentar por su cuenta y riesgo. Esto también fomentó la aparición de un mercado negro lleno de productos peligrosos de calidad y dosis inciertas, generando una situación bastante absurda en la que un adolescente medio sabía más sobre los psiquedélicos, la conciencia y la psique humana que los psiquiatras y psicólogos convencionales.

Robert Kennedy, cuya esposa había sido tratada con LSD y era muy consciente de sus beneficios, sacó a relucir esta cuestión en una audiencia de 1966 de su propio subcomité sobre el LSD y cuestionó a los funcionarios de la Administración Federal de Drogas y Alimentos (FDA) y del Instituto Nacional de Salud Mental (NIMH) por descartar proyectos de investigación con el LSD. Defendió la investigación con LSD y señaló lo extraño que era interrumpir la investigación científica legítima de las substancias psiquedélicas en un momento en el que millones de estadounidenses estaban consumiéndolas, una situación que lógicamente debería haber estimulado la investigación al respecto.

Esta drástica legislación que puso fin, durante cuatro décadas, a la investigación seria y legítima de los psiquedélicos no solo no estaba basada en prueba científica alguna, sino que ignoraba incluso los datos clínicos existentes. Por ejemplo, en 1960, el pionero de los psiquedélicos de Los Ángeles Sidney Cohen publicó un artículo, titulado *Lysergic acid diethylamide: Side Effects and Complications,* basado en 25.000 experiencias de LSD-25 y mescalina, en el que demostraba que su uso responsable reducía al mínimo los *flashbacks*, las reacciones prolongadas, los brotes psicóticos y los intentos de suicidio asociados a los psiquedélicos (Cohen, 1960). Este artículo también comparaba los resultados positivos asociados al empleo de psiquedélicos con el de otros procedimientos habitualmente utilizados por la psiquiatría convencional, como la inducción del coma insulínico y la terapia electroconvulsiva, dos abordajes que consideraban aceptable una mortalidad del 1%. La lobotomía prefrontal de Egas Moniz, ampliamente utilizada y por la que obtuvo el Premio Nobel, que causa daños irreversibles en grandes zonas del cerebro y convierte, en ocasiones, gran parte de ese lóbulo en un quiste hemorrágico, constituye, al respecto, una categoría propia.

Quienes tuvimos el privilegio de experimentar personalmente con los psiquedélicos y de utilizarlos en nuestro trabajo éramos muy conscientes de la gran promesa que representaban no solo para la psiquiatría, la psicología y la psicoterapia, sino también para la sociedad moderna en general. Nos entristeció profundamente la histeria masiva que se desató y que no solo afectaba a la población lega, sino también a los círculos clínicos y académicos. Un aspecto de esta histeria nacional que merece una atención especial porque evidencia la naturaleza falaz de la propaganda antidroga es el papel desempeñado al respecto por el deshonesto periodismo amarillo.

A finales de la década de 1960, Maimon Cohen y sus colegas, investigadores de la Universidad Estatal de Nueva York en Buffalo (Nueva York), observaron cambios estructurales en los cromosomas de los niños cuyas madres habían tomado LSD durante el embarazo (Cohen *et al.*, 1968), algo que también se había observado en experimentos anteriores con fármacos de uso común, como la aspirina, la cafeína y los antibióticos tetracíclicos. El doctor Cohen fue muy cauteloso en la interpretación de estos resultados y destacó que todos esos niños habían nacido sanos y normales.

Sin embargo, un periodista irresponsable publicó un artículo con una gran fotografía borrosa de un bebé y el titular «Si tomas LSD una sola vez, puedes tener un bebé deforme». El absurdo de esta afirmación resulta evidente,

Timothy Leary (1920-1996), profesor de psicología de Harvard que se convirtió en un pionero psiquedélico y en un gurú que abogaba por la experimentación masiva con substancias que expanden la conciencia.

Sidney Cohen (1910-1987), psiquiatra de Los Ángeles, pionero psiquedélico y autor de un estudio exhaustivo sobre la seguridad de las substancias psiquedélicas.

porque, independientemente de lo que haga la madre, siempre habrá bebés que nazcan con problemas. Como descubrimos en un estudio realizado en colaboración con Joe Hin Tjio, el citogenetista indonesio-estadounidense del NIH que lo había desarrollado, el método utilizado en ese estudio era, en sí mismo, problemático. En este estudio, el doctor Tjio no pudo distinguir la sangre de los pacientes que habían tomado altas dosis de LSD de la sangre de los integrantes del grupo de control. Walter Houston Clark, que trabajó varios meses como voluntario en nuestro instituto, tomó una muestra de la sangre de Timothy Leary después de que este hubiese tomado centenares de dosis de LSD y la envió al doctor Tjio, quien no pudo detectar nada inusual en la sangre de Leary. En un apéndice a mi libro *LSD Psychotherapy* (*Psicoterapia con LSD*) (Grof, 1980), incluí una amplia revisión de la literatura médica existente sobre el LSD, los cromosomas y la genética.

La histeria nacional en torno a los psiquedélicos acabó comprometiendo y criminalizando trágicamente unas herramientas que poseían un extraordinario potencial terapéutico y que, utilizadas de manera adecuada, podían contrarrestar las tendencias destructivas y autodestructivas de la civilización industrial. Especialmente desgarrador fue advertir la reacción de Albert Hofmann, padre del LSD y otros psiquedélicos, al darse cuenta de que su extraordinario «niño prodigio» acababa convirtiéndose en un «niño problema», y acababa de un plumazo con su sueño de una Nueva Eleusis (Hofmann, 2005).

Algunos de los investigadores psiquedélicos retornaron entonces resignados a una práctica psiquiátrica rutinaria que, después de haber experimentado la prometedora apertura de nuevos horizontes terapéuticos, les parecía mortalmente aburrida. Otros, conscientes de las limitaciones de la terapia verbal, apelaron a enfoques experienciales que no requieren del uso de substancias. Y también hubo quienes, convencidos del valor de los psiquedélicos, decidieron no privar a sus clientes de los beneficios que les proporcionaban estas substancias y siguieron trabajando con ellas en la clandestinidad (Stolaroff, 1997; Schroder, 2014), o encontraron resquicios legales para proseguir con su trabajo de un modo legal o semilegal. Esta evolución permitió que no se cerrase completamente la posibilidad de asistir a sesiones psiquedélicas.

Los Shulgin y la era de los enteógenos

Pese a todas las dificultades legales, las cuatro décadas durante las cuales la investigación convencional permaneció casi paralizada se convirtieron en un capítulo extraordinariamente importante de la historia de la psiconáutica. El mérito es de Alexander Theodore «Sasha» Shulgin, un brillante químico orgánico californiano, psicofarmacólogo y escritor. Sasha desarrolló un nuevo método para la síntesis de la 3,4-metilendioxi-N-metilanfetamina (MDMA, más tarde llamada XTC o éxtasis), una substancia desarrollada a comienzos del siglo XX en Alemania por Merck y destinada a ser un compuesto madre utilizado para la síntesis de otros productos farmacéuticos.

En 1976, Shulgin presentó la substancia a Leo Zeff, un psicólogo junguiano de Oakland (California), quien, a su vez, la presentó a centenares de psicólogos y terapeutas de todo el país (Stolaroff, 1997). A finales de la década de 1970, la MDMA se hizo muy popular como herramienta psicoterapéutica, especialmente eficaz para el trabajo con parejas y personas que padecían trastornos de estrés postraumático. Debido a su proclividad a inducir experiencias de empatía, compasión, proximidad emocional, apertura y unidad, el MDMA ha sido calificado ocasionalmente como un *empatógeno* o *entactógeno* (del griego *en*, que significa «en» y del latín *tactus*, que significa «tacto») conocido por haber salvado muchas relaciones y matrimonios amenazados.

Sasha Shulgin se embarcó en un fenomenal *tour de force* durante el cual sintetizó un gran número de substancias psicoactivas. A partir de 1960, él y su esposa Ann reclutaron un pequeño grupo de amigos con los que probaban regularmente sus creaciones y desarrollaron un método, conocido como *Escala de Clasificación de Shulgin*, destinado a clasificar sistemáticamente los efectos de diferentes substancias, con un vocabulario para describir sus efectos visuales, auditivos y físicos. Sasha probó él mismo centenares de drogas, principalmente análogos de distintas fenetilaminas, un grupo en el que se hallan la MDMA, la mescalina y la familia 2C de psiquedélicos (fenetilaminas que tienen grupos metoxi en las posiciones 2 y 5 del anillo bencénico y triptaminas N, N-dimetiltriptamina [DMT] y 4-metoxi-DMT psilocibina y psilocina). Existe un gran número de ligeras variantes químicas con efectos diferentes, todas ellas meticulosamente registradas en los cuadernos de laboratorio de los Shulgin.

En 1991 y 1997, Sasha y su esposa Ann publicaron los resultados de muchos años de una investigación sin precedentes en dos volúmenes con los nombres esotéricos de *PiHKAL* y *TiHKAL*. Estos libros son un tesoro de información para los psiconautas y, desde el momento de su publicación, se han convertido en clásicos en este campo. Los títulos crípticos de estos libros combinan la información técnica sobre su contenido con el claro testimonio de la pasión que sienten los Shulgin por su extraordinaria búsqueda. *PiHKAL* y *TiHKAL* son los acrónimos de *Tryptamines I Have Known and Loved* y de *Phenethylamines I Have Known and Loved*, respectivamente (Shulgin y Shulgin, 1991 y 1997). Gracias a su notable trabajo en el campo de la investigación psiquedélica y en el diseño racional de substancias psiquedélicas, Sasha es conocido desde entonces como «el padrino de los psiquedélicos».

Sasha fue y sigue siendo querido y admirado por miles de personas que se beneficiaron de su trabajo y experimentaron en su vida el efecto positivo de estas substancias. Quienes tuvimos la oportunidad de visitar su casa y ver su laboratorio no podíamos creer que ese fuera el lugar en el que llegó a sintetizar decenas de substancias psicoactivas porque ese lugar, de apenas 13 metros cuadrados, se asemejaba más al taller de un alquimista medieval que a un laboratorio moderno. Con menor entusiasmo fue acogido el proyecto de Shulgin por los círculos oficiales. Richard Meyer, portavoz de la División de Campo de la DEA de San Francisco, declaró: «En nuestra opinión, esos libros son meras recetas para fabricar drogas ilegales. Los agentes me dicen que en todos los laboratorios clandestinos registrados se han encontrado copias de esos libros».

De no haber sido por la entrega mostrada por individuos como los Shulgin y otros grupos de investigadores convencidos de la importancia científica, psicológica y espiritual de los psiquedélicos y los enteógenos, durante los cuarenta años en los que la legislación irracional acabó con toda la investigación legítima no se habrían sintetizado, descubierto y explorado nuevas y fascinantes substancias psicoactivas. Ellos fueron quienes, sin contar con permiso oficial, llevaron a cabo, aprovechando los huecos legales y la lentitud que requería la ilegalización de las nuevas substancias, la exploración informal de estos fármacos y sacramentos.

Es mucha y de un valor incalculable la información recogida por estos entusiastas exploradores, una información que, en el futuro, podrá servir de fundamento para proyectos de investigación bien diseñados y organizados. Durante los últimos treinta años, Ralph Metzner, un experimentado terapeuta y pionero de la investigación psiquedélica, se mantuvo en contacto con algunos de estos grupos en los Estados Unidos y Europa y recopiló datos sobre sus experiencias con los derivados enteogénicos de la triptamina, una información que hizo pública en su innovador libro, *The Toad and the Jaguar* (Metzner, 2014). Este libro se centra en la 5-metoxi-DMT, un alcaloide activo de los rapés psicoactivos sudamericanos y que también se halla en las secreciones de las glándulas parótidas del sapo *Bufo alvarius*, una substancia que parece especialmente fascinante y prometedora.

Este libro proporciona información detallada sobre la fenomenología de las experiencias, los efectos terapéuticos, las modalidades de administración, la relación entre dosis y efecto, el impacto de los distintos entornos, la combinación entre sesiones enteógenas y diferentes formas de práctica espiritual y la comparación de la 5-metoxidemina con sus primas hermanas la DMT y la bufotenina. Lo más interesante parece ser el potencial de la 5-metoxi-DMT como futuro agente terapéutico, porque es lo suficientemente poderosa como para producir efectos terapéuticos y transformadores de un modo que facilita también la contención de la experiencia. Con esta substancia puede lograrse además una curación y una transformación importantes en un tiempo que no supera el de la sesión psicoanalítica.

The Toad and the Jaguar es una contribución extraordinaria a la literatura psiquedélica que algún día será considerada un clásico. La información que proporciona es lo suficientemente convincente como para inspirar la investigación clínica de la 5-metoxi-DMT. Lo que de inmediato me viene a la mente es un estudio centrado en los efectos de esta substancia en el tratamiento del TEPT de veteranos, un proyecto que, dada la importancia de los problemas psiquiátricos, económicos y políticos asociados a esa categoría diagnóstica, tendría grandes probabilidades de verse aprobado. Otra fuente importante de información sobre la terapia psiquedélica basada en la investigación ilegal es el libro *Therapy with Substance: Psycholitic Psychotherapy in the Twenty-First Century* de la médica alemana Friederike Meckel Fischer, que vivía en Suiza (2015) y que pagó un peaje muy elevado por la dedicación a sus pacientes porque, cuando se supo el trabajo que realizaba, se vio obligada a enfrentarse a tediosos procesos legales y estuvo a punto de ver revocada su licencia para el ejercicio de la medicina.

El renacimiento mundial del interés por la investigación psiquedélica

En la actualidad, estamos asistiendo a una reactivación del interés en todo el mundo por la investigación científica de las substancias psiquedélicas, un cambio inesperado después de cuatro décadas en las que el trabajo clínico oficial y legalmente autorizado resultaba casi imposible. El mérito de este notable giro de los acontecimientos corresponde a Rick Doblin y a su entusiasta equipo de la Asociación Multidisciplinaria de Estudios Psiquedélicos (MAPS) y su incesante esfuerzo por modificar esta lamentable situación. En la actualidad, se están llevando a cabo investigaciones psiquedélicas en varias universidades estadounidenses, entre las cuales cabe destacar la Universidad de Harvard, la Universidad Johns Hopkins, la Universidad de California Los Ángeles (UCLA), la Universidad del Estado de Nueva York (SUNY), la Universidad de California en San Francisco (UCSF) y la Universidad de Arizona en Tucson (Arizona), entre otras.

De especial interés son los resultados positivos de una investigación pionera dirigida por Michael y Annie Mithoefer en Carolina del Sur (Mithoefer *et al.*, 2014) sobre los efectos de la psicoterapia asistida con MDMA con

Rick Doblin (1953), fundador y director ejecutivo de la Asociación Multidisciplinaria de Estudios Psicodélicos (MAPS).

veteranos que padecen trastornos de estrés postraumático (TEPT). Según los informes oficiales, el número de soldados estadounidenses destinados en Irak y Afganistán que se suicidan debido al TEPT es superior al de los que mueren a manos del enemigo, una conducta suicida y violenta que no concluye cuando los soldados regresan a su hogar. Como los formidables problemas asociados a este peligroso trastorno se muestran refractarios a los abordajes terapéuticos tradicionales, este proyecto podría abrir la puerta para que los psiquedélicos entrasen a formar parte del arsenal de métodos utilizados por la psiquiatría convencional. Se han realizado ensayos clínicos de fase II de psicoterapia asistida por MDMA para el TEPT en Carolina del Sur, Colorado, Canadá e Israel y los ensayos clínicos de fase III comenzaron en 2018. En todo el mundo se han iniciado nuevos proyectos de investigación con distintos cannabinoides, ibogaína, ketamina y otras substancias psiquedélicas.

Una inesperada justificación del trabajo de los terapeutas que, en lugar de obedecer una legislación tan ignorante como equivocada, han decidido seguir su propia conciencia y juicio llegó recientemente en forma de carta abierta firmada por un destacado exfuncionario del gobierno. El doctor Peter Bourne, que había sido el zar de las drogas de la Casa Blanca durante la presidencia de Jimmy Carter, escribió una notable carta al editor después de leer un artículo de Michael Pollan en *The New Yorker*. Este artículo, titulado «The Trip Treatment», versaba sobre el uso de la psilocibina para el tratamiento médico (Pollan, 2015). En la carta, Bourne expresaba su pesar por la desafortunada política de drogas seguida por el gobierno de Carter y pedía disculpas a los investigadores que, pese a una decisión administrativa equivocada, habían seguido trabajando con psiquedélicos. Esta es la carta en cuestión:

> El artículo de Pollan sobre el uso de los psiquedélicos para el tratamiento médico ilustra lamentablemente la gran dependencia que tiene la subvención gubernamental para la investigación científica de cuestiones políticas y culturales ajenas a la ciencia. Con escasas excepciones, el apoyo federal a la investigación de las llamadas drogas de abuso solo ha tenido en cuenta sus efectos adversos reforzando el sesgo de los responsables políticos y financieros. Como antiguo director de la Oficina de Política sobre el Abuso de Drogas de la Casa Blanca, me siento avergonzado por no haber tratado de revertir la política de Nixon y Ford, que incluyó la mayoría de los psiquedélicos en la lista I de la DEA y acabó prohibiendo su uso. Es casi seguro que el Congreso habría bloqueado este cambio, pero, si hubiésemos sido capaces de levantar la prohibición de la investigación científica

sobre sus aplicaciones médicas, los especialistas probablemente tendrían hoy una mayor comprensión sobre el funcionamiento del cerebro que podría haber aliviado el sufrimiento innecesario de muchos pacientes con enfermedades terminales. Deberíamos aplaudir a los heroicos científicos y clínicos mencionados por Pollan que están claramente comprometidos con el avance de las fronteras de la ciencia.

Esta carta puede servir de apoyo a los valientes terapeutas que, en lugar de limitarse a obedecer una legislación irracional motivada por la histeria colectiva, decidieron guiarse por la evidencia científica y por su convicción de la extraordinaria utilidad de los psiquedélicos como herramientas terapéuticas. Lamentablemente, sin embargo, no es posible reparar el daño que se ha hecho al avance científico y a los muchos miles de pacientes que se vieron privados de los beneficios de un adecuado tratamiento psiquedélico.

Estoy muy orgulloso de mi hermano Paul, profesor de psiquiatría de la Universidad de Toronto que, en tanto presidente del Comité de Expertos en Substancias Psicotrópicas de la Organización Mundial de la Salud (OMS), se opuso a la decisión de incluir a la MDMA en la Lista I, una categoría en la que se incluyen substancias despojadas de todo valor terapéutico y con un gran potencial de abuso. Paul presentó numerosos informes de terapeutas que habían utilizado MDMA de manera informal y observado una mejora significativa en los clientes aquejados de un trastorno de estrés postraumático. Su sugerencia de no reclasificar la MDMA y de continuar con la investigación antes de cerrar definitivamente el expediente constituye un caso único en la historia de la OMS, en la que el comité no llegó a una decisión unánime. Y, como no había precedentes de tal situación, hubo que apelar a un par de abogados que debatieron durante hora y media el modo más adecuado de abordar esta situación. La conclusión final a la que llegaron fue que el presidente puede asumir y hacer constar su oposición.

La búsqueda de un candidato manchú

Esta historia de la psiconáutica estaría incompleta si no mencionásemos también su lado oscuro. No todos los viajes interiores se hicieron con intenciones benévolas o se tomaron voluntariamente y con conocimiento de que estaban ocurriendo. El LSD, una substancia incolora, insípida e increíblemente potente, no tardó en atraer la atención de los servicios secretos, las agencias de inteligencia y los militares de todo el mundo. La CIA exploró su potencial para comprometer a políticos y diplomáticos extranjeros y llevar a cabo lavados de cerebro. En el infame programa MK-ULTRA, los agentes de la CIA introdujeron el LSD en el submundo urbano de San Francisco e instruyeron a prostitutas contratadas para que lo introdujeran secretamente en las bebidas de sus clientes, observando luego cómo afectaba a la conducta de los implicados a través de un espejo unidireccional. También añadieron subrepticiamente LSD en la bebida de gente en diferentes lugares públicos observando luego el modo en que respondían. La justificación que dio la CIA para el comportamiento criminal de sus agentes fue que la información era necesaria porque la Rusia comunista, Corea del Norte y China estaban utilizando psiquedélicos para lavar el cerebro de los militares estadounidenses capturados.

Los círculos militares de diferentes países se interesaron por el posible uso del LSD como arma química. Una posibilidad seriamente considerada fue la de contaminar el suministro de agua potable y aprovechar la confusión resultante para invadir las ciudades afectadas. En experimentos realizados con tropas incautas, se intoxicó en secreto con LSD a soldados equipados con cámaras acopladas a sus armas que debían realizar tareas muy concretas mientras observadores entrenados evaluaban la precisión de sus disparos, así como también otras actividades militares. Otro plan consistía en rociar con LSD en aerosol a los soldados enemigos en el campo de batalla.

Mientras trabajaba en el Instituto de Investigación Psiquiátrica de Praga tuve la ocasión de ver lo extendido que se hallaba el interés por el uso militar del LSD. En cierta ocasión llevamos a cabo un estudio clínico con Niamid, un antidepresivo tricíclico producido por la empresa farmacéutica Pfizer y observamos que los sujetos que participaron en este estudio no mostraban ninguna respuesta al LSD durante un período de tres semanas después de la interrupción del tratamiento. Nos pareció una observación interesante y publicamos un pequeño artículo al respecto en una pequeña revista checa llamada *Activitas nervosa superior* (Grof y Dytrych, 1965). Para nuestra sorpresa, a las pocas semanas recibimos más de cien solicitudes de información al respecto procedentes de diferentes países del mundo, en su mayoría de centros relacionados con el ejército. No resultaba difícil imaginar el escenario en el que esta información podría considerarse valiosa: soldados tratados con Niamid que pudiesen operar con seguridad en un territorio contaminado con LSD.

Una psiconáutica de laboratorio

Aunque, hasta el momento, solo hemos explorado la psiconáutica con medicamentos psiquedélicos, a esta lista deberíamos añadir también los viajes mediados por distintas técnicas de laboratorio destinadas a la expansión de la conciencia. John Lilly, mundialmente famoso por su investigación sobre la inteligencia de los delfines y experimentador con substancias psiquedélicas, diseñó un tanque de aislamiento sensorial (privación sensorial) que, mediante la reducción significativa de los estímulos sensoriales, induce estados holotrópicos de conciencia (Lilly, 1977).

La investigación realizada por John Lilly estaba inicialmente concebida para proporcionar información importante a los militares. Se basaba en la observación de que los soldados que se hallaban en situación de aislamiento pueden experimentar profundos cambios de conciencia y que los pilotos en vuelos solitarios desarrollan una conducta irracional (algo conocido como «fenómeno de ruptura» o «síndrome de la cabina vacía»). El aislamiento también era conocido como técnica utilizada durante los interrogatorios y el lavado de cerebro. Las primeras investigaciones realizadas al respecto se inspiraron en el libro *Alone,* escrito por el almirante Richard Byrd, oficial de la marina estadounidense y explorador polar que pasó seis meses solo en una estación antártica recogiendo datos meteorológicos y cumpliendo su deseo de «probar la paz y tranquilidad el tiempo suficiente para saber lo buenas que realmente son», pero que no tardó en experimentar inexplicables trastornos físicos y mentales (Byrd, 2007).

En la forma extrema del tanque de aislamiento sensorial construido por John Lilly en el Centro de Investigación Psiquiátrica de Maryland, se priva a la persona que participa en el experimento de *inputs* sensoriales sumergiéndola en un gran tanque oscuro e insonorizado (de unos dos metros de altura) lleno de agua a la temperatura del cuerpo. Con una máscara hermética hecha a medida y respirando a través de un tubo de plástico se puede flotar en este tanque durante muchas horas, como lo hace el feto en el seno materno, y experimentar un profundo estado holotrópico de conciencia.

Una versión más pequeña del tanque Lilly tiene la forma de una gran caja forrada de plástico llena de una solución de sal de Epsom (sulfato de magnesio) que permite flotar en su superficie con un termostato que garantiza el mantenimiento de la temperatura del agua en el rango de la temperatura corporal. John Lilly también diseñó una versión de lujo en forma de platillo

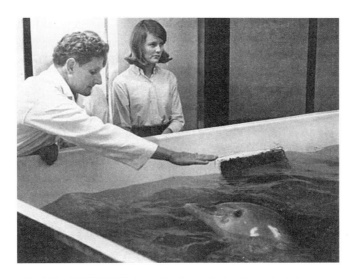

John Lilly (1915-2001), investigador de la inteligencia de los delfines, la privación sensorial y los efectos de las substancias psiquedélicas.

volante destinado a la experimentación privada llamada Ballena Blanca que se ha hecho muy popular entre los modernos psiconautas.

Otro método de laboratorio muy conocido para cambiar la conciencia es el *biofeedback*, desarrollado por Elmer y Alyce Green, Barbara Brown y otros (Green y Green, 1978; Brown, 1974). El sujeto permanece conectado a un electroencefalógrafo y se le pide que se relaje y medite y se ve guiado por señales acústicas de retroalimentación hacia estados holotrópicos de conciencia caracterizados por la preponderancia de determinadas frecuencias de onda cerebral (alfa, zeta y delta). Las máquinas originales se utilizaban para enviar *feedback* de señales acústicas de diferentes frecuencias.

Pero, como el uso de estímulos acústicos no es un método muy atractivo y puede llegar a interferir con el experimento, Barbara Brown lo sustituyó por una flor de loto de plexiglás con luces eléctricas incorporadas de diferentes colores asociados a distintas frecuencias que empiezan a brillar en la oscuridad con un determinado color cuando el sujeto produce una determinada cantidad de ondas de la frecuencia deseada. En su versión para niños, el *feedback* puede proporcionarse vinculando la producción de una determinada frecuencia de las ondas cerebrales al movimiento de un tren eléctrico. También convendría mencionar aquí las técnicas de sueño y privación de sueño estudiadas por

William Dement y de sueño lúcido desarrolladas por Stephen La Berge, así como dispositivos que combinan la luz estroboscópica, la tecnología del sonido, las vibraciones corporales, los estímulos cinestésicos y otros (Dement, 1960; La Berge, 1985).

Es importante señalar la posible ocurrencia espontánea de episodios de estados holotrópicos de duración variable (debido a crisis psicoespirituales o emergencias espirituales). Aunque hoy se consideran manifestaciones de una enfermedad mental (psicosis), si se entienden, apoyan y tratan adecuadamente pueden contribuir a la sanación emocional y psicosomática, la transformación positiva de la personalidad y la evolución de la conciencia. Más adelante dedicaremos un capítulo especial a este importante tema.

Bibliografía

Abramson, H.A. y Evans, L.T. 1954. LSD-25: II. Psychobiological Effects on the Siamese Fighting Fish. *Science* 120:990-991.

Abramson, H.A., Weiss, B. y Baron, M.O. 1958. Comparison of Effect of Lysergic Acid Diethylamide with Potassium Cyanide and Other Respiratory Inhibitors on the Siamese Fighting Fish. *Nature.* 181:11361137.

Allegro, J. 1970. *The Sacred Mushroom and the Cross: A Study of the Nature and Origin of Christianity within the Fertility Cults of the Ancient Near East.* New York: Doubleday.

Barrow, J.D. y Tipler, F.J. 1986. The Anthropic Cosmological Principle. Oxford: Clarendon Press.

Beringer, K. 1927. *Der Maskalinrausch* [*La intoxicación con mescalina*]. Berlin: Springer Verlag.

Brown, B. 1974. *New Mind, New Body: Bio Feedback: New Directions for the Mind.* New York: Harper & Row.

Byrd, R. 2007. *Alone in the Antarctic.* Boston, MA: Sterling Point Books.

Campbell, J. 1968. *The Hero with A Thousand Faces.* Princeton, NJ: Princeton University Press.

Campbell, J. 1984. *The Way of the Animal Powers: The Historical Atlas of World Mythology.* San Francisco, CA: Harper.

Cicerón, M.T. 1977. *De Legibus Libri Tres.* New York: Georg Olms Publishers.

Cohen, M. *et al.* 1968. The Effect of LSD-25 on the Chromosomes of Children Exposed in Utero. *Pediat. Res.* 2:486-492.

Cohen, S. 1960. Lysergic Acid Diethylamide: Side Effects and Complications. *J. Nervous and Mental Diseases*. 130:30-40.
Crowley, M. 2010. *Secret Drugs of Buddhism: Psychedelic Sacraments and the Origins of the Vajrayana*. United Kingdom: Psychedelic Press.
Dabrowski, K. 1964. *Positive Disintegration*. Boston, MA: Little Brown.
Dement, W. 1960. *Effect of Dream Deprivation*. Washington, DC: American Association for Advancement of Science.
Goswami, A. 1995. *The Self-Aware Universe: How Consciousness Creates the Material World*. Los Angeles, CA: J. P. Tarcher.
Green, E.E. y Green, A.M. 1978. *Beyond Biofeedback*. New York: Delacorte Press.
Griffiths, R.R., Richards, W.A., McCann, U. y Jesse, R. 2006. Psilocybine Can Occasion Mystical-Type Experience Having Substantial and Sustained Personal Meaning and Spiritual Meaning. *Psychopharmacology* 187-3:268-283.
Grof, S. 1959. Serotonin and Its Significance for Psychiatry (en checo). *Csl. Psychiat*. 55:120.
Grof, S. y Dytrych, Z. 1965. Blocking of LSD Reaction by Premedication with Niamid. *Activ. nerv. super*. 7:306.
Grof, S. 1972. LSD and the Cosmic Game: Outline of Psychedelic Cosmology and Ontology. *Journal for the Study of Consciousness*. 5:165.
Grof, S. 1975. *Realms of the Human Unconscious*. New York: Viking Press.
Grof, S. 1980. *LSD Psychotherapy*. Pomona, CA: Hunter House. Reeditado en 2005, Santa Cruz, CA: MAPS Publications.
Grof, S. 1985. *Beyond the Brain: Birth, Death, and Transcendence in Psychotherapy*. Albany, NY: State University of New York Press.
Grof, S. y Grof, C. (eds.) 1989. *Spiritual Emergency: When Personal Transformation Becomes a Crisis*. Los Angeles, CA: J. P. Tarcher.
Grof, C. y Grof, S. 1990. *The Stormy Search for the Self: A Guide to Personal Growth through Transformational Crisis*. Los Angeles, CA: J. P. Tarcher.
Grof, S. (con Bennett, H.Z.) 1992. *The Holotropic Mind*. San Francisco, CA: Harper Publications.
Grof, S. 1994. *Books of the Dead: Manuals for Living and Dying*. London: Thames and Hudson.
Grof, S. 1998. *The Cosmic Game: Explorations of the Frontiers of Human Consciousness*. Albany, NY: State University of New York (SUNY) Press.

Grof, S. 2000. *Psychology of the Future: Lessons from Modern Consciousness Research*. Albany, N.Y: State University of New York (SUNY) Press.

Grof, S. 2006a. *When the Impossible Happens: Adventures in Non-Ordinary Realities*. Louisville, CO: Sounds True.

Grof, S. 2006b. *The Ultimate Journey: Consciousness and the Mystery of Death*. Santa Cruz, CA: MAPS Publications.

Grof, S. 2015. *Modern Consciousness Research and the Understanding of Art*. Santa Cruz, CA: MAPS Publications.

Hoffer, A. Osmond, H. y Smythies, J. 1954. Schizophrenia: A New Approach. II. Results of A Year's Research. *J. nerv.ment. Dis.* 100:29.

Hoffer, A. y Osmond, H. 1999. The Adrenochrome Hypothesis and Psychiatry. *The Journal of Orthomolecular Medicine*. Vol. 14.

Hofmann, A. 2005. *LSD: My Problem Child*. Santa Cruz, CA: MAPS Publications.

Jamison, S.W. y Brererton, J.P. 2014. *Rig Veda Translation*. Oxford: Oxford University Press.

LaBerge, S. 1985. *Lucid Dreaming*. Los Angeles, CA: J. P. Tarcher.

Lash Lamb, J. 2008. *The Discovery of a Lifetime*. http://www.metahistory.org/psychonautics/Eadwine/Discovery.php.

Laszlo, E. 1993. *The Creative Cosmos*. Edinburgh: Floris Books.

Laszlo, E. 1995. *The Interconnected Universe: Conceptual Foundations of Transdisciplinary Unified Theory*. Singapore: World Scientific Publishing Company.

Laszlo, E. 2003. *The Connectivity Hypothesis: Foundations of An Integral Science of Quantum, Cosmos, Life, and Consciousness*. Albany, NY: State University of New York (SUNY) Press.

Laszlo, E. 2007. *Science and the Akashic Field: An Integral Theory of Everything*. Rochester, VT: Inner Traditions.

Laszlo, E. 2016. *What is Reality?: The New Map of Cosmos, Consciousness, and Existence*. Bayfield, CO: New Paradigm Publishers.

Lilly, J. 1977. *The Deep Self: Profound Relaxation and the Tank Isolation Technique*. New York: Simon and Schuster.

Masters, R.E.L. y Houston, J. 1968. *Psychedelic Art*. New York: Grove Press.

Mechoulam R. 1970. Marijuana Chemistry. *Science* 168:1159-66.

Meckel-Fischer, F. 2015. *Therapy with Substance: Psycholytic Psychotherapy in the Twenty-First Century*. London: Muswell Hill Press.

Merkur, D. 2000. *The Mystery of Manna: The Psychedelic Sacrament of the Bible*. Rochester, VT: Park Street Press.

Metzner, R. 2014. *The Toad and the Jaguar: A Field Report on Underground Research on a Visionary Medicine: Bufo Alvarius and 5-Methoxy-Dimethyltryptamine*. Verano, CA: Green Earth Foundation and Regent Press.

Mithoefer, M. *et al*. 2014. Durability of Improvement in Posttraumatic Stress Disorder Symptoms and Absence of Harmful Effects or Drug Dependency After 3,4-Methylene-Dioxy-Meth-Amphetamine-Assisted Psychotherapy: A Prospective Longterm Follow-Up Study. *Journal of Psychopharmacology* 27:28.

Naranjo, C. 1974. *The Healing Journey: New Approaches to Psychedelic Therapy*. New York: Pantheon Books.

Pahnke, W.N. 1963. Drugs and Mysticism: An Analysis of the Relationship Between Psychedelic Drugs and the Mystical Consciousness. Tesis doctoral, Harvard University.

Pollan, M. 2015. The Trip Treatment. *The New Yorker*, 9 de febrero.

Schele, L. y Miller, M.E. 1986. *The Blood of Kings*. New York: George Brazille.

Sheldrake, R. 1981. *New Science of Life: The Hypothesis of Formative Causation*. Los Angeles, CA: J. P. Tarcher.

Shroder, T. 2014. *Acid Test: LSD, Ecstasy, and the Power to Heal*. New York: Blue Rider Press/Penguin Group.

Shulgin, A. y Shulgin, A. 1991. *PiHKAL: A Chemical Love Story*. Berkeley, CA: Transform Press.

Shulgin, A. y Shulgin, A. 1997. *TiHKAL: A Continuation*. Berkeley, CA: Transform Press.

Stolaroff, M. 1997. *The Secret Chief*. Santa Cruz, CA: MAPS Publications.

Stoll, W.A. 1947. LSD-25, ein Phantastikum aus der Mutterkorngruppe. *Schweiz. Arch. Neurol. Psychiat*. 60:279.

Teilhard de Chardin, P. 1975. *The Human Phenomenon*. New York: Harper and Row.

Ulansey, D. 1989. *Origins of the Mithraic Mysteries: Cosmology and Salvation in the Ancient World*. Oxford: Oxford University Press.

Van Gennep, A. 1960. *The Rites of Passage*. Chicago, IL: The University of Chicago Press.

Vojtěchovský, M. y Grof, S. 1960. Similarities and Differences Between Experimental Psychoses After LSD and Mescaline (en checo). *Csl. Psychiat.* 56:221.

Wasson, G., Hofmann, A. y Ruck, C.A.P. 1978. *The Road to Eleusis: Unveiling the Secret of the Mysteries*. New York: Harcourt, Brace Jovanovich.

Wasson, G. y Wasson, V.P. 1957. *Mushrooms, Russia, and History*. New York: Pantheon Books.

Wasson, R.G. 1982. The Last Meal of the Buddha. *Journal of the American Oriental Society*. Vol. 102, No. 4.

Watts, A. 1973. *The Book on the Taboo Against Knowing Who You Are*. London: Sphere Books.

Weil, A. 1972. *The Natural Mind*. Boston: Houghton Mifflin.

Woolley, D.W. y Shaw, E. 1954. A Biochemical and Pharmacological Suggestion about Certain Mental Disorders. *Proceedings of the National Academy of Sciences*. 40, 228-231.

II. La revisión y el reencantamiento de la psicología: *el legado de medio siglo de investigación sobre la conciencia*

La historia de la psiconáutica que presentamos al comienzo de este libro examina el papel fundamental desempeñado por los estados holotrópicos de conciencia en la vida espiritual, ritual y cultural de las sociedades antiguas y de las culturas aborígenes. También hemos hablado de los efectos perjudiciales que tuvieron la revolución industrial y científica y el Siglo de las Luces y de la Razón sobre la imagen, el estatus y el cultivo de estos estados. Ese año celebramos el septuagesimoquinto aniversario del descubrimiento por parte de Albert Hofmann de los efectos psiquedélicos del LSD-25, un acontecimiento que se convirtió en un punto de inflexión crítico en la historia de la psiconáutica.

El entusiasmo inicial generado por la revolución de la conciencia provocado en la sociedad moderna por el LSD y otros psiquedélicos fue lamentablemente efímero. Las irracionales sanciones legales y administrativas pusieron fin a la investigación científica de los psicodélicos y la desterraron a la clandestinidad. La visión de Albert Hofmann de una Nueva Eleusis, una sociedad que integraría en la vida cotidiana el uso responsable de los medicamentos psiquedélicos en beneficio de la humanidad, acabó convertida en una triste quimera.

Después de una edad oscura de la psiconáutica que ha durado varias décadas vivimos ahora un renacimiento mundial del interés por la investigación científica de las medicinas psiquedélicas, así como por la autoexperimentación lega con ellas. Una forma de interpretar este renacimiento es considerarlo como una rectificación del curso seguido por la evolución de la psiquiatría y una corrección de los errores cometidos por legisladores ignorantes. Desde otra perspectiva, sin embargo, también significa reconocer el valor de los estados holotrópicos y servirnos de su extraordinario potencial. Resulta curioso que la civilización industrial haya sido, hasta el momento, el único grupo humano que no ha reconocido ni se ha servido de su importancia. Este sorprendente desarrollo me inspiró a escribir esta enciclopedia de los viajes interiores para que la información acerca de la conciencia y la psique humana que he ido acumulando durante sesenta años de investigación llegue a manos de una nueva generación de investigadores y psiconautas. Creo que esta información es esencial para maximizar las ventajas y minimizar los riesgos de esos estados.

El descubrimiento de los estados holotrópicos: un viaje a través de la memoria

Mi interés por la investigación de la conciencia comenzó durante el cuarto año de mis estudios de medicina en el que empecé a pasar mi tiempo libre trabajando como estudiante voluntario en la Clínica psiquiátrica de la Facultad de Medicina de Praga. Me fascinaban las conferencias del profesor Vladimír Vondráček, un hombre brillante y carismático con un parecido físico a George Bernard Shaw o al Valentín le Désossé del Moulin Rouge. El interés especial del profesor Vondráček consistía en encontrar y presentar casos de pacientes psiquiátricos cuya personalidad y síntomas clínicos se asemejaban a los de personajes históricos famosos, en particular santos, profetas y fundadores de religiones.

No fue hasta veinte años más tarde, cuando mi esposa Christina y yo esbozamos el concepto de «emergencia espiritual», cuando me volví crítico con el libro del profesor Vondráček *The phantastical and Magical from the Point of View of Psychiatry* (Vondráček, 1968). Otro libro suyo, sin embargo, fue clave para mi desarrollo profesional. Me refiero a su clásico *Pharmacology of the Soul*, que llamó la atención de los psiquiatras checos sobre un grupo de substancias psicoactivas que acabarían conociéndose como psiquedélicos (Vondráček, 1935).

Por aquel entonces había otra fuente de información relacionada con los psiquedélicos disponible en la literatura checa, los ensayos del psiquiatra y farmacólogo Svetozar Nevole, *Apropos of Four-Dimensional Vision: Study of Physiopathology of the Spatial Sense with Special Regard to Experimental Intoxication with Mescaline* (Nevole, 1947) y *Apropos of Sensory Illusions and Their Formal Genesis* (Nevole, 1949). Por eso, antes de que el LSD arribase a mi vida, ya estaba familiarizado e interesado en los psiquedélicos. Después del descubrimiento de los efectos psiquedélicos del LSD por parte de Albert Hofmann y de la publicación del estudio piloto de Werner Stoll, la empresa farmacéutica Sandoz envió muestras gratuitas de LSD a universidades, institutos psiquiátricos e investigadores y terapeutas de todo el mundo. Mi preceptor en la clínica psiquiátrica, el doctor George Roubíček, fue una de las personas que recibió un paquete de grageas de 25 μg y una gran caja de ampollas de 100 μg de LSD-25 con el nombre comercial de Delysid. La carta que acompañaba al paquete describía el descubrimiento de Albert Hofmann de los efectos psiquedélicos del LSD y los resultados del estudio piloto realizado por Werner Stoll. En ella preguntaba a los destinatarios si estarían interesados en llevar a cabo investigaciones con esta substancia y en informar a Sandoz de sus efectos, así como de su posible uso en los campos de la psiquiatría y la psicología.

El artículo del doctor Stoll señalaba algunas similitudes interesantes entre la experiencia del LSD y la sintomatología de las psicosis naturales. Parecía razonable pensar que el estudio de estas «psicosis experimentales» aportaría interesantes conocimientos sobre las causas de los estados psicóticos naturales, en particular la esquizofrenia, el más enigmático de los trastornos psiquiátricos. Werner Stoll también sugirió la posibilidad de probar la utilidad terapéutica del LSD.

La carta de Sandoz contenía asimismo una pequeña nota que determinó mi destino y transformó profundamente tanto mi vida personal como mi vida profesional. Esa nota sugería la posibilidad de utilizar la substancia

Doctor Vladimir Vondráček, destacado psiquiatra checo y jefe de la clínica psiquiátrica de la Facultad de Medicina de Praga, uno de los fundadores de la psicofarmacología y de la sexología checas y divulgador de la psiquiatría.

como una herramienta educativa revolucionaria y poco convencional para los profesionales de la salud mental que trabajaban con pacientes psicóticos. La posibilidad de experimentar una «psicosis experimental» reversible parecía ofrecer una oportunidad única para que psiquiatras, psicólogos, enfermeras psiquiátricas, trabajadores sociales y estudiantes de psiquiatría tuviesen un conocimiento personal íntimo del mundo interior de sus clientes. Eso les permitiría entenderlos mejor y aumentar la capacidad de comunicarse con ellos y obtener, en consecuencia, resultados más exitosos en su tratamiento. No hay que olvidar que estamos hablando de una época en la que los tratamientos eran casi medievales (comas insulínicos, terapia electroconvulsiva, descargas de cardiazol y lobotomía prefrontal) y había la urgente necesidad de encontrar nuevos abordajes terapéuticos.

Estaba tan desilusionado con el tiempo que requería el tratamiento psicoanalítico y la pobreza de sus resultados que me entusiasmó la posibilidad de acceder a una formación tan extraordinaria, de modo que pedí al doctor Roubíček tener con él una sesión de LSD. Lamentablemente, el personal de la clínica psiquiátrica había decidido, por razones muy diversas, no aceptar estudiantes como voluntarios. Sin embargo, como el doctor Roubíček estaba muy interesado en la nueva substancia, pero demasiado ocupado para dedicar tiempo a las sesiones de LSD de sus sujetos experimentales, no puso objeción alguna a mi propuesta de encargarme de supervisar las sesiones psiquedélicas de otras personas y llevar un registro de sus experiencias.

Por eso, antes de estar cualificado para participar como sujeto experimental, había asistido a las sesiones de LSD de muchos psiquiatras y psicólogos checos, artistas prominentes y otras personas interesadas. Los fantásticos relatos de las experiencias mencionadas por otras personas me habían despertado, en varias ocasiones, las ganas de participar como sujeto. Así fue como, después de graduarme en la facultad de medicina en otoño de 1956 y de cumplir con el requisito necesario, pude acceder finalmente a mi primera sesión de LSD.

El área de especial interés del doctor Roubíček giraba en torno a la investigación de la actividad eléctrica del cerebro. Una de las condiciones para participar en el estudio sobre el LSD era someterse a un registro electroencefalográfico antes, durante y después de la sesión. Además, en el momento de mi sesión, estaba especialmente fascinado por las implicaciones de lo que entonces se llamaba «conducción» o «arrastre» de las ondas cerebrales. Esto implicaba la exposición a una fuerte luz estroboscópica de distintas frecuencias con la intención de determinar hasta qué punto las ondas cerebrales de la zona suboccipital del cerebro (la corteza óptica) podían verse «arrastradas», es decir, obligadas a sintonizar con la frecuencia entrante. Ansioso por tener la experiencia del LSD, acepté de buen grado someterme al electroencefalograma (EEG) y dejar que «condujeran» mis ondas cerebrales.

Mi hermano Paul que, por aquel entonces, era estudiante de medicina y estaba también muy interesado en la psiquiatría, aceptó supervisar mi sesión. Unos cuarenta y cinco minutos después de la ingesta empecé a sentir los efectos del LSD. Al comienzo experimenté una leve sensación de malestar, mareo y náuseas, síntomas que no tardaron en desaparecer y se vieron reemplazados por un fantástico desfile de visiones abstractas y geométricas increíblemente coloridas que se desplegaban en veloces secuencias caleidoscópicas. Algunas de ellas se asemejaban a las hermosas vidrieras de las catedrales góticas medievales y otras, a los arabescos de las mezquitas musulmanas. Para describir la exquisitez de estas visiones hice referencias a Sherezade y a *Las mil y una noches*, así como a la impresionante belleza de la Alhambra y a la fantástica descripción que hizo Samuel Taylor Coleridge del legendario Xanadú de Kublai Khan.

Estas fueron las únicas asociaciones que, en aquellos momentos, pude hacer. Hoy creo que, de algún modo, mi psique produjo una extraordinaria variedad de imágenes fractales semejantes a las representaciones gráficas de ecuaciones no lineales que hoy en día pueden generar los ordenadores. A medida que avanzaba la sesión, mi experiencia atravesó este reino estéticamente deslumbrante y se adentró en los dominios de mi psique inconsciente. Me resulta difícil encontrar palabras que reflejen el embriagador despliegue de emociones, visiones y comprensiones sobre mi vida y sobre la existencia en general que se me revelaron en ese nivel de mi psique. La experiencia fue tan profunda y demoledora que eclipsó instantáneamente todo mi interés anterior por el psicoanálisis freudiano. Aún no puedo creer lo mucho que aprendí en esas pocas horas.

El impresionante banquete estético y el extraordinario despliegue de conocimientos psicológicos que experimenté hubiesen bastado para convertir mi primer encuentro con el LSD en una experiencia memorable. Sin embargo, todo eso palideció ante lo que estaba a punto de experimentar porque, entre la tercera y la cuarta hora de mi sesión, cuando el efecto del LSD estaba culminando, apareció la asistente de investigación del doctor Roubiček anunciando que había llegado el momento de someterme al EEG. Para ello me llevó a una pequeña habitación, me colocó cuidadosamente los electrodos en el cuero cabelludo y me pidió que me acostara y cerrase los ojos. Luego colocó una luz estroboscópica gigante sobre mi cabeza y la puso en marcha.

Los efectos del LSD amplificaron extraordinariamente el impacto de la luz y me vi desbordado por la visión de un resplandor increíble y de una belleza sobrenatural que me hizo pensar en los relatos de experiencias místicas que había leído en la literatura espiritual y que comparaban las visiones de la luz divina con la incandescencia de «millones de soles». Se me pasó por la cabeza que así debió ser el epicentro de las explosiones atómicas de Hiroshima y Nagasaki. Hoy pienso que se asemeja al Dharmakaya o a la Clara Luz Primordial, esa luminosidad indescriptiblemente resplandeciente que, según *El Bardo Thödol, el libro tibetano de los muertos*, se nos aparece en el momento de la muerte.

Entonces sentí que un rayo divino había catapultado mi yo consciente fuera de mi cuerpo. Perdí la conciencia de la asistente de investigación, del laboratorio, de la clínica psiquiátrica, de Praga y hasta del planeta. Mi conciencia se expandió a una velocidad inconcebible y alcanzó dimensiones cósmicas. Perdí toda conexión con mi identidad cotidiana. Ya no había límites ni diferencia alguna entre el universo y yo. Sentí que mi antigua personalidad se extinguía y dejaba de existir y también sentí que, al convertirme en nada, me convertía en todo.

La asistente de investigación se atuvo escrupulosamente al protocolo del experimento y cambió poco a poco la frecuencia de la luz estroboscópica de dos a sesenta hercios (ciclos por segundo), y viceversa, y luego la sintonizó, durante un breve tiempo, a la frecuencia media de las bandas alfa, zeta y, por último, delta. Y, mientras esto ocurría, me encontré en el centro mismo de un drama cósmico de dimensiones inimaginables. En la literatura astronómica que leí durante los años siguientes encontré nombres semejantes a algunos de los fenómenos que experimenté durante esos extraordinarios diez minutos (como Big Bang, agujeros negros, agujeros blancos, agujeros de gusano, colapso de estrellas y explosión de supernovas).

Pese a no tener palabras adecuadas para expresar lo que me había ocurrido, tampoco tenía la menor duda de que mi experiencia se asemejaba mucho a lo que había leído sobre las grandes escrituras místicas del mundo. Y, aunque mi psique estaba profundamente afectada por los efectos del LSD, pude ver la ironía y la paradoja que implicaba toda esa situación. La Divinidad manifestándoseme en medio de un experimento científico con una substancia producida en el tubo de ensayo de un químico suizo del siglo XX llevado a cabo en una clínica psiquiátrica en un país comunista sometido a la Unión Soviética. Entonces pude ver claramente que ese tipo de experiencias harían que la gente se convirtiera al «opio de las masas» y perdiese el interés por la revolución sangrienta.

Ese día jalonó el comienzo de mi alejamiento del pensamiento psiquiátrico tradicional y del materialismo monista característico de la ciencia occidental. Salí de esa experiencia conmovido hasta la médula y sobrecogido por su poder. Al no creer entonces, como hoy, que el potencial de la experiencia mística es un derecho natural accesible todo ser humano, atribuí lo ocurrido al efecto combinado del LSD y la luz estroboscópica. Pero, sea como fuere, estaba plenamente convencido de que el estudio de los estados no ordinarios de conciencia, en general, y de los estados inducidos por los psiquedélicos, en particular, era, con mucho, el área más interesante de la psiquiatría. Y también me di cuenta de que, en las circunstancias adecuadas, la experiencia psiquedélica podía convertirse en una «vía regia al inconsciente» mucho más potente que la que los sueños habían supuesto para Freud. Entonces fue cuando decidí dedicar mi vida al estudio de los estados no ordinarios de conciencia, una investigación que ha sido, desde entonces, mi profesión, mi vocación y mi pasión.

El traje nuevo del emperador: la lucha contra el paradigma dominante

Las seis décadas que he dedicado a la investigación de la conciencia han sido, para mí, una extraordinaria aventura de descubrimiento y autoconocimiento. Las dos primeras las pasé realizando psicoterapia con substancias psiquedélicas, primero como investigador principal en el Instituto de Investigación Psiquiátrica de Praga (Checoslovaquia) y, después, en el Centro de Investigación Psiquiátrica de Maryland, Baltimore, donde participé en el último programa oficial de investigación psiquedélica que tuvo lugar en los Estados Unidos. A partir de 1975, mi esposa Christina y yo trabajamos con la respiración holotrópica, un poderoso método de autoexploración y terapia que desarrollamos conjuntamente en el Instituto Esalen de Big Sur (California). A lo largo de los años, también apoyamos a muchas personas que experimentaban episodios espontáneos de estados holotrópicos de conciencia a los que denominamos crisis psicoespirituales o «emergencias espirituales» (Grof y Grof, 1989; Grof y Grof, 1991).

En la terapia psiquedélica, la inducción de los estados holotrópicos se produce mediante la administración de substancias que expanden la conciencia, como el LSD, la psilocibina, la mescalina y los derivados de la triptamina y la anfetamina. La respiración holotrópica consiste en una combinación de respiración rápida, música evocadora y trabajo corporal de liberación de energía que posibilita el acceso a un estado holotrópico de conciencia. En el caso de las emergencias espirituales, los estados holotrópicos irrumpen de manera espontánea en medio de la vida cotidiana y por causas habitualmente desconocidas. Bien entendidos y apoyados, estos episodios tienen un extraordinario potencial curativo, transformador, heurístico y hasta evolutivo.

También he estado tangencialmente interesado en muchas disciplinas más o menos directamente relacionadas con los estados holotrópicos de conciencia. He pasado mucho tiempo intercambiando información con antropólogos y he participado en ceremonias sagradas de culturas nativas en diferentes partes del mundo con y sin la ingesta de plantas psiquedélicas, como el peyote, la ayahuasca, el psilocibe y el kava kava. Esto ha implicado el contacto con chamanes y curanderos norteamericanos, mexicanos, sudamericanos, africanos y ainu. Asimismo, he tenido amplios contactos con representantes de diferentes disciplinas espirituales, como el budismo Vipassana, el Zen, el Vajrayana, el *siddha yoga*, el tantra y la orden cristiana benedictina.

Además, he seguido atentamente el desarrollo de la tanatología, la joven disciplina que estudia las experiencias cercanas a la muerte y los aspectos psicológicos y espirituales de la muerte y el proceso del morir. A finales de los años 60 y comienzos de los 70, participé en un gran proyecto de investigación que estudiaba los efectos de la terapia psiquedélica en individuos que morían de cáncer (Grof, 2006b). También he tenido el privilegio de conocer personalmente a algunos de los grandes videntes y parapsicólogos de nuestra era, pioneros de la investigación de la conciencia en el laboratorio y terapeutas que habían desarrollado y practicado poderosas formas de terapia experiencial que inducen estados holotrópicos de conciencia. Algunos de mis clientes y alumnos han experimentado el fenómeno de los ovnis y las abducciones alienígenas, por lo que he seguido de cerca el trabajo de John Mack, psicoanalista de Harvard y querido amigo, que llevó a cabo un amplio, controvertido y ampliamente difundido estudio sobre el síndrome de abducción alienígena.

Mi primer encuentro con los estados holotrópicos fue muy difícil y desafiante, tanto intelectual como emocionalmente. Durante los primeros años de mi investigación psiquedélica en el laboratorio y la clínica me enfrentaba a diario a experiencias y observaciones para las que mi formación médica y psiquiátrica no me había preparado. De hecho, experimentaba y observaba cosas que la perspectiva científica del mundo en la que me había formado consideraba imposibles, pero que, pese a ello, ocurrían continuamente. En mis artículos y en mis libros he descrito estos «fenómenos anómalos» (Grof, 2000 y 2006a).

Necesité años de participación diaria en sesiones con mis pacientes y docenas de sesiones antes de estar en condiciones de superar los últimos restos del respeto que los estudiantes de medicina y los psiquiatras novatos sienten por los profesores universitarios y otras autoridades científicas. El aluvión de datos revolucionarios fue tan extraordinario e interminable que, al final, llegué a la convicción de que el orgulloso edificio de la psiquiatría tradicional, con su filosofía materialista y mecanicista, es un gigante con pies de barro que se interpone en el camino de la auténtica comprensión de la psique humana y tiene un efecto perjudicial en muchas personas diagnosticadas como enfermos mentales. Así fue como decidí dedicar mi vida y mi trabajo a un esfuerzo concertado destinado a cambiar el paradigma dominante.

Los estados holotrópicos de conciencia y la psiquiatría

La investigación psiquedélica y el desarrollo de técnicas terapéuticas experienciales que tuvieron lugar durante la segunda mitad del siglo XX llevaron los estados holotrópicos de conciencia de los que hablaban los sanadores de las culturas antiguas y nativas al campo de la psiquiatría y la psicoterapia modernas. Los terapeutas que se abrieron a estos nuevos enfoques y los utilizaron en su práctica, o quienes los emplearon en su propia autoexploración, como ocurrió en mi caso, pudimos verificar de primera mano el extraordinario potencial curativo de los estados holotrópicos. Así fue como descubrimos su valor como una mina de oro de nuevos datos revolucionarios sobre la conciencia, la psique humana y la naturaleza de la realidad. He descrito estas transgresoras observaciones que cuestionan el paradigma existente en una serie de libros publicados entre mediados de los años 70 y finales de los 90.

A finales de la década de 1990, recibí una llamada telefónica de Jane Bunker, mi editora en State University of New York (SUNY) Press, que había publicado varios de mis libros en los que exploraba diferentes aspectos de mi trabajo, preguntándome por la posibilidad de escribir un libro que recopilase las observaciones de mi investigación y sirviera también de introducción a mis libros anteriores. Asimismo, me preguntó si podría centrar específicamente mi atención en las experiencias y observaciones de mi investigación que las teorías científicas actuales no pueden explicar y sugerir los cambios de nuestro pensamiento necesarios para dar cuenta de estos revolucionarios hallazgos. Después de superar cierta vacilación y responder positivamente, añadió una petición todavía más desafiante y me preguntó si podría tratar de esbozar el aspecto que tendría una psiquiatría y una psicología que integrasen todas las observaciones que cuestionan el paradigma convencional.

Se trataba de una tarea difícil pero, al mismo tiempo, de una gran oportunidad. Mi septuagésimo cumpleaños se acercaba rápidamente y una nueva generación de facilitadores estaba difundiendo por todo el mundo la formación en respiración holotrópica. Necesitábamos un manual que incluyese el material que se enseñaba en nuestros módulos de formación y esa era una oportunidad inesperada para publicar una guía que homogeneizase el proceso de formación. Finalmente decidí escribir el libro propuesto por Jane al que, consciente de que, si le ponía un título semejante al de mis libros anteriores (*Más allá* del *cerebro*, *La mente holotrópica* o *La tormentosa búsqueda del ser*), recibiría una atención tibia, nombré con el título deliberadamente provocativo de *La psicología del futuro*.

Era evidente que un título tan presuntuoso podría polarizar a los posibles lectores y que algunos se interesarían por lo que pudiera decir, mientras que otros se sentirían molestos. Sin embargo, cuando escribí el libro, estaba convencido de que mis conclusiones eran correctas y de que, por más tiempo que se necesitara, la investigación futura de los estados holotrópicos acabaría confirmándolas.

Si queremos practicar la psiconáutica o entender cualquier problema o cuestión relacionada con los estados holotrópicos de conciencia, es necesaria y hasta imprescindible la nueva psicología esbozada en el libro *La psicología del futuro*. En diferentes capítulos de esta enciclopedia me baso en las observaciones y experiencias de la investigación realizada sobre estos estados, por lo que comenzaré esbozando –como marco de referencia general– los rasgos básicos de esta nueva psicología. Para ello empezaré señalando los cambios radicales en nuestra forma de pensar sobre la psique humana en la salud y en la enfermedad, sobre la conciencia, e incluso sobre la naturaleza de la realidad que ello requiere.

La investigación moderna de la conciencia y la emergencia de un nuevo paradigma

Me gustaría empezar ubicando el debate sobre la necesaria revisión del pensamiento en psiquiatría y psicología en un contexto histórico más amplio. En 1962, Thomas Kuhn, uno de los filósofos más influyentes del siglo XX, publicó su innovador libro titulado *La estructura de las revoluciones científicas* (Kuhn, 1962). Basándose en quince años de estudio intenso sobre la historia de la ciencia demostró que el acopio del conocimiento acerca del universo realizado por las diferentes disciplinas científicas no es, como suele suponerse, un proceso de acumulación gradual de datos y de formulación de teorías cada vez más exactas, sino que, muy al contrario, muestra una naturaleza claramente cíclica con estadios concretos y una dinámica que puede llegar a predecirse.

El concepto central de la teoría de Kuhn es el de *paradigma*, un término que puede definirse como el conjunto de supuestos metafísicos básicos, creencias, valores y técnicas compartidas, en un determinado momento histórico, por los miembros de la comunidad. Esta constelación determina las áreas y temas legítimos de la investigación científica y el modo de llevarla a cabo y evaluarla. Durante el tiempo en que un paradigma domina el pensamiento y la actividad de la comunidad académica, los científicos hacen lo que Kuhn denomina «ciencia normal», que consiste básicamente en el proceso de solución de problemas que se atiene a un conjunto de reglas semejantes a las que rigen el juego del ajedrez. Ese paradigma dominante conserva su influencia sobre los científicos hasta el momento en que nuevas observaciones empiezan a poner seriamente en cuestión algunos de sus supuestos básicos. Al comienzo, la comunidad científica descarta los hallazgos incómodos como productos de una mala ciencia y los atribuye a la falta de experiencia, el desvarío o la deshonestidad de quienes han llevado a cabo esos descubrimientos. Pero, cuando esas observaciones superan la prueba del tiempo y se ven confirmadas o apoyadas por otros científicos independientes, comienza una fase de «ciencia anormal», un período crítico de crisis y confusión conceptual durante el que es posible proponer formas radicalmente nuevas de ver e interpretar fenómenos que quedan lejos de las explicaciones del viejo paradigma.

Por último, una de esas propuestas alternativas satisface los requisitos para convertirse en el nuevo paradigma, que pasa entonces a dominar el pensamiento durante el siguiente estadio de la historia de la ciencia. En ese momento, la historia de la ciencia se reescribe, nuevos individuos suben al trono y se rescatan del olvido genios que siglos atrás tuvieron ideas que pasan a formar parte importante del nuevo paradigma. Así sucedió, por ejemplo, con los casos de Leucipo y Demócrito, filósofos griegos del siglo v a.C. que describieron los átomos o pequeñas partículas indivisibles como los constituyentes básicos del mundo material.

En su libro *El Tao de la física*, Fritjof Capra demostró que la comprensión de la materia de la física cuántico-relativista había sido anticipada milenios atrás por antiguos sabios indios (Capra, 1975). Y, del mismo modo, la relación existente entre la parte y el todo revelada por la holografía óptica era un aspecto integral del concepto de *jivas* de las antiguas escrituras jainistas, de la enseñanza sobre la interpenetración mutua de la que hablaba el budismo Avatamsaka (Hwa Yen) de los siglos VII y VIII d.C. y del libro *Monadología*, escrito por el filósofo alemán del siglo XVII Gottfried Wilhelm Leibniz.

Los ejemplos históricos más famosos de cambios de paradigma son el cambio del sistema geocéntrico ptolemaico por el sistema heliocéntrico de Nicolás Copérnico, Galileo Galilei y Johannes Kepler; la sustitución, en el campo de la química, de la teoría del flogisto de Johann Joachim Becher por la teoría atómica de Antoine Lavoisier y John Dalton, y los cataclismos conceptuales que sacudieron, durante las tres primeras décadas del siglo XX, el campo de la física, socavando la hegemonía de la física newtoniana y reemplazándola por las teorías de la relatividad y la física cuántica de Einstein.

Los cambios de paradigma suelen ser una gran sorpresa para la comunidad académica dominante porque sus miembros no tienden a ver el paradigma líder como la mejor organización posible dada la información de que, en ese momento, se dispone, sino como una descripción exacta y definitiva de la realidad. Este es un error de pensamiento que Alfred Korzybski y Gregory Bateson llamaron «confundir el mapa con el territorio» (Korzybski, 1973; Bateson, 1972). Esta fue una falacia que Bateson, conocido por su irónico humor británico, ilustró con un paralelismo de la vida cotidiana: «No sería extraño que el científico que piense así vaya un buen día al restaurante y se

Fritjof Capra (1939), físico austro-estadounidense, teórico de sistemas y ecólogo profundo, autor de *El Tao de la física* y *La red de la vida*.

coma el menú en lugar de la comida». Otro buen ejemplo de este error es el discurso pronunciado por Lord Kelvin en 1900, décadas antes de la llegada de la física cuántico-relativista, ante una asamblea de físicos en la Asociación Británica para el Avance de la Ciencia, en el que dijo: «En el campo de la física ya no queda nada nuevo por descubrir. Lo único que nos queda por hacer es precisar cada vez más nuestras mediciones».

Durante las últimas seis décadas, varias vías de investigación de la conciencia moderna han revelado una rica gama de «fenómenos anómalos», es decir, experiencias y observaciones que han socavado algunas de las afirmaciones generalmente aceptadas por la psiquiatría, la psicología y la psicoterapia modernas en relación con la naturaleza y las dimensiones de la psique humana, los orígenes de los trastornos emocionales y psicosomáticos y los mecanismos terapéuticos eficaces. Estos «fenómenos anómalos» proceden de la antropología de campo, la tanatología, la parapsicología, la investigación psiquedélica y las poderosas terapias experienciales. Muchas de estas observaciones son tan radicales que cuestionan los supuestos metafísicos básicos de la ciencia materialista sobre la naturaleza de la realidad y del ser humano, así como sobre la relación que existe entre conciencia y materia.

La psicología del futuro: lecciones de la investigación moderna sobre la conciencia

Durante las últimas seis décadas, he llevado a cabo terapias psiquedélicas con LSD, psilocibina, dipropiltriptamina (DPT) y metilendioxianfetamina (MDA), he acompañado a personas que han asistido a sesiones de respiración holotrópica y he trabajado también con personas que experimentan emergencias espirituales. Durante estas sesiones, he observado y experimentado innumerables fenómenos que transgreden el paradigma dominante e indican la necesidad urgente de una revisión radical de los supuestos más fundamentales de la psiquiatría, la psicología y la psicoterapia. En este sentido, he identificado siete áreas que requieren cambios substanciales y de gran alcance en nuestra comprensión de la importancia de la conciencia y la psique humana en la salud y la enfermedad:

1. *La naturaleza de la conciencia y su relación con la materia.*
2. *Nueva cartografía de la psique humana: como arriba es abajo.*
3. *La arquitectura de los trastornos emocionales y psicosomáticos.*
4. *Mecanismos terapéuticos eficaces.*
5. *Estrategias de psicoterapia y autoexploración.*
6. *El papel de la espiritualidad en la vida humana.*
7. *La importancia de la astrología arquetípica para la psicología.*

A menos que cambiemos nuestra forma de pensar en estas áreas, nuestra comprensión de los trastornos emocionales y psicosomáticos psicógenos seguirá siendo superficial, incompleta e insatisfactoria y su terapia, ineficaz y decepcionante. Y lo mismo sucederá en los campos de la psiquiatría y la psicología, que se mostrarán incapaces de entender la naturaleza y el origen de la espiritualidad y de apreciar el importante papel que desempeña en la psique humana, en la historia de la humanidad y en el esquema universal de las cosas. Estas revisiones son, en consecuencia, esenciales para comprender la historia ritual, espiritual y religiosa de la humanidad (el chamanismo, los ritos de paso, los antiguos misterios de muerte y renacimiento y las grandes religiones del mundo). En ausencia de estos cambios radicales en nuestra forma de pensar, las experiencias holotrópicas espontáneas («emergencias espirituales»), potencialmente curativas, transformadoras y heurísticamente inestimables, seguirán siendo diagnosticadas de manera errónea como psicosis y tratadas con medicación supresiva.

Gran parte de las experiencias y observaciones realizadas por la investigación de los estados holotrópicos seguirán siendo «fenómenos anómalos» desconcertantes que el paradigma científico actual descarta de un plumazo como imposibles. Una buena definición de los fenómenos anómalos es la que los considera como «lo que queda fuera cuando utilizamos una mala teoría». El aluvión de fenómenos anómalos descubiertos por la moderna investigación sobre la conciencia evidencia la urgente necesidad de un cambio radical de paradigma. En ausencia de esta revisión, los profesionales de la salud mental tendrán dificultades para reconocer y aceptar el poder terapéutico de las substancias psiquedélicas, porque tiene que ver con experiencias profundas que la ciencia actual considera psicóticas. Esto resulta evidente observando simplemente los términos utilizados por los clínicos y académicos convencionales para describir a los psiquedélicos (psicosis experimentales, alucinógenos, psicotomiméticos y hasta delirógenos); evidencia claramente su incapacidad para reconocer la verdadera naturaleza de las experiencias holotrópicas como expresiones de la dinámica profunda de la psique.

Yo mismo he experimentado una fuerte resistencia a las desconcertantes experiencias y observaciones que me ha proporcionado la investigación de los estados holotrópicos y fenómenos asociados como, por ejemplo, las sincronicidades. No es de extrañar, por tanto, que la comunidad académica haya mostrado tan poco entusiasmo en acoger los cambios propuestos durante los últimos cincuenta años en que empecé a hablar de ellos. A pesar de haberlos observado en un gran número de sesiones y hasta de haberlos vivido en primera persona, a mí me resultaron intelectualmente muy desafiantes, algo muy comprensible, dado el alcance y amplitud de las revisiones conceptuales necesarias. Porque... lo cierto es que no estamos hablando de un pequeño parche (lo que se conoce como *hipótesis ad hoc*), sino de una auténtica revisión de fondo.

La naturaleza y el alcance de este cataclismo conceptual se asemejan a la revolución que experimentaron los físicos durante las tres primeras décadas del siglo XX en que se vieron obligados a pasar de la física newtoniana a las teorías de la relatividad de Einstein y a la física cuántica. De hecho, los cambios conceptuales que propongo en nuestra comprensión de la conciencia y la psique humana constituyen el correlato lógico de los revolucionarios cambios en la comprensión de la materia que ya se han producido en el campo de la física. Estoy convencido de que mis amigos y conocidos físicos cuántico-relativistas están mucho más abiertos a estas nuevas ideas que los psiquiatras y psicólogos de la corriente convencional. Los físicos están convirtiéndose en pioneros en la investigación sobre la conciencia y dejando muy atrás a los psiquiatras.

La historia de la ciencia está llena de personas que se atrevieron a cuestionar el paradigma dominante. Por lo general, sus ideas se vieron inicialmente descartadas como fruto de la ignorancia, el juicio deficiente, la mala ciencia, el fraude y hasta la locura. De hecho, puedo dar un buen ejemplo personal de la naturaleza e intensidad de los intercambios emocionales durante el período de ciencia anormal. El 15 de octubre de 2007 recibí, en Praga, el Premio Visión 97 de la Fundación auspiciada por Václav Havel y su esposa Dagmar. Entre las personas anteriormente galardonadas con este prestigioso premio, que se concede cada año a un personaje seleccionado el día del cumpleaños del presidente checo Havel, se encuentran el neurocirujano y pensador estadounidense Karl Pribram, el ex secretario de Trabajo de Estados Unidos Robert Reich, el psicólogo de Stanford Phillip G. Zimbardo, conocido por su experimento en una prisión en 1971, el profesor de informática del MIT y pionero de la inteligencia artificial Joseph Weizenbaum y el semiólogo y escritor Umberto Eco.

Siete años antes, en el año 2000, recibí un «antipremio» llamado «pedrusco delirante» del Sisyphus Club de Praga, un club que agrupa a un puñado de académicos checos cientificistas y árbitros autoproclamados de la pureza de la ciencia semejante al CSICOP estadounidense de Carl Sagan. Esta organización, como sucede con su modelo estadounidense, está dirigida por un astrónomo (el doctor Jiří Grygar) y la entrega de su galardón anual pretende exponer al ridículo ante los miembros del club a los «tontos» que (como Sísifo) han dedicado años de arduo esfuerzo para producir algo completamente absurdo e inútil que carece de sentido para los pensadores racionales. En 2008, después de haber recibido el Premio Visión 97, los enfurecidos miembros de la junta directiva del Sisyphus Club declararon que mis ideas eran tan escandalosas y ridículas que habían decidido crear para mí una categoría especial llamada «pedrusco archidelirante de diamante». Los lectores interesados pueden informarse de toda esta historia con fotos incluidas en mi sitio web personal: stanislavgrof.com, en la sección CV/BIO.

Ahora estoy entrando en la novena década de mi vida, una época en la que los investigadores suelen revisar su carrera profesional y resumir las conclusiones a las que han arribado. Más de medio siglo de investigación sobre los estados holotrópicos –tanto mía como de muchos de mis colegas de orientación transpersonal– me ha llevado a acumular tantas pruebas que apoyan una visión radicalmente nueva de la conciencia y de la psique humana que he decidido esbozar esta nueva visión en su forma completa sin tratar de ocultar en modo alguno su controvertida naturaleza. El hecho de que los nuevos hallazgos cuestionen los fundamentos metafísicos básicos de la ciencia materialista no debería ser razón para rechazarlos. A fin de cuentas, será la investigación futura imparcial de los estados holotrópicos de conciencia la que lleve, finalmente, a la comunidad científica a aceptar o refutar esta nueva visión.

La naturaleza de la conciencia y su relación con la materia

Según la visión científica actual del mundo, la conciencia es un epifenómeno de procesos materiales que emerge de la complejidad de los procesos neurofisiológicos que tienen lugar en el cerebro, una hipótesis que se pronuncia con toda solemnidad como si estuviera científicamente demostrada más allá de toda duda razonable. Contemplada con más detenimiento, sin embargo, descubrimos que se trata de un supuesto metafísico básico de la ciencia materialista monista que no solo no da cuenta de los hechos, sino que, en última instancia, contradice los descubrimientos realizados por la moderna investigación sobre la conciencia. Son muy pocas, en realidad, las personas –incluidos los científicos– que reconocen que no tenemos la menor evidencia de que la conciencia se genere en el cerebro.

Los filósofos y científicos materialistas más cuidadosos y exigentes se niegan a abrazar plenamente la creencia de los partidarios de la línea dura y admiten que algunos aspectos de nuestra experiencia del mundo no pueden explicarse como funciones del cerebro humano. Siguiendo las ideas que el filósofo y científico cognitivo australiano David Chalmers esbozó en su libro de 1996 titulado *La mente consciente: en busca de una teoría fundamental*, diferencian entre el «problema difícil» de la conciencia y los «problemas sencillos» (Chalmers, 1996).

El «problema difícil» consiste en explicar por qué podemos tener experiencias subjetivas y cómo y por qué las sensaciones asumen ciertos rasgos distintivos (como colores, sabores y olores). Dicho en otras palabras, consiste en explicar cómo algo tan tangible como un conjunto de neuronas puede generar algo tan impalpable como sentimientos, sensaciones, intuiciones y voliciones. Y esto está en agudo contraste con los «problemas fáciles» de la conciencia, que se ocupan de explicar la capacidad de discriminar, integrar información, presentar estados mentales, centrar la atención, etcétera. Lo único que necesitamos para explicar estos problemas fáciles consiste en especificar un mecanismo que pueda realizar la función y que las soluciones propuestas sean coherentes con la concepción materialista de los fenómenos naturales.

Muchos científicos se han negado a aceptar la posibilidad de explicar la conciencia apelando únicamente a mecanismos cerebrales. Wilder Penfield, el famoso neurocirujano canadiense-estadounidense que trató con éxito a centenares de pacientes epilépticos extirpándoles las áreas del cerebro en las se originaban los ataques, acopió gran cantidad de datos experimentales al respecto. Mientras operaba a esos pacientes utilizando anestesia local estudió sus reacciones a la estimulación eléctrica de diferentes regiones cerebrales. Los datos así recogidos le permitieron esbozar un mapa de las funciones anatómicas asociadas a diferentes regiones del cerebro como, por ejemplo, la corteza motora primaria y la corteza somatestésica primaria (el «homúnculo»). En su libro *El misterio de la mente*, escrito hacia el final de su vida, Penfield llegó a la conclusión de que no existían pruebas fehacientes de que el cerebro pueda llevar a cabo el trabajo realizado por la mente:

> A lo largo de mi carrera científica yo, como muchos otros científicos, he tratado de demostrar que el cerebro explica la mente. Pero quizás haya llegado ya el momento de contemplar la evidencia que hemos recopilado al respecto y preguntarnos *¿Explica acaso la mente los mecanismos del cerebro?* ¿Podemos explicar la mente con lo que sabemos hoy sobre el cerebro? ¿Cuál, de no ser así, es la hipótesis más plausible? ¿Está el ser humano compuesto por un elemento o por dos? En mi opinión, resulta más sencillo pensar que el ser del hombre está compuesto por dos elementos más que por uno (Penfield, 1975).

El anestesiólogo e investigador del cerebro Stuart Hameroff sugirió inicialmente que la solución al problema de la conciencia podría hallarse en los procesos cuánticos que suceden en los «microtúbulos citoesqueléticos», estructuras cilíndricas de tamaño nanométrico que se encuentran a nivel molecular y supramolecular en el interior de las células cerebrales (Hameroff, 1987). La idea de Hameroff estaba basada en su observación de que algunos de los aspectos más desconcertantes de la conciencia se asemejan a aspectos igualmente desconcertantes de las propiedades cuánticas.

Pero aun esta conclusión, basada en una sofisticada investigación del cerebro, resulta muy pobre para salvar el formidable abismo existente entre la materia y la conciencia. En un vídeo titulado «Through the Wormhole» emitido en el canal de televisión *Science*, el propio Hameroff lo admitió con la siguiente afirmación sorprendente: «Creo que la conciencia –o la protoconciencia, su inmediato precursor– ha estado en el universo desde siempre, quizás incluso desde el mismo Big Bang» (Hameroff, 2012).

Solemos dar por sentado que el origen de la conciencia se deriva de la materia como si se tratase de una evidencia basada en el supuesto metafísico de la prevalencia, en el universo, de la materia. Sin embargo, nadie ha ofrecido, en toda la historia de la ciencia, la menor explicación plausible sobre el modo en que la conciencia podría derivarse de procesos estrictamente materiales y ni siquiera ha sugerido un enfoque viable de este problema. Consideremos, por ejemplo, el libro de Francis Crick, *La búsqueda científica del alma* (Crick, 1994), cuya cubierta llevaba una promesa muy emocionante que decía: «el científico ganador del Premio Nobel explica la conciencia».

La «revolucionaria hipótesis» de Crick fue expuesta sucintamente al comienzo de su libro: «Tú, tus alegrías y tus penas, tus recuerdos y tus ambiciones, tu sensación de identidad personal y tu libre albedrío no son más que el resultado del ensamblaje de un gran número de células nerviosas y sus moléculas asociadas. Dicho en otras palabras, no eres más que un puñado de neuronas». Al comienzo de su libro, Crick acota su discusión a la percepción óptica «para –según dice– simplificar el problema de la conciencia». Para ello presenta impresionantes datos experimentales que demuestran que la percepción visual está asociada a diferentes procesos fisiológicos, bioquímicos y eléctricos ubicados en el sistema óptico, desde la retina hasta el córtex suboccipital, pasando por el tracto óptico... y ahí acaba toda su discusión como si, de ese modo, hubiera explicado satisfactoriamente el problema de la conciencia.

Pero lo cierto es que ahí, sin embargo, es donde empieza el problema. ¿De qué manera se transforman los procesos bioquímicos y eléctricos que se producen en el cerebro en la experiencia consciente de un facsímil razonablemente semejante y a todo color del objeto que estamos observando y proyectarlo en un espacio tridimensional? El formidable problema de la relación que existe entre *los fenómenos* (es decir, las cosas tal y como las percibimos [*Erscheinungen*]) y *los noumena*, es decir, las cosas tal como son en sí mismas (*Dinge an sich*), se vio claramente articulado por el filósofo alemán del siglo XVII Immanuel Kant en su *Crítica de la razón pura* (Kant, 1999). Los científicos centran sus esfuerzos en los aspectos del problema en los que pueden encontrar respuestas: los procesos materiales del cerebro. Pero el problema mucho más misterioso –de qué manera los procesos físicos que suceden en el cerebro generan la conciencia– no recibe la menor atención porque es inapresable y no puede resolverse.

La actitud adoptada por la ciencia occidental para tratar de responder a esta cuestión no es muy distinta a aquella conocida historia sufí en la que Nasrudín, una figura emblemática y representativa de la loca sabiduría, se arrastra de rodillas bajo una farola. Al verle, su vecino le pregunta: «¿Pero qué haces? ¿Estás buscando algo?». Y, cuando Nasrudín responde que está buscando una llave perdida, su vecino se ofrece a ayudarle. Al cabo de un tiempo de infructuoso esfuerzo conjunto, el vecino le comenta: «¡No veo nada! ¿Estás seguro de que la has perdido aquí?», momento en el cual Nasrudín, sacudiendo negativamente la cabeza, señala con el dedo una zona oscura ubicada fuera del círculo iluminado por la farola y responde: «¡No! ¡No la he perdido aquí sino allí!». Y cuando el vecino, perplejo, le pregunta: «¿Pero por qué entonces estamos buscándola aquí?», Nasrudín responde: «Porque aquí hay luz y podemos verla. Allí, sin embargo, está oscuro y no tendríamos la menor probabilidad de encontrarla».

Los científicos materialistas han eludido sistemáticamente de manera parecida el problema del origen de la conciencia, porque se trata de un enigma que no puede resolverse desde su marco conceptual. La idea de que la conciencia es un producto del cerebro no es algo completamente arbitrario. Sus defensores suelen remitirse, para apoyar su postura, a un amplio conjunto de evidencias clínicas y experimentales muy concretas procedentes de los campos de la neurología, la neurocirugía y la psiquiatría. Son incuestionablemente abrumadoras las pruebas que confirman la existencia de una estrecha correlación entre la anatomía, la neurofisiología y la bioquímica del cerebro y los estados de conciencia. Lo problemático no es la naturaleza de las pruebas aducidas, sino las conclusiones extraídas de esas observaciones. Según la lógica formal, esas conclusiones incurren en un tipo de falacia que se denomina *non sequitur*, es decir, un argumento cuya conclusión no se deduce de las premisas de partida. Y es que, aunque los datos experimentales evidencien que la conciencia está estrechamente ligada a los procesos neurofisiológicos y bioquímicos que se producen en el cerebro, lo cierto es que no tienen mucho que ver con la naturaleza y el origen de la conciencia.

Una analogía sencilla y más clara de esta situación es la relación que existe entre un televisor y el programa de televisión, porque se trata de un sistema fabricado por el hombre y cuyo funcionamiento se conoce perfectamente. La recepción del programa de televisión –es decir, la calidad de la imagen y del sonido– depende del buen funcionamiento del televisor y de la integridad de sus componentes. El mal funcionamiento de las distintas piezas provoca diferentes alteraciones en la calidad del programa. Algunos de estos problemas provocan distorsiones en la forma, el color o el sonido, mientras que otros generan, por ejemplo, interferencias entre los distintos canales. Como sucede con el neurólogo, que utiliza los cambios de conciencia como herramienta de diagnóstico, el técnico especializado en televisores puede deducir, de la naturaleza de estas anomalías, las partes del aparato y los componentes concretos que están funcionando mal. Y una vez identificado el problema bastará, para corregir las distorsiones, con la reparación o sustitución de los componentes averiados.

Como conocedores de los principios básicos de la tecnología televisiva, sabemos que el aparato no genera el programa, sino que se limita a transmitirlo. Nos reiríamos de quien escudriñase los transistores, relés y circuitos del televisor y analizara sus cables tratando de determinar el origen del programa. Y, por más que llevásemos este erróneo intento a nivel molecular, atómico o subatómico, tampoco obtendríamos la menor pista de por qué, en un determinado momento, aparecen en la pantalla un dibujo animado de Mickey Mouse, una secuencia de Star Trek o un clásico de Hollywood. La estrecha correlación existente entre el funcionamiento del televisor y la calidad del programa no implica por fuerza que el secreto del programa se encuentre en el aparato. Sin embargo, ese es el tipo de conclusión que la ciencia materialista tradicional pretende sacar de datos comparables relativos al cerebro y su relación con la conciencia.

Son muchos los indicios que apuntan exactamente en la dirección contraria es decir que, en determinadas circunstancias, la conciencia puede funcionar con independencia de su sustrato material y llevar a cabo funciones que trascienden con mucho las capacidades del cerebro. El ejemplo más claro de este tipo nos lo proporcionan las experiencias extracorporales (EEC), que aparecen de manera espontánea o en situaciones que las facilitan como, por ejemplo, el trance chamánico, las sesiones psiquedélicas, las prácticas espirituales, la hipnosis, la psicoterapia experiencial y, por encima de todo, las experiencias cercanas a la muerte (ECM). En todos estos casos, la conciencia puede separarse del cuerpo y conservar su capacidad sensorial mientras se desplaza libremente a lugares próximos o remotos.

El Bardo Thödol, el libro tibetano de los muertos, denomina «cuerpo del bardo» a la forma incorpórea de conciencia que aparece en el momento de la muerte. Los bardos son estados intermedios entre una encarnación y la siguiente durante los cuales la conciencia puede desplazarse fuera del cuerpo y tener acceso experimental a cualquier lugar del mundo. El *Bardo Thödol* solo menciona dos excepciones, Bodh Gaya y el útero materno. La referencia a Bodh Gaya, lugar en el que el Buda alcanzó la iluminación, sugiere que alcanzar la iluminación pone fin al viaje a través de los bardos y lo mismo sucede, según el *Bardo Thödol*, cuando, en el tercer bardo (*sidpa bardo*), entramos en el vientre de nuestra futura madre.

Las EEC verdaderas son especialmente interesantes, porque su confirmación consensuada independiente corrobora la exactitud de la percepción del entorno que exhibe la conciencia sin soporte corporal. En situaciones cercanas a la muerte, las verdaderas EEC pueden ocurrir hasta en personas que son congénitamente ciegas por razones orgánicas (Ring, 1982 y 1985; Ring y Valarino, 1998, y Ring y Cooper, 1999). Muchos otros tipos de fenómenos transpersonales proporcionan información exacta (sobre personas, animales, plantas, acontecimientos históricos y figuras y reinos arquetípicos) de diferentes aspectos del universo que el cerebro no había recibido ni registrado anteriormente (Grof, 2000).

En 2016, el principal teórico de sistemas y filósofo de origen húngaro Ervin Laszlo publicó un libro titulado *La naturaleza de la realidad: el nuevo mapa del cosmos y la conciencia*. Centrándose en el problema del origen y la naturaleza de la conciencia, describió las diferentes respuestas que se han dado históricamente a esta cuestión y las sometió a un análisis lógico a la luz de las evidencias clínicas y experimentales mostrando el modo en que el concepto de conciencia pasó de ser un fenómeno local a un fenómeno no local y, finalmente, a un fenómeno cósmico (Laszlo, 2016).

Según la visión materialista del mundo, la conciencia se genera en el cerebro humano y a él se halla limitada. No hay nada misterioso, desde esta perspectiva, en la presencia de la conciencia en la experiencia humana y la corriente de experiencia que denominamos conciencia es un mero subproducto de los procesos neurofisiológicos que tienen lugar en el cerebro. Esta idea se expresó de un modo más rotundo en la declaración del médico francés y filósofo materialista de la Ilustración Julien Offray de La Mettrie, más conocido por su obra *El hombre máquina*, cuando dijo: «No hay nada especial en la conciencia; el cerebro excreta conciencia del mismo modo que el riñón excreta orina» (Offray de La Mettrie, 1865).

Laszlo denominó «teoría de la turbina» a esta concepción de la conciencia: la corriente de la conciencia se ve generada por el cerebro vivo de un modo semejante a la forma en que la corriente de electrones es generada por el funcionamiento de una turbina. Mientras la turbina funciona, genera una corriente de electrones (electricidad) y, mientras el cerebro funciona, genera un flujo de sensaciones (conciencia). Cuando ambas se desconectan, los flujos generados se desvanecen. Y, del mismo modo que la carga eléctrica desaparece apenas se para o avería la turbina, la conciencia deja de existir cuando el cerebro muere.

Laszlo señaló algunos problemas graves con los que ha tropezado la teoría de la turbina. La investigación tanatológica ha aportado pruebas abrumadoras de que, cuando cesa la actividad cerebral, la conciencia sigue funcionando. Existen muchos informes de experiencias cercanas a la muerte de personas que se hallan en un estado de muerte clínica y presentan un electrocardiograma (ECG) plano o hasta un electroencefalograma (EEG) plano, un fenómeno que se ha visto corroborado por miles de observaciones clínicas y demostrado más allá de toda duda razonable (Ring, 1982, van Lommel, 2010 y Sabom, 1982). Laszlo también menciona otras pruebas interesantes que siguen siendo controvertidas. Hay indicios de que la experiencia consciente persiste de alguna forma, no solo durante el cese temporal de la actividad cerebral, sino también durante su ausencia permanente, es decir, cuando el sujeto se halla total e irreversiblemente muerto.

Los problemas del modelo de la turbina podrían superarse si lo comparamos con un ordenador en red, es decir, un ordenador con memoria y conectado a otros ordenadores y sistemas de información. En este caso, la información introducida en un ordenador se codifica en función de una determinada clave, con la cual puede volver a recuperarse. Una vez recuperada reaparecerá, tal y como se introdujo en el ordenador, en otro dispositivo. Esta información permanece presente en un sistema de datos de acceso universal, una especie de «nube» que almacena e integra todos los ítems de información independientemente de su origen y posibilita asimismo su recuperación.

Este tipo de función de memoria integral podría explicar las observaciones de los psiquiatras transpersonales, según la cual, en los estados holotrópicos, la conciencia puede expandirse en el espacio y el tiempo para recuperar información de casi cualquier cosa, como veremos en una sección posterior de este libro. Esto también podría explicar las experiencias de individuos que mantienen fuertes lazos emocionales o se hallan biológicamente relacionados, como madres e hijos, gemelos o amantes, cuyas conciencias parecen, de algún modo, estar sintonizadas. Asimismo los médiums parecen conectar con la conciencia de la persona con la que establecen contacto. La teoría de la conciencia en red sugiere que los rastros de la conciencia presentes en el cerebro se hallan también presentes más allá del cerebro. Según este modelo, la conciencia no es un fenómeno personal y local, sino transpersonal y no local.

Ervin Laszlo describió ese campo de memoria natural en su libro *El cosmos creativo: hacia una ciencia unificada de la materia, la vida y la mente* y lo llamó campo PSI (Laszlo, 1993), un nombre que, en su obra posterior, cambió por la expresión «campo akásico». El concepto de un campo subcuántico que contiene el registro holográfico de todo lo que ocurre en el universo fue la primera teoría científica que trató de abordar los desconcertantes problemas encontrados en la investigación de los estados holotrópicos: ¿Cómo es posible experimentar un viaje convincente en el tiempo al antiguo Egipto, al Japón de la época de los samuráis, al París de la Revolución francesa, o cómo explicar una auténtica identificación con animales o con otras personas? Como sugiere el título de su libro más reciente, *La ciencia y el campo akásico: una teoría integral de todo*, Ervin Laszlo no solo ha esbozado un marco conceptual que unifica una serie de disciplinas científicas, sino que también ha establecido un puente que conecta de forma bastante explícita lo mejor de la ciencia dura con las grandes filosofías espirituales orientales y con la psicología transpersonal (Laszlo, 2007).

Un ordenador conectado permanentemente a un sistema de información universal que conserva la información cargada y la integra en un sistema de información global no se limita a proporcionarnos una imagen de la conciencia como un fenómeno personal y local, sino como algo también transpersonal y no local. Los vestigios de conciencia presentes en el cerebro están presentes asimismo más allá del cerebro. Sin embargo, Laszlo señaló que ni siquiera la teoría que considera la conciencia como un ordenador en red explica la totalidad de las pruebas recogidas en los estados holotrópicos. Pareciera como si, en algunos casos, las unidades de conciencia que persisten más allá del cerebro no fueran meros rastros o copias de los elementos experimentados en el estado de conciencia ordinaria, sino que se asemejan a unidades autónomas de conciencia viva; porque hay veces en que el individuo no se limita a recordar la experiencia de una persona fallecida, sino que entra en comunicación con ella.

Un ejemplo de este fenómeno es el «comité de bienvenida» con el que afirman ser recibidas las personas que han experimentado una experiencia cercana a la muerte. En este caso, el sujeto se encuentra con familiares y amigos fallecidos que parecen seres inteligentes capaces de proporcionar información y responder a sus preguntas (Ring y Valarino, 1998). C.G. Jung tuvo una experiencia similar con su guía espiritual Filemón, que se le aparecía continuamente durante su emergencia espiritual y le respondía a preguntas que él mismo ignoraba hasta el punto de llegar a atribuirle el origen de importantes aspectos de su psicología (Jung, 2009).

Esta es la descripción que nos dio el mismo Jung de su relación con Filemón: «Filemón y otras figuras de mis fantasías me llevaron al convencimiento de que existen otras cosas en el alma que no hago yo, sino que ocurren por sí mismas y tienen propia vida. Filemón representaba una fuerza que no era yo. Tuve con él conversaciones imaginarias y hablaba de cosas que yo ni siquiera había pensado conscientemente».

Jung también tuvo una impactante experiencia de espíritus que visitaban su casa, momento en el que canalizó un texto procedente del filósofo gnóstico alejandrino Basílides. Este texto, una de las obras más notables de Jung, que publicó con el título de *Septem Sermones ad Mortuos*, se considera hoy un resumen de la revelación resumida del *Libro Rojo* (Jung, 2009). Durante una de mis visitas a Florencia, tuve la oportunidad de pasar un día con Roberto Assagioli varios meses antes de su muerte y me dijo haber canalizado ideas importantes para su sistema psicoterapéutico, conocido como psicosíntesis, de un guía espiritual que se hacía llamar «el Tibetano», que supuestamente era la misma entidad que había dictado a Alice Bailey las enseñanzas metafísicas descritas en varios de sus libros.

En la literatura espiritista y sobre el trance mental o mediumnímico podemos encontrar evidencias cuasiexperimentales de la supervivencia de la conciencia después de la muerte. Los informes de sesiones espiritistas abundaron en el siglo XIX y comienzos del XX, y, aunque algunas médiums profesionales (como la famosa Eusapia Palladino) fueron descubiertas ocasionalmente haciendo trampa, hubo otras (como la señora Piper, la señora Leonard y la señora Verrall) que superaron con éxito todas las pruebas y se ganaron el respeto de los investigadores más cuidadosos y reconocidos (Grosso, 1994). Las mejores médiums fueron capaces de reproducir con precisión la voz, las pautas del habla, los gestos, las formas y otros rasgos característicos del difunto.

Hubo casos en los que la información recibida por el médium era desconocida tanto por los presentes como por cualquier persona viva. También hubo casos en los que entidades no invitadas «irrumpían» inesperadamente en la sesión y cuya identidad se vio confirmada más tarde. En otros casos, los mensajes relevantes procedentes del fallecido no los transmitía un familiar o una personas cercana, sino alguien distante y que no sabía nada sobre el tema. Asimismo hubo casos de «correspondencia cruzada» en donde diferentes médiums recibían fragmentos distintos de un mensaje. Tampoco hay que olvidar que algunos de los participantes en esas sesiones de espiritismo eran científicos galardonados con el Premio Nobel. No hay ningún otro ámbito en el que el testimonio de pensadores de tan alto calibre se haya visto descartado con tanta facilidad.

En un artículo titulado *Xenoglossy: Verification of the Speech of An Unlearned Language*, William Kautz presentó los resultados de su análisis de un caso de mediumnidad ocurrido en el Reino Unido abandonado hacía 90 años en el que una persona hablaba un idioma extranjero. El análisis demostró que los ejemplos de una larga transcripción fonética (5.000 frases escritas a lo largo de treinta años) estaban escritos en egipcio tardío, una lengua muerta hacía 1.600 años, un caso que confirma el fenómeno de la *xenoglosia*, que consiste en hablar una lengua extranjera real que la persona jamás ha aprendido (Kautz, 2017). Este caso tiene importantes implicaciones para la psicología, la egiptología, la lingüística y el empleo de métodos intuitivos para obtener información detallada y precisa de cualquier tipo. También se trata de la que quizá sea la mejor evidencia recopilada hasta el momento –aunque no se trate de una prueba definitiva– de la continuidad de la conciencia humana más allá de la muerte del cuerpo, el clásico *problema de la supervivencia*.

En nuestros talleres de un mes de duración en Esalen tuvimos en varias ocasiones la oportunidad de presenciar las notables habilidades de la vidente estadounidense Anne Armstrong. Un buen ejemplo fue la lectura que hizo a una participante alemana sobre su padre fallecido. Después de ofrecer a esa mujer una información muy relevante y exacta sobre su padre, Anne anunció de repente estar recibiendo una palabra que no entendía, un término que resultó ser una palabra cariñosa con la que su padre solía llamarla en su infancia. A Anne le sorprendió la intensidad con la que esta palabra entraba en su conciencia porque, al no saber nada de alemán, ignoraba completamente su significado.

En otro taller de Esalen de un mes de duración, titulado *Energía: física, emocional y psíquica*, tuvimos una experiencia extraordinaria en la que participó el espiritista y psicólogo brasileño Luiz Gasparetto, que tenía la reputación de canalizar los espíritus de famosos pintores fallecidos y pintar según su estilo. Era miembro de la Iglesia Espiritista Cristiana y se había inspirado en *El libro de los espíritus* y *El libro de los médiums* escritos por el educador y médico francés del siglo XIX Allan Kardec (Kardec, 2011 y 2012).

Trabajando en una habitación a oscuras y tenuemente iluminada por una luz roja (que impide la visión de los colores) y escuchando música de Antonio Vivaldi, Luiz pintó, en el transcurso de una sola hora, veintiséis cuadros impresionantes de gran tamaño en los estilos de Henri de Toulouse-Lautrec, Pablo Picasso, Amedeo Modigliani, Claude Monet, Rembrandt van Rijn y otros famosos artistas. Pintó la mayoría de ellos sin mirar, a veces utilizando simultáneamente ambas manos y hasta llegó a pintar uno con los pies descalzos. Ambas historias se describen con detalle en mi libro *Cuando ocurre lo imposible* (Grof, 2006a).

El psicólogo estadounidense Raymond Moody, cuyo superventas internacional *La vida después de la vida* (Moody 1975) inspiró el campo de la tanatología, aportó otra prueba controvertida a la cuestión de la superviven-

Luiz Gasparetto, psicólogo y pintor espiritista brasileño.

cia de la conciencia después de la muerte. En su libro *Reunions: Visionary Encounters with Departed Loved Ones* (*Reencuentros: contactos con los seres queridos tras su muerte*) Moody describió el *psicomanteo*, un método utilizado en el espiritismo que parece facilitar el contacto entre los supervivientes y sus amigos y familiares fallecidos utilizando una habitación tapizada de terciopelo negro y con un gran espejo. Moody informó de casos en los que las apariciones no solo aparecían en el espejo, sino que ocasionalmente salían de él y se movían libremente por la habitación como si se tratara de imágenes holográficas tridimensionales (Moody, 1993).

Un avance fascinante y verdaderamente increíble en el intento de comunicarse con los espíritus de las personas fallecidas es la conocida como transcomunicación interdimensional (TID), un enfoque que implica la moderna tecnología electrónica. Esta investigación podría ser descartada con facilidad como escandalosa y ridícula de no ser por el hecho de que ha sido llevada a cabo bajo condiciones rigurosamente controladas por un grupo internacional de investigadores serios, entre los que cabe destacar a Ernest Senkowski, George Meek, Mark Macy, Scott Rogo, Raymond Bayless y otros (Senkowski, 1994). El resumen de esta investigación concluye la recepción de mensajes de los muertos a través de medios instrumentales que aparecían como voces e imágenes anómalas en contestadores automáticos, ordenadores, radios y pantallas de televisión. Esta investigación atrajo también la atención de científicos de alto nivel del Instituto de Ciencias Noéticas (IONS). Curiosamente, se dice que Thomas Alva Edison trabajó durante muchos años en una máquina que podía comunicarse con el mundo de los espíritus. Por desgracia, murió en 1931, antes de tener la oportunidad de publicar sus notas.

El concienzudo análisis de los datos relacionados con el problema del origen y la naturaleza de la conciencia realizado por Ervin Laszlo demostró que ni la teoría de la turbina ni la teoría del campo de información semejante a una red de ordenadores pueden explicar adecuadamente los hechos observados. Su conclusión fue que «la conciencia que experimentamos como una corriente de sensaciones, sentimientos, intuiciones y voliciones forma parte integral de la conciencia que impregna el cosmos. Solo hay una conciencia en el universo y la conciencia que aparece en nosotros forma parte de ella». Después de décadas de trabajo clínico, C.G. Jung llegó a una conclusión similar: «La psique no es un producto del cerebro y no se encuentra dentro del cráneo, sino que forma parte del principio generativo y creativo del cosmos, del *unus mundus*» (Jung, 1964).

Los científicos materialistas no han podido aportar ninguna evidencia convincente de que la conciencia sea un producto de los procesos neurofisiológicos que se dan en el cerebro. Solo han podido mantener esta convicción ignorando, malinterpretando y hasta ridiculizando un amplio cuerpo de observaciones que indican que la conciencia puede existir y funcionar independientemente del cuerpo y de los sentidos. Estas pruebas proceden de campos tan diversos como la parapsicología, la antropología de campo, la investigación con LSD, la psicoterapia experiencial, la tanatología y el estudio de los estados holotrópicos de conciencia que aparecen espontáneamente (es decir, de las «emergencias espirituales»). Todas estas disciplinas han acumulado gran cantidad de datos que demuestran de manera fehaciente que la conciencia humana funciona de un modo que trasciende con mucho las capacidades cerebrales de las que habla la ciencia convencional y que es un aspecto primario e irreductible de la existencia, un dominio igual o hasta superior a la materia.

En su innovador libro *El tao de la física*, Fritjof Capra demostró que después de trescientos años de intensa investigación, la ciencia occidental ha llegado a una visión del mundo de la materia –física cuántico-relativista– sorprendentemente parecida a la que ya vieron, hace milenios, en sus meditaciones, los antiguos sabios indios (Capra, 1975). Pocas décadas más tarde, la terapia psiquedélica, la psicología transpersonal y otras vías de investigación de la conciencia moderna han llegado a una conclusión semejante sobre nuestra visión de la conciencia y de la psique humana.

Una nueva cartografía de la psique humana: como arriba es abajo

Cuando, a finales de los años 50, pasé de la investigación psiquedélica del laboratorio a la práctica clínica, contaba con los conocimientos que me habían inculcado mis estudios de medicina, la formación psiquiátrica tradicional y el psicoanálisis freudiano, una preparación muy inadecuada para comprender y enfrentarme adecuadamente a las experiencias de mis pacientes y a las mías que afloraban durante las sesiones psiquedélicas con LSD.

Muchas de las experiencias de mis pacientes cuando empecé a llevar cabo sesiones en serie con dosis medias de LSD con pacientes psiquiátricos parecían limitarse al territorio con el que estaba familiarizado, es decir, los dominios biográficos postnatales y el inconsciente individual freudiano. Más pronto o más tarde, sin embargo, todos acababan adentrándose en un ámbito experiencial completamente nuevo que, en aquel momento, me resultaba desconocido. Fui testigo de experiencias emocionales y físicas muy intensas de mis pacientes que no solo eran aterradoras para ellos, sino que, al comienzo, también me resultaron muy alarmantes.

Muchos de estos clientes atravesaban episodios de asfixia, fuertes temblores, dolores tensionales de cabeza, dolores en diferentes partes del cuerpo y, ocasionalmente, náuseas, y todo ello iba acompañado de una tríada de emociones desoladoras que tenían que ver con el miedo a la muerte, el miedo a la locura y el miedo a quedarme atrapado en ese mundo de pesadilla. El pulso de mis pacientes solía acelerarse y, en ocasiones, aparecían espontáneamente moretones y cambios de color en el rostro sin causa física aparente.

Era consciente de que no convenía detener una experiencia de LSD que asumiera la forma de un «mal viaje». Como la administración de tranquilizantes en mitad de una sesión aterradora no hace más que congelar la experiencia y obstaculizar su solución positiva, me dediqué a proporcionar apoyo y aliento a mis pacientes mientras atravesaban estas desafiantes experiencias. Entonces descubrí que, después de atravesar esa situación, muchos de mis pacientes experimentaban un avance muy positivo que asumía la forma de una muerte seguida de un renacimiento psicoespiritual. En esa época, también programé mis propias sesiones de LSD experimentando con dosis más elevadas. Mis pacientes informaron que, durante esas sesiones, revivían su propio nacimiento biológico, algo que mi experiencia personal acabó también confirmando. No tenía la menor duda de que lo que experimentábamos eran recuerdos auténticos y convincentes de los distintos estadios del nacimiento, con todas las emociones y sensaciones físicas a ellos asociadas.

Hasta pude diferenciar la existencia de cuatro pautas experienciales claramente distintas relacionadas con los estadios sucesivos del parto a las que llamé matrices perinatales básicas (MPB-I, MPB-II, MPB-III y MPB-IV). La MPB-I está asociada al estadio avanzado del embarazo previo al comienzo del parto; la MPB-II refleja la fase del embarazo en la que el útero está contraído, pero el cuello uterino todavía no se ha abierto; la MPB-III refleja la propulsión a través del canal del parto una vez que el cuello uterino se ha dilatado completamente, y la MPB-IV, por último, refleja la experiencia del nacimiento, la salida del canal del parto y el corte del cordón umbilical. Este es un aspecto muy importante al que volveremos en diferentes secciones de esta enciclopedia.

El descubrimiento de la existencia, en el inconsciente, de recuerdos del nacimiento y de sus profundas implicaciones para la psicología fue una gran sorpresa para mí y representó el primer gran reto intelectual al que tuve que enfrentarme durante mi investigación psiquedélica. En la facultad de medicina me habían enseñado que el feto y el recién nacido no son conscientes, no son capaces de experimentar dolor y, dada la inmadurez de su cerebro, tampoco pueden formar recuerdos del nacimiento. Hasta la década de 1980, los médicos suponían que los bebés no tenían receptores del dolor plenamente desarrollados; consideraban que las respuestas de los bebés a las lesiones físicas eran meras reacciones musculares y creían que sus gritos eran «un simple reflejo». Por eso las intervenciones médicas, desde la circuncisión hasta las operaciones del corazón de los bebés, se realizaban rutinariamente sin anestesia.

En realidad, había una razón personal que me impedía aceptar la existencia de los recuerdos del nacimiento. Siendo estudiante de segundo año de medicina asistí a una conferencia sobre la memoria impartida por el profesor William Laufberger, un fisiólogo checo que inventó uno de los primeros juegos de ajedrez automáticos y que también se había hecho mundialmente famoso por lograr la maduración del ajolote, una especie de salamandra mexicana (*Ambystoma mexicanum*), mediante la administración de hormonas tiroideas. Al finalizar la conferencia le pregunté al profesor Laufberger hasta dónde puede llegar la memoria humana y si es posible recordar el nacimiento y, después de reírse un rato, me espetó, mirándome como si yo fuese un completo idiota: «¡Por supuesto que no! ¡Acaso no sabe que la corteza cerebral del recién nacido aún no está mielinizada!».

Finalmente, después de numerosas observaciones realizadas durante las sesiones de mis clientes y las mías propias, no tuve más remedio que admitir la existencia de los recuerdos del nacimiento como un dato clínico incuestionable y dejé en manos de los investigadores del cerebro la tarea de descubrir dónde podría alojarse esta memoria. A medida que mi investigación continuó, seguí enfrentándome a desafíos mucho más formidables. En el nivel perinatal, los recuerdos fetales solían alternar o ir acompañados de escenas descritas en los libros de historia o en las escrituras espirituales como experiencias de vidas pasadas, visiones de seres mitológicos y visitas a reinos arquetípicos. En algunas de las sesiones avanzadas de la serie, los contenidos fetales dejaban paso a motivos de orden transpersonal.

Mi tendencia inicial era considerar las experiencias históricas y mitológicas como un derivado de los recuerdos del nacimiento en los que podía advertirse una sólida base material: el cerebro altamente desarrollado del recién nacido. A partir de ese momento, el argumento de la falta de mielinización me pareció tan absurdo como irrelevante. Mi actitud ante estas observaciones se asemejaba a la tendencia de Otto Rank a interpretar a Medusa, Hekate o Kali, las terribles Diosas Madre arquetípicas, como imágenes inspiradas en el trauma del nacimiento.

Al comienzo me pareció haber descubierto una explicación lógica para la creencia universal en los cielos, los paraísos, los infiernos y los purgatorios de los que hablan las grandes religiones del mundo y la mitología y los credos de las distintas culturas antiguas y nativas. En este sentido, la experiencia beatífica de una existencia prenatal ajena al concepto de tiempo lineal (MPB-I) parecía proporcionar una plantilla perfecta para los conceptos de cielo y paraíso; la transición de la MPB-I a la MPB-II parecía reflejarse en el concepto de paraíso perdido, y el extraordinario e interminable sufrimiento emocional y físico de la MPB-III cuadraba perfectamente con el infierno. El sufrimiento extremo acompañado de la perspectiva y esperanza de un futuro mejor (MPB-III) también se correspondía con las descripciones del purgatorio y la aparición de una luz brillante y numinosa, y la muerte y el renacimiento psicoespiritual de la MPB-IV presentaban todos los rasgos propios de las epifanías divinas de las que nos hablan las escrituras de distintas tradiciones religiosas.

La existencia de las matrices perinatales también parecía arrojar luz sobre una variedad de dominios que quedaban lejos de la comprensión del psicoanálisis freudiano y otras escuelas de psicología profunda cuyos modelos se hallan circunscritos a la biografía postnatal y el inconsciente individual. Ejemplos destacados en este sentido son los trastornos emocionales y psicosomáticos, la historia ritual y espiritual de la humanidad, la psicología y la psicopatología del arte y la desenfrenada violencia y codicia insaciable, rasgos de la especie humana que desembocan en guerras, revoluciones sangrientas, campos de concentración y genocidios. Volveremos a estos fascinantes temas en futuras secciones de esta enciclopedia.

Sin embargo, a medida que mi investigación proseguía, acabé convencido de la existencia de un dominio todavía más profundo de la psique inconsciente humana, al que denominé *transpersonal*, que implicaba la identificación con la conciencia de otras personas, grupos de personas, animales de diferentes especies y hasta plantas. Otros tipos de experiencias transpersonales implicaban recuerdos ancestrales, colectivos, kármicos y filogenéticos, así como secuencias de las mitologías de diferentes culturas, incluso de aquellas de las que mis clientes y yo carecíamos de todo conocimiento intelectual.

Mientras hacía estas observaciones, Checoslovaquia se hallaba sometida al férreo control de la Unión Soviética. No podíamos comprar libros occidentales y nuestro acceso a los libros de las bibliotecas públicas era limitado y seriamente censurado. La literatura psicoanalítica se hallaba en la lista de *libri prohibiti*, se guardaba en compartimentos separados y solo resultaba accesible a los miembros del partido comunista que escribían libros y artículos críticos sobre el psicoanálisis. Cuando, en 1967, emigré a los Estados Unidos, pude leer las obras de C.G. Jung y, al conocer su concepto del inconsciente colectivo y sus dominios históricos y arquetípicos, recibí una confirmación independiente de muchos de mis hallazgos. Las nuevas comprensiones profundas y convincentes de Jung procedían de las experiencias holotrópicas espontáneas que tuvo durante su crisis psicoespiritual («emergencia espiritual») y las mías procedían de mis sesiones con dosis elevadas de LSD.

El último y más radical cambio de mi pensamiento sobre las experiencias psiquedélicas y otros tipos de experiencias holotrópicas llegó después de más de cuarenta años de cooperación con mi colega y buen amigo Richard Tarnas, que me mostró la asombrosa correlación existente entre el contenido arquetípico y la sincronización entre los estados holotrópicos de conciencia y los tránsitos planetarios, tanto colectivos como personales (Tarnas, 1995 y 2006; Grof, 2006a). Hemos hablado de estos hallazgos en nuestras clases conjuntas en el Instituto de Estudios Integrales de California (CIIS) en San Francisco, en nuestros seminarios en Estados Unidos y Europa y en cursos *online*.

Desde mi perspectiva actual, cuando nos hallamos en un estado holotrópico –independientemente de que se haya visto inducido por substancias psiquedélicas, por métodos no farmacológicos (como, por ejemplo, la respiración holotrópica), o por alguna emergencia espiritual que aparece de manera espontánea–, sintonizamos experiencialmente con el campo arquetípico de los planetas que en ese momento transitan por nuestra carta natal. En consecuencia, el contenido de nuestra sesión consiste en una selección de recuerdos biográficos, recuerdos fetales de una de las MPB y de experiencias transpersonales que presentan las cualidades arquetípicas asociadas a los planetas en tránsito.

La profundidad del material inconsciente que se manifiesta en la sesión dependerá del poder arquetípico del tránsito, del método que desencadenó la experiencia, del tipo de substancia utilizada y su dosis (si se trata de una sesión psiquedélica) y de la experiencia previa que tenía el sujeto de los estados holotrópicos. En la siguiente sección describiré y discutiré la cartografía ampliada de la psique tal y como surgió de mi trabajo con los estados holotrópicos de conciencia (psicoterapia psiquedélica, respiración holotrópica y trabajo con individuos que experimentan una emergencia espiritual).

De Freud a la conciencia cósmica

Los psiquiatras y psicólogos tradicionales utilizan un modelo de la psique humana que se limita a la biografía postnatal y el inconsciente individual descrito por Sigmund Freud. Según Freud, el recién nacido es una *tabula rasa* y nada de lo ocurrido antes del momento del nacimiento tiene interés, ni siquiera el proceso del nacimiento. La persona en la que nos convertimos está determinada por la interacción que existe entre los instintos biológicos y las influencias que han moldeado nuestra vida desde el momento en que llegamos a este mundo (la calidad de la lactancia, la naturaleza del control de los esfínteres, distintos traumas psicosexuales, el desarrollo del superyó, nuestra reacción al triángulo edípico y los conflictos y acontecimientos traumáticos de la vida posterior).

El inconsciente individual freudiano es un derivado de nuestra historia postnatal, un receptáculo al que arrojamos todo lo que nos parece inaceptable y acabamos olvidando. Este submundo de la psique (el *id*, como le llamó Freud) es un reino sometido a fuerzas instintivas primitivas. Muchos aspectos del psicoanálisis han sido objeto de serias críticas por parte de las generaciones posteriores y se han visto descartados o modificados, pero la idea de Freud de que la historia psicológica comienza después del nacimiento ha superado la prueba del tiempo y ha acabado formando parte integral del pensamiento dominante.

Para describir la relación que existe entre la psique consciente y el inconsciente, Freud utilizó su famosa imagen del iceberg sumergido. Según este símil, lo que se suponía es que la psique consciente no es más que una pequeña parte, semejante a la pequeña fracción del iceberg que asoma por encima de la superficie del agua. El psicoanálisis descubrió que una parte mucho mayor de la psique, comparable a la parte sumergida del iceberg, es inconsciente y gobierna, sin que lo sepamos, nuestros procesos de pensamiento y de conducta.

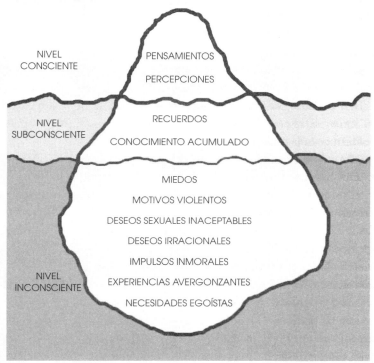

Símil de Freud del iceberg: lo que consideramos psique no es más que una pequeña fracción comparable a la punta del iceberg que flota por encima de la superficie del agua. El psicoanálisis descubrió un amplio dominio de la psique que es inconsciente y está representado por la parte sumergida del iceberg.

Y aunque las contribuciones posteriores a la psicología profunda añadieron a los factores etiológicos el desarrollo de las relaciones de objeto y la dinámica interpersonal de la familia nuclear, lo cierto es que sigue manteniendo el énfasis exclusivo en la vida postnatal como hace el psicoanálisis freudiano (Blanck y Blanck, 1974 y 1979; Sullivan, 1953; Satir, 1983 y Bateson *et al.*, 1956). Independientemente, sin embargo, de todos estos agregados y modificaciones, este modelo resulta ser muy limitado cuando trabajamos con estados holotrópicos de conciencia, ocurran espontáneamente o inducidos por psiquedélicos o por otros medios no farmacológicos. Convendrá, pues, si queremos dar cuenta de todos los fenómenos que afloran durante esos estados, revisar completamente nuestra comprensión de las dimensiones de la psique humana.

Durante los primeros años de mi investigación psiquedélica, esbocé una cartografía ampliada de la psique que parece responder a este reto. Este mapa incluye, además del nivel biográfico habitual, un par de dominios transbiográficos, *el dominio perinatal* (relacionado con el trauma del nacimiento biológico) y *el dominio transpersonal* (que da cuenta de fenómenos tales como la identificación experiencial con otras personas, animales, plantas u otros aspectos de la naturaleza).

El reino transpersonal es también la fuente de recuerdos ancestrales, raciales, filogenéticos y kármicos, así como de visiones de seres arquetípicos y de visitas a reinos mitológicos. Las experiencias últimas de esta categoría son la identificación con la Mente Universal y el Vacío Supracósmico y Metacósmico. Asimismo, hay que decir que los fenómenos perinatales y transpersonales han sido mencionados por la literatura religiosa, mística y oculta de todas la edades y de diferentes partes del mundo.

La observación de las experiencias que se producen durante los estados holotrópicos de conciencia nos ayuda a ampliar el símil del iceberg de Freud y decir que las partes de la psique descubiertas y descritas por el psicoanálisis clásico solo representan, en el mejor de los casos, la punta del iceberg y que la investigación moderna de la conciencia ha revelado grandes regiones del inconsciente que –como las partes sumergidas del iceberg– escaparon a la atención de Freud y sus discípulos, con la excepción de Otto Rank y C.G. Jung. Esta es una situación que Joseph Campbell, con su incisivo humor irlandés, describió de forma muy concisa diciendo: «Freud estaba pescando sentado sobre una ballena».

La biografía postnatal y el inconsciente individual

El dominio biográfico de la psique está compuesto por los recuerdos de la infancia, la niñez y la vida posterior. Esta región de la psique no requiere mucha explicación, porque es bien conocida por la psiquiatría, la psicología y la psicoterapia tradicionales. De hecho, la imagen de la psique utilizada en los círculos académicos se limita exclusivamente a este ámbito y al inconsciente individual. Sin embargo, la descripción del nivel biográfico de la psique proporcionada por la nueva cartografía no es idéntica a la tradicional. El trabajo con el nivel biográfico de la psique utilizando estados holotrópicos de conciencia difiere de la psicoterapia exclusivamente verbal en varios aspectos importantes:

1. A diferencia de lo que ocurre durante la terapia verbal, en los estados holotrópicos uno no se limita a recordar acontecimientos emocionalmente significativos, ni a reconstruirlos a partir del análisis de los sueños, los síntomas neuróticos, los *lapsus linguae* o las distorsiones de la transferencia. Muy al contrario, uno experimenta las emociones originales, las sensaciones físicas y hasta las percepciones sensoriales en una regresión completa a la edad en que se experimentaron. Esto significa que, durante la reviviscencia de un trauma importante de la infancia o la niñez, uno tiene la imagen corporal, la percepción ingenua del mundo, las sensaciones y las emociones correspondientes a la edad que tenía en ese momento.

La autenticidad de esta regresión resulta asimismo evidente por el hecho de que las arrugas del rostro de esas personas desaparecen temporalmente, proporcionándoles una expresión infantil y que sus posturas, sus gestos y su conducta se tornan también infantiles. Pueden hipersalivar, chuparse los dedos y hasta mostrar el reflejo de succión y el reflejo de Babinski (apertura en abanico de los dedos del pie cuando se roza la planta del pie). También he oído decir a hombres que, cuando experimentaron una regresión y fueron al baño a orinar, advirtieron que su pene se había reducido al tamaño del de un niño pequeño y que, en la misma línea, las mujeres sintieron que, durante la regresión, los pechos habían desaparecido de su imagen corporal.

2. La segunda diferencia que implica trabajar con el material biográfico desde un estado de conciencia holotrópico en lugar de hacerlo con un abordaje estrictamente verbal es que pone de relieve la importancia psicológica de los traumas físicos y permite su curación. Aunque parece evidente que el sufrimiento físico también es un trauma psicológico, este es un hecho no reconocido ni mencionado por los manuales de psicología y de psicoterapia. El único enfoque que reconoce el poderoso impacto psicotraumático de los traumas físicos es la *dianética* de Ron Hubbard (cienciología). Los cienciólogos utilizan un proceso de exploración y terapia, llamado *auditación*, durante el cual evalúan objetivamente la intensidad psicológica de las emociones y la impor-

tancia, en consecuencia, de los traumas mediante galvanómetros que miden la resistencia galvánica de la piel (Hubbard, 1950; Gormsen y Lumbye, 1979).

Hubbard llamaba *engramas* a las huellas dejadas por los traumas físicos y las consideraba la causa primordial de los problemas emocionales. Estos traumas psicológicos se denominan, en su terminología, *secundarios* y reciben de los engramas su carga emocional. Pero la cienciología no solo reconoce el papel desempeñado por los traumas físicos durante la vida postnatal, sino que también tiene en cuenta su impacto durante el proceso del nacimiento y hasta en vidas pasadas. Desafortunadamente, el abuso que la Iglesia de la cienciología hace de su conocimiento al servicio de una búsqueda poco ética de poder y dinero y las descabelladas fantasías de Hubbard sobre la Federación Galáctica, el papel de los extraterrestres en nuestro planeta, los claros y los *thetans* operativos menoscaban sus importantes contribuciones teóricas.

Como ya hemos dicho, durante la década de 1980, la profesión médica no reconocía el impacto psicotraumático del dolor. Y esto no se limitaba al recuerdo de los acontecimientos dolorosos, sino que afectaba también a las lesiones reales de los bebés. Por ello no se utilizaba anestesia en el tratamiento de los bebés durante intervenciones habitualmente dolorosas y la circuncisión sigue realizándose hoy en día en muchos lugares sin empleo de anestesia. Parece una broma, pero un informe de 2015 de la Universidad de Oxford se titulaba «British Scientists Prove that Newborns Experience Pain» [«Científicos británicos demuestran que los recién nacidos experimentan dolor»]. No sería de extrañar que el siguiente proyecto de investigación fuese «la ciencia ha demostrado que los perros y los gatos experimentan dolor». La razón de este fracaso en reconocer que las lesiones físicas provocan traumas psicológicos quizás se deba a que el simple hecho de recordar y hablar de traumas físicos durante la psicoterapia verbal no está asociado a la experiencia de dolor ni a otros signos físicos.

Durante la terapia experiencial, el recuerdo del dolor se revive en toda su intensidad, aunque su origen se asiente en una intervención quirúrgica realizada con anestesia general. Son muchas las personas sometidas a una terapia psiquedélica u holotrópica que reviven experiencias cercanas al ahogamiento, operaciones, accidentes y molestias durante las enfermedades infantiles. De especial importancia parecen ser los recuerdos de acontecimientos asociados a la asfixia, como la difteria, la tosferina, el estrangulamiento o la aspiración de un objeto extraño. Este es un tipo de material que aparece de forma bastante espontánea y ajena a toda programación. Y, cuando aflora, nos damos cuenta del fuerte impacto psicológico provocado por estos traumas físicos y del papel importante que desempeñan en la génesis de los problemas emocionales y psicosomáticos.

Es habitual encontrar antecedentes de traumas físicos en clientes que padecen asma, migrañas, dolores psicosomáticos, ataques de ansiedad por pánico, fobias, tendencias sadomasoquistas o depresión y tendencias suicidas. La reviviscencia de este tipo de recuerdos traumáticos y su integración pueden tener importantes consecuencias terapéuticas. Según mi experiencia, los síntomas y trastornos psicosomáticos siempre pueden remontarse a situaciones en las que hay implicados traumas o agresiones físicas.

Este dato contrasta poderosamente con la posición asumida por la psiquiatría y la psicología académicas que ni siquiera reconocen el impacto psicológico de los traumas físicos. También pone seriamente en cuestión las explicaciones de los trastornos psicosomáticos como la expresión en lenguaje corporal de problemas y conflictos psicológicos. El dolor de hombros, por ejemplo, se ha interpretado como símbolo de que el paciente siente que carga con una gran responsabilidad; el dolor de estómago y las náuseas, como un síntoma de que el cliente es incapaz de «digerir algo» y el asma psicógena, como una forma de dramatización del «llanto por la madre».

El ejemplo de Katia, una enfermera psiquiátrica de 49 años que participó en uno de nuestros cursos de formación de facilitadores de respiración holotrópica, servirá para ilustrar el impacto psicotraumático del dolor físico y su resolución. Antes de inscribirse en el proceso de formación, Katia había sufrido un intenso dolor de espalda crónico y episodios de depresión. Durante sus sesiones de respiración, pudo remontar sus síntomas hasta una experiencia traumática que sucedió durante la primera infancia –durante una inmovilización por escayola que duró muchas semanas– y resolver el problema. Este es el informe que al respecto escribió la misma Katia:

> La respiración intensa al comienzo de la sesión me hizo sentir que mi cuerpo estaba bloqueado y congelado boca arriba. Traté desesperadamente de girar sobre mi vientre, pero fui incapaz de hacerlo. Me sentía como una tortuga indefensa acostada de espaldas y sin poder cambiar de posición. Entonces me puse a llorar porque parecía que mi vida dependía de ello. Luego advertí que esa tortuga tenía en su vientre la imagen de un niño que necesita alimento y sentí alguna conexión entre esa experiencia y mi propio niño interior. Después seguí llorando desconsoladamente.

Al cabo de un rato algo cambió y sentí que el caparazón de esta tortuga tenía la imagen de un hermoso paisaje. Entonces mi experiencia volvió a cambiar y me convertí en una niña pequeña que no podía cambiar de posición y necesitaba, para hacerlo, la ayuda de otra persona. Cuando, al cabo de un tiempo y con gran esfuerzo logré colocarme boca abajo sobre el vientre, me vi en un hermoso paisaje, corriendo por la playa y buceando y nadando en aguas cristalinas.

Me di cuenta de que me encontraba en el mismo paisaje que estaba representado en el caparazón de la tortuga. Me sentí libre y disfruté del aroma de las flores, de las caudalosas cascadas y del aire impregnado del olor de los pinos. Me sentí vieja como la Tierra y joven como el Cachorro Eterno (una referencia lúdica al arquetipo junguiano de la Puella Eterna). Vi un pequeño estanque y fui a beber y, al hacerlo, me sentí profundamente relajada y mi cuerpo y mi mente se llenaron de una maravillosa sensación de salud y bienestar.

Tiempo después compartí esta experiencia con mi madre y me contó que, cuando tenía un año, mi pediatra decidió, debido a un problema en la articulación de la cadera, enyesarme con las piernas separadas, una posición en la que me vi obligada a permanecer inmovilizada cuarenta días.

El segundo ejemplo procede de una terapia psicolítica con LSD que dirigí en el Instituto de Investigación Psiquiátrica de Praga. El término «psicolítico» hace referencia a la administración en serie de dosis medias de la substancia. Milan era un arquitecto de 36 años aquejado de asma psicógena que, tras el fracaso de la terapia tradicional, se inscribió en el programa de LSD.

Una serie de sesiones de LSD puso de relieve que, por debajo de ese trastorno, había una importante constelación de recuerdos asociados a varios niveles. La capa más superficial de ese sistema estaba constituida por el recuerdo de una experiencia de casi ahogo que tuvo lugar a la edad de siete años y en la que estuvo al borde de la muerte. Un estrato más profundo del mismo sistema estaba compuesto por los recuerdos de haberse visto repetidamente asfixiado, entre los cuatro y los cinco años, por su hermano, dos años mayor.

En un estrato aún más profundo se hallaban los recuerdos de un ataque de tosferina grave que se produjo a los dos años y en el que también experimentó episodios de asfixia. Los recuerdos procedentes de los estratos biográficos de esta constelación estaban asociados a un episodio de crisis perinatal cuando su hombro quedó atascado en el pubis de su madre. El estrato más profundo de este sistema complejo era de orden transpersonal y tenía que ver con lo que identificaba como una experiencia de muerte en la horca en una vida pasada, el castigo por haber participado en una rebelión contra un rey británico durante la época medieval.

Milan revivió todas estas experiencias asociadas a la ansiedad, fuertes toses, agitación e intensos temblores en sucesivas sesiones de LSD. Aunque su estado clínico osciló a lo largo de esta terapia, no experimentó un gran alivio de sus síntomas hasta el momento en que revivió la experiencia de muerte en esa vida pasada en Inglaterra.

3. Además de mostrar el efecto psicotraumático de los traumas físicos, la historia de Milan ilustra otro aspecto importante del nivel biográfico de la psique. El trabajo con los estados holotrópicos ha demostrado que los recuerdos emocionalmente relevantes no se almacenan en el inconsciente a modo de un mosaico de improntas aisladas, sino en forma de complejas constelaciones dinámicas a las que me refiero con la expresión *sistemas COEX* (abreviatura de «sistemas de experiencia condensada»), un concepto cuya gran importancia teórica y práctica merece una exposición especial.

Un sistema COEX está compuesto por *recuerdos emocionalmente cargados procedentes de diferentes estadios de nuestra vida que se hallan relacionados por la cualidad de las emociones o sensaciones físicas que comparten*. Cada COEX gira en torno a un tema básico que constituye su denominador común e impregna todos sus estratos. En este sentido, las distintas capas son versiones diferentes del mismo tema básico que tuvieron lugar en distintos momentos de la vida. El inconsciente de una persona puede contener varias constelaciones COEX importantes y su número, intensidad y naturaleza varían considerablemente entre una persona a otra.

Los estratos que configuran un determinado sistema COEX pueden contener, por ejemplo, el recuerdo de experiencias humillantes, degradantes y vergonzosas que han dañado nuestra autoestima. El denominador común de otro, por ejemplo, puede ser la ansiedad experimentada en diferentes situaciones aterradoras o impactantes, o los sentimientos claustrofóbicos y asfixiantes evocados por situaciones opresivas o de confinamiento. Otro motivo común puede ser el rechazo y la privación emocional que merman la capacidad de confiar en los hombres, en las mujeres o en las personas en general. A esta lista podemos añadir, a modo de ejemplos característicos, las situaciones que han provocado profundos sentimientos de culpa y la sensación de fracaso, los acontecimientos que han acabado convenciendo a una persona de que el sexo es peligroso o repugnante y los encuentros con situaciones agresivas y violentas. Especialmente importantes son los sistemas COEX que incluyen recuerdos de situaciones que ponen en peligro la vida, la salud y la integridad del cuerpo.

Aunque esto podría transmitir la impresión de que los sistemas COEX siempre incluyen recuerdos dolorosos y traumáticos, lo cierto es que lo que determina que un recuerdo forme parte de un COEX no es tanto su naturaleza desagradable como la intensidad de la experiencia y su relevancia emocional. En este sentido debemos advertir que no solo hay constelaciones negativas, sino que también existen otras que incluyen recuerdos de acontecimientos agradables y hasta extáticos, como los recuerdos de relaciones amorosas y satisfactorias, los episodios de armonía familiar, las estancias en hermosos entornos naturales, los logros y las realizaciones importantes, etcétera.

Sin embargo, los sistemas COEX que implican emociones dolorosas y sentimientos físicos desagradables son más habituales que los positivos. Este concepto surgió de la psicoterapia con clientes que experimentan formas graves de psicopatología en donde el trabajo con los aspectos traumáticos de la vida desempeña un papel muy importante. Esto explica la necesidad de prestar mucha más atención a las constelaciones que implican experiencias dolorosas. El espectro de los sistemas COEX negativos también es considerablemente más amplio y variado que el de los positivos. Como bien señaló Joseph Campbell, mientras que la felicidad depende del cumplimiento de unas pocas condiciones básicas, la miseria de nuestra vida puede asumir formas muy diferentes. Pese a ello, sin embargo, una discusión general sobre el tema nos obliga a señalar que la dinámica del COEX no se limita a las constelaciones de recuerdos traumáticos.

Cuando, durante los estadios iniciales de mi investigación psiquedélica, descubrí por primera vez la existencia de los sistemas COEX, los describí como principios que rigen la dinámica del nivel biográfico del inconsciente. En aquella época, mi comprensión de la psicología se basaba en el estrecho modelo biográfico de la psique que me habían enseñado mis maestros, en especial mi analista freudiano. Y también debo decir que, en las sesiones psiquedélicas iniciales de un proceso terapéutico, especialmente cuando se utilizaban dosis más bajas (15-200 μg), el material que solía presentarse procedía del nivel biográfico.

Este estadio resultó ser muy importante para la exploración de los distintos estratos de la psique y su relación con la dinámica de los síntomas, lo que solemos denominar «quimioarqueología» (o lo que alguno de mis clientes ha llamado «pelar la cebolla del inconsciente»). Como mis pacientes permanecían con los ojos abiertos durante gran parte de las sesiones, también logre importantes comprensiones sobre la dinámica de las ilusiones y visiones ópticas, hallazgos que describí con cierto detalle en mi libro *Realms of the Human Unconscious* (Grof, 1975). De igual modo descubrí que, aunque mantener los ojos abiertos no era la estrategia terapéutica más eficaz, resultaba esencial para el descubrimiento de los sistemas COEX y su influencia en la fenomenología de las experiencias psiquedélicas.

En el curso de esta investigación, me quedó claro que los sistemas COEX no se limitaban al nivel biográfico, sino que hundían sus raíces en niveles mucho más profundos del inconsciente. Según mi comprensión actual, cada una de las constelaciones COEX parece estar superpuesta y anclada en un determinado aspecto del proceso de nacimiento (una matriz perinatal básica o MPB). La experiencia del nacimiento biológico es tan compleja y rica en emociones y sensaciones físicas que contiene en forma prototípica los temas fundamentales de la mayoría de los sistemas COEX concebibles. Sin embargo, un sistema COEX típico llega todavía más lejos y se asienta en diferentes tipos de fenómenos transpersonales, como los recuerdos ancestrales, colectivos y kármicos, los arquetipos junguianos, la identificación consciente con diferentes animales, los recuerdos filogenéticos, etcétera.

Hoy en día considero los sistemas COEX como principios organizadores generales de la psique humana. En la investigación conjunta que hemos llevado a cabo con Richard Tarnas durante más de cuarenta años hemos descubierto que podemos entender mejor la fenomenología de los estados holotrópicos en general y de los sistemas COEX en particular a través de la lente de la dinámica arquetípica. Como veremos más adelante, por eso precisamente considero la astrología arquetípica como «la piedra Rosetta de la investigación de la conciencia». El concepto del sistema COEX tiene cierta similitud con las ideas de C.G. Jung sobre los «complejos psicológicos» (Jung, 1960b) y la noción de Hanscarl Leuner de «sistemas dinámicos transfenoménicos» (*tdysts*) (Leuner, 1962) de los que, sin embargo, se diferencia en muchos aspectos. Antes de continuar la exposición sobre los sistemas COEX, me gustaría esbozar brevemente las similitudes y diferencias que existen entre estos tres conceptos.

El concepto junguiano de «complejo» surgió de su trabajo con el concepto de asociación. Lo infirió basándose en las perturbaciones del proceso asociativo, es decir, en el aumento del tiempo de reacción, en las lagunas y en las diferencias o distorsiones de los recuerdos que se producían durante la repetición del experimento. Jung describió el concepto de «complejo» como una masa de recuerdos y otros contenidos psicológicos que comparten un determinado tono emocional (como la irritación, el miedo, la ira, etcétera). Cada complejo tiene un «elemento nuclear», un vehículo de significado y una serie de asociaciones derivadas de la experiencia personal.

Jung señaló el parecido que existe entre los complejos y el empleo que hace Richard Wagner de los *leitmotivs*, es decir, temas musicales distintos que caracterizan a los *dramatis personae,* animales, objetos y situaciones: «Los *leitmotivs* son los tonos de sentimiento de nuestros complejos y todas nuestras acciones y estados de ánimo son modulaciones de los *leitmotivs*».

La piedra Rosetta es una estela de granodiorita descubierta en 1799 por un soldado francés en el delta del Nilo. Se trata de un decreto de Ptolomeo V emitido en Menfis en el 196 a.C. escrito en tres versiones diferentes. La parte superior está escrita en jeroglíficos egipcios, la del medio en escritura demótica y la inferior en griego antiguo. En ella se apoyó Jean François Champollion para descifrar, en 1820, el secreto de los jeroglíficos egipcios.

En el fondo de cada complejo, Jung encontró un principio rector universal o «arquetipo» compuesto por material biográfico y arquetípico. No incluía en él ningún elemento perinatal, porque no creía que el nacimiento biológico tuviese la menor relevancia para la psicología.

En su psicología profunda, Jung asignó a los complejos un papel fundamental. Para él, la «*via regia* al inconsciente» no eran los sueños, como pensaba Freud, sino los complejos, que se manifiestan como fantasías, actitudes

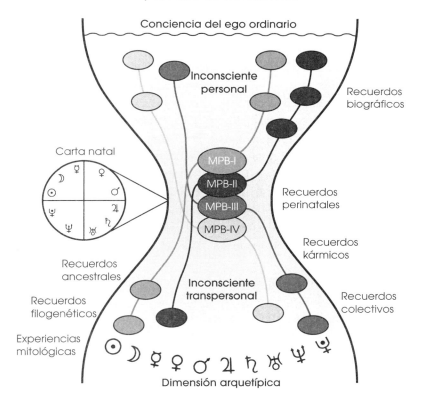

Diagrama de un sistema COEX que muestra los estratos de recuerdos postnatales procedentes de diferentes estadios de la vida (parte superior) y las experiencias transpersonales (recuerdos kármicos, ancestrales, filogenéticos y motivos arquetípicos) (parte inferior). En el centro están las matrices perinatales básicas (MPB-I al IV), y lo que conecta a todos los elementos constituyentes del sistema COEX es el hecho de compartir la misma cualidad arquetípico-temática.

y acciones involuntarias que les son propias. Se encuentran en todas partes y en todas las épocas; son «numinosos» y pueden ser fundamentalmente detectados en el ámbito de las ideas religiosas. Según Jung, los complejos no solo tienen un carácter obsesivo, sino a menudo posesivo: «Todo el mundo sabe hoy en día que las personas tienen "complejos", pero lo que no es tan conocido –aunque, desde una perspectiva teórica, es mucho más importante– es que los complejos le tienen a uno». Los complejos se comportan como diablillos saboteadores que dan lugar a todo tipo de acciones molestas, ridículas y reveladoras; están detrás de los fenómenos a los que Freud se refirió en su «psicopatología de la vida cotidiana» como los *lapsus linguae* y los errores de la memoria y el juicio. El conocimiento intelectual de un complejo es inútil, porque su acción dañina continuará hasta que lo descarguemos, momento en el cual llega a la conciencia y puede ser asimilado.

El concepto de Hanscarl Leuner de sistemas dinámicos transfenoménicos (*tdysts*) surgió de su trabajo con la administración secuencial de dosis bajas de psiquedélicos. Mi concepto de sistemas COEX se vio formulado y descrito independientemente de los *tdysts* de Leuner. (En aquella época, en Praga, no podíamos conseguir divisas para comprar literatura extranjera y carecíamos de todo contacto con investigadores de Occidente). En su libro *Die Experimentelle Psychose*, Leuner describió los *tdysts* como «constelaciones estratificadas de recuerdos emocionalmente cargados procedentes de distintos momentos de la vida postnatal (la infancia, la niñez y la edad adulta)». Leuner desarrolló este concepto específicamente para explicar la fenomenología de las sesiones de LSD y no trató de aplicarlo a otras áreas (Leuner, 1962).

Según Leuner, los *tdysts* determinan la naturaleza y el contenido de las sesiones de LSD. La capa del *tdyst* que emerge en la conciencia influye en los pensamientos, los sentimientos y la conducta del individuo, así como en las transformaciones ilusorias que el paciente tiene del terapeuta y el entorno. Hasta aquí, el *tdyst* se asemeja al sistema COEX, pero el modelo de Leuner se basa en el psicoanálisis freudiano y se limita a la biografía postnatal y no incluye los niveles perinatal y transpersonal de la psique.

Leuner afirmaba que, cuando todas las capas que componen un *tdyst* llegan a la conciencia y se disipa su carga emocional, pierden su poder sobre la conducta del individuo y su experiencia del mundo. Según mis observaciones, sin embargo, mientras que el modelo de Leuner de la psique se limitaba al nivel biográfico postnatal, el campo arquetípico del COEX suele llegar a lo más profundo de la psique y alcanzar los niveles perinatal y transpersonal. Su empleo de dosis bajas de LSD (75 μg) le impidió descubrir el dominio perinatal del inconsciente, razón por la cual acabó reduciendo lo transpersonal a lo infantil («lo trascendental equivale al narcisismo primario»).

Los sistemas COEX desempeñan un papel importante en nuestra vida psicológica y pueden influir en el modo en que nos percibimos a nosotros mismos, a los demás y al mundo, así como en la forma en que nos sentimos y actuamos. Son las fuerzas dinámicas que hay detrás de nuestros síntomas emocionales y psicosomáticos, de nuestras conductas irracionales y de los problemas de nuestras relaciones interpersonales. Y, aunque el concepto de *tdysts* de Leuner no implique una interacción bidireccional con el entorno, existe una clara interacción dinámica entre los sistemas COEX y el mundo exterior. Los acontecimientos externos de nuestra vida pueden activar los sistemas COEX correspondientes y, a la inversa, los sistemas COEX activos pueden determinar el modo en que nos percibimos a nosotros y al mundo y hacer que nos comportemos de un modo que nos lleve a recrear, en nuestra vida, sus temas fundamentales.

Hanscarl Leuner (1919-1996), psiquiatra y pionero psiquedélico alemán, autor de un método psicoterapéutico denominado imaginería afectiva guiada (GAI).

Este es un mecanismo que podemos advertir muy claramente en el trabajo experiencial. En los estados holotrópicos, el contenido de la experiencia, la percepción del entorno y la conducta del cliente dependen, en términos generales, del sistema COEX que domina la sesión y, más concretamente, del estrato de ese sistema que aflora en esos momentos en la conciencia. Todos los rasgos de los sistemas COEX pueden demostrarse mejor ilustrándolos con un ejemplo práctico, para el que he elegido el caso de Peter, un profesor de 37 años que, antes de emprender su terapia psiquedélica, había sido hospitalizado en varias ocasiones y tratado sin éxito en nuestro departamento de Praga.

En el momento en que iniciamos las sesiones experienciales, Peter apenas podía funcionar en su vida cotidiana. Se hallaba casi continuamente obsesionado con la idea de encontrar a un hombre poseedor de determinados rasgos físicos y, a ser posible, vestido de negro. Quería hacerse amigo de este hombre y contarle su urgente deseo de ser encerrado en un sótano oscuro y sometido a distintas y diabólicas torturas físicas y mentales. Incapaz de concentrarse en nada más, vagaba sin rumbo por la ciudad visitando parques públicos, bares, urinarios, estaciones de tren en busca del «hombre adecuado».

En varias ocasiones logró persuadir o sobornar a varias personas que cumplían con sus criterios y prometieron hacer lo que les pedía. Al tener una habilidad especial para encontrar a personas con rasgos sádicos, le habían robado todo su dinero, había sido gravemente herido varias veces y, en un par de ocasiones, estuvo a punto de ser asesinado. En las ocasiones en las que pudo llevar a cabo sus fantasías, se sintió muy asustado y no le gustaban nada las torturas. Además de este problema, Peter padecía depresión suicida, impotencia y ataques ocasionales de epilepsia.

Al reconstruir su historia, descubrí que sus principales problemas habían comenzado en la época de su reclutamiento forzoso para trabajar en Alemania durante la Segunda Guerra Mundial. Los nazis utilizaban a personas traídas a Alemania desde los territorios ocupados para trabajar en lugares amenazados por los ataques aéreos, como fundiciones y fábricas de municiones, una forma de trabajo esclavo conocida como *Totaleinsetzung*. Durante esa época, dos oficiales de las SS le obligaron repetidamente a participar a punta de pistola en sus prácticas homosexuales. Cuando acabó la guerra, Peter se dio cuenta de que estas experiencias habían dejado en él una fuerte preferencia por las relaciones homosexuales experimentadas en el rol pasivo, lo que fue transformándose gradualmente en fetichismo por la ropa negra masculina y, por último, en el complejo comportamiento masoquista obsesivo-compulsivo mencionado.

Quince sesiones psiquedélicas consecutivas revelaron un sistema COEX muy importante que subyacía a sus problemas. En los estratos más superficiales se hallaban las experiencias traumáticas más recientes de Peter con sus sádicos compañeros. En varias ocasiones, los cómplices que reclutó le ataron con cuerdas, le encerraron en un sótano sin comida ni agua y le torturaron, siguiendo su deseo, mediante flagelación y estrangulamiento. Uno de estos hombres le golpeó en la cabeza, le ató con una cuerda, le robó su dinero y le dejó tirado en un bosque.

Sin embargo, la peor de todas las aventuras que tuvo Peter fue la de un hombre que aseguraba tener justo el tipo de bodega que Peter quería en su cabaña del bosque y prometió llevarle hasta allí. Pero, cuando viajaban en tren hacia la casa de fin de semana de este hombre, a Peter le llamó la atención la abultada mochila de su acompañante y, cuando este abandonó el compartimento para ir al lavabo, se subió al asiento y revisó su sospechoso equipaje, descubriendo un arsenal completo de armas que incluía una pistola, un enorme cuchillo de carnicero, un hacha recién afilada y una sierra quirúrgica utilizada para amputaciones. Presa del pánico, saltó del tren en marcha y se lesionó gravemente. Los elementos de todos estos episodios configuraban los estratos superficiales del sistema COEX más importante de Peter.

Un estrato más profundo del mismo sistema contenía los recuerdos de Peter del Tercer Reich. En las sesiones en las que se manifestó esta parte de la constelación COEX, revivió con detalle sus experiencias con los oficiales homosexuales de las SS, con toda la complejidad emocional que ello entrañaba. Además, revivió otros recuerdos traumáticos de la Segunda Guerra Mundial y se enfrentó al ambiente opresivo característico de ese período. Tuvo visiones de pomposos desfiles, de mítines militares nazis, de pancartas con cruces gamadas, de ominosos estandartes de águilas gigantescas, de campos de concentración y de muchas otras escenas propias de ese momento.

Luego estaban los estratos asociados a su infancia, en particular los relacionados con los castigos infligidos por sus padres. Su padre alcohólico solía ser violento cuando se emborrachaba y le pegaba con un gran cinturón de cuero. El método favorito utilizado por su madre para castigarle era encerrarle en un sótano oscuro sin comida durante largos períodos de tiempo. Peter también recordó que, durante su infancia, ella siempre llevaba vestidos negros hasta el punto de que no la recordaba con ropa de otro color. En ese momento, se dio cuenta de que una de las raíces de su obsesión parecía ser el deseo de un sufrimiento que contuviera elementos de los castigos infligidos por sus padres.

Pero ahí no terminó la cosa porque, en la medida en que continuamos con las sesiones, el proceso iba profundizándose y Peter se enfrentó al trauma de su nacimiento y a toda la brutalidad biológica que ello entrañaba. Esta situación reunía todos los elementos que esperaba del tratamiento sádico que tan desesperadamente se empeñaba en recibir (espacio cerrado y oscuro, confinamiento, restricción del movimiento físico y exposición a torturas físicas y emocionales extremas). Revivir el trauma de su nacimiento acabó por resolver sus difíciles síntomas hasta el punto de poder recuperar una vida funcional.

Cuando, en un estado holotrópico, un sistema COEX emerge en la conciencia, asume una función predominante que determina la naturaleza y contenido de la experiencia. Entonces se distorsiona y transforma la percepción que tenemos de nosotros mismos y del entorno físico y humano en consonancia con el motivo básico de la constelación COEX y los rasgos concretos de sus estratos individuales. Tratemos ahora de ilustrar este mecanismo describiendo la dinámica del proceso holotrópico de Peter.

Cuando Peter estaba trabajando con los estratos más superficiales del sistema COEX que acabamos de describir, me veía transformado en sus compañeros sádicos del pasado, o en figuras que, de alguna manera, simbolizaban la agresividad, como un carnicero, un asesino, un verdugo medieval, un inquisidor o un vaquero con un lazo. Percibía mi pluma estilográfica como una daga oriental y esperaba que yo le atacara con ella. Apenas vio sobre la mesa de mi escritorio un cuchillo con mango de asta de ciervo que utilizaba como abrecartas, me vio convertido inmediatamente en un guardabosques de aspecto violento. En diversas ocasiones pidió ser torturado y se ofreció a sufrir «para el doctor» reteniendo la orina. Durante este período, la consulta y el paisaje que se divisaba desde la ventana se transformaban ilusoriamente en los distintos escenarios en los que se desarrollaron las aventuras de Peter con sus sádicos compañeros.

Cuando el foco de su experiencia se centró en el estrato más antiguo de la Segunda Guerra Mundial, Peter me vio transformado en Hitler y otros líderes nazis, el comandante del campo de concentración, un miembro de las SS y un oficial de la Gestapo. En lugar de los ruidos ordinarios del exterior y de la consulta, escuchaba el ominoso sonido de las botas de los soldados desfilando, la música de las concentraciones, los desfiles junto a la Puerta de Brandeburgo y el himno de la Alemania nazi. Así fue como la consulta fue transformándose sucesivamente en una sala del Reichstag llena de emblemas de águilas y esvásticas, la barraca de un campo de concentración, una cárcel con pesados barrotes en la ventana y hasta un corredor de la muerte.

Cuando afloraron las experiencias centrales de la infancia, Peter me percibió como una figura parental castigadora. En ese momento, tendía a mostrar varias pautas anacrónicas de conducta características de la relación que mantenía con sus padres y la consulta se transformaba en diferentes escenarios de su hogar infantil, en particular el sótano oscuro en el que su madre solía encerrarle.

El mecanismo anteriormente descrito tiene su contrapartida dinámica: la tendencia de los estímulos externos a activar los correspondientes sistemas COEX de las personas que se hallan en un estado holotrópico y a facilitar la emergencia en la conciencia del contenido de estos sistemas. Esto sucede en aquellos casos en los que determinadas influencias externas, como los elementos del entorno físico, el clima interpersonal o la situación terapéutica, contienen componentes idénticos o semejantes a las escenas traumáticas originales. Esta parece ser la clave para entender la extraordinaria importancia del escenario [*set*] y la ambientación [*setting*] de la experiencia holotrópica. Veamos a continuación una secuencia de una de las sesiones de LSD de Peter que ilustra perfectamente el efecto activador de un determinado sistema COEX provocado por la introducción accidental en la situación terapéutica de determinados estímulos externos.

Una de las vivencias centrales más importantes que Peter descubrió en su terapia con LSD fue el recuerdo de una ocasión en que su madre le encerró en el sótano oscuro y se negó a darle de comer mientras el resto de los miembros de la familia estaban comiendo. La reviviscencia de este recuerdo se vio inesperadamente desencadenada por los ladridos de un perro que se hallaba cerca de la ventana abierta de la consulta. El análisis de este suceso puso de relieve una interesante relación entre el estímulo externo y el recuerdo activado. Peter recordó que el sótano que su madre usaba para castigarle tenía una pequeña ventana que daba al patio del vecino, un patio en el que, encadenado a su caseta, se hallaba el pastor alemán del vecino que no dejaba de ladrar en las ocasiones en que Peter permanecía encerrado en el sótano.

Cuando se hallan en un estado holotrópico, las personas suelen tener reacciones desproporcionadas y aparentemente inapropiadas a los estímulos externos. Estas reacciones exageradas son específicas y selectivas y pueden entenderse con facilidad si las consideramos como dinámicas gobernadas por los sistemas COEX. Por eso, cuando se hallan bajo la influencia de constelaciones de recuerdos que implican privación emocional, rechazo o negligencia por parte de sus padres u otras figuras relevantes de su infancia, los pacientes se muestran especialmente sensibles a lo que consideran un trato desinteresado, «profesional» y frío.

Cuando están trabajando con problemas asociados a la rivalidad entre hermanos, los pacientes pueden intentar monopolizar al terapeuta y querer ser su único paciente o, al menos, su paciente favorito. Les resulta difícil aceptar el hecho de que el terapeuta tenga otros pacientes y pueden sentirse muy irritados ante cualquier indicio de interés prestado a otra persona. Así es como pacientes a los que, en otras ocasiones, no les importa, o incluso desean que se les deje solos durante una sesión, no soportan, cuando están conectando con recuerdos relacionados con el abandono y la soledad infantil, que el terapeuta salga por ningún motivo de la habitación. Estos son algunos ejemplos de situaciones en las que la hipersensibilidad a las circunstancias externas revela la existencia de un sistema COEX subyacente.

El denominador común de los sistemas COEX que hemos descrito hasta ahora gira en torno a la calidad de las emociones o sensaciones físicas que componen sus diferentes capas, pero también existe una categoría diferente de sistemas COEX que podríamos denominar sistemas COEX interpersonales. El denominador común de estas constelaciones dinámicas es un tipo de relación con una determinada categoría de personas (como, por ejemplo, las figuras de autoridad, las parejas sexuales o los compañeros). El conocimiento de estos sistemas es muy importante para entender la dinámica del proceso terapéutico y los problemas interpersonales que pueden aparecer en la relación entre terapeutas o facilitadores y las personas que se encuentran en un estado holotrópico de conciencia. También hay que saber que este es uno de los mecanismos terapéuticos más importantes de la psicoterapia.

Son muchas las escuelas psicoterapéuticas que muestran un inquietante desacuerdo sobre algunas cuestiones fundamentales como las dimensiones del psiquismo, como cuáles son sus fuerzas motivadoras más importantes, cuál es la causa de los diferentes síntomas emocionales y psicosomáticos, qué significan y por qué adoptan una determinada forma y qué técnicas y estrategias hay que emplear en el trabajo terapéutico con los clientes. Y, debido a estas diferencias, los procedimientos psicoterapéuticos y las interpretaciones del mismo contenido psicológico dadas por las distintas escuelas son también muy distintas.

Aunque los estudios sobre los efectos de la terapia realizados al respecto hayan puesto de relieve la existencia de considerables diferencias entre estar en terapia y estar en lista de espera, lo cierto es que no han descubierto diferencia significativa alguna entre las distintas escuelas (Frank y Frank, 1991). Las diferencias aparecen más bien dentro de las escuelas que entre distintas escuelas y, en cada escuela, hay individuos que son reconocidos como mejores terapeutas. Esto nos plantea algunas preguntas interesantes: ¿cuáles son los mecanismos eficaces de la psicoterapia, cuándo puede ayudar la terapia verbal y por qué y cuáles son sus límites?

Está claro que la respuesta no consiste en tener una visión más adecuada de la psique y unas interpretaciones más exactas y oportunas, porque estos son factores que varían entre las distintas escuelas. Pero, entre los factores considerados más eficaces, hay que mencionar la calidad del encuentro humano que existe entre terapeuta y cliente, la compatibilidad y resonancia entre las personalidades del terapeuta y del paciente y la sensación de verse aceptado incondicionalmente por otro ser humano, a menudo por primera vez en la vida, algo que los astrólogos asocian a un alineamiento armonioso entre las cartas natales de los implicados.

Parece que la ruptura de las pautas traumáticas repetitivas en las relaciones interpersonales (o sistemas COEX interpersonales) podría desempeñar un papel fundamental en el éxito de la terapia. Así lo demostró un interesante estudio que llevamos a cabo hace unos cincuenta años en el Instituto de Investigación Psiquiátrica de Praga. Ese estudio se centró en el hecho de que, cuando observamos la vida de las personas que padecen trastornos emocionales o psicosomáticos, descubrimos la tendencia a reproducir el mismo tipo de pautas disfuncionales en la relación que mantienen con ciertas categorías de personas como, por ejemplo, las figuras de autoridad, los hombres, las mujeres, las parejas sexuales o los compañeros. Pues, por más diferentes que sean las personalidades de sus parejas en este tipo de relaciones, estos clientes tienden a reproducir el mismo tipo de pauta problemática. Nuestro estudio fue un intento de comprender los mecanismos implicados en esta dinámica.

La investigación que realizamos en el Instituto de Investigación Psiquiátrica de Praga se denominó *Estudio del desarrollo de las relaciones interpersonales*. Para ello, seleccionamos a dieciocho pacientes de nuestro departamento de consultas externas, nueve hombres y nueve mujeres, ninguno de los cuales se conocía. Durante los días que duró el experimento vaciamos provisionalmente el departamento de puertas abiertas de pacientes internos y admitimos a todos los sujetos seleccionados el mismo día. La tarde del primer día se agruparon en tres círculos de seis elegidos al azar y les entregamos cuestionarios basados en el *Interpersonal Diagnostical Test of Personality* de Timothy Leary, un test de personalidad que hizo famoso a Leary mucho antes de que tomara cualquier substancia psiquedélica (Leary, 1957).

Las preguntas de Leary sobre las relaciones interpersonales pueden disponerse en un sistema de coordenadas cuyos ejes vertical y horizontal (ordenadas y abscisas) giran en torno a los rasgos dominante/sumiso y odio/amor, respectivamente, e incluyen distintas combinaciones entre estos cuatro atributos. Las preguntas formuladas en los cuestionarios de nuestro proyecto describían la naturaleza de las relaciones que los pacientes aventuraban que tendrían con sus compañeros durante el experimento antes de saber nada de ellos.

Después de su ingreso, estos pacientes convivieron durante cuatro semanas en el instituto siguiendo un rico programa que consistía en diferentes deportes, actividades artísticas, terapia ocupacional, paseos por la naturaleza, juegos, actos culturales, etcétera. Al finalizar cada semana se les volvió a pasar el mismo cuestionario interpersonal formulado, en esa ocasión, en tiempo presente, en el que debían describir las relaciones reales que mantenían con sus compañeros de estudio.

Las respuestas elegidas por los pacientes para describir la naturaleza de su relación (por ejemplo, «me critica», «trata de controlarme», «me apoya», «se muestra afectuoso», etcétera) se introdujeron en un gráfico con las dos coordenadas y los círculos concéntricos, semejante a una diana. Según Leary, la pauta resultante de una persona que mantuviera relaciones sanas sería relativamente equilibrada, mientras que las relaciones disfuncionales darían lugar a pautas muy cargadas en algunos cuadrantes.

Esta investigación puso de relieve algunos resultados interesantes como, por ejemplo, que la evaluación de las relaciones reales de aquellos pacientes cuya evaluación inicial evidenciaba una clara expectativa de relaciones disfuncionales con determinados compañeros mostraba una elevada convergencia con las expectativas iniciales («profecía autocumplida»). El siguiente paso del estudio consistió en pedir a los pacientes que empleasen el mismo cuestionario para describir las relaciones que habían mantenido en el pasado con los miembros de su familia de origen.

Las pautas disfuncionales repetitivas parecen remontarse a la dinámica de la familia nuclear. Así por ejemplo, los problemas con las figuras de autoridad (es decir, con profesores, jefes, oficiales militares, etcétera) se correlacionaban con padres que imponían la disciplina en la familia; los problemas en las relaciones sexuales tenían que ver con la relación con uno de los padres o la pauta de su matrimonio, y que los conflictos con el grupo de pares estaban

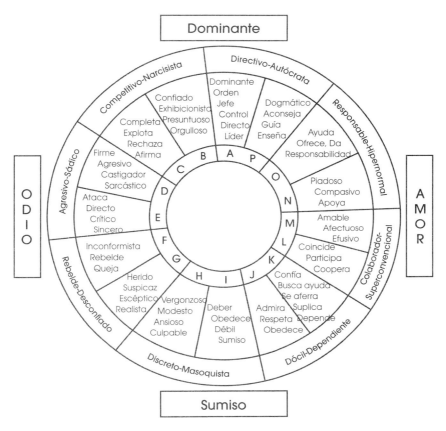

Diagrama que muestra la estructura del Cuestionario Diagnóstico Interpersonal de Timothy Leary.

ligados a la rivalidad entre hermanos. El período crítico giraba en torno a los cinco o seis años de edad, momento en que los niños empiezan a aplicar a una comunidad más amplia (profesores, compañeros de colegio y conocidos varios) las pautas de conducta interpersonal establecidas en una muestra tan poco representativa de la población como la familia nuclear.

¿Se van a corregir entonces estas pautas o, por el contrario, van a reforzarse? Dado que las relaciones humanas son complementarias, la persona promedio tiende a responder de manera predecible y esperada, reforzando así una pauta disfuncional. La tarea del buen profesor, del jefe ideal y, en última instancia, del terapeuta consiste en responder de forma atípica e inesperada para romper la pauta repetitiva y tener, de ese modo, la oportunidad de contar con una experiencia correctiva. La tarea específica del terapeuta resulta, en este sentido, especialmente complicada y crítica. Cuando el cliente acude a terapia, las pautas disfuncionales se hallan muy reforzadas debido a las muchas repeticiones. La psicoterapia no puede ser neutra porque, o bien refuerza las pautas disfuncionales del cliente, o bien proporciona una experiencia correctiva, algo que, en psicoterapia, se conoce como «fenómeno Jean Valjean», una expresión que procede del personaje de la historia de *Los miserables* de Victor Hugo que le dio nombre.

El convicto Jean Valjean es liberado de una prisión francesa después de haber cumplido diecinueve años de prisión por robar una barra de pan y por posteriores intentos de fuga de la cárcel. Cuando Valjean llega a un pueblo, nadie está dispuesto a darle cobijo por tratarse de un exconvicto. Desesperado, llama a la puerta de un bondadoso obispo que le trata muy amablemente como si se tratara de un huésped importante, al que tiempo después paga robándole la vajilla de plata y desapareciendo. Los policías que le detienen reconocen las iniciales de la vajilla de plata y le llevan de vuelta a la casa del obispo, pero este le encubre, alegando que la vajilla era un regalo. Los gendarmes liberan entonces a Valjean y el obispo le hace prometer que se convertirá en un hombre honesto. Finalmente, bajo un nombre falso, Valjean inventa un ingenioso proceso de fabricación que trae la prosperidad al pueblo y se convierte en un hombre honesto que acaba siendo elegido alcalde.

Cuando trabajamos con estados holotrópicos es importante ser conscientes de las pautas interpersonales repetitivas de nuestros clientes, porque estas pueden activarse y amplificarse hasta generar situaciones difíciles en la terapia. La regresión a estados holotrópicos, sin embargo, nos proporciona una oportunidad extraordinaria para que se produzca una profunda experiencia correctiva. La presencia de un hombre o de una mujer fuerte y amorosa, o la presencia simultánea de un hombre y una mujer que, a diferencia de lo que ocurría con los padres, se lleven bien y la satisfacción de las necesidades anaclíticas insatisfechas que se experimentan durante la regresión profunda pueden tener un poderoso efecto curativo y transformador en la categoría de relaciones interpersonales previamente afectada.

El nivel perinatal del inconsciente

Cuando el proceso de autoexploración experiencial profundo va más allá del nivel de los recuerdos de la infancia y la niñez y se acerca al momento del nacimiento empezamos a encontrarnos con emociones y sensaciones físicas extraordinariamente intensas que superan lo que antes considerábamos posible. Llegados a este punto, las experiencias se convierten en una extraña combinación de nacimiento y muerte e implican una sensación de confinamiento serio que amenaza la vida y moviliza una lucha desesperada y decidida por liberarnos y sobrevivir.

Debido a la estrecha relación entre este dominio del inconsciente y el nacimiento biológico he elegido para él el nombre de *perinatal*, un término grecolatino en el que el prefijo *peri* significa «cerca» o «alrededor» y la raíz *natalis* significa «perteneciente al parto». Esta es la palabra normalmente utilizada en medicina para referirse a los distintos procesos biológicos que ocurren poco antes, durante y justo después del parto. Los obstetras hablan, por ejemplo, de hemorragia perinatal, de infección perinatal o de daño cerebral perinatal. Sin embargo como, según la medicina tradicional, el niño no experimenta conscientemente el nacimiento y este acontecimiento no queda registrado en su memoria, nunca se oye hablar en el entorno médico de experiencias perinatales. Este empleo del término *perinatal* asociado a la conciencia refleja mis propios descubrimientos y es, por tanto, completamente nuevo (Grof, 1975).

La fuerte representación del nacimiento y la muerte en nuestra psique inconsciente y la estrecha relación entre ambos puede sorprender a los psicólogos y psiquiatras convencionales porque cuestiona sus creencias más profundamente arraigadas. Según la medicina convencional, solo un nacimiento tan difícil que provoque un daño irreversible en las células cerebrales puede tener consecuencias psicopatológicas y, aun entonces, la mayoría de esas consecuencias son de naturaleza neurológica, como el retraso mental o la hiperactividad.

La posición oficialmente sostenida por la psiquiatría académica es que el nacimiento biológico no queda grabado en la memoria y no provoca, en consecuencia, ningún trauma psicológico. La razón habitual esgrimida para negar la posibilidad de recuerdos del nacimiento es que la corteza cerebral del recién nacido no se halla todavía lo suficientemente madura para mediar en la experimentación y registrar este acontecimiento. Dicho más concretamente, las neuronas de la corteza cerebral aún no están «mielinizadas» por completo (es decir, cubiertas por completo por la vaina protectora de una substancia grasa llamada *mielina*). Resulta sorprendente que este mismo argumento no se utilice para negar la existencia e importancia de recuerdos de la lactancia, el inmediato período posterior al nacimiento.

El significado psicológico de las experiencias de la lactancia y hasta del vínculo afectivo –el intercambio de miradas y el contacto físico entre la madre y el niño que sucede inmediatamente al nacimiento– es en general reconocido y admitido por los obstetras, pediatras y psiquiatras infantiles convencionales (Klaus, Kennell y Klaus, 1985; Kennel y Klaus, 1988). La imagen del recién nacido como un organismo inconsciente e insensible contrasta con el creciente cuerpo de la literatura médica que describe la notable sensibilidad del feto durante el período prenatal (Verny y Kelly, 1981; Tomatis, 1991; Whitwell, 1999 y Moon, Lagercrantz y Kuhl, 2010).

La negación de la posibilidad de recuerdos del nacimiento basada en el hecho de que la corteza cerebral del recién nacido no está mielinizada por completo resulta especialmente absurda si tenemos en cuenta que la memoria existe en formas de vida inferiores que carecen incluso de corteza cerebral. En 2001, el neurocientífico estadounidense de origen austríaco Eric Kandel recibió el Premio Nobel de Fisiología por su investigación sobre los mecanismos de la memoria de la babosa marina aplysia, un organismo incomparablemente más primitivo que el bebé recién nacido. Y también es bien sabido que incluso los organismos unicelulares poseen modalidades rudimentarias de memoria protoplásmica. La única explicación plausible de esta sorprendente incoherencia lógica de individuos formados en el más riguroso pensamiento científico es la represión psicológica de los terribles recuerdos del nacimiento biológico.

Con la posible excepción de las formas extremas de abuso físico, el estrés emocional y físico que conlleva el parto es netamente superior al de cualquier trauma postnatal de la infancia y la niñez presente en la literatura psicodinámica. Son muchas las formas de psicoterapia experiencial que han acumulado evidencias convincentes de que el nacimiento biológico es un acontecimiento de suma importancia psicoespiritual y el trauma más profundo de nuestra vida. Queda grabado en nuestra memoria en detalles minúsculos hasta el nivel celular y tiene un efecto muy profundo en nuestro desarrollo psicológico.

Revivir los distintos aspectos del nacimiento biológico puede ser muy convincente y el proceso suele reproducirse con un detalle fotográfico, algo que llega incluso a ocurrir en personas que no poseen información intelectual de su nacimiento y carecen de conocimientos obstétricos elementales, detalles que, si se dispone de buenos registros de nacimiento o de testigos presenciales fiables, pueden llegar a corroborarse. La experiencia, por ejemplo, puede descubrirnos que tuvimos un parto de nalgas; que, durante este, se utilizó fórceps, o que nacimos con el cordón umbilical enroscado en torno al cuello. Podemos experimentar la ansiedad, la furia biológica, el dolor físico y la asfixia que experimentamos durante el parto y reconocer con precisión el tipo de anestesia que se utilizó en nuestro parto.

Esto suele ir acompañado de diferentes posturas y movimientos del cuerpo, los brazos y las piernas, así como de rotaciones, flexiones y desviaciones de la cabeza que recrean con precisión la mecánica de un determinado tipo de parto. Esta reviviscencia del nacimiento pueden ir acompañada de hematomas, hinchazones y otros cambios cutáneos vasculares en las zonas en que se aplicó el fórceps o el cordón umbilical oprimía la garganta, observaciones todas que sugieren que el recuerdo del trauma del nacimiento puede llegar a dejar incluso una huella a nivel celular.

La íntima relación, en nuestra psique inconsciente, entre el nacimiento y la muerte tiene un sentido muy especial que pone claramente de manifiesto que el nacimiento es un acontecimiento que pone en peligro la vida. El parto acaba de manera brutal con la existencia intrauterina del feto. El feto «muere» como organismo acuático y nace como una forma de vida fisiológica y hasta anatómicamente diferente que respira aire. Sus pulmones colapsados se expanden y asumen, junto a los riñones y el sistema gastrointestinal, funciones antes realizadas por la placenta (como la respiración, la excreción de orina y la eliminación de productos de desecho).

El paso por el canal del parto es, en sí mismo, un proceso difícil y potencialmente peligroso que puede acercarnos a la muerte. Diversas complicaciones del parto, como una gran diferencia entre el tamaño del niño y la abertura pélvica, la posición transversal del feto, el parto de nalgas o la llamada placenta previa pueden complicar más aún los problemas emocionales y físicos que suelen asociarse a este proceso. El niño y la madre pueden perder la vida durante el parto, nacer azul debido a la asfixia o hasta muerto y con necesidad de reanimación.

La reviviscencia e integración consciente del trauma del nacimiento desempeña un papel muy importante en el proceso de psicoterapia y autoexploración experiencial. Existen cuatro pautas experienciales diferentes de experiencias asociadas al nivel perinatal del inconsciente, cada una de las cuales se caracteriza por emociones, sensaciones físicas e imágenes simbólicas diferentes. Estas pautas están estrechamente ligadas a la experiencia del feto antes del comienzo del parto y durante los tres estadios consecutivos posteriores que caracterizan el proceso del nacimiento. Estas experiencias dejan huellas muy profundas en la psique que tienen una importante influencia en la vida posterior del individuo. Denomino a estas cuatro constelaciones dinámicas del inconsciente profundo *matrices perinatales básicas* o *MPB*.

El espectro de las experiencias perinatales no se limita a las derivadas de los procesos biológicos y psicológicos del parto. Las matrices perinatales también forman parte integral de los sistemas COEX que contienen recuerdos postnatales y experiencias transpersonales con los que comparten las mismas cualidades arquetípicas. Estas pueden alternarse con la reviviscencia de recuerdos fetales o aparecer simultáneamente a ellas en combinaciones muy diversas. Las MPB representan importantes puertas de entrada al inconsciente colectivo descrito por C.G. Jung. La identificación con el bebé que se enfrenta a la tarea de atravesar el canal del parto parece acceder a experiencias que implican a personas de otras épocas y culturas, a diferentes animales e incluso a figuras mitológicas. Es como si, al conectar con el feto que se esfuerza por nacer, uno también conectase de forma íntima, y casi mística, con otros seres sensibles que están atravesando una situación parecida.

La relación entre las experiencias de los estadios consecutivos del nacimiento biológico y las distintas imágenes simbólicas a ellos asociadas es muy específica y consistente. La razón por la que afloran juntas no es comprensible en términos de lógica convencional, aunque ello tampoco significa que se trate de asociaciones aleatorias y arbitrarias. Lo cierto es que tienen su propio orden profundo que perfectamente podría atenerse a una «lógica experiencial». Con ello queremos decir que la conexión entre las experiencias propias de los distintos estadios del nacimiento y los temas simbólicos concomitantes no se basa en una mera similitud formal externa, sino en el hecho de compartir las mismas sensaciones físicas y los mismos sentimientos emocionales.

Las matrices perinatales son ricas y complejas y presentan rasgos biológicos y psicológicos concretos, así como conexiones arquetípicas. La confrontación experiencial con el nacimiento y la muerte parece desembocar automáticamente en una apertura espiritual y en el descubrimiento de las dimensiones místicas de la psique y de la existencia. Cuando la regresión llega al nivel perinatal, entra en juego una nueva cualidad experiencial que C.G. Jung denominó, tomando prestado un término acuñado por Rudolf

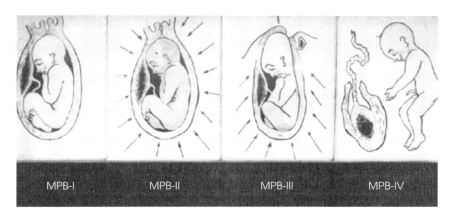

Modelo que refleja los distintos estadios del nacimiento biológico que subyacen a las cuatro matrices perinatales básicas (MPB-I a MPB-IV).

Otto, *numinosidad*, lo que permite evitar palabras con un significado similar que se han utilizado en diferentes contextos y que podrían ser fácilmente malinterpretadas, como «religioso», «sagrado», «espiritual», «místico» o «mágico».

El encuentro con las matrices perinatales puede producirse durante las sesiones con substancias psiquedélicas, la respiración holotrópica, en el curso de crisis psicoespirituales espontáneas («emergencias espirituales») y en situaciones de la vida real como el parto o las experiencias cercanas a la muerte (ECM) (Ring, 1982). El simbolismo concreto de estas experiencias no procede de los bancos de la memoria individual, sino del inconsciente colectivo. Por eso, con total independencia de los antecedentes culturales o religiosos del sujeto, pueden basarse en cualquier período histórico, zona geográfica y tradición espiritual del mundo.

Las matrices perinatales individuales están conectadas con ciertas categorías de experiencias postnatales que comparten las mismas cualidades arquetípicas y pertenecen a los mismos sistemas COEX. También tienen que ver con los arquetipos de la Madre Naturaleza, la gran Diosa Madre, el cielo y el paraíso (MPB-I); la Diosa Madre terrible y el infierno (MPB-II); el *sabbat* de las brujas y los rituales satánicos (MPB-III); el purgatorio y las deidades de diferentes culturas que representan la muerte y el renacimiento (MPB-III y MPB-IV) y la epifanía divina, la *cauda pavonis* (cola de pavo real) alquímica y el arco iris (MPB-IV). Más adelante exploraremos los notables paralelismos que existen entre la fenomenología de las MPB-I a IV y los arquetipos astrológicos de Neptuno, Saturno, Plutón y Urano.

Otros tipos de experiencias que pueden incluirse en el mismo sistema COEX que las matrices perinatales son los recuerdos ancestrales, raciales, colectivos, kármicos y filogenéticos. También debemos mencionar la presencia de vínculos teóricos y prácticos importantes entre las matrices perinatales, ciertos aspectos de las actividades fisiológicas de las zonas erógenas freudianas y determinadas categorías de trastornos emocionales y psicosomáticos. Todas estas interrelaciones se muestran en el resumen que presentamos en la tabla 2 (págs. 175-176).

Reforzadas por experiencias fuertes y cargadas de emociones de la infancia, la niñez y la vida posterior, las matrices perinatales pueden determinar nuestra visión del mundo, influir profundamente en nuestra conducta cotidiana y contribuir al desarrollo de diferentes trastornos emocionales y psicosomáticos. A escala colectiva, las matrices perinatales desempeñan un papel muy importante en los campos de la religión, el arte, la mitología, la filosofía y diferentes fenómenos sociopolíticos, como los sistemas totalitarios, las guerras, las revoluciones y el genocidio. En capítulos posteriores exploraremos estas implicaciones de la dinámica perinatal.

Primera matriz básica perinatal: MPB-I
(unión primordial con la madre)

Esta matriz está relacionada con la existencia intrauterina anterior al comienzo del parto, un mundo experiencial al que bien podríamos denominar «universo amniótico». Cuando estamos identificados con el feto que se halla en el útero no diferenciamos lo interno de lo externo, ni tenemos conciencia tampoco de los límites. Esto es algo que se pone de relieve al revivir la existencia embrionaria no perturbada propia del estado prenatal, una experiencia asociada a regiones despojadas de límites y fronteras (como el espacio interestelar, las galaxias o la totalidad del cosmos). Una experiencia típica es la de flotar en el mar e identificarse con animales acuáticos como peces, medusas, delfines o ballenas, o hasta convertirse en el océano, algo que parece ilustrar el hecho de que el feto es una criatura fundamentalmente acuática.

Las experiencias intrauterinas positivas también pueden estar asociadas a visiones arquetípicas de una Madre Naturaleza segura, hermosa e incondicionalmente nutriente como un buen útero. Se trata de una sensación asociada a imágenes de huertos llenos de arboles frutales, campos de maíz en sazón, terrazas cultivadas de los Andes o islas impolutas de la Polinesia. Las imágenes mitológicas del inconsciente colectivo que suelen presentarse en este contexto reflejan paraísos y dominios celestiales semejantes a los descritos por las mitologías de diferentes culturas, aun de aquellas sobre las que el sujeto carece de todo conocimiento intelectual. Podemos calificar de *apolíneo* u *oceánico* el tipo de éxtasis asociado a la MPB-I, que se caracteriza por sensaciones de paz, tranquilidad, claridad y unidad cósmica, y por la trascendencia del tiempo y el espacio.

La reviviscencia de episodios de perturbaciones intrauterinas, es decir, de los recuerdos de un «vientre malo» se experimenta como la sensación de estar a merced de una amenaza oscura y ominosa y en donde no es extraño sentir que nos están envenenando. Es posible ver imágenes de aguas estancadas y contaminadas y de vertederos tóxicos, algo que parece reflejar el hecho de que muchos trastornos prenatales estén causados por cambios tóxicos que se producen en el cuerpo de la madre embarazada. Este tipo de secuencias pueden estar asociadas a visiones arquetípicas de entidades demoníacas o de una sensación de maldad que todo lo impregna. Quienes reviven episodios de alteraciones violentas de la existencia prenatal, como la inminencia de un aborto espontáneo o de un intento de aborto, suelen experimentar alguna forma de amenaza universal o de visiones apocalípticas sangrientas del fin del mundo, lo que de nuevo refleja la íntima conexión entre los acontecimientos de nuestra historia biológica y los arquetipos junguianos.

El siguiente relato de una sesión psiquedélica con una dosis elevada de LSD ilustra a la perfección un caso típico de una experiencia de MPB-I ocasionalmente abierta al ámbito transpersonal.

> Lo único que experimentaba era una sensación de profundo malestar semejante a una gripe. No podía creer que una dosis elevada de LSD que, en sesiones anteriores, había producido cambios psicológicos espectaculares, evocase una respuesta tan nimia. Entonces decidí cerrar los ojos y observar con detenimiento lo que estaba ocurriendo. A partir de ese momento, la experiencia pareció profundizarse y me di cuenta de que, lo que con los ojos abiertos parecía la experiencia adulta de una enfermedad vírica, se convertía en la experiencia de un feto que, durante su existencia intrauterina, experimentaba extrañas agresiones tóxicas.

Mi tamaño era muy pequeño y mi cabeza era desproporcionadamente grande. Me hallaba sumido en un entorno líquido y, a través del cordón umbilical, a mi cuerpo llegaban substancias dañinas y hostiles que registraba mediante unos receptores desconocidos. Y era muy consciente de que esos «ataques» tóxicos provenían directamente del estado y la actividad del cuerpo de mi madre. A veces distinguía influencias que parecían deberse a la ingesta de alcohol, de alimentos inadecuados o de tabaco. Otro tipo de malestar parecía estar causado por los cambios químicos provocados por las emociones de mi madre, como ansiedad, nerviosismo, ira y sentimientos conflictivos relativos al embarazo.

Luego desaparecieron las sensaciones de náuseas e indigestión y experimenté una sensación de éxtasis cada vez mayor, algo que fue acompañado de una mayor transparencia y luminosidad de mi campo visual. Era como si mágicamente se hubieran rasgado varias capas de gruesas y sucias telarañas, o como si un técnico cósmico invisible hubiese ajustado el objetivo y la imagen proyectada se hubiese enfocado de golpe. Entonces, el escenario se abrió y me vi envuelto por un increíble flujo de luz y energía que se extendía en delicadas vibraciones por todo mi ser.

En un nivel, seguía siendo un feto que experimentaba la perfección y felicidad de un buen vientre, o un recién nacido que se fundía con un pecho nutritivo y vivificante y, en otro nivel, me convertí en el universo entero. Asistí, como espectador participante, al despliegue de un macrocosmos lleno de innumerables galaxias pulsantes y vibrantes. Esos paisajes cósmicos resplandecientes e impresionantes se entremezclaban con experiencias de un microcosmos igualmente milagroso, desde la danza de los átomos y las moléculas hasta los orígenes de la vida y el mundo bioquímico de las células individuales. Por primera vez experimenté el universo tal como realmente es, un misterio insondable, una representación divina de la Conciencia Absoluta.

Durante un tiempo oscilé entre el estado angustioso de un feto enfermo y una existencia intrauterina serena y beatífica. A veces, las influencias nocivas adoptaban la forma de demonios insidiosos o criaturas malévolas que se mencionan en los escritos espirituales o los cuentos de hadas. Durante la fase imperturbable de la existencia fetal experimenté sentimientos de identidad y unidad básica con la totalidad del universo; era el Tao, lo que está más allá de lo interior y el «Tat tvam asi» (tú eres Eso) de las *Upanishads*. Perdí la sensación de individualidad, mi ego se disolvió y me convertí en la totalidad de la existencia.

A veces esta experiencia era intangible y despojada de contenido y otras veces iba acompañada de muchas y muy hermosas visiones: imágenes de paraísos arquetípicas, del cuerno de la abundancia, de la edad de oro o de una naturaleza virginal. Me convertí en un delfín jugando en el océano, en un pez nadando en aguas cristalinas, en una mariposa revoloteando por prados montañosos y en una gaviota planeando sobre el mar. Fui el océano, los animales, las plantas y las nubes... y a veces todo eso al mismo tiempo.

Por la tarde y durante la noche no ocurrió nada concreto. Pasé la mayor parte de este tiempo fundido con la naturaleza y el universo e inmerso en una luz dorada cuya intensidad iba disminuyendo poco a poco.

Segunda matriz perinatal: MPB-II (sensación de estar atrapado, en el infierno o sin salida)

La reviviscencia del inicio del nacimiento biológico suele ir acompañada de la sensación de vernos absorbidos por un gigantesco remolino, o de ser devorados por una bestia mítica. También podemos experimentar que es el mundo o el cosmos entero el que se ve así engullido. Esto puede asociarse a imágenes de vernos atrapados o devorados por monstruos arquetípicos como leviatanes, dragones, ballenas, serpientes, tarántulas o pulpos gigantescos. Esta sensación de abrumadora amenaza vital puede provocar una intensa ansiedad y una desconfianza general que roza la paranoia. Otra variedad experiencial de las imágenes asociadas al comienzo de la segunda matriz perinatal es el tema del descenso a las profundidades del inframundo, el reino de la muerte o el infierno que, como Joseph Campbell describió tan elocuentemente, es un motivo universal de las mitologías del viaje del héroe (Campbell, 1968 y 1972).

Durante la primera fase plenamente desarrollada del nacimiento biológico (fundamento de la MPB-II), las contracciones uterinas oprimen periódicamente al feto mientras el cuello uterino permanece cerrado. Cada contracción provoca una compresión de las arterias uterinas con lo que el feto se ve amenazado por la falta de oxígeno. Revivir esta fase del nacimiento es una de las peores experiencias que podemos tener durante la exploración de los estados holotrópicos. En ese momento nos sentimos atrapados en una monstruosa pesadilla claustrofóbica, expuestos a un dolor emocional y físico agónico y tenemos una sensación de absoluta impotencia y desesperanza. Las sensaciones de soledad, culpa, falta de sentido de la vida y desesperación existencial llegan a alcanzar proporciones metafísicas. La persona que se halla ahí suele perder la sensación del tiempo lineal y estar convencida de que no hay ninguna salida y de que esa situación jamás acabará. La tríada experiencial propia de este estado es el miedo a morir, volverse loco y no poder recuperar la normalidad.

Revivir este estadio del nacimiento suele ir acompañado de experiencias transpersonales que implican a personas, animales y hasta seres mitológicos atrapados en una situación desesperada y dolorosa semejante a la del feto atrapado en las implacables garras del útero contraído. En este sentido, podemos identificarnos con prisioneros encarcelados en una mazmorra, víctimas de la Inquisición, o con personas recluidas en un campo de concentración o un manicomio. Nuestro sufrimiento puede adoptar también la forma del dolor experimentado por animales atrapados en trampas y alcanzar incluso proporciones arquetípicas.

También podemos experimentar las torturas a las que se ven sometidos los pecadores en el infierno, la agonía de Jesús en la cruz o los atroces tormentos de las figuras arquetípicas griegas que representan un sufrimiento interminable, como Sísifo subiendo una roca montaña arriba desde el abismo más profundo del Hades, o Prometeo encadenado a una roca en las montañas del Cáucaso mientras un águila devora su hígado, o Tántalo, acosado por el hambre y la sed, sin poder alcanzar el agua fresca y las deliciosas frutas que quedan fuera de su alcance o Ixión atado con serpientes a una rueda ardiente que da vueltas sin cesar por el aire del inframundo.

Mientras nos hallamos bajo la influencia de esta matriz estamos sometidos a una ceguera selectiva que nos impide ver nada positivo en nuestra vida y en la existencia humana en general. Nuestra conexión con la dimensión divina parece estar irremediablemente cortada y perdida. Desde la perspectiva proporcionada por esta matriz, la vida parece ser un teatro del absurdo despojado de todo sentido, una farsa de personajes de cartón, de robots sin sentido o un cruel espectáculo circense. La filosofía existencial parece ser, desde este estado de ánimo, la única descripción fiel de la existencia. Resulta interesante, en este sentido, señalar que la obra de Jean Paul Sartre se vio muy influida por una sesión de mescalina mal gestionada y peor integrada dominada por esta matriz perinatal (Riedlinger, 1982). La preocupación de Samuel Beckett por la muerte y el nacimiento y su búsqueda de la madre también revelan una poderosa influencia perinatal.

Es natural que alguien que se enfrenta a esta faceta abismal de la psique tenga una gran resistencia a enfrentarse a ella. La profundización de esta experiencia se asemeja a sufrir una condena eterna. Resulta paradójico que la forma más rápida de acabar con este insoportable estado consista en experimentar plenamente la profundidad del sufrimiento y la desesperación a la que tuvimos que enfrentarnos en el canal del parto, aceptándola y entregándonos a ella por completo. Esto transforma la situación aparentemente desesperada de la MPB-II en la MPB-III, reviviendo la etapa del parto en la que la dilatación del cuello uterino abre una puerta de salida que pone fin al sufrimiento. San Juan de la Cruz dio a esta experiencia demoledora de oscuridad aterradora y desesperación absoluta el nombre de «noche oscura del alma» y C.G. Jung la llamó el «viaje nocturno por el mar». En su autobiografía, santa Teresa describió el infierno como un lugar asfixiante de tormentos insoportables que experimentó mientras estaba atrapada en un pequeño agujero. La MPB II es un estadio importante de apertura espiritual que puede tener un efecto enormemente purificador y liberador.

El siguiente relato de una sesión psicodélica con una dosis elevada de LSD resume los rasgos más característicos de la MPB-II:

> El ambiente parecía cada vez más ominoso y lleno de peligros ocultos. Parecía que la habitación empezaba a dar vueltas y me sentía irremisiblemente arrastrado hacia el centro de un espantoso remolino. Pensé en la escalofriante descripción de una situación similar que hizo Edgar Allan Poe en su relato *Descenso al Maelstrom*. Mientras los objetos de la habitación parecían volar a mi alrededor en un movimiento giratorio, surgió en mi mente otra imagen de la literatura: el ciclón de *El maravilloso mago de Oz* de Frank Baum, que absorbe a Dorothy de la monotonía de su vida en Kansas y la arrastra a un extraño viaje de aventuras. Mi experiencia también tenía algo que ver con la entrada en la madriguera de *Alicia en el País de las Maravillas* y esperaba con gran inquietud ver qué mundo encontraría al otro lado del espejo. El universo entero parecía estás cerrándose sobre mí y no podía hacer absolutamente nada para poner fin a la sensación apocalíptica de verme engullido.
>
> Mientras iba sumergiéndome en el laberinto de mi propio inconsciente, sentí como si la ansiedad fuese convirtiéndose en pánico. Todo se tornó oscuro, opresivo y aterrador. Era como si el peso del mundo entero ejerciera una increíble presión que amenazaba con romperme el cráneo y convertir mi cuerpo en una bola diminuta y compacta. Una rápida cascada de recuerdos del pasado recorrió mi cerebro, mostrándome la absoluta futilidad y falta de sentido de mi vida y de la existencia en general. Venimos al mundo desnudos, asustados y agónicos y del

mismo modo lo abandonaremos. Los existencialistas tenían razón. ¡Todo es fugaz y la vida se limita a esperar a Godot! Vanidad de vanidades, ¡todo es vanidad!

El malestar que sentía fue transformándose en dolor y el dolor se intensificó hasta convertirse en agonía. La tortura aumentó hasta un punto en el que todas y cada una de las células de mi cuerpo parecían hallarse sometidas al taladro de un diabólico dentista. De repente, visiones de paisajes infernales y de demonios torturando a sus víctimas me llevaron a darme cuenta de que estaba en el infierno. Entonces pensé en *La divina comedia* de Dante: «¡Abandonad toda esperanza los que aquí entráis!». Parecía no haber forma alguna de salir de esta trampa diabólica y estaba condenado para siempre sin esperanza alguna de redención.

Tercera matriz perinatal: MPB-III
(lucha entre la muerte y el nacimiento)

Muchos de los aspectos de esta rica y colorida experiencia pueden entenderse a partir de su asociación con el segundo estadio clínico del parto biológico: la propulsión a través del canal del nacimiento después de que el cuello uterino se abra y la cabeza empiece a descender hacia la pelvis. Durante este estadio prosiguen las contracciones uterinas, pero el cuello del útero está ahora dilatado, lo que posibilita la propulsión gradual del feto a través del canal del parto. Esto implica presiones mecánicas y dolores aplastantes y, a menudo, un alto grado de anoxia y asfixia, una situación muy desagradable y amenazadora cuyo correlato natural es una intensa ansiedad.

Además de la interrupción de la circulación de la sangre provocada por las contracciones uterinas y la consiguiente compresión, el suministro de sangre al feto puede verse comprometido debido a otras complicaciones. El cordón umbilical puede quedar atrapado entre la cabeza y el orificio pélvico o retorcerse en torno al cuello. La placenta puede desprenderse durante el parto y llegar a obstruir la salida (*placenta previa*). En algunos casos, el feto puede inhalar, durante los estadios finales de este proceso, fragmentos del material biológico que le rodea, incluidas sus propias heces (meconio), lo que intensifica aún más la sensación de asfixia. Los problemas asociados a este estadio pueden llegar a ser tan extremos que requieran una intervención instrumental, como el uso de fórceps, ventosas o hasta una cesárea de urgencia.

La MPB-III es una pauta experiencial extremadamente rica y compleja. Además de revivir los distintos aspectos de la lucha en el cuello del útero, incluye una amplia variedad de imágenes transpersonales extraídas de la historia, la naturaleza y los reinos arquetípicos. De entre todas ellas destacan particularmente las relativas a luchas titánicas, secuencias agresivas y sadomasoquistas, experiencias sexuales perversas, episodios demoníacos, complicaciones escatológicas y encuentros con el fuego. La mayoría de estos aspectos de la MPB-III pueden estar significativamente relacionados con los rasgos anatómicos, fisiológicos y bioquímicos del estadio correspondiente del nacimiento.

La enormidad de las fuerzas que operan en el estadio final del parto explican el *aspecto titánico* de la MPB-III: poderosas contracciones del útero que comprimen al feto, cuya cabeza está encajada en la estrecha abertura pélvica. Cuando nos encontramos con este aspecto de la tercera matriz experimentamos corrientes de energía de una intensidad desbordante que fluyen por nuestro cuerpo acompañadas de explosivas descargas. En este punto podemos identificarnos con elementos furiosos de la naturaleza, como volcanes, tormentas eléctricas, terremotos, maremotos o tornados.

La experiencia también puede asumir aspectos tecnológicos, como enormes depósitos de energía, cohetes, naves espaciales, láseres, centrales eléctricas, reactores termonucleares y bombas atómicas. Las experiencias titánicas de la MPB-III pueden alcanzar dimensiones arquetípicas y representar batallas de proporciones gigantescas, como la lucha cósmica entre las fuerzas de la luz y la oscuridad, los ángeles y los demonios, los dioses olímpicos y los titanes o los *devas* y los *asuras* del budismo tibetano Vajrayana.

Los *aspectos agresivos y sadomasoquistas* de esta matriz reflejan la furia biológica de un organismo cuya supervivencia se ve amenazada por la asfixia, pero también por los ataques internos y destructivos provocados por las contracciones uterinas. Este aspecto de la MPB-III puede ir asociado a crueldades de proporciones asombrosas que se manifiestan en escenas de asesinatos y suicidios violentos, mutilaciones y automutilaciones, masacres de diversa índole y guerras y sangrientas revoluciones. Estas escenas a menudo adoptan la forma de torturas, ejecuciones, sacrificios rituales, inmolaciones, combates sangrientos cara a cara y prácticas sadomasoquistas. En todas estas experiencias, los impulsos violentos, destructivos y autodestructivos van acompañados de una fuerte excitación sexual.

La lógica experiencial del *aspecto sexual* del proceso de muerte y renacimiento no resulta tan evidente. Parece que el organismo humano tiene un mecanismo fisiológico integrado que traduce el sufrimiento extremo, y en particular, la asfixia, en un extraño tipo de excitación sexual y, finalmente, en éxtasis, algo que podemos advertir en la literatura religiosa. También podemos encontrar ejemplos de este tipo en el material procedente de los campos de concentración, de los informes de los prisioneros de guerra y en los archivos de Amnistía Internacional. Asimismo se sabe que los hombres que mueren asfixiados en la horca suelen experimentar una erección y hasta una eyaculación. Según la tradición medieval, la mandrágora (*Mandragora officinarum*), una planta psicoactiva empleada en rituales mágicos, crece regada por el semen de los criminales moribundos.

Las experiencias sexuales que aparecen en el contexto de la MPB-III se caracterizan por la extraordinaria intensidad de la pulsión sexual, por su carácter mecánico y no selectivo y por su naturaleza explotadora, pornográfica o perversa. Representan escenas de los barrios rojos y del inframundo sexual, prácticas eróticas extravagantes y secuencias sadomasoquistas. También son muy frecuentes los episodios que reflejan incesto, abuso sexual o violación. En algunas ocasiones, las imágenes de la MPB-III llegan a mostrar escenas extremadamente sangrientas y repulsivas del crimen sexual, desmembramientos, canibalismo y necrofilia.

El hecho de que, en este nivel de la psique, la excitación sexual se halle inextricablemente unida a elementos muy problemáticos –como peligro extremo, amenazas, ansiedad, agresividad, impulsos autodestructivos, dolor físico y diversas formas de material biológico– constituye el fundamento natural para el desarrollo de los tipos más comunes de disfunciones, variaciones, desviaciones y perversiones sexuales (*psychopathia sexualis* de Krafft-Ebing). La estrecha conexión entre la sexualidad y la agresividad orientada tanto hacia uno mismo como hacia los demás que se encuentra en el sadomasoquismo fue un problema al que Freud se enfrentó sin poder resolver satisfactoriamente. Para encontrar una explicación plausible a este asunto hay que ir más allá del modelo freudiano y adentrarse en la dimensión perinatal.

El *aspecto demoníaco* de la MPB-III puede dar lugar a problemas concretos tanto para la persona que los vive como para el terapeuta y el facilitador, porque la naturaleza extraña e inquietante de las manifestaciones implicadas suele activar la resistencia a enfrentarla. Los motivos más comunes observados en este contexto son las escenas de aquelarres de brujas (noche de Walpurgis), orgías satánicas, rituales de misas negras y tentaciones demoníacas. El denominador común que conecta este estadio del parto con el *sabbat* o los rituales de la misa negra es la peculiar amalgama experiencial de muerte, sexualidad perversa, dolor, miedo, agresividad, escatología e impulsos espirituales distorsionados que comparten. Esta observación parece tener gran relevancia para las experiencias de abuso de cultos satánicos de las que hablan los clientes de varios tipos de terapia regresiva.

El *aspecto escatológico* del proceso de muerte y renacimiento tiene su fundamento biológico natural en el hecho de que, durante la fase final del nacimiento, el feto puede entrar en estrecho contacto con diferentes tipos de material biológico, como sangre, secreciones vaginales, orina e incluso heces. Sin embargo, la naturaleza y el contenido de estas experiencias son muy superiores a cualquier cosa que el recién nacido haya experimentado durante el parto. La experiencia de este aspecto de la MPB-III pueden incluir escenas como arrastrarse sobre desechos o a través de sistemas de alcantarillado, revolcarse en pilas de excrementos, beber sangre u orina, o en imágenes repulsivas de putrefacción. Se trata, en resumidas cuentas, de un encuentro íntimo y desconcertante con los aspectos más desagradables de la existencia biológica.

Cuando la experiencia de la MPB-III se acerca a su conclusión se torna menos violenta y perturbadora. La atmósfera que prevalece es la de una pasión extrema y una energía de una intensidad embriagadora. Las imágenes reflejan emocionantes conquistas de nuevos territorios, cacerías de animales salvajes, deportes extremos y aventuras en parques de atracciones. Todas estas experiencias están claramente asociadas a actividades que implican un «chute de adrenalina» (como el paracaidismo, el puenting, las carreras automovilísticas, el buceo acrobático, las acrobacias o espectáculos circenses peligrosos, etcétera).

En este momento, también podemos encontrarnos con figuras arquetípicas de deidades, semidioses y héroes legendarios que representan la muerte y el renacimiento. Podemos tener visiones del tormento, la humillación, el vía crucis y la crucifixión de Jesús, o llegar incluso a identificarnos por completo con su sufrimiento. Independientemente de nuestro conocimiento intelectual de las mitologías correspondientes, podemos experimentar temas mitológicos, como el descenso al inframundo de la diosa sumeria Inanna con el fn de obtener el elixir de la inmortalidad para su amante fallecido Dumuzi, la resurrección del dios egipcio Osiris, o la muerte y el renacimiento de las deidades griegas Dionisio, Atis o Adonis. La experiencia puede representar el rapto de Perséfone por parte de Hades, la inmolación de la serpiente emplumada Quetzalcóatl y su viaje por el inframundo o las ordalías que se vieron obligados a atravesar los héroes gemelos mayas de los que habla el *Popol Vuh*.

Poco antes de experimentar el renacimiento psicoespiritual es habitual encontrarse con el *elemento fuego*, un motivo que puede experimentarse tanto en su forma cotidiana ordinaria como en la forma arquetípica del purgatorio (*pirocatarsis*). Podemos tener la sensación de que nuestro cuerpo está en llamas, tener visiones de ciudades o bosques incendiados e identificarnos con las víctimas de la inmolación. En su versión arquetípica, el fuego parece destruir por completo todo aquello que hay de corrupto en nosotros y prepararnos para un renacimiento espiritual. Un símbolo clásico de la transición de la MPB-III a la MPB-IV es la legendaria ave Fénix que muere en el fuego y vuelve a volar renaciendo de entre las cenizas.

La experiencia pirocatártica es un aspecto algo desconcertante de la MPB-III, porque su conexión con el nacimiento biológico no es tan directa y obvia como ocurre con los demás elementos simbólicos. La contrapartida biológica de esta experiencia podría ser la liberación explosiva, durante la fase final del parto, de energías anteriormente bloqueadas o la sobreestimulación del feto con la «activación» indiscriminada de las neuronas periféricas. Es muy interesante advertir que este encuentro con el fuego tiene su paralelismo vivencial en la madre que, al dar a luz, suele sentir, en este estadio del parto, que su vagina está en llamas.

Varios rasgos importantes de la MPB-III la distinguen del estadio de sin salida que hemos descrito anteriormente, una diferencia que reside en que, aunque la situación es aquí complicada y difícil, no parece desesperada y tampoco nos sentimos impotentes. Estamos activamente implicados en una lucha feroz y tenemos la sensación de que el sufrimiento tiene una dirección, una meta y un significado claramente definidos. En términos religiosos podríamos decir que esta situación no tiene que ver con el concepto de infierno, sino con el de purgatorio.

Por otra parte, tampoco estamos limitados aquí a desempeñar el papel de víctima indefensa, sino que tenemos la posibilidad de desempeñar tres papeles diferentes. Además de ser observadores de lo que ocurre, podemos identificarnos con el agresor o podemos identificarnos con la víctima. Y esto puede ser tan convincente que, en ocasiones, resulte difícil distinguir y separar estos roles. Además, mientras la situación sin salida implica un sufrimiento absoluto, la experiencia de lucha entre la muerte y el nacimiento representa el límite entre la agonía y el éxtasis y la fusión de ambos. No es de extrañar que, a diferencia del *éxtasis apolíneo* u *oceánico* que caracteriza la unión cósmica asociada a la primera matriz perinatal, nos refiramos a la experiencia de la MPB-III como *éxtasis dionisíaco* o *volcánico*.

El siguiente relato de una sesión con una dosis elevada de LSD ilustra muchos de los temas típicos asociados a la MPB-III recién descritos:

> Aunque nunca llegué a ver con claridad el canal de parto, sentí su presión aplastante sobre mi cabeza y mi cuerpo y supe, con todas y cada una de mis células, que estaba completamente inmerso en el proceso del nacimiento. La intensidad de la tensión superaba lo que hasta entonces hubiese creído humanamente posible. Sentía una presión implacable en la frente, las sienes y la región occipital, como si estuviera atrapado entre las mandíbulas de acero de un tornillo de banco. Las tensiones que experimentaba mi cuerpo tenían una cualidad brutalmente mecánica. Me imaginaba atravesando una monstruosa picadora de carne o una gigantesca prensa llena de engranajes y cilindros. La imagen de Charlie Chaplin víctima del mundo de la tecnología en *Tiempos modernos* pasó brevemente por mi mente.
>
> Cantidades ingentes de energía parecían fluir por todo mi cuerpo, concentrándose y liberándose en descargas explosivas. También experimenté una impresionante combinación de sentimientos: me sentía sofocado, asustado e impotente, pero también furioso y experimentando una extraña excitación sexual. Otro aspecto muy importante de mi experiencia fue la confusión más absoluta. Al mismo tiempo que me sentía como un bebé implicado en una lucha feroz por mi supervivencia y me daba cuenta de que lo que estaba a punto de ocurrir era mi propio nacimiento, también me experimentaba como mi propia madre dándome a luz. Y, por más que intelectualmente supiera que, siendo un hombre, jamás podría dar a luz, también me parecía estar superando esa barrera y que lo imposible estaba haciéndose realidad.
>
> No tenía la menor duda de que estaba conectando con algo primordial, un antiguo arquetipo femenino de la madre parturienta. Mi imagen corporal incluía un gran vientre de embarazada y genitales femeninos que poseían todos los matices de las sensaciones biológicas. Me sentí frustrado por no poder entregarme a ese proceso elemental de dar a luz y nacer, de soltar y dejar salir al bebé. Una inmensa reserva de agresividad asesina brotó entonces del submundo de mi psique. Fue como si una especie de cirujano cósmico hubiese sajado un absceso lleno de maldad. Una especie de hombre lobo o un *berserk* estaba apoderándose de mí y el doctor Jekyll estaba convirtiéndose en *mister* Hyde. Vi muchas imágenes del asesino y de la víctima como si fuesen la misma persona, igual que antes me resultaba imposible distinguir entre el niño que estaba naciendo y la madre que daba a luz.
>
> Fui un tirano despiadado, el dictador que somete a sus súbditos a crueldades inimaginables y el revolucionario que lidera a una turba enfurecida para derrocar

al tirano. Me convertí en el mafioso que asesina a sangre fría y en el policía que mata al criminal en nombre de la ley. En un determinado momento experimenté los horrores de los campos de concentración nazis y, cuando abrí los ojos, me vi como un oficial de las SS. Tuve la profunda sensación de que él, el nazi, y yo, el judío, éramos la misma persona. Podía sentir, en mí, a Hitler y a Stalin y me sentía plenamente responsable de todas las atrocidades de la historia de la humanidad. Vi claramente que el problema de la humanidad no depende de dictadores despiadados, sino de ese asesino oculto que, si profundizamos lo suficiente, todos albergamos en el fondo de nuestra psique.

Fue entonces cuando la naturaleza de la experiencia cambió y alcanzó proporciones mitológicas. En lugar del aspecto diabólico de la historia humana, ahora percibí el clima de la brujería y la presencia de elementos demoníacos. Mis dientes se transformaron en colmillos largos llenos de algún misterioso veneno y me vi volando con grandes alas de murciélago a través de la noche como si fuese un ominoso vampiro, una imagen que no tardó en transformarse en el escenario salvaje y embriagador de un aquelarre de brujas. En ese ritual tan extraño como sensual parecían aflorar y representarse todos los impulsos habitualmente prohibidos y reprimidos. Era consciente de estar participando en una misteriosa ceremonia de sacrificio y celebración dedicada a un Dios Oscuro.

Mientras la cualidad demoníaca de la experiencia iba desvaneciéndose poco a poco, yo seguía sintiéndome tremendamente erotizado y participaba en interminables secuencias de orgías y fantasías sexuales en las que desempeñaba todos los papeles. Durante todas estas experiencias, seguía siendo simultáneamente el niño que luchaba por atravesar el canal de parto y la madre que le daba a luz. Me quedó muy claro el profundo vínculo que une al sexo con el nacimiento y la importancia que tienen las fuerzas satánicas en la propulsión a través del canal del nacimiento. Luché y peleé en muchas batallas y contra muchos enemigos diferentes y de vez en cuando me preguntaba si mi desgracia acabaría alguna vez.

Entonces un nuevo elemento entró en mi experiencia. Todo mi cuerpo estaba cubierto de una sucia materia biológica viscosa y resbaladiza. No podía determinar si se trataba de líquido amniótico, orina, moco, sangre o secreciones vaginales. Eso, fuera lo que fuese, estaba en mi boca y en mis pulmones. Me atraganté, tuve arcadas, hice muecas y escupí, tratando de arrojarlo de mi sistema y de mi piel, pero, al mismo tiempo, era consciente de que no tenía que luchar. El proceso seguía a su propio ritmo y lo único que debía hacer era entregarme. Recordé muchas situaciones de mi vida en las que sentí esa misma necesidad de luchar al tiempo que era consciente de la inutilidad del combate. Era como si, de algún modo, mi nacimiento me hubiese programado para ver la vida como algo mucho más complicado y peligroso de lo que realmente es. Y también sentí que esa experiencia podía abrirme los ojos y convertir mi vida en algo mucho más sencillo y divertido.

Cuarta matriz perinatal: MPB-IV (experiencia de muerte y renacimiento)

Esta matriz está relacionada con el tercer estadio clínico del parto, la expulsión final del canal del nacimiento y el corte del cordón umbilical. Al revivir esta matriz, completamos el difícil proceso anterior de propulsión a través del canal del parto, logramos una liberación explosiva y salimos a la luz. Esto puede ir acompañado de recuerdos concretos y realistas de diferentes aspectos concretos de este estadio del nacimiento, entre los que cabe destacar la experiencia de la anestesia, la presión del fórceps y las sensaciones asociadas a diferentes maniobras obstétricas e intervenciones postnatales.

La reviviscencia del nacimiento biológico no se experimenta como una mera repetición mecánica del acontecimiento biológico original, sino también como una muerte y un renacimiento psicoespiritual. Como, durante el proceso del nacimiento, el feto se halla completamente enclaustrado y no tiene forma de expresar las emociones extremas ni de reaccionar a las intensas sensaciones físicas que experimenta, el recuerdo de este acontecimiento sigue sin haber sido digerido y asimilado psicológicamente.

Nuestra definición de quienes somos y nuestras actitudes hacia el mundo durante la vida postnatal se hallan muy contaminadas por el recuerdo continuo de la vulnerabilidad, impotencia y debilidad que experimentamos durante el nacimiento. Bien podríamos decir en este sentido que, aunque hemos nacido anatómicamente, todavía no lo hemos hecho emocionalmente. La «muerte» y la agonía que se experimentan durante la lucha por el renacimiento reflejan el dolor y la amenaza vital real que supone el proceso del nacimiento biológico. Sin embargo, la muerte del ego que precede al renacimiento es, en realidad, la muerte de conceptos obsoletos sobre quiénes somos y cómo es el mundo que dejó en nosotros la traumática impronta del nacimiento y que prevalece debido a ese recuerdo que permanece vivo en nuestro inconsciente.

A medida que nos despojamos de esas viejas programaciones dejándolas emerger en nuestra conciencia, estas pierden su carga emocional y, en cierto sentido, mueren. Sin embargo, nos hemos identificado tanto con ellas que la proximidad al momento de la muerte del ego se experimenta como el fin de nuestra existencia y hasta como el fin del mundo, pero, por más terrible que parezca, lo cierto es que se trata de un proceso muy sanador y transformador. Paradójicamente, aunque solo estemos a un paso de la experiencia de la liberación radical, seguimos teniendo una sensación omnipresente de ansiedad y catástrofe inminente de proporciones extraordinarias.

Lo que realmente muere durante este proceso es el falso ego que, hasta ese momento, habíamos confundido con nuestra verdadera identidad. Cuando perdemos todos los puntos de referencia conocidos, no tenemos la menor idea de lo que hay al otro lado y ni siquiera sabemos si hay algo allí. Este temor tiende a generar una enorme resistencia a continuar y completar la experiencia. Por eso, en ausencia de orientación adecuada, muchas personas pueden quedarse psicológicamente atrapadas en este cenagoso territorio.

Cuando superamos el miedo metafísico asociado a esta importante coyuntura y decidimos dejar que las cosas fluyan, experimentamos una aniquilación total a todos los niveles imaginables (destrucción física, desastre emocional, derrota intelectual y filosófica, fracaso moral y hasta condena espiritual). Durante esta experiencia, todos los puntos de referencia, es decir, todo lo que más importante y significativo nos parecía, se ve aniquilado de manera despiadada. Inmediatamente después de la experiencia de inmolación total, de tocar el «fondo cósmico», nos sobrecogen visiones de una luz blanca o dorada de brillo sobrenatural y belleza exquisita que parece numinosa y divina.

Segundos después de haber sobrevivido a lo que parecía una experiencia de aniquilación total y de final apocalíptico de todo, nos vemos bendecidos por el espectro de un arco iris magnífico y fantástico, visiones de pavos reales, escenas celestiales y seres arquetípicos, bañado todo en una resplandeciente luz divina. A menudo, esto coincide con un encuentro poderoso con la Gran Diosa madre arquetípica, tanto en su forma universal como en alguna de las formas concretas que asume en las distintas culturas. Tras esta experiencia de muerte y renacimiento psicoespiritual, nos sentimos redimidos y bendecidos, experimentamos una especie de arrebato extático, tenemos la sensación de recuperar nuestra naturaleza divina y nuestra condición cósmica y nos vemos invadidos por una oleada de emociones positivas tanto hacia nosotros como hacia los demás, la naturaleza y la existencia en general.

Pero es importante señalar que este tipo de experiencias curativas y transformadoras ocurren cuando el parto no fue demasiado debilitante ni se vio amortiguado por una fuerte anestesia porque, si tal fuera el caso, no experimentaríamos una sensación de resolución y de salida triunfal hacia la luz. En su lugar, el estadio postnatal se asemejaría al despertar de una resaca o al lento proceso de recuperación de una enfermedad incapacitante. El empleo de anestesia durante el parto también puede tener consecuencias psicológicas profundas y adversas para la vida postnatal y predisponer a la adicción, incluida la tendencia a escapar de los problemas sumiéndonos en la drogadicción.

Otro problema que puede oscurecer la experiencia de salida triunfal del canal del parto es la incompatibilidad entre los Rh de la madre y del feto. Cuando la madre es Rh negativo y el padre Rh positivo, por ejemplo, el feto es tratado por el organismo materno como un invasor que se ve sometido, desde el mismo momento de la concepción, a ataques inmunológicos. La fuerza o nivel de anticuerpos aumenta con cada embarazo y, en ausencia de intervención médica, puede llegar a ser mortal. La contaminación inmunológica del estado prenatal representa un grave reto al proceso de exploración interior. Puede implicar una serie de sesiones muy desagradables con experiencias MPB-I (malestar general, náuseas graves y vómitos). En este caso, el hecho de revivir el nacimiento no proporciona una solución limpia, porque la sangre del recién nacido sigue envenenada por los anticuerpos. El siguiente relato de una experiencia de muerte y renacimiento durante una sesión psiquedélica con una dosis elevada de LSD describe una secuencia típica característica de la MPB-IV.

> Lo peor, sin embargo, aún estaba por llegar, porque de repente me pareció que perdía toda conexión con la realidad, como si me quitaran la alfombra imaginaria que me sostenía. Entonces, todo se derrumbó y me pareció que mi mundo se hacía pedazos. Sentí como si se hubiera pinchado el monstruoso globo metafísico que sustentaba mi existencia y había estallado una gigantesca burbuja de autoengaño poniendo claramente de relieve la mentira de mi vida. Todo aquello en lo que había creído, todo lo que había hecho y perseguido y todo lo que parecía dar sentido a mi vida evidenciaba de golpe su futilidad. Todo eso no era sino unas ridículas e insubstanciales muletas con las que me empeñaba en disfrazar la intolerable realidad de la existencia y todo se dispersaba como vilanos de diente de león impulsados por un soplo dejando al descubierto el abismo aterrador de la verdad última: el caos más absurdo del Vacío existencial.
>
> Embargado por un horror indescriptible, vi elevarse ante mí la imagen gigantesca de un dios que me miraba con actitud amenazadora. De alguna manera reco-

nocí instintivamente que se trataba del aspecto destructivo del dios hindú Shiva. Sentí el estruendoso impacto de su enorme pie aplastándome, haciéndome añicos y arrojándome con una patada como si fuese un insignificante pedazo de mierda a lo que me pareció el fondo del cosmos. Al instante siguiente me encontré frente a una aterradora figura monstruosa de una oscura diosa hindú que identifiqué con Kali. Mi rostro se vio irresistiblemente atraído hacia su vagina abierta que estaba llena de lo que parecía sangre menstrual o una repulsiva placenta.

Sentí que lo que se me pedía era una entrega total a las fuerzas de la existencia, así como al principio femenino representado por la diosa. No tenía más remedio que besar y lamer su vagina con toda sumisión y humildad. En ese momento, que fue definitivamente el último atisbo de sensación de supremacía masculina que jamás había albergado, conecté con el recuerdo de mi nacimiento biológico. Mi cabeza salía del canal de parto con la boca en estrecho contacto con la vagina sangrante de mi madre.

Al instante siguiente me vi inundado por una luz divina de un resplandor sobrenatural y una belleza indescriptible y sus rayos dorados estallaban en miles de exquisitos y caleidoscópicos diseños. De esta brillante luz dorada salió una figura de la Gran Diosa Madre que parecía encarnar el amor y la protección eterna hacia todo el mundo. Luego esa figura abrió sus brazos y se acercó, envolviéndome en su esencia. Y, después de fundirme con ese increíble campo de energía, me sentí purificado, curado y nutrido por lo que parecía ser un néctar y una ambrosía divinos, una esencia arquetípica de leche y miel que se vertía en mí con absoluta desmesura.

La figura de la diosa fue desvaneciéndose gradualmente absorbida por una luz más brillante todavía. Y, aunque se trataba de una luz abstracta, estaba dotada de «rasgos» personales característicos e irradiaba una inteligencia infinita. Me quedó claro que lo que estaba experimentando era la fusión y absorción en el Ser Universal o Brahman de la que hablan los libros de filosofía hindú. Y aunque esa experiencia se atenuó pasados diez minutos, su duración trascendió cualquier concepto de tiempo y me pareció eterna. El flujo de energía curativa y nutritiva y las visiones del resplandor dorado salpicado de dibujos caleidoscópicos perduraron toda la noche. La sensación resultante de bienestar permaneció conmigo varios días y el recuerdo de la experiencia me han acompañado durante años transformando profundamente toda mi filosofía de vida.

El dominio transpersonal de la psique

Cuando trabajamos con estados holotrópicos de conciencia tenemos que ampliar la cartografía de la psique humana utilizada por los psiquiatras y psicólogos convencionales y añadir un amplio dominio transbiográfico. Las experiencias pertenecientes a esta categoría han sido reconocidas por todas las culturas antiguas y aborígenes y han desempeñado un papel importante en su vida ritual y espiritual. La moderna psiquiatría está familiarizada con estas experiencias, pero, en lugar de verlas como constituyentes genuinos y hermanos de la psique humana, las considera productos de un proceso patológico desconocido. Cuando acopié suficientes evidencias de que estas experiencias son manifestaciones normales de los recovecos más profundos de la psique y me alejé de la posición oficialmente asumida por la psiquiatría convencional, acuñé para ellas el nombre de *transpersonales*, un término que significa «más allá de lo personal» o «que trasciende lo personal». El denominador común de este rico y ramificado conjunto de experiencias es la constatación de que nuestra conciencia se ha expandido más allá de los límites habituales del cuerpo/ego y ha trascendido las limitaciones del tiempo lineal y del espacio tridimensional.

En el estado de conciencia cotidiano («normal»), nos experimentamos como si existiéramos dentro de los límites de nuestro cuerpo físico (la imagen corporal) y nuestra percepción del mundo exterior se hallase limitada al rango en el que funcionan nuestros órganos sensoriales y a los rasgos físicos del entorno en el que nos encontramos. Nuestras experiencias también se hallan claramente definidas por las categorías de espacio tridimensional y de tiempo lineal. En circunstancias ordinarias, solo experimentamos vivamente nuestra situación presente y nuestro entorno inmediato, *recordamos* acontecimientos pasados y *anticipamos* el futuro o fantaseamos con él. Las experiencias transpersonales, sin embargo, parecen trascender una o varias de las mencionadas limitaciones.

El mejor modo de describir las experiencias transpersonales consiste en compararlas con la experiencia cotidiana que tenemos de nosotros y del mundo. En el estado ordinario de conciencia nos experimentamos como objetos materiales separados del resto del mundo por los límites de nuestra piel. El escritor y filósofo británico-estadounidense Alan Watts se refirió a esta experiencia de uno mismo como una identificación con el «ego encapsulado en la piel». No podemos ver los objetos de los que estamos separados por una pared opaca, los barcos que se encuentran más allá del horizonte o la otra cara de la Luna. Si estamos en Praga, no podemos oír lo que dicen nuestros amigos de San Francisco y tampoco podemos sentir la suavidad de la lana de un cordero a menos que lo palpemos directamente con las yemas de nuestros dedos.

Pero ninguna de las limitaciones mencionadas es absoluta en los estados transpersonales de conciencia y cualquiera de ellas puede ser trascendida. No hay límites entonces al alcance espacial de nuestros sentidos. Podemos experimentar, con todas las modalidades sensoriales, episodios ocurridos en cualquier lugar y momento del pasado y, en ocasiones, aun aquellos que todavía no han ocurrido. El espectro de las experiencias transpersonales es extraordinariamente rico e incluye fenómenos procedentes de distintos niveles de conciencia. En la tabla 2, he tratado de enumerar y clasificar los distintos tipos de experiencia que, en mi opinión, pertenecen al ámbito transpersonal (págs. 175-176).

En mis propias sesiones psiquedélicas y de respiración holotrópica he experimentado la mayoría de los fenómenos recogidos en este cuadro sinóptico y también los he observado reiteradamente en mi trabajo con otras personas. Como, en el contexto de esta enciclopedia, no podré ofrecer definiciones y descripciones de todos estos tipos de experiencias e ilustrarlas con ejemplos clínicos, remitiré a los lectores interesados a mis publicaciones anteriores (Grof, 1975, 1980, 1985 y 2006a).

Como muestra la tabla, las experiencias transpersonales pueden dividirse en tres grandes categorías. La primera de ellas gira en torno a la trascendencia de las barreras espaciales y temporales habituales. Una expansión experiencial más allá de las limitaciones espaciales del «ego encapsulado en la piel» conduce a experiencias de fusión con otra persona en un estado que podríamos llamar «unidad dual» en donde una persona asume la identidad de otra o se identifica con la conciencia de todo un grupo. Por imposible y absurdo que les parezca a nuestra mente racional y a nuestro sentido común, podemos tener la experiencia de convertirnos en todas las madres o en todos los hijos del mundo, en guerreros de todas las edades, en toda la población de la India o en todos los prisioneros de las cárceles y campos de concentración. Nuestra conciencia puede llegar a expandirse hasta un punto que parece abarcar toda la humanidad. Son muchas las descripciones de este tipo que podemos encontrar al respecto en la literatura espiritual de todo el mundo.

De manera parecida, también podemos trascender los límites de la experiencia específicamente humana e identificarnos con la conciencia de dife-

Tabla 2. Variedades de las experiencias transpersonales

Expansión de la experiencia del espacio-tiempo

Trascendencia de las fronteras espaciales

Experiencias de unidad dual
Identificación experiencial con otras personas
Experiencia de conciencia grupal
Experiencia de identificación con animales
Identificación con plantas y procesos botánicos
Identificación con la vida y con toda creación
Experiencia de materiales y procesos inorgánicos
Experiencias de seres y mundos extraterrestres
Fenómenos psíquicos que implican la trascendencia del espacio
    (telepatía, EEC, proyección astral, clarividencia horizontal)

Trascendencia de los límites temporales

Experiencias fetales y embrionarias
Experiencias ancestrales
Experiencias raciales y colectivas
Experiencias de vidas pasadas
Experiencias filogenéticas
Experiencias de la evolución de la vida
Experiencias cosmogénicas
Fenómenos psíquicos que implican la trascendencia del tiempo
    (psicometría, clarividencia vertical y lectura de vidas pasadas)

Exploración experimental del micromundo

Conciencia de órganos y tejidos
Conciencia celular
Experiencia del ADN
Experiencias de mundos moleculares, atómicos y subatómicos

Expansión de la experiencia más allá del espacio-tiempo y de la realidad consensual

    Fenómenos energéticos cel cuerpo sutil (auras, *nadis*, chakras, meridianos)
    Experiencias de espíritus cnimales (animales de poder)
    Encuentros con guías espirituales y seres suprahumanos
    Experiencias de arquetipos universales
    Secuencias que implican divinidades beatíficas e iracundas
    Comprensión intuitiva de símbolos universales
    Inspiración creativa e impulso prometeico
    Experiencia del demiurgo y comprensiones de la creación cósmica
    Experiencia de la Conciencia Absoluta
    El Vacío Supracósmico y Metacósmico

Experiencias transpersonales de naturaleza psicoide

    Sincronicidades (interacción entre las experiencias intrapsíquicas y el espacio-tiempo)

    Episodios psicoides espontáneos
        Hazañas físicas supranormales
        Fenómenos espiritistas y mediumnidad física
        Psicoquinesis espontánea recurrente (fenómenos *poltergeist*)
        Ovnis y experiencias de abducción alienígena

    Psicoquinesis intencionada
        Magia ceremonial
        Curación y brujería
        Siddhis yóguicos
        Psicoquinesis de laboratorio

rentes animales y plantas del árbol evolutivo darwiniano y convertirnos en un águila, un gorila de espalda plateada, un dinosaurio, una ameba, una secuoya, un alga o una planta carnívora. Hasta podemos llegar a experimentar una forma de conciencia que parece estar relacionada con objetos y procesos inorgánicos, como la conciencia de un diamante, del granito o de una vela encendida.

En los casos más extremos, podemos experimentar la conciencia de la biosfera, de todo el planeta o de todo el universo material. Por increíble que pueda parecer a un occidental suscrito al materialismo monista, estas experiencias sugieren que todo lo que podemos experimentar como objeto en el estado de conciencia cotidiano tiene, en el estado de conciencia holotrópico, una representación subjetiva correspondiente. Es como si todo en el universo tuviese, como se describe en las grandes filosofías espirituales de Oriente, un aspecto objetivo y un aspecto subjetivo. Los hindúes, por ejemplo, ven todo lo que existe como una manifestación de Brahman y los taoístas consideran que todo en el universo ha sido creado por transformaciones del Tao.

Otras experiencias transpersonales pertenecientes a esta primera categoría no se caracterizan tanto por la superación de los límites espaciales como de los límites temporales y están caracterizadas por la trascendencia del tiempo lineal. Ya hemos hablado de la posibilidad de revivir recuerdos importantes de la infancia y la niñez, de la memoria del nacimiento biológico y de la existencia prenatal. Según la cosmovisión materialista, los recuerdos requieren un sustrato material. Sin embargo, en la medida en que la regresión temporal se prolonga, cada vez resulta más difícil encontrar un soporte material creíble para estos recuerdos. Parece más plausible verlos como algo que implica la trascendencia del tiempo o algún sustrato inmaterial, como el campo akáshico de Laszlo, el campo morfogenético de Sheldrake, la memoria sin sustrato material de von Foerster o el campo de la conciencia mismo (Laszlo, 2016; Sheldrake, 1981 y von Foerster, 1965).

Es posible experimentar recuerdos auténticos procedentes de diferentes estadios del desarrollo embrionario temprano y hasta la identificación en el momento de la concepción con el esperma y el óvulo (conciencia celular). Sin embargo, el proceso de regresión experiencial tampoco se detiene aquí porque, en los estados holotrópicos, podemos llegar a experimentar episodios de la vida de nuestros ancestros humanos o animales, o incluso otros que parecen provenir del inconsciente racial y colectivo descrito por C.G. Jung. Con bastante frecuencia, las experiencias que acontecen en otras culturas y períodos históricos están asociadas a una sensación de recuerdo personal, una convincente sensación de *déjà vu* o de *déjà vecu* (algo que uno ya había visto o ya había vivido), en cuyo caso la gente habla de revivir recuerdos de vidas pasadas o de encarnaciones anteriores.

Las experiencias en estados holotrópicos también pueden llevarnos al micromundo, a estructuras y procesos normalmente inaccesibles a nuestros sentidos. Estas experiencias pueden recordar a la película *Viaje alucinante*, basada en un guion de Isaac Asimov con el mismo nombre, que retrata el mundo de nuestros órganos, tejidos y células interiores, llegando incluso a implicar una identificación experiencial plena con ellos. Especialmente fascinantes son las experiencias con el ADN que están asociadas a la comprensión de los misterios últimos de la vida, la reproducción y la herencia. En ocasiones, este tipo de experiencia transpersonal puede llevarnos al mundo inorgánico de las moléculas, los átomos y las partículas subatómicas.

El contenido de las experiencias transpersonales descritas hasta ahora se refiere a fenómenos existentes en el espacio-tiempo. Se trata de elementos de nuestra realidad cotidiana, como personas, animales, plantas, materiales y acontecimientos del pasado. En estos fenómenos no hay nada que podamos considerar inusual, porque pertenecen a una realidad conocida cuya existencia aceptamos y damos por sentada. Lo sorprendente de las dos categorías de experiencias transpersonales descritas hasta ahora no es tanto su contenido como el hecho de que podamos ser testigos o identificarnos plenamente con algo inaccesible a nuestros sentidos.

Sabemos que, en el mundo, hay ballenas embarazadas, pero ello no implica que podamos tener la experiencia de ser una de ellas. Aceptamos de buen grado que hubo una Revolución francesa, pero eso tampoco significa que podamos tener una experiencia vívida de estar ahí y yacer heridos en las barricadas de París. Sabemos que son muchas las cosas que ocurren en el mundo, pero normalmente se considera imposible experimentar algo que está ocurriendo en otro lugar (sin la mediación de una cámara de televisión, un satélite y un televisor o un ordenador). También puede sorprendernos encontrar conciencia asociada a animales inferiores, plantas y la naturaleza inorgánica.

Más extraña resulta aún la segunda categoría de fenómenos transpersonales porque, en los estados holotrópicos, nuestra conciencia puede expandirse hasta abarcar dominios y dimensiones que la cultura industrial occidental no considera «reales». A ello pertenecen las visiones o identificaciones con seres arquetípicos, deidades y demonios de diferentes culturas, así como visitas a reinos mitológicos fantásticos y, a veces, mitologías de las que carecíamos de todo conocimiento intelectual. También podemos tener una comprensión intuitiva del significado de símbolos universales como la cruz, la cruz del Nilo (*ankh*), la esvástica, el pentáculo, la estrella de seis puntas o el signo del *yin-yang*. También es posible conectar y comunicarnos con entidades incorpóreas y suprahumanas, guías espirituales y seres extraterrestres, o lo que parecen ser habitantes de universos paralelos.

En sus fronteras más distantes, nuestra conciencia individual puede trascender todos los límites e identificarse con la Conciencia Cósmica o la Mente Universal, conocida con muchos nombres diferentes (como Brahman, Buda, el Cristo cósmico, Keter, Alá, el Tao, el Gran Espíritu, etcétera). La última de todas las experiencias parece ser la identificación con el Vacío Supracósmico y Metacósmico, el vacío misterioso y primordial y la nada, el Abismo Cósmico que es el origen último de todo cuanto existe y que, si bien carece de contenido concreto, todo lo incluye de manera potencial y posee la inteligencia y energía necesarias para crear universos.

La tercera categoría de experiencias transpersonales incluye el tipo de fenómenos que yo denomino *psicoides*, un término acuñado por Hans Driesch, fundador del vitalismo y adoptado luego por C.G. Jung. Este grupo incluye situaciones en las que las experiencias intrapsíquicas están asociadas a acontecimientos del mundo externo con los que están relacionados. Las experiencias psicoides abarcan un amplio abanico que va desde las sincronicidades hasta la curación espiritual, la magia ceremonial, los encuentros con ovnis, la psicoquinesis y otros fenómenos de la mente sobre la materia que la literatura yóguica conoce como *siddhis* (Grof, 2006a).

Las experiencias transpersonales presentan rasgos extraños que ponen en cuestión los supuestos metafísicos fundamentales del paradigma newtoniano-cartesiano y de la visión materialista del mundo. Los investigadores que han estudiado o experimentado personalmente estos fascinantes fenómenos saben bien que los intentos llevados a cabo por la ciencia convencional para descartarlos como juegos irrelevantes de la fantasía humana o como producciones erráticas y alucinatorias de un cerebro enfermo son tan ingenuos como inadecuados. Cualquier estudio imparcial del dominio transpersonal de la psique se ve obligado a confirmar que los fenómenos que aparecen en este nivel no solo cuestionan los supuestos de la psiquiatría y la psicología, sino también de la filosofía materialista monista de la ciencia occidental.

Aunque las experiencias transpersonales se producen en el curso de un profundo proceso de autoexploración individual es imposible considerarlos, en un sentido convencional, como meros fenómenos intrapsíquicos. Tengamos en cuenta que, al presentarse en el mismo continuo experiencial que las experiencias biográficas y perinatales, proceden del interior de la psique individual. Por otra parte, sin embargo, parecen estar directamente conectados, sin intermediación de los sentidos, con fuentes de información que trascienden con mucho el alcance convencional del individuo.

En algún punto del nivel perinatal de la psique parece producirse un extraño cambio experiencial en donde lo que, hasta ese momento, era un profundo sondeo intrapsíquico se convierte en una experiencia extrasensorial de diferentes aspectos del universo en general. Algunas personas que experimentaron esta peculiar transición de lo interno a lo externo la compararon con el arte gráfico del pintor holandés Maurits Escher, mientras que otras hablaron de una «cinta de Moebius experiencial multidimensional». La tabla de Esmeralda (*tabula smaragdina*) de Hermes Trismegisto, que se convirtió en el principio básico de sistemas esotéricos como el tantra, la Cábala o la tradición hermética, confirma esto con su mensaje «como arriba es abajo» o «como afuera es adentro». Cada uno de nosotros es un microcosmos que, de alguna manera misteriosa, contiene la totalidad del universo.

Estas observaciones indican la posibilidad de obtener información sobre el universo por dos vías radicalmente distintas. La forma convencional de aprendizaje se basa en la percepción sensorial y el análisis, así como en la síntesis de la información recibida. La alternativa proporcionada por los estados holotrópicos contempla, por su parte, la posibilidad de un aprendizaje a través de la identificación experimental directa con diferentes aspectos del mundo.

Desde la perspectiva proporcionada por el viejo paradigma, las afirmaciones de los antiguos sistemas esotéricos según las cuales el micromundo puede reflejar el macromundo, o que la parte pueda contener la totalidad, son totalmente absurdas porque, al transgredir los principios elementales de la lógica aristotélica, llegan a ofender al sentido común. Pero esto ha cambiado radicalmente desde el descubrimiento del láser, que ha abierto nuevas y sorprendentes formas de entender la relación entre la parte y el todo. El pensamiento holográfico u holonómico ha proporcionado, por vez primera, un marco conceptual para una aproximación científica a este extraordinario fenómeno (Bohm 1980; Pribram, 1971 y 1981 y Laszlo, 1993).

Los informes de los sujetos que han experimentado episodios de existencia embrionaria, el momento de la concepción y aspectos relacionados con la conciencia celular, tisular y orgánica abundan en pormenores médicamente exactos sobre detalles anatómicos, fisiológicos y bioquímicos de los procesos implicados. Del mismo modo, los recuerdos ancestrales, raciales y colectivos y las experiencias de pasadas encarnaciones suelen proporcionar detalles muy concretos sobre la arquitectura, la vestimenta, las armas, las formas de arte, la estructura social y las prácticas religiosas y rituales de las culturas y períodos históricos correspondientes, y hasta de acontecimientos históricos concretos.

Las personas que han tenido experiencias filogenéticas o de identificación con formas de vida existentes no solo las encuentran inusualmente auténticas y convincentes, sino que, a menudo, han logrado un conocimiento extraordinario e inusual de la psicología animal, la etología, los hábitos específicos o los ciclos reproductivos. En algunos casos, esto iba acompañado de la activación de inervaciones musculares arcaicas ajenas a las humanas, o hasta de conductas tan complejas como la representación de la danza de cortejo de una determinada especie.

El reto filosófico asociado a este tipo de observaciones es mayor debido al hecho de que las experiencias transpersonales que reflejan el mundo material aparecen a menudo en el mismo continuo y están íntimamente entremezcladas con otras que contienen elementos que el mundo industrial occidental no considera reales. Se trata de experiencias relacionadas con divinidades y demonios de diferentes culturas, reinos mitológicos, como cielos y paraísos, y secuencias legendarias o de cuentos de hadas.

En este sentido, podemos tener una experiencia, por ejemplo, del cielo de Shiva, del paraíso del dios azteca de la lluvia Tlaloc, del inframundo sumerio o de alguno de los infiernos budistas. También es posible comunicarnos con Jesús, tener un encuentro desconcertante con la diosa hindú Kali o identificarnos con Shiva danzante. Estos episodios pueden procurarnos información nueva y exacta sobre el simbolismo religioso y cuestiones mitológicas anteriormente desconocida por la persona. Este tipo de observaciones corroboran la idea de C.G. Jung de que, además del inconsciente individual freudiano, también es posible acceder al inconsciente colectivo que incluye la herencia cultural de toda la humanidad (Jung, 1959).

El concepto general de Gran Cadena del Ser, según el cual la realidad incluye una amplia jerarquía (u *holarquía*) de dimensiones normalmente ajenas a nuestra percepción, es muy importante y está bien fundamentado. Sería un error descartar esta comprensión de la existencia como una superstición primitiva o un delirio psicótico, como se ha hecho con tanta frecuencia. Quien pretenda hacerlo debería ofrecer una explicación plausible de por qué las experiencias que corroboran sistemáticamente esta visión elaborada y comprehensiva de la realidad se han producido de modo tan consistente en personas, razas, culturas y períodos históricos tan diferentes.

Quien se empeñe en defender la posición monista y materialista de la ciencia occidental debería también dar cuenta del hecho de que estas experiencias siguen apareciendo en personas muy inteligentes, sofisticadas y mentalmente sanas de nuestra era (Grof, 1998). Y esto es algo que no solo ocurre bajo la influencia de substancias psiquedélicas, sino también en circunstancias tan diversas como las sesiones de distintos tipos de psicoterapia experiencial, las meditaciones de personas implicadas en una práctica espiritual sistemática, en experiencias cercanas a la muerte y en el curso de episodios espontáneos de crisis psicoespirituales («emergencias espirituales»).

No es tarea fácil resumir, en pocas páginas, las conclusiones de las observaciones acumuladas en el curso de más de sesenta años de investigación de los estados holotrópicos y lograr que esas afirmaciones sean creíbles. Aunque he tenido la oportunidad de escuchar los relatos de las experiencias transpersonales de miles de personas y yo mismo he tenido muchas de ellas, tardé años en asimilar plenamente el impacto del choque cognitivo que me produjo el descubrimiento de su existencia. Por falta de espacio, no puedo presentar aquí historias de casos detallados que podrían ilustrar la naturaleza de las experiencias transpersonales y las comprensiones que proporcionan. Pero no parece que baste con eso para contrarrestar la programación profundamente arraigada que la ciencia occidental ha inculcado en nuestra cultura. Los retos conceptuales que todo esto nos plantea son tan formidables que creo que lo único que podría convencernos de su realidad es una experiencia personal profunda.

La existencia y la naturaleza de las experiencias transpersonales transgreden algunos de los supuestos más básicos de la ciencia mecanicista e implican nociones aparentemente absurdas, como la relatividad y la naturaleza arbitraria de todas las fronteras físicas, las conexiones no locales del universo, la comunicación a través de medios y canales desconocidos, la memoria despojada de sustrato material, la no linealidad del tiempo y la conciencia asociada a todos los organismos vivos, incluida la materia inorgánica. Muchas experiencias transpersonales implican acontecimientos del microcosmos y del macrocosmos que normalmente quedan lejos del alcance de nuestros sentidos, o de períodos históricos que preceden al origen del sistema solar, la formación del planeta Tierra, la aparición de los organismos vivos, el desarrollo del sistema nervioso o la aparición del *Homo sapiens*.

El estudio de las experiencias transpersonales revela una notable paradoja sobre la naturaleza del ser humano. Observados desde el estado de conciencia cotidiano (es decir, hilotrópico u «orientado hacia la materia»), parecemos ser objetos newtonianos separados que existen en el espacio tridimensional y en el tiempo lineal. Desde la perspectiva proporcionada por un estado holotrópico, sin embargo, funcionamos como campos infinitos de conciencia que trascienden el espacio y el tiempo, una naturaleza complementaria que parece un análogo lejano de la naturaleza onda-partícula de la luz descrita por el principio de complementariedad del físico danés Niels Bohr. Resulta interesante constatar, en este mismo sentido, que Bohr creyera que el principio de complementariedad acabaría siendo relevante para otras disciplinas científicas.

Los sistemas esotéricos y las tradiciones místicas proporcionan afirmaciones paradójicas similares: «el ser humano es un microcosmos que contiene el macrocosmos», y «como arriba es abajo y como afuera es adentro». Los místicos han hecho afirmaciones semejantes, aparentemente absurdas, sobre la separación y la unidad o la identidad y la diferencia: «Sabemos que estamos separados unos de otros, pero todos somos Uno», y «sabemos que somos partes insignificantes del universo, pero cada uno de nosotros es el universo entero».

La holografía óptica y la visión mística del mundo

El desarrollo de la holografía óptica posibilitó, en los años 60, una inesperada explicación y clarificación científica de todas estas paradojas. La comprensión de los principios holográficos es tan importante para la psicología transpersonal y la psiconáutica que merece una sección aparte en esta enciclopedia. Por más absurdas e inverosímiles que puedan parecer estas ideas al científico de formación tradicional y a nuestro sentido común, pueden ser relativamente fáciles de conciliar en el contexto de los nuevos descubrimientos revolucionarios procedentes de disciplinas científicas pertenecientes a lo que suele conocerse como el paradigma nuevo o emergente.

Las matemáticas en las que se basa la holografía se vieron desarrolladas por Dennis Gabor, un ingeniero eléctrico húngaro residente en Gran Bretaña, con el objetivo de mejorar la resolución del microscopio electrónico. Al principio, no era posible crear hologramas ópticos porque aún no se había desa-

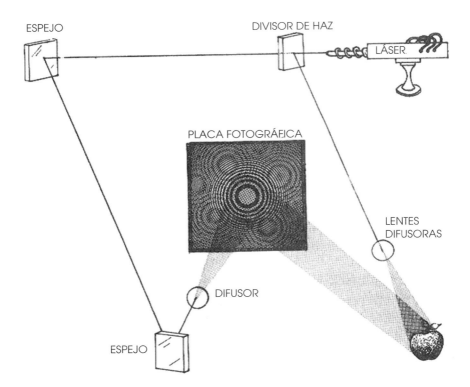

La holografía óptica no solo proporciona un modelo físico para las experiencias transpersonales, sino que también aclara las aparentes paradojas de las afirmaciones de los místicos. Un objeto es fotografiado usando una luz láser, un divisor de haz, lentes difusoras y una placa fotográfica (arriba). Los hologramas tienen información distribuida. Cada uno de los fragmentos de un holograma iluminado por pautas de interferencia del láser puede recuperar la información de toda la imagen del objeto. De manera parecida, en los estados holotrópicos de conciencia, cada psique humana tiene la posibilidad de acceder al campo entero de la conciencia cósmica (abajo). Los místicos han descubierto en sus experiencias transpersonales que objetos que parecen materiales y separados forman parte del mismo campo unificado e indiferenciado de conciencia.

Proyección de un holograma de recién casados. Aunque parecen ser dos entidades separadas, la ilusión se ve creada simplemente por las pautas de interferencia de la luz.

rrollado una fuente de luz coherente. En 1961, cuando se inventó el láser en Malibú (California), los principios holográficos de Gabor pudieron utilizarse para crear hologramas ópticos.

Un holograma óptico requiere un *láser* (acrónimo inglés cuyo significado es el de «luz amplificada por emisión de radiación estimulada»): una fuente de luz coherente y monocromática. Recordemos que una luz monocromática es aquella en la que todos sus rayos tienen la misma longitud de onda (o frecuencia, que es el valor recíproco de la longitud de onda) y una luz coherente es aquella en la que todas sus ondas están en fase.

El holograma necesita una fuente de luz láser, una película fotosensible y el objeto del que se hace el holograma. El rayo láser se dirige hacia un cristal (*divisor de haz*) que está parcialmente azogado, de modo que la mitad del rayo se refleja en él y la otra mitad lo atraviesa (el mismo principio del espejo unidireccional). Esto se hace de tal modo que la mitad correspondiente a la luz reflejada se dirija hacia el objeto que se está fotografiando y, desde él, a la película fotosensible (*haz de trabajo*), y la otra mitad que atraviesa el cristal (*haz de referencia*) se ve reflejada por los espejos y difundida (por el *difusor del haz*) sobre la placa de la película, donde se encuentra con la luz que lleva la imagen del objeto. Lo que ocurre entonces se llama interferencia.

La mejor forma de visualizar el funcionamiento del fenómeno de la interferencia consiste en imaginar un estanque al que lanzamos varias piedras. Las ondas así creadas (llamadas *ondas de Huyghens*) se desplazan concéntricamente a partir del punto de impacto y, al encontrarse, interactúan entre sí. Dos picos que se encuentran crean un pico más grande, dos picos en dirección opuesta se anulan y dos valles crean un valle todavía más profundo. En el mundo de la luz, la amplitud de las ondas luminosas determina la intensidad de la luz, de modo que, cuanto mayor sea la amplitud, más luminosos serán esos puntos en el holograma. La interferencia se graba en la placa de la película fotosensible que luego se revela. Este es el holograma.

El negativo de una fotografía tradicional nos permite saber qué fue lo que se fotografió (árboles, casas, personas, etcétera), pero eso no es posible en el caso de los hologramas. Independientemente de cuáles sean los objetos que se fotografíen, todos los hologramas se asemejan, porque son pautas de interferencia a gran escala (*pautas moiré*). Pero cuando el holograma se ve iluminado por un láser, recrea el frente de onda y produce una imagen tridimensional del objeto fotografiado. Si observamos la imagen a través de la placa, podemos verla desde diferentes ángulos, pero solo en un rango limitado. También es posible hacer el holograma de un holograma (lo que se llama *holograma de proyección*).

La imagen resultante de iluminar con luz láser un holograma de proyección parece flotar libremente en el aire al otro lado de la placa de la película, de modo que es posible caminar a su alrededor y observarla desde un amplio número de perspectivas (exceptuando obviamente la posición que eclipse el flujo de la luz). Cuando observamos un holograma de proyección desde diferentes ángulos experimentamos un paralaje, es decir, el desplazamiento aparente del objeto observado relativo al cambio de nuestra posición. Si la persona que aparece en el holograma tiene gafas, veremos en ellas reflejos diferentes que replican su aspecto en la situación original, y, si la persona llevase un anillo de diamantes, este cambiaría los colores de sus facetas según la dirección desde la que lo contemplásemos.

¿Por qué resulta tan importante para los psicólogos transpersonales la holografía óptica? Como veremos, podemos utilizarla para modelar estados visionarios y aclarar algunas afirmaciones paradójicas de los místicos. Los hologramas, por ejemplo, poseen una extraordinaria capacidad de almacenamiento. En la fotografía convencional, solo podemos almacenar una imagen por fotograma (a no ser que estemos superponiendo imágenes para algún efecto artístico), pero un solo holograma, por su parte, nos permite almacenar un gran número de imágenes.

Esto puede hacerse de dos maneras diferentes. En la primera, podemos cambiar el ángulo del láser de cada uno de los objetos que estemos fotografiando. Cuando revelemos la película y sigamos iluminándola con el láser, replicando los ángulos de la exposición original, cada ángulo «extraerá» de la matriz común la imagen del objeto que se vio fotografiado desde esa perspectiva. El holograma contendría la información sobre todos ellos, pero, para poder verlo realmente, deberíamos iluminarlo desde el mismo ángulo que utilizamos para crearlo.

La otra forma consiste en crear el holograma de modo que utilicemos el mismo ángulo durante las exposiciones secuenciales de estos objetos. Cuando iluminemos el holograma resultante, todos los objetos fotografiados aparecerán simultáneamente y ocuparán el mismo lugar. En los años 70, cuando estaba muy interesado en la holografía, pasé un tiempo en el laboratorio holográfico de la Universidad de Hawái en Honolulu, en cuyo laboratorio crearon un holograma llamado *El niño de Hawái*. Lo hicieron mediante la exposición secuencial de varios niños hawaianos sin cambiar el ángulo del láser. Así, el holograma final ocupaba el espacio que normalmente ocupa un niño en el que estaba almacenada la información de todos los niños, de modo que, al mirarlo, parecía que de él salían diferentes rostros, uno tras otro y, a veces, incluso más de uno a la vez.

Otra propiedad fascinante de los hologramas es que la información se distribuye en ellos de un modo tal que puede recuperarse de cada una de sus partes. Si cortásemos en dos una fotografía convencional, perderíamos la mitad de la información, pero es posible cortar un holograma en un gran número de partes y, al iluminar cada uno de los fragmentos con un láser, rescatar de él la información de todo el objeto. Es cierto que, de ese modo, perdemos parte de su resolución, pero no lo es menos que seguimos obteniendo una imagen del conjunto.

Los mecanismos que acabo de describir pueden utilizarse de forma muy interesante para reproducir las experiencias en los estados holotrópicos. En una de las demostraciones del holograma, yo estaba sentado en una habitación oscura mientras proyectaban una secuencia de imágenes holográficas de varias personas fotografiadas desde diferentes ángulos del láser y, a medida que la persona que iluminaba el holograma iba cambiando el ángulo del láser, cambiaba también el rostro que aparecía en la oscuridad, un rostro que no tardaba en desaparecer y se veía reemplazado por otro, transmitiendo una sensación muy parecida a las visiones que aparecen en las sesiones psiquedélicas o de la respiración holotrópica.

En otra demostración, iluminaban el holograma de varias personas fotografiadas desde el mismo ángulo del láser, como *el niño de Hawái*, y yo los veía a todos en el espacio normalmente ocupado por uno. Mientras contemplaba este holograma compuesto, veía rostros diferentes en el mismo espacio de un modo semejante a lo que ocurre en algunas experiencias de los estados holotrópicos. Cuando, por ejemplo, tenía una sesión psiquedélica y Christina estaba sentada frente a mí, en un determinado momento la veía como una mujer, pero, en el momento siguiente, parecía una chica joven y encantadora y, al momento siguiente, se convertía en una vieja arrugada y, después, en una belleza polinesia que acababa transformándose en una bruja medieval. Era como una mujer arquetípica que reuniese, en el espacio normalmente ocupado por un solo cuerpo, todas las manifestaciones posibles de la feminidad.

El laboratorio hawaiano que visité ofrecía a los recién casados la posibilidad de llevarse un holograma de su boda. La pareja podía elegir cómo quería que se hiciera. Podían elegir un holograma convencional que los mostrara como dos personas, un novio y una novia, lo que significaba que se colocarían delante de la placa y habría una sola exposición, y la otra posibilidad consistía en llevarse un holograma que los mostrara en una especie de fusión tántrica. Verían un solo cuerpo, pero en él estarían contenidas las imágenes de la novia y del novio, lo que se conseguía con dos exposiciones secuenciales sin cambiar el ángulo del láser.

El holograma que muestra a la pareja de novios como dos objetos separados puede servir para ilustrar un aspecto muy interesante de los hologramas. Imaginemos que tenemos frente a nosotros la proyección de este holograma. Un holograma bien hecho no solo podría engañar a un niño que jamás hubiese visto un holograma, sino también a un adulto culto que careciera de la información técnica necesaria, que percibirían entonces esa situación como dos personas diferentes, dos objetos newtonianos separados.

Lo que sabemos de la holografía, sin embargo, es que las imágenes holográficas no pueden existir aisladas. Para hacer un holograma, hay que contar con una fuente de láser, algo que dé la inflexión a la luz (en este caso la placa holográfica) y el campo indiferenciado de luz llenando el espacio. La apariencia de dos objetos separados se crea gracias a las pautas de interferencia de la luz. Se trata de un juego de luces y sombras en el que el brillo de los distintos puntos refleja la amplitud de la luz provocada por la interferencia.

Enfrentándose a las paradojas y retos de esta disciplina, el físico cuántico-relativista David Bohm creó un modelo holográfico del universo. Según él, el mundo material que experimentamos en el estado de conciencia ordinario es un complejo sistema holográfico (*orden explicado* o *desplegado*). Su matriz creativa se encuentra en una dimensión de la realidad inaccesible a los sentidos físicos propios de nuestro estado de conciencia cotidiano (*orden implicado* o *plegado*). En el ejemplo del holograma de la boda vimos que percibirlo como dos objetos autónomos separados sería una percepción ingenua y falsa, como David Bohm (y Albert Einstein) se refiere a nuestra percepción del mundo material. No hace falta ser muy inteligente para ver el mundo compuesto por objetos newtonianos separados, pero, para descubrir que, en última instancia, esta es una percepción ingenua y falsa (como el *maya* hindú) y darse cuenta de que, en un nivel más profundo, se trata de una totalidad indiferenciada, se necesita la física cuántico-relativista, la filosofía whiteheadiana o un estado holotrópico de conciencia.

¿Por qué la holografía óptica resulta un modelo tan útil para ilustrar ciertos aspectos importantes de la visión mística del mundo? En primer lugar, el principio básico de muchas enseñanzas esotéricas, desde la Tabla de Esmeralda de Hermes Trismegisto hasta el tantra, la cábala y el gnosticismo, afirma que cada individuo es un microcosmos que contiene la totalidad del macrocosmos (*como arriba es abajo* y *como adentro es afuera*). Esto es algo que, para la lógica aristotélica, carece de todo sentido; uno debe tomar una decisión y decantarse por esta o por aquella alternativa: hay que ser parte o totalidad porque, desde ese punto de vista, no se puede ser algo y, al mismo tiempo, ser otra cosa.

Pero eso es precisamente lo que ilustra la holografía. Si solo nos interesa lo que podemos pesar y medir –que es lo que hace la ciencia desde que Galileo así lo recomendó–, una centésima parte de holograma es una parte insignificante. Pero si lo que nos interesa no es lo que esa parte del holograma pesa o mide, sino la información que proporciona, una centésima parte del holograma puede proporcionar información adecuada sobre la totalidad. Del mismo modo, cada uno de nosotros es una parte insignificante del universo, pero podemos identificarnos experiencialmente con cualquiera de sus componentes, y en ese sentido mantenemos, con él, una relación, en cuyo caso cada una de sus partes contiene información sobre la totalidad.

En ese mismo sentido podemos ver la afirmación de los místicos que afirma «Sé que tú y yo estamos separados el uno del otro, pero, desde otra perspectiva, tú y yo somos Uno». Si miramos de nuevo el modelo holográfico, comprendemos que ver las dos imágenes como parte de un sistema indiferenciado más profundo es una perspectiva más sofisticada; y también podemos ver que las dos afirmaciones no son excluyentes sino complementarias.

La psiconáutica, en última instancia, no tiene que ver con cosas materiales, sino con la información. En los estados holotrópicos podemos, por ejemplo, llegar a identificarnos experiencialmente con miembros de otras especies. Y, si me experimento como un elefante, tendré información sobre lo que se siente al ser un elefante. Tendré una sensación muy convincente de que me he convertido en un elefante que irá mucho más allá de cualquier cosa que haya aprendido sobre los elefantes. Esto no significa que, cuando me pongan en una balanza, pese tres toneladas. En modo alguno estamos hablando de la dimensión material de los fenómenos que estamos estudiando, sino de la información sobre esos fenómenos. Y en ese sentido podemos decir que uno es, simultáneamente, parte y totalidad y, del mismo modo, que podemos estar separados y, al mismo tiempo, estar unidos. Y, de la misma manera, uno puede, al mismo tiempo, tener una forma y no tenerla o existir y no existir. La holografía nos proporciona una forma muy elegante de resolver algunos de los aparentes absurdos y paradojas de los que habla la literatura mística.

Ya hemos visto una cartografía ampliada de la psique que es absolutamente esencial para cualquier persona interesada en una psiconáutica seria y en los estados holotrópicos con objetivos tales como la autoexploración, la búsqueda espiritual, el trabajo terapéutico, la inspiración artística, la curiosidad científica, el cultivo de la intuición y la percepción extrasensorial.

Como trataré de demostrar en capítulos posteriores de este libro, esta cartografía ampliada es también de vital importancia para cualquier consideración seria de fenómenos como el chamanismo, los ritos de paso, el misticismo, la religión, la mitología, la parapsicología, las experiencias cercanas a la muerte y los estados psiquedélicos. Este nuevo modelo de la psique no es solo una cuestión de interés académico, sino que tiene implicaciones revolucionarias para nuestra comprensión de los trastornos emocionales y psicosomáticos, lo que incluye muchas condiciones actualmente diagnosticadas como psicóticas y también nos ofrece nuevas y revolucionarias posibilidades terapéuticas.

Bibliografía

Bateson, G, *et al*. 1956. Towards a Theory of Schizophrenia. *Behavioral Science* 1(4): 251-254.
Bateson, G. 1972. *Steps to An Ecology of Mind*. San Francisco: Chandler Publications.
Blanck, G. y Blanck, R. 1974. *Ego Psychology I: Theory and Practice*. New York: Columbia University Press.
Blanck, G. y Blanck, R. 1979. *Ego Psychology II: Psychoanalytic Developmental Psychology*. New York: Columbia University Press.
Bohm, D. 1980. *Wholeness and the Implicate Order*. London: Routledge & Kegan Paul.
Campbell, J. 1968. *The Hero with A Thousand Faces*. Princeton: Princeton University Press.
Campbell, J. 1972. *Myths to Live By*. New York: Bantam.
Capra, F. 1975. *The Tao of Physics*. Berkeley, CA: Shambhala Publications.
Chalmers. D. 1996. *The Conscious Mind: In Search of a Fundamental Theory*. Oxford: Oxford University Press.

Crick, F. 1994. *The Astonishing Hypothesis: The Scientific Search for the Soul*. New York: Scribner Publishing.

Foerster, H. von. 1965. *Memory Without A Record*, en *The Anatomy of Memory* (D.P. Kimble, ed.). Palo Alto: Science and Behavior Books.

Frank, J.D. y Frank, J.B. 1991. *Persuasion and Healing: A Comparative Study of Psychotherapy*. Baltimore, MD: The Johns Hopkins University Press.

Gormsen, K. y Lumbye, J. 1979. A Comparative Study of Stanislav Grof's and L. Ron Hubbard's Models of Consciousness. Presentado en el 5.º congreso transpersonal internacional celebrado en Boston (MA) en el mes de noviembre.

Grof, S. 1975. *Realms of the Human Unconscious*. New York: Viking Press.

Grof, S. 1985. *Beyond the Brain: Birth, Death, and Transcendence in Psychotherapy*. Albany, N.Y: State University of New York (SUNY) Press.

Grof, S. 1987. Spirituality, Addiction, and Western Science. *Re-Vision J.* 10(2): 5-18.

Grof, S. y Grof, C. (eds.). 1989. *Spiritual Emergency: When Personal Transformation Becomes a Crisis*. Los Angeles, CA: J. P. Tarcher.

Grof, C. y Grof, S. 1991. *The Stormy Search for the Self: A Guide to Personal Growth Through Transformational Crises*. Los Angeles, CA: J. P. Tarcher.

Grof, S. 1998. *The Cosmic Game: Explorations of the Frontiers of Human Consciousness*. Albany, NY: State University of New York Press.

Grof, S. 2000. *Psychology of the Future: Lessons from Modern Consciousness Research*. Albany, NY: State University of New York (SUNY) Press.

Grof, S. 2006a. *When the Impossible Happens: Adventures in Non-Ordinary Realities*. Louisville, CO: Sounds True.

Grof, S. 2006b. *The Ultimate Journey: Consciousness and the Mystery of Death*. Santa Cruz, CA: MAPS Publications.

Grosso, M. 1994. The Status of Survival Research: Evidence, Problems, Paradigms. Artículo presentado en el congreso del Institute of Noetic Sciences titulado The Survival of Consciousness After Death, Chicago (IL), julio.

Hameroff, S. 1987. *Ultimate Computing*. North Holland: Elsevier Publishing.

Hameroff, S. 2012. *Through the Wormhole*, canal Science, episodio 2, narrado por Morgan Friedman, 28 de octubre.

Hubbard, L.R. 1950. *Dianetics: The Modern Science of Mental Health*. East Grinstead, Sussex, Reino Unido: Hubbard College of Scientology.

Jung, C.G. 1959. The Archetypes and the Collective Unconscious. *Collected*

Escena de caza de la caverna de Lascaux donde se muestra un bisonte herido eviscerado atravesado con una lanza y una figura acostada con el pene erecto, probablemente un chamán en trance (arriba).

Dos bisontes esculpidos en arcilla de la caverna del Tuc d'Audoubert rodeados de un círculo de huellas.

Venus de Willendorf, figura de piedra caliza del Paleolítico Superior, *circa* 25.000 a.C. (izquierda).

Venus de Dolni Vēstonice, estatuilla paleolítica encontrada en Moravia, una de las piezas cerámicas más viejas del mundo, *circa* 29.000-25.000 a.C.

Venus de Laussel, bajorrelieve en piedra caliza *circa* de 25.000 de antigüedad, encontrada en un refugio rocoso en la región de Dordoña.

Tablilla votiva de Perséfone y Hades de Locri, Regio Calabria, Museo Nacional de la Magna Grecia.

Mitra matando al toro, *circa* 150 d.C., Louvre-Lens.

Sermón sobre una montaña de hongos. Salterio de Eadwine, Biblioteca Nacional de París, siglo XII.

Jesús tentado por un diablo-chamán con cuernos en un bosque de hongos. Salterio de Eadwine, Biblioteca Nacional de París, siglo XII.

Parinirvana del Buda. Toda la naturaleza lamenta la muerte del Buda.

Xochipilli, el Señor de las Flores, dios de las flores, el amor y la danza en un trance enteogénico. La escultura está decorada con relieves de plantas psiquedélicas (zarcillos de *Ipomoea violacea*, *Nicotiana tabacum*, *Rivea corymbosa*, *Psilocibe aztecorum* y *Heimia solicifolia*), Museo Nacional de Antropología, Ciudad de México.

Pájaro Jaguar y su esposa Balam IV haciendo un ritual de derramamiento de sangre en el que el Pájaro Jaguar perfora su pene y su esposa hace lo mismo con su lengua. Yaxchilan, Chiapas (México). Período maya tardío clásico, 770 d.C.

El rey Escudo Jaguar sostiene una gran antorcha que ilumina el recinto oscuro en el que se encuentra su esposa, la Señora Xoc, haciendo un ritual de derramamiento de sangre en el que ella perfora su lengua con una cuerda. Yaxchilan, Chiapas (México). Período maya clásico tardío, 725 d.C.

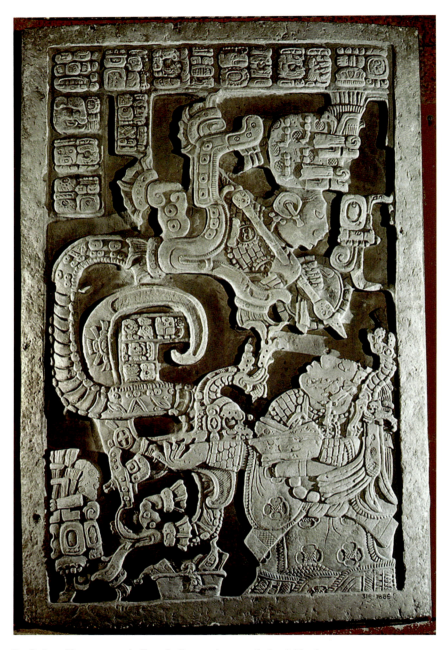

La Señora Xoc, esposa de Escudo Jaguar, invocando la visión de un ancestro que emerge de la Serpiente Visión, símbolo maya de las experiencias visionarias. Yaxchilan, Chiapas (México). Período maya tardío clásico, 770 d.C.

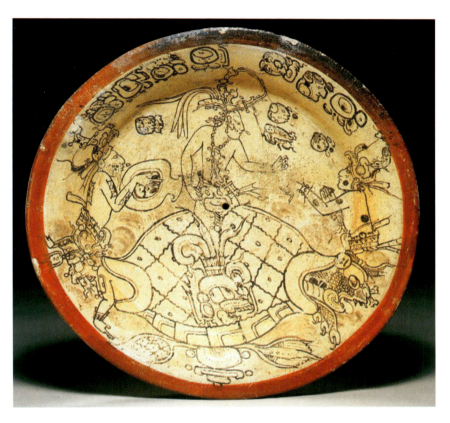

Escena de muerte y renacimiento en un caparazón de tortuga. Este trípode muestra a Hun Hunahpu, el padre de los dos héroes gemelos, con un tocado de plumas de quetzal saliendo de un caparazón de tortuga rota decorada con una calavera y atendido por sus dos hijos Hunahpu y Xbalanque. Cerámica maya estilo códice. Período maya tardío clásico.

Tlalocan, paraíso de Tlaloc, el dios azteca de la lluvia. Tlaloc derrama la lluvia con las dos manos flanqueado por dos sacerdotes que hacen ofrendas y plantan semillas. El etnobotánico de Harvard Richard Schultes identificó los hongos que bordean el flujo de semillas como botones de psilocibe. Una de las formas de entrar en el paraíso terrenal de Tlaloc consistía en ingerir estos «hongos mágicos». (Teotihuacán [México], siglos IV a VIII)

Stanislav Grof visita a Albert Hofmann en su residencia de Berg, un pueblo de la frontera francosuiza (arriba).

Stanislav y Christina Grof y los artistas visionarios Martina Hofmann y Roberto Venosa en la visita a Albert Hofmann en su casa de Berg.

El artista del realismo fantástico Hans Ruedi Giger guía a Albert Hofmann y Christina Grof en su museo de Gruyères en septiembre de 2005, cuatro meses antes de que Hofmann cumpliese 100 años (arriba).

H.R. Giger y Stanislav Grof visitan a Albert Hofmann en Berg cuatro meses antes de la muerte de este a la edad de 102 años.

Anne y Sasha Shulgin, investigadores pioneros de las substancias psiquedélicas y enteogénicas y autores de PiHKAL y TiHKAL (arriba).

Stanislav Grof visita al bioquímico y psicofarmacólogo Sasha Shulgin en su laboratorio de Lafayette (California), en el que Shulgin sintetizó unas doscientas substancias psicoactivas.

Casa de la curandera mazateca María Sabina en el pueblo mexicano de Huautla de Jiménez en Oaxaca, donde dirigía sus ceremonias de hongos mágicos llamadas *veladas* (arriba izquierda); *Psilocybe caerulensens*, var. *aztecorum*, «hongos mágicos» de los mazatlecas (arriba derecha); Gordon Wasson comprando hongos *psilocybe* en un mercado mazateca de Huautla de Giménez (abajo).

Siguiente página: María Sabina entregándole a Gordon Wasson su dosis de hongos (arriba); Gordon Wasson en medio de su experiencia en el entorno sincrético de la ceremonia sagrada llamada *velada* (centro); Gordon y Valentina Pavlovna Wasson seleccionando los hongos para su transporte a Europa (abajo).

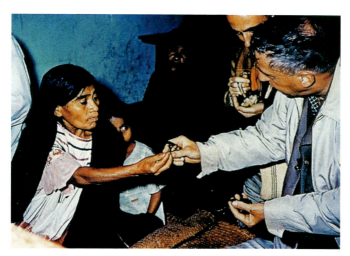

Leo Zeff (derecha), el «jefe secreto», analista junguiano y pionero de la terapia psiquedélica que presentó, junto a Rick Doblin, el LSD y el MDMA a centenares de terapeutas (arriba).

Michael y Annie Mithoefer, terapeutas psiquedélicos que llevaron a cabo una investigación pionera sobre el empleo de la MDMA en la terapia de pacientes aquejados de TEPT.

El presidente de Checoslovaquia Václav Havel y su esposa Dagmar con Stanislav Grof y su difunta esposa Christina con el premio Vision 9, una copia del báculo de san Adalberto de Praga, mártir cristiano bohemio (arriba); el profesor de astronomía Jrí Grygar ataviado con un antiguo ropaje en la ceremonia de entrega del premio del pedrusco delirante (centro) y reproducciones de los tres premios de oro, plata y bronce entregados por el Sisyphus Club de Praga (abajo).

Brigitte y Stan Grof de visita en Maui (Hawái) a Richard Alpert (Ram Dass), antiguo profesor de psicología que se convirtió en un pionero psiquedélico y un reputado maestro espiritual.

Brigitte y Stanislav Grof con Erwin Lazslo y Maria Sági en el Congreso Internacional de Psicología Transpersonal celebrado en Praga en septiembre de 2017 (arriba).

Raymond Moody (1944), psicólogo, filósofo y tanatólogo, pionero en la investigación de las experiencias cercanas a la muerte (ECM) con Stanislav Grof en el Congreso Internacional de Psicología Transpersonal celebrado en Praga (abajo).

Tres pinturas que representan las experiencias de Katia Solani con la respiración holotrópica: identificación con una tortuga que lleva en su vientre la imagen de un niño que necesita alimentarse (arriba izquierda); imagen de un hermoso paisaje que decora el caparazón de una tortuga (arriba derecha), e imagen del mismo paisaje aparecido en un sueño la noche posterior a la sesión (abajo).

Universo amniótico, pintura que representa un episodio beatífico de vida intrauterina (MPB-I) durante una sesión con una dosis elevada de LSD. La regresión a la vida prenatal facilita el acceso a la experiencia de unidad con el cosmos. La forma de la galaxia se asemeja a la de un pecho femenino («Vía Láctea») y sugiere la existencia de una conexión experiencial simultánea con el recuerdo de un «buen pecho» (arriba).

Útero hostil, pintura de una sesión de LSD que representa la experiencia de un útero que está atacando al feto. Las fuerzas inmunológicas agresivas asumen la forma de animales arquetípicos (Robin Maynard-Dobbs).

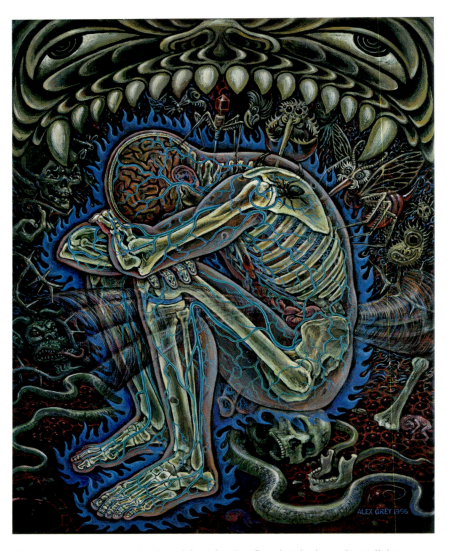

Desesperación, pintura del artista visionario Alex Grey inspirada por la medicina psiquedélica. Esta imagen presenta los rasgos representativos de la MPB-II: clima de aplastamiento y no salida, calaveras, mandíbulas, colmillos, huesos, serpientes y arañas.

Biomecanoide II, autorretrato del artista visionario y realista fantástico H.R. Giger. Esta pintura fue diseñada como un póster para la Sydow-Zirkwitz Gallery. Inspirado por el recuerdo de su nacimiento, el artista se retrató como un guerrero indio indefenso con una cinta de acero en su frente y encerrado en una jaula de metal.

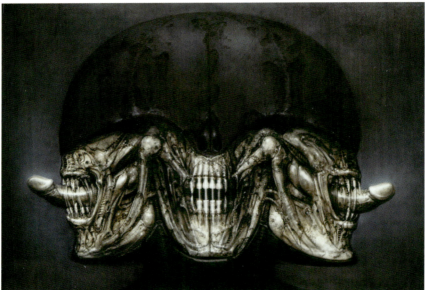

Hechizo, de una serie de pinturas de H.R. Giger que presenta muchos motivos característicos de la MPB-III: una deidad femenina semejante a Kali con una cabeza de Bafomet sobre la suya y bajo ella una cabeza humana atrapada en una mordaza y flanqueada por un peinado esqueléticc y condones-feto fálicos (arriba).

Necronom II, de H.R. Giger. Composición que presenta todos los rasgos distintivos de la MPB-III: cascos de soldados, calaveras, colmillos y falos.

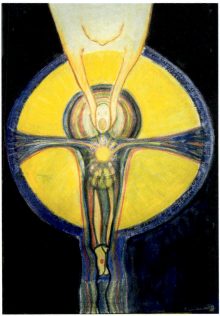

Crucifixión nuclear, de Alex Grey. Experiencia de muerte y renacimiento durante una sesión psiquedélica asociada a las MPB-II a IV. Imagen de Cristo crucificado que experimenta una expansión gigantesca (arriba).

Pintura de una sesión de respiración holotrópica en la que la reviviscencia de la ayuda manual durante los estadios finales del nacimiento se hallaba asociada a la identificación experiencial con Cristo crucificado.

Representación de la experiencia de una sesión con una dosis elevada de LSD convertida en la escena de un carnaval salvaje durante la transición de la MPB-III a la MPB-IV en la que los símbolos de muerte dejan de dar miedo y aparecen en un clima de exuberante celebración y liberación de energía sexual y agresividad (arriba).

Pintura de una sesión psiquedélica que captura la experiencia de los últimos segundos previos al renacimiento. El triángulo del centro es el lugar en el que el vórtice de la cabeza del feto se abre paso y los colores rojo, amarillo y naranja representan las energías explosivas implicadas en esa situación.

Saliendo de la oscuridad, pintura que representa la experiencia combinada de nacer y dar a luz durante una sesión de respiración holotrópica. Este tipo de experiencias suelen ir acompañadas de la sensación de nacer a un nuevo yo (o a un nuevo Yo) asociado al dominio espiritual y pueden ser muy transformadoras y curativas (Jean Perkins) (arriba).

Liberación, de una experiencia de muerte y renacimiento psicoespiritual durante una sesión de respiración holotrópica. La vieja estructura de la personalidad se rompe y de ella emerge un nuevo yo (o un nuevo Yo) conectado con el dominio espiritual. El desmembramiento es un motivo frecuente en las experiencias de los chamanes principiantes (Jaryna Moss).

Pintura de una sesión de LSD que representa la experiencia del renacimiento psicoespiritual. El fuego emerge de la vagina de la Gran Diosa Madre, sostenida por Manos Cósmicas Nutrientes. La parte superior de la pintura representa la MPB-IV y la parte inferior, el firmamento estrellado. Las manos nutrientes representan la MPB-I, un símbolo del útero que proporcionan cobijo y alimento (arriba). Pintura de una sesión psiquedélica que representa la identificación experiencial con el ave Fénix, símbolo arquetípico de la muerte y el renacimiento espiritual provocados por el fuego.

Pintura que representa el estadio final del proceso psicoespiritual de muerte y renacimiento que se produce durante una sesión psiquedélica. El cuerpo del recién nacido se halla aún en el canal del nacimiento,s consumido por las llamas, pero su cabeza emerge en un cielo de pavo real dominado por la Gran Diosa Madre.

Muerte y renacimiento psicoespiritual durante una sesión holotrópica. Un poderoso cisne surca el cielo en dirección al sol. El cisne es un pájaro espiritual que desempeña un papel muy importante en el chamanismo siberiano (arriba).

Madre Kundalini. Pintura de una sesión de respiración holotrópica. Mujer arropada con un vestido de fuego y cubierta de un manto de estrellas con un pequeño Niño Divino que descansa en una mochila portabebés ubicada en su espalda. La artista escribe: «Yo amaba tanto a la madre como al niño, amo a esta Gran Madre, amo a mi madre, amo a todas las criaturas y amo a todos los seres vivos» (Katia Solani).

Works, vol. 9,1. Bollingen Series XX, Princeton, N.J.: Princeton University Press.

Jung, C.G. 1960b. A Review of the Complex Theory. *Collected Works*, vol. 8, Bollingen Series XX. Princeton: Princeton University Press.

Jung, C.G. (ed.). 1964. *Man and his Symbols*. New York: Doubleday.

Jung, C.G. 2009. *The Red Book*. New York: Philemon.

Kant, I. 1999. *Critique of Pure Reason*. Cambridge, MA: Cambridge University Press.

Kardec, A. 2012. *The Spirits' Book*. Norwich/Norfolk: Spastic Cat Press.

Kardec, A. 2011. *The Mediums' Book*. Miami Beach, FL: Edicei of America Spiritist Books, LLC.

Kautz, W. 2017. Xenoglossy: Verification of the Speech of An Unlearned Language. Artículo presentado en el congreso internacional transpersonal celebrado en Praga, República Checa, en septiembre de 2017.

Kennell, J.H. y Klaus, M. 1988. Bonding: Recent Observations That Alter Perinatal Care. *Pediatrics in Review*, 19:4-1.

Klaus, M., Kennell, J.H. y Klaus, P.H. 1985. *Bonding: Building the Foundations of Secure Attachment and Independence*. Reading (MA): Addison Wesley.

Korzybski, A. 1973. *Science and Sanity: An Introduction to Non-Aristotelian Systems and General Semantics*. Lakeville, CT: Colonial Press.

Kuhn, T. 1962. *The Structure of Scientific Revolutions*. Chicago, Il.: University of Chicago Press.

Laszlo, E. 1993. *The Creative Cosmos*. Edinburgh: Floris Books.

Laszlo, E. 1995. *The Interconnected Universe: Conceptual Foundations of Transdisciplinary Unified Theory*. Singapore: World Scientific Publishing Company.

Laszlo, E. 2003. *The Connectivity Hypothesis: Foundations of An Integral Science of Quantum, Cosmos, Life, and Consciousness*. Albany, NY: State University of New York (SUNY) Press.

Laszlo, E. 2007. *Science and the Akashic Field: An Integral Theory of Everything*. Rochester, VT: Inner Traditions.

Laszlo, E. 2016. *What is Reality?: The New Map of Cosmos, Consciousness, and Existence*. New York: A New Paradigm Book.

Leuner, H. 1962. *Experimentelle Psychose*. Berlin: Springer Series #95.

Lommel, P. van 2010. *Consciousness Beyond Life. The Science of the Near-Death Experience*. New York: Harper Collins.

Moody, R.A. 1975. *Life After Life*. New York; Bantam.
Moody, R.A. 1993. *Reunions: Visionary Encounters with Departed Loved Ones*. New York: Villard Books.
Moon, C., Lagercrantz, H. y Kuhl, P. 2010. Phonetic Learning in Utero. *The Journal of the Acoustical Society of America*, 2017;27:3).
Nevole, S. 1947. *O čtyřrozměrném viděni: Studie z fysiopathologie smyslu prostorového, se zvlástním zřetelem k experimentální otravě mezkalinem (Apropos of Four-Dimensional Vision: Study of Physiopathology of the Spatial Sense with Special Regard to Experimental Intoxication with Mescaline.*) Praga: Lékařské knihkupectví a nakladatelství.
Nevole, S. 1949. *O smyslových ilusích a o jejich formální genese (Apropos of Sensory Illusions and Their Formal Genesis)*. Praga: Zdravotnické nakladatelství Spolku lékařů a vědeckých pracovníků J.E.Purkyně.
Offray de La Mettrie, J. 1865. *L'Homme Machine*. Paris: Frederic Henry, Libraire-Editeur.
Penfield, W. 1975. *The Mystery of the Mind: A Critical Study of Consciousness and the Human Brain*. Princeton, NJ: Princeton University Press.
Pribram, K. 1971. *Languages of the Brain*. Englewood Cliffs, NJ: Prentice Hall.
Pribram, K. 1981. *Non-Locality and Localization: A Review of the Place of the Holographic Hypothesis of Brain Function in Perception and Memory*. Preimpreso para el 10.º encuentro de ICUS celebrado en noviembre.
Riedlinger, T. 1982. Sartre's Rite of Passage. *Journal of Transpersonal Psychol.* 14:105.
Ring, K. 1982. *Life at Death: A Scientific Investigation of the Near-Death Experience*. New York: Quill.
Ring, K. 1985. *Heading Toward Omega: In Search of the Meaning of the Near-Death Experience*. New York: Quill.
Ring, K. y Valarino, E.E. 1998. *Lessons from the Light: What We Can Learn from the Near-Death Experience*. New York: Plenum Press.
Ring, K. y Cooper, S. 1999. *Mindsight: Near-Death and Out-of-Body Experiences in the Blind*. Palo Alto, CA: William James Center for Consciousness Studies.
Sabom, Michael. 1982. *Recollections of Death: A Medical Investigation*. New York: Harper & Row.
Satir, V. 1983. *Conjoint family therapy*. Palo Alto, CA: Science and Behavior Books.

Senkowski, E. 1994. *Instrumental Transcommunication (ITC)*. Conferencia pronunciada en el Institute for Noetic Sciences celebrado en julio en Corte Madera Inn, Corte Madera (CA).
Sheldrake, R. 1981. *A New Science of Life*. Los Angeles: J. P. Tarcher.
Sullivan, H. S. 1953. *The Interpersonal Theory of Psychiatry*. New York: Norton.
Tarnas, R. 1995. *Prometheus the Awakener*. Woodstock, CT: Spring Publications.
Tarnas, R. 2006. *Cosmos and Psyche: Intimations of a New World View*. New York: Random House.
Tomatis, A.A. 1991. *The Conscious Ear: My Life of Transformation through Listening*. Barrytown, NY: Station Hill Press.
Verny, T. y Kelly, J. 1981. *The Secret Life of the Unborn Child*. Toronto: Collins Publishers.
Vondráček, V. 1935. *Farmakologie duše (Pharmacology of the Soul)*. Praga: Lékařské knihkupectví a nakladatelství.
Vondráček, V. 1968. *Fantastické a magické z hlediska psychiatrie (Fantastic and Magical from the Viewpoint of Psychiatry*.) Praga: State Medical Publishing House.
Whitwell, G.E. 1999. *Life Before Birth: Prenatal Sound and Music*. Revisión de internet de la literatura sobre los efectos prenatales del sonido, http://www.birthpsychology.com.

III. Mapas de la psique en la psicología profunda: *hacia una integración de enfoques*

Para viajar a un nuevo territorio es importante contar con un buen mapa, una recomendación de la que no quedan exentos los viajes a realidades interiores no ordinarias. Por desgracia, la cartografía de la psique utilizada actualmente por las corrientes convencionales de la psiquiatría y de la psicología occidentales es tan superficial como inadecuada. No solo resulta inútil como guía para la autoexploración profunda, sino que, al considerar las experiencias perinatales y transpersonales –que tienen un gran valor terapéutico y espiritual– como meros productos de un proceso patológico, causa graves problemas a los psiconautas.

Durante la autoexperimentación masiva que tuvo lugar durante los años 60, los jóvenes psiconautas que se embarcaban en un viaje interior carecían de hoja de ruta para sus incursiones en las misteriosas realidades no ordinarias. En ese sentido, se asemejaban a los exploradores pioneros que viajaban a regiones ignotas de nuestro planeta con la intención de descubrir nuevos mundos. Los mapas realizados por esos viajeros cartografiaban las zonas que habían visitado y contenían grandes áreas marcadas con la inscripción *hic sunt leones* (que significa «aquí hay leones»). El símbolo del león, un animal salvaje y peligroso, se utilizaba como expresión genérica para referirse a los obstáculos y retos inesperados con que podían tropezar en territorios todavía inexplorados, como animales salvajes, depredadores y plantas y serpientes venenosas. Y también, obviamente, podían encontrar sorpresas agradables, como nativos amistosos y solidarios, fauna y flora útiles y paisajes naturales increíblemente hermosos.

En este capítulo exploraremos la historia de la psicología profunda y revisaremos los intentos llevados a cabo para esbozar un mapa de la psique. El mundo de la psicoterapia está compuesto por muchas escuelas con importantes desacuerdos sobre cuestiones fundamentales relacionadas con esta tarea. Entre ellas cabe destacar su visión de las dimensiones de la psique; cuáles son sus principales fuerzas motivacionales; a qué se debe el desarrollo de los síntomas y cuál es su significado; qué aspectos de la experiencia vital del cliente desempeñan un papel clave en la causa de los trastornos emocionales y psicosomáticos, y qué técnicas deben utilizarse para trabajar con los clientes. Y esto no solo es cierto para las escuelas derivadas de posiciones filosóficas *a priori* muy diferentes (como el conductismo y el psicoanálisis), sino también para las que partieron de la misma fuente (como los diferentes enfoques elaborados por los llamados «renegados del psicoanálisis»). Más profundas son todavía las discrepancias que podemos advertir entre la comprensión de la psique que existe entre las escuelas occidentales de psicología y psicoterapia y las grandes filosofías espirituales de Oriente, como el hinduismo, el budismo, el taoísmo o el sufismo.

El trabajo con los estados holotrópicos de conciencia ha permitido aportar claridad, simplificar el exasperante laberinto de las escuelas occidentales de psicoterapia y trazar un mapa exhaustivo de la psique como el que hemos presentado en el capítulo anterior, que también nos proporciona un puente para conectarlo con las tradiciones espirituales de Oriente. En este capítulo esbozaremos el desarrollo histórico de los mapas de la psique humana. Veremos qué ideas de los fundadores de estas escuelas han resistido el paso del tiempo y se han visto corroboradas por los hallazgos de la investigación holotrópica y cuáles, por el contrario, deben ser modificadas o reemplazadas.

Sigmund Freud

Comenzaremos la historia de la búsqueda del mapa de la psique humana con el neurólogo austríaco Sigmund Freud, el padre de la psicología profunda. En la historia temprana del psicoanálisis y de la psicoterapia, los estados holotrópicos desempeñaron un papel fundamental. Los manuales de psiquiatría suelen remontar las raíces de la psicología profunda a las sesiones hipnóticas con pacientes histéricas llevadas a cabo por Jean Martin Charcot en el Hospital de la Salpêtrière de París y a las investigaciones sobre hipnosis realizadas por Hippolyte Bernheim y Ambroise Liébault de la Escuela de Nancy. Sigmund Freud visitó ambos lugares durante su estancia en Francia en donde aprendió la técnica de la hipnosis que empleó posteriormente en el trabajo con sus clientes.

Las primeras ideas de Freud se inspiraron en su trabajo con una paciente a la que trató junto con su amigo Joseph Breuer, que le había solicitado ayuda

Sigmund Freud (1956-1939), neurólogo austríaco fundador del psicoanálisis y padre de la psicología profunda.

como asesor neurológico para el tratamiento de la joven Bertha Pappenheim (a la que, en sus escritos, Freud llamó señorita Anna O.), que padecía graves síntomas histéricos. En sus sesiones terapéuticas, Anna O. caía en un trance autohipnótico durante el cual entraba espontáneamente en estados de conciencia holotrópicos en los que regresaba a la infancia y revivía recuerdos traumáticos subyacentes a su trastorno neurótico. Esto iba acompañado de una *abreacción*, es decir, de la liberación y expresión de emociones reprimidas y bloqueadas, algo a lo que ella se refería como «deshollinado» y consideraba muy útil.

Sin embargo, la terapia con Anna O. tropezó con serios problemas cuando ella desarrolló una fuerte transferencia con Breuer y trató repetidamente de abrazarle y besarle. Luego empezó a presentar los síntomas de un embarazo histérico (*pseudociesis*) y afirmó que Breuer era el padre de su criatura, lo que provocó una crisis en el matrimonio de Breuer que necesariamente puso fin al tratamiento. En su obra conjunta titulada *Estudios sobre la histeria*, Freud y Breuer relacionaron el origen de la histeria con situaciones psicotraumáticas en la infancia, fundamentalmente el incesto, durante las cuales el niño

La Salpêtrière, el famoso hospital universitario de la Universidad de la Sorbona de París en el que Jean Martin Charcot llevaba a cabo sus experimentos con pacientes histéricas.

Dibujo que muestra a Jean Martin Charcot (1825-1893), neurólogo y profesor de anatomía patológica francés, explicando los efectos de la hipnosis sobre pacientes histéricas (arriba). Joseph Breuer (1842-1925), médico austríaco e inventor de la «cura por el habla» que invitó a Sigmund Freud para que le asesorase en el caso de su paciente Bertha Pappenheim (1859-1936), feminista austro-judía y miembro de la alta sociedad conocida como Anna O. que desempeñó un importante papel en la historia del psicoanálisis como paciente de Josep Breuer y Sigmund Freud (abajo derecha).

no se hallaba en condiciones de responder ni física ni emocionalmente. Esto provocaba un «estancamiento del afecto» (*abgeklemmter Affekt*) que acababa convirtiéndose en la fuente de energía de los síntomas (Freud y Breuer, 1936).

Para el tratamiento de la histeria, Freud y Breuer recomendaban la regresión hipnótica, que consistía en revivir los traumas infantiles subyacentes, algo que iba seguido de una abreacción física y emocional. Con el paso del tiempo, las discrepancias sobre cuestiones teóricas y prácticas fueron alejando los caminos de Freud y Breuer. Así fue como, mientras que Breuer se decantó por la hipótesis fisiológica y siguió empleando la técnica hipnótica, Freud se interesó por los mecanismos psicológicos y abandonó el uso de la hipnosis y, cuando sus ideas maduraron, desarrolló un nuevo conjunto de teorías y técnicas a las que agrupó bajo el nombre de «psicoanálisis».

Cada vez más incómodo con el contacto cercano con sus pacientes, Freud pasó de la experiencia emocional directa en un estado holotrópico, y del intento de «hacer consciente lo inconsciente», al empleo de la asociación libre en un estado de conciencia ordinario, un método inspirado en Artemidoro de Éfeso, un griego de la época clásica que lo utilizaba para interpretar los sueños de sus clientes. Pero, mientras Artemidoro utilizaba sus propias asociaciones libres, Freud concluyó que tenía más sentido trabajar con las asociaciones de sus pacientes. También cambió su énfasis y pasó de la reviviscencia consciente de los traumas psicológicos inconscientes y la abreacción emocional al trabajo con la neurosis de transferencia y al análisis de la transferencia y de los traumas reales a las fantasías edípicas. Mirando hacia atrás, estos fueron, en mi opinión, movimientos desafortunados que encaminaron al psicoanálisis y a la psicoterapia occidentales por un camino equivocado durante los próximos cincuenta años (Ross, 1989).

Utilizando el método de la asociación libre, Freud llevó a cabo investigaciones pioneras sobre la psique humana sentando las bases de una nueva disciplina, la psicología profunda. Sea como fuere, muchas de sus ideas son valiosas para los psiconautas: descubrió la existencia del inconsciente y describió su dinámica, desarrolló la técnica de la interpretación de los sueños, exploró los mecanismos psicológicos implicados en la génesis de las psiconeurosis y los trastornos psicosomáticos, llamó la atención sobre la importancia de la sexualidad infantil, y describió los fenómenos de transferencia y contratransferencia. Así fue como acabó esbozando el primer modelo y trazando el primer mapa de la psique humana, aunque limitado a la biografía postnatal y el inconsciente individual.

No es de extrañar que, como Freud fue el primero en explorar territorios de la psique hasta entonces desconocidos por los científicos occidentales, sus conceptos fuesen cambiando a medida que se enfrentaba a nuevos retos. En medio de todos estos cambios, sin embargo, hubo un aspecto –profundamente influido por su maestro Ernst Brücke, fundador de la organización científica conocida como escuela de medicina de Helmholtz– que se mantuvo constante: la necesidad de convertir la psicología en una disciplina científica.

Según Brücke, los organismos biológicos son sistemas complejos de átomos que se rigen por leyes estrictas, en particular el principio de conservación de la energía. El objetivo explícito y el ideal de la escuela de Helmholtz consistía en introducir los principios del pensamiento científico newtoniano en otras disciplinas para tornarlas verdaderamente científicas. Fue siguiendo ese ideal como Freud fundamentó su descripción de los procesos psicológicos apoyándose en la mecánica newtoniana. Los cuatro grandes principios del enfoque psicoanalítico –dinámico, económico, topográfico y determinista– cuadran perfectamente con los conceptos básicos de la física newtoniana. Así, por ejemplo, el id, el ego y el superego mostraban las propiedades de los objetos newtonianos: chocaban, se desplazaban unos a otros, y en el lugar ocupado por uno no podía haber otro. Por su parte, la energía de la libido fluía por una especie de sistema hidráulico del organismo que se atascaba con frecuencia provocando la consiguiente congestión.

Podemos resumir las principales contribuciones concretas de Freud en tres grandes categorías: la teoría de los instintos, el modelo de la psique, y los principios y técnicas de la terapia psicoanalítica. Freud creía que la historia psicológica del individuo empieza después del nacimiento y se refería al recién nacido como una *tabula rasa* (es decir, una pizarra «blanca» o «borrada»), y atribuía un papel fundamental en la dinámica mental a las pulsiones instintivas, a las que consideraba fuerzas que tendían puentes entre los dominios psíquico y somático. En sus primeros trabajos, Freud consideraba la psique humana como el campo de batalla entre dos fuerzas contrapuestas, la *libido* y el instinto no sexual del *ego* relacionado con la autoconservación, y creía que los conflictos mentales resultantes del choque entre estos instintos eran los responsables de las psiconeurosis y de una variedad de otros fenómenos psicológicos. De estos dos instintos, la libido fue la que más llamó la atención de Freud y la que recibió, en consecuencia, un trato preferente.

Freud descubrió que la sexualidad no se origina en la pubertad, sino que hunde sus raíces en la temprana infancia y esbozó, basándose en sus observaciones clínicas, una teoría evolutiva del sexo. Según él, las actividades psicosexuales comienzan en la lactancia, cuando la boca del niño funciona como una zona erógena (*fase oral*). Durante el período de aprendizaje del control de los esfínteres, el énfasis se desplaza primero a las sensaciones asociadas a la defecación (*fase anal*) y, posteriormente, a la micción (*fase uretral*). Por último, a eso de los cuatro años, estas pulsiones pregenitales parciales acaban integrándose bajo el dominio del interés genital que gira en torno al pene o el clítoris (*fase fálica*).

Esto también coincide con el desarrollo de los complejos de Edipo o de Electra que desemboca en una actitud básicamente positiva hacia el progenitor del sexo opuesto y una actitud agresiva hacia el progenitor del mismo sexo. Freud atribuye, durante esta fase, un papel muy importante a la sobrevaloración del pene y al complejo de castración. El niño renuncia a sus tendencias edípicas por temor a la castración y la niña, decepcionada por la madre «castrada» y esperando recibir un pene o un hijo de su padre, dirige hacia este su apego primordial a la madre.

El exceso de actividad erótica –o, contrariamente, las frustraciones, conflictos y traumas que las obstaculizan– puede provocar una fijación a diferentes estadios del desarrollo libidinal. La fijación y el fracaso en la resolución de la situación edípica pueden dar lugar a psiconeurosis, perversiones sexuales y otras formas de psicopatología. Freud y sus seguidores desarrollaron una detallada taxonomía dinámica que relaciona los distintos trastornos emocionales y psicosomáticos con determinadas vicisitudes del proceso de desarrollo libidinal y de maduración del yo (Fenichel, 1945). También remontó el origen de los problemas asociados a las relaciones interpersonales a factores que interferían con el paso del estadio de narcisismo primario del niño, caracterizado por el amor hacia uno mismo, al estadio de las relaciones objetales diferenciadas, en el que la libido se orienta hacia otras personas.

Durante los primeros estadios de sus investigaciones y especulaciones psicoanalíticas, Freud puso gran énfasis en el papel desempeñado por el principio del placer como principio regulador de la psique, es decir, en la tendencia innata a buscar el placer y evitar el dolor. En este sentido, relacionó el dolor y la angustia con el exceso de estímulos neuronales y el placer con la descarga de la tensión y la consiguiente disminución de la excitación. La contrapartida del principio de placer era el principio de la realidad –o instinto del ego–, una función aprendida que reflejaba las exigencias del mundo exterior e imponía la demora de la gratificación inmediata (*frustración por demora*).

En sus investigaciones posteriores, Freud tuvo cada vez más dificultades en conciliar los datos clínicos con el papel exclusivo atribuido por el principio del placer a los procesos psicológicos.

También advirtió que, en muchos casos, los impulsos agresivos no sirven al propósito de la autoconservación y no son, en consecuencia, atribuibles al instinto del ego. Esto resultaba evidente en la inexplicable necesidad de sufrir que caracteriza al masoquista, en las tendencias autodestructivas de los pacientes deprimidos, incluido el suicidio, en las automutilaciones que acompañan a ciertos trastornos emocionales y en la compulsión a la repetición de las conductas autodestructivas, fenómenos todos a los que Freud se refirió con la expresión «más allá del principio del placer».

En consecuencia, Freud decidió considerar la agresividad como un instinto independiente originado en la musculatura esquelética y cuyo objetivo apuntaba a la destrucción. Esto proporcionó al psicoanálisis un sesgo esencialmente pesimista sobre la naturaleza humana. Desde este punto de vista, el psiquismo no solo está impulsado por los instintos básicos, sino que, entre sus componentes básicos, hay que incluir también la destructividad. Y aunque, en sus primeros escritos, consideraba la agresividad como una reacción a la frustración de los impulsos libidinales, en sus últimas especulaciones postuló la existencia de dos instintos básicos distintos: el instinto sexual (*Eros*), que apunta a la conservación de la vida, y el instinto de muerte (*Tánatos*), que, contrarrestándolo, tiende a destruir el organismo y devolverlo a un estado inorgánico.

Las formulaciones últimas de Freud sobre el papel desempeñado por el instinto de muerte aparecieron en *Esquema del psicoanálisis*, su última obra importante, que centraba su comprensión de los procesos y trastornos mentales en torno a la dicotomía entre las poderosas fuerzas del instinto sexual (Eros o libido) y del instinto de muerte (Tánatos o destrudo). En el recién nacido, Eros desempeña el papel predominante y el papel de Tánatos es insignificante, pero, en el transcurso de la vida, este va aumentando hasta el punto de que, al final de la vida, acaba destruyendo el organismo y reduciéndolo a un estado inorgánico (Freud, 1964).

El concepto de Tánatos ayudó a Freud a abordar el problema del sadismo, al que consideró como una maniobra para no dirigir a Tánatos hacia uno mismo y convertirse en su víctima, sino en desviarlo hacia otro objeto. Pese a ello, sin embargo, nunca llegó a encontrar una buena respuesta al problema del sadomasoquismo, con su estrecha relación entre el sexo y la agresividad y al vínculo que existe entre la necesidad de infligir dolor y la necesidad de experimentarlo. La imagen de la psique como campo de batalla entre las fuerzas rivales de Eros y Tánatos fue un concepto que dominó el pensamiento de Freud durante los últimos años de su vida.

Poco entusiasmo generó entre sus seguidores esta importante revisión de la teoría psicoanalítica. Una investigación estadística realizada al respecto por Brun afirmó que solo el 6% de los freudianos aceptaban esta versión del psicoanálisis, razón por la cual nunca acabó de integrarse plenamente en la corriente principal del pensamiento psicoanalítico (Brun, 1953). Hasta sus más fervientes seguidores criticaban duramente al Freud tardío, un observador brillante cuando hablaba de sexo, pero cuyas ideas se vieron distorsionadas por sus problemas personales cuando empezó a hablar sobre la muerte. Había perdido demasiados parientes, le angustiaba el gran número de muertos de la Primera Guerra Mundial y sufría enormemente a causa de una prótesis mal ajustada que llevó durante dieciséis años después de una resección mutiladora de la mandíbula debida a un osteoclastoma. Al final de su vida, desarrolló un cáncer de lengua y puso fin a su sufrimiento pidiendo a su médico la eutanasia mediante una sobredosis de morfina.

El primer modelo topográfico de la psique de Freud, esbozado a comienzos del siglo xx en su obra *La interpretación de los sueños* (Freud, 1953), un modelo que distingue tres regiones de la psique caracterizadas por su relación con la conciencia (el inconsciente, el consciente y el preconsciente), se derivó de su análisis de los sueños, de la dinámica de los síntomas psiconeuróticos y de la psicopatología de la vida cotidiana.

El inconsciente contiene representaciones mentales de pulsiones instintivas anteriormente conscientes, pero inaceptables para la conciencia y que, en consecuencia, debían ser reprimidas. Toda la actividad del inconsciente consiste en perseguir el principio del placer, es decir, en buscar la descarga y la satisfacción de los deseos. Y, para ello, utiliza un *proceso primario de pensamiento* que no tiene en cuenta las conexiones lógicas; carece de la noción de tiempo, no conoce lo negativo, permite la coexistencia de contradicciones y trata de alcanzar sus objetivos a través de mecanismos como la condensación, el desplazamiento y la simbolización.

Finalmente, Freud reemplazó el concepto de sistema consciente y sistema inconsciente por su famoso modelo del aparato mental que postulaba la interacción dinámica de tres componentes estructurales diferentes de la psique, el id, el ego y el superego. El id representa una reserva primordial de energías instintivas ajenas al ego y gobernadas por el proceso primario; el ego está relacionado con la conciencia y gobierna la percepción de la realidad externa y las reacciones ante ella, y el superego, el más joven de estos componentes estructurales de la mente, aparece plenamente después de la resolución del complejo de Edipo. Uno de sus aspectos fundamentales gira en torno a las prohibiciones y mandatos introyectados de los padres y respaldados por el complejo de castración; se trata de la conciencia moral o «daimon» interior. Otro aspecto es lo que Freud llamó el yo ideal, que refleja la identificación positiva con los padres o sus figuras sustitutas.

Además, Freud advirtió que cierto aspecto del superego es salvaje y cruel, lo que evidencia sus inconfundibles orígenes en el id y al que consideró responsable de las tendencias extremas al autocastigo y la autodestrucción que presentan ciertos pacientes psiquiátricos. Las contribuciones más recientes a la teoría freudiana han destacado el papel desempeñado por los impulsos y apegos objetales establecidos durante el estadio preedípico de desarrollo del superego. Estos precursores pregenitales del superego reflejan las proyecciones de los impulsos sádicos del niño y una modalidad rudimentaria de justicia basada en la venganza, rasgos de la psique del niño que se vieron confirmadas por Melanie Klein, que utilizó, como herramienta terapéutica, la caja de arena (Klein 1960). Sin embargo, la investigación realizada al respecto sugiere que los impulsos violentos observados por Klein durante el juego infantil también podían tener, como veremos, un origen perinatal.

Hablando en términos generales, la práctica de la terapia psicoanalítica refleja la dicotomía cartesiana entre cuerpo y mente. Esto es algo que se expresa en una práctica que centra exclusivamente su atención en los procesos mentales sin intermediación física directa. No en vano, el psicoanálisis considera tabú cualquier forma de contacto físico con el paciente, llegando a desaconsejar a algunos psicoanalistas dar incluso la mano a los pacientes, porque podría ser contraproducente y hasta peligroso para la dinámica de la transferencia/contratransferencia. La expresión emocional intensa y la actividad física se consideraban una forma de «acting out» [paso al acto] que obstaculiza el proceso terapéutico.

Este esbozo de los conceptos básicos del psicoanálisis clásico y sus vicisitudes teóricas y prácticas nos proporciona un fundamento para considerar las contribuciones de Freud desde la perspectiva de los datos proporcionados por los estados holotrópicos de conciencia característicos de la psicoterapia experiencial profunda. Bien podríamos decir, desde esta perspectiva, que el psicoanálisis es un marco conceptual adecuado siempre y cuando las sesiones no se salgan de la franja correspondiente al inconsciente biográfico. La dinámica psicosexual y los conflictos fundamentales de la psique humana descritos por Freud se manifiestan con inusual claridad y vivacidad hasta en sesiones con sujetos ingenuos que jamás se han visto analizados, no han leído libros de psicoanálisis y no han estado expuestos a ninguna otra forma de adoctrinamiento explícito o implícito.

Estos sujetos no solo experimentan una regresión a la infancia, sino a la temprana infancia, reviviendo diferentes traumas psicosexuales y sensaciones complejas asociadas a la sexualidad infantil y se enfrentan a conflictos ligados a la actividad de las distintas regiones libidinales. Tienen que afrontar y trabajar los problemas psicológicos básicos descritos por el psicoanálisis, como los complejos de Edipo o de Electra, el trauma del destete, la angustia de castración, la envidia del pene y los conflictos que giran en torno al control de los esfínteres. El trabajo con los estados holotrópicos también corrobora las observaciones realizadas por Freud sobre la raíz biográfica de las psiconeurosis y los trastornos psicosomáticos y sus conexiones concretas con distintas zonas erógenas y estadios del desarrollo del ego.

Pero si queremos explicar ciertos aspectos importantes del nivel biográfico del inconsciente, deberíamos ampliar el marco conceptual freudiano introduciendo un par de revisiones. La primera de ellas es el concepto de sistemas dinámicos que gobiernan la organización de los recuerdos emocionalmente relevantes para los que he acuñado la expresión «sistemas COEX», y la segunda tiene que ver con el impacto psicotraumático provocado por los traumas físicos que el psicoanálisis freudiano no reconoció ni tuvo en cuenta (como las operaciones, las enfermedades, las lesiones o el casi ahogamiento). Como ya hemos visto en un capítulo anterior, estos recuerdos desempeñan un papel muy importante en la génesis de diferentes síntomas emocionales y psicosomáticos al tiempo que proporcionan un puente vivencial con los elementos correspondientes del nivel perinatal (págs. 130-131).

Sin embargo, estos son problemas menores que podrían corregirse fácilmente. La falacia fundamental del psicoanálisis es su énfasis exclusivo en los hechos biográficos postnatales y el inconsciente personal. Trata de generalizar sus hallazgos, que son, en efecto, importantes para una franja superficial y estrecha de la conciencia, a otros niveles de conciencia y a la totalidad de la psique humana. Por eso su principal defecto gira en torno a su ignorancia de los niveles perinatal y transpersonal del inconsciente. Estos problemas le incapacitan como marco conceptual adecuado para trabajar con estados holotrópicos de conciencia, como la terapia psiquedélica, la respiración holotrópica, y para ayudar a las personas que están atravesando una emergencia espiritual. La adecuada navegación por estos territorios requiere del adecuado reconocimiento de los dominios perinatal y transpersonal de la psique.

Al limitarse a la biografía postnatal, el psicoanálisis solo nos proporciona una visión superficial e inadecuada de la psicopatología. Según Freud, la etiología y la dinámica de los trastornos emocionales resultan casi totalmente explicables a partir de los acontecimientos postnatales, pero, como ya hemos comentado anteriormente, las terapias experienciales aportan una evidencia abrumadora de que los traumas infantiles no son las causas patógenas primarias de los trastornos emocionales y psicosomáticos, sino capas superficiales superpuestas sobre emociones, energías físicas y contenidos asentados en niveles más profundos de la psique. Los síntomas de los trastornos emocionales y psicosomáticos tienen una intrincada estructura dinámica multinivel y multidimensional (sistemas COEX). Los estratos biográficos son solo las capas más superficiales de una compleja red cuyas raíces se asientan en los niveles perinatal y transpersonal.

La incorporación del nivel perinatal a la cartografía del inconsciente tiene consecuencias muy importantes para la teoría psicoanalítica, porque aclara muchos de sus problemas y nos permite contemplarlos desde una perspectiva muy diferente. La profunda similitud experiencial entre la pauta del orgasmo sexual y el orgasmo del nacimiento biológico y la activación y participación simultánea, durante el parto, de todas las zonas erógenas (oral, anal, uretral y fálica) nos permiten cambiar el énfasis de la dinámica sexual biográficamente determinada a la dinámica de las matrices perinatales básicas (MPB) sin rechazar la mayoría de los grandes descubrimientos realizados por el psicoanálisis.

La conciencia de la dinámica perinatal y su inclusión en la cartografía del inconsciente nos proporciona un modelo sencillo, elegante y poderoso para explicar muchos aspectos fundamentales de las especulaciones teóricas de Freud y sus seguidores. En el ámbito de la psicopatología, el psicoanálisis no ha conseguido dar una explicación satisfactoria a los fenómenos del sadomasoquismo, la automutilación, el asesinato sádico y el suicidio, ni tampoco ha solucionado adecuadamente el rompecabezas de esa fracción salvaje del superego que parece un derivado del id.

El concepto freudiano de sexualidad femenina –y de feminidad en general– es, sin la menor duda, el aspecto más débil del psicoanálisis, que llega a rozar lo estrafalario y se adentra, en ocasiones, en un terreno manifiestamente ridículo (carece de una comprensión genuina de la psique femenina, deja de lado elementos críticos de la vida femenina, como el embarazo y el parto, y reduce a las mujeres a varones castrados). El psicoanálisis también se limita a una interpretación superficial y poco convincente de un amplio espectro de fenómenos que afectan a los pacientes psiquiátricos.

Freud fue incapaz de reconocer la importancia de la dinámica perinatal y malinterpretó las experiencias transpersonales al reducirlas a hechos estrictamente biológicos. Por ello fue incapaz de proporcionar un fundamento razonable para comprender una serie de fenómenos de la vida ritual y espiritual de la humanidad, como el chamanismo, el totemismo, los ritos de paso, los antiguos misterios de muerte y renacimiento, las grandes religiones del mundo y sus tradiciones místicas.

Las definiciones de Freud de la religión como una neurosis obsesivo-compulsiva de la humanidad y de la neurosis obsesivo-compulsiva como una religión privada carecen de sentido al reducir el problema de la religión al ritual (Freud, 1907). No olvidemos que la fuente de todas las religiones se origina en las experiencias transpersonales de los fundadores, profetas y primeros seguidores y que, desconectados de las experiencias visionarias, los rituales están vacíos y carecen de sentido. Igualmente problemático fue el intento de Freud de explicar la religión como resultado de la culpa de los varones jóvenes que se confabularon contra su padre, el tirano dominante de la horda primordial, al que asesinaron y devoraron (Freud, 1989). La poca comprensión de Freud de los fenómenos de la espiritualidad y la religión es una de las principales razones por las que el psicoanálisis no tiene mucho valor para la psiconáutica, en donde la búsqueda espiritual desempeña un papel fundamental.

Los intentos realizados por Freud de explicar los acontecimientos sociopolíticos utilizando el psicoanálisis también se quedaron cortos y no llegaron a proporcionarnos una visión mínimamente aceptable de fenómenos como las guerras, el genocidio y las revoluciones sangrientas. Como veremos en una sección posterior de este libro, resulta imposible entender adecuadamente estos fenómenos sin tener en cuenta los niveles perinatal y transpersonal de la psique. También debemos mencionar, entre las graves deficiencias de este sistema de pensamiento –en otros sentidos muy interesante–, su poca eficacia como técnica terapéutica.

En varias ocasiones, sin embargo, el genio de Freud se acercó bastante al descubrimiento del nivel perinatal del inconsciente. Muchas de sus formulaciones giraron, aunque de un modo implícito, en torno a problemas estrechamente ligados al nacimiento y el proceso de la muerte y el renacimiento. Fue el primero en plantear la idea de que la ansiedad vital experimentada durante el paso por el canal del parto podría representar la fuente y prototipo más profundo de toda ansiedad futura. Pero, por alguna razón que se nos escapa, no solo no siguió desarrollando esa apasionante idea, sino que tampoco hizo el menor intento de incorporarla al psicoanálisis.

Más tarde se opuso a las especulaciones de su discípulo Otto Rank, quien publicó una drástica revisión del psicoanálisis subrayando la importancia primordial del trauma del nacimiento como acontecimiento fundamental de la vida humana (Rank, 1929). En los escritos de Freud y sus seguidores suele trazarse una frontera muy clara entre la interpretación y evaluación de los acontecimientos prenatales o perinatales y los postnatales. El material que aparece en las asociaciones libres o en los sueños y que está relacionado con el nacimiento o la existencia intrauterina se clasifica sistemáticamente como «fantasía», a diferencia de lo que sucede con el material postnatal, que suele considerarse como posible reflejo de recuerdos de acontecimientos pasados. Otto Rank, Nandor Fodor y Lietaert Peerbolte son excepciones a esto debido a su genuina valoración y comprensión de la dinámica perinatal y prenatal (Rank, 1929; Fodor, 1949 y Peerbolte, 1975).

La evolución que experimentó el pensamiento de Freud sobre la importancia psicológica de la muerte fue fascinante. En sus primeros escritos y en la corriente principal del psicoanálisis clásico, la muerte no tenía representación en el inconsciente. El miedo a la muerte se interpretaba alternativamente como miedo a la castración, miedo a la pérdida de control, miedo a un orgasmo sexual abrumador, o como deseo de muerte de otra persona que un estricto superego reorientaba contra uno mismo. Sin embargo, Freud nunca estuvo completamente satisfecho con su tesis de que el inconsciente o id desconoce la muerte y cada vez le resultaba más difícil negar la relevancia de la muerte para la psicología y la psicopatología.

En sus últimas formulaciones, después de su reconocimiento de la existencia e importancia de los fenómenos que se encuentran «más allá del principio del placer», Freud introdujo el concepto de instinto de muerte o Tánatos, al que consideraba contrapartida de Eros o libido. Ahora bien, su comprensión de la muerte no reflejaba con precisión el papel que desempeña en la dinámica perinatal. Estaba lejos de la idea de que, en el contexto del proceso de muerte y renacimiento, el nacimiento, el sexo y la muerte configuran una tríada inseparable y que cualquiera de ellos puede servir de puerta de entrada a la trascendencia. Su reconocimiento, sin embargo, del significado psicológico de la muerte fue bastante notable y, en este punto, como en muchos otros, se hallaba muy por delante de sus seguidores.

Son muchas las ventajas que nos ofrece un modelo que tenga en cuenta la dinámica perinatal. No solo permite una interpretación más adecuada y completa de muchos trastornos emocionales y psicosomáticos y de sus interrelaciones dinámicas, sino que también los relaciona lógicamente con los aspectos anatómicos, fisiológicos y bioquímicos que acompañan al proceso del nacimiento. El fenómeno del sadomasoquismo puede explicarse fácilmente a partir de la experiencia de la MPB-III y de las íntimas conexiones entre excitación sexual, dolor y agresividad.

La mezcla de sexualidad, agresividad, ansiedad y escatología que caracteriza a la tercera matriz perinatal también nos proporciona un contexto natural para la comprensión de otros trastornos, desviaciones y perversiones sexuales. En este nivel, la sexualidad y la ansiedad son dos aspectos indiscutibles del mismo proceso. Esto arroja una nueva luz sobre los frustrantes intentos realizados por Freud para explicar la ansiedad como resultado de la represión de las sensaciones libidinales y para atribuirle un papel muy destacado entre todas las emociones negativas causantes de la represión.

La MPB-III también se caracteriza por una desproporcionada generación de impulsos agresivos y sexuales que va acompañada del bloqueo simultáneo de cualquier tipo de expresión motora externa debido a la constricción uterina, todo ello en el contexto de un entorno brutal, doloroso y amenazador. Este parece ser el fundamento natural de las raíces más profundas del cruel y primitivo superego salvaje freudiano. Su conexión con el dolor, el masoquismo, la automutilación, la violencia y el suicidio (muerte del ego) es fácilmente comprensible y no constituye ningún misterio si consideramos que se trata de una introyección derivada del impacto provocado por el despiadado paso por el canal de nacimiento.

En el contexto de la dinámica perinatal, el concepto de *vagina dentata*, es decir, de genitales femeninos capaces de castrar o hasta de matar, fue considerado por Freud como producto de una fantasía infantil rudimentaria, pero lo cierto es que representa una evaluación realista basada en el recuerdo del nacimiento. Son muchos los niños que han muerto, han estado a punto de morir o se han visto gravemente heridos por este órgano potencialmente dañino durante el proceso del nacimiento. La conexión de la vagina dentada con el miedo a la castración resulta evidente cuando rastreamos este hasta su origen real, el recuerdo del corte del cordón umbilical.

Esto aclara la paradoja de la aparición en ambos sexos del «miedo a la castración», así como el hecho de que, en sus asociaciones libres, los sujetos que se hallan en psicoanálisis equiparan la castración a la muerte, la separación, la pérdida de una relación importante, la asfixia y la aniquilación. La imagen de la vagina dentada constituye, pues, una generalización incorrecta de la percepción general de este órgano, pero muy adecuada cuando no se aplica tanto a la vida cotidiana como al parto. Lo erróneo, por tanto, no es tanto esta percepción como su generalización.

El reconocimiento del nivel perinatal del inconsciente salva una importante laguna lógica del pensamiento psicoanalítico que, teniendo en cuenta la agudeza intelectual de los psicoanalistas, resulta difícil de explicar. Freud, sus seguidores y muchos teóricos inspirados en él admiten que, aun para influencias relativamente sutiles, los acontecimientos tempranos ocurridos durante la fase oral de la vida del bebé puedan tener una profunda influencia en el desarrollo psicológico posterior.

Así, Harry Stack Sullivan sugirió que el lactante es capaz de distinguir matices experienciales en la zona erógena oral y diferenciar el «pezón bueno» del «pezón malo» y del «pezón equivocado». El «pezón bueno» da leche y la madre se comporta de forma cariñosa; el «pezón malo» da leche, pero la madre tiene una actitud de rechazo o está ansiosa, y el «pezón equivocado» es, por ejemplo, el dedo gordo del pie del bebé, que nada tiene que ver con la leche. El tipo de pezón que experimenta el bebé puede tener un impacto profundo en el resto de la vida (Sullivan, 1953). ¿Cómo es posible, entonces, que un organismo tan experto en pezones no haya experimentado, minutos u horas antes, las condiciones extremas que acompañan al parto (como una anoxia que amenaza la vida, una presión mecánica extrema, un dolor agonizante y un amplio espectro de otros indicios alarmantes de situaciones que ponen la vida en peligro)?

Según las observaciones proporcionadas por la terapia psiquedélica, existen varias sutilezas biológicas y psicológicas de la lactancia que son muy importantes. Sin embargo, como cabría esperar de la descripción anterior, la relevancia del trauma del nacimiento es de un orden muy superior. Antes de poder sentir hambre o frío, advertir si la madre está presente o ausente, o distinguir los matices de la experiencia de la lactancia, el bebé debe estar seguro de recibir el adecuado suministro de oxígeno.

El nacimiento y la muerte son acontecimientos muy relevantes y que ocupan una posición muy destacada sobre el resto de las experiencias. Son el alfa y el omega de la existencia humana. Cualquier sistema psicológico que no los tenga en cuenta estará condenado a ser superficial, incompleto y de una relevancia limitada. El modelo psicoanalítico tampoco proporciona ninguna pista útil para la comprensión de la vida ritual y espiritual de la humanidad, la fenomenología de las experiencias psicóticas, la mitología del mundo y de psicopatologías sociales graves como las guerras, las revoluciones, el totalitarismo y el genocidio. Cualquier aproximación seria a estos fenómenos requiere del conocimiento de la dinámica perinatal y transpersonal y queda, obviamente, lejos del alcance del análisis freudiano clásico.

La revisión que acabamos de hacer sobre el psicoanálisis quizás no satisfaga a sus practicantes contemporáneos, porque se limita a los conceptos freudianos clásicos y no contempla los importantes desarrollos realizados recientemente en este campo. Por ello, parece oportuno ofrecer una breve referencia a la teoría y la práctica de la psicología del yo. Los orígenes de esta disciplina se encuentran en los escritos de Sigmund Freud y Anna Freud, y sus conceptos básicos se vieron desarrollados y perfeccionados, entre otros, por Heinz Hartmann, Ernst Kris, Rudolph Loewenstein, Rene Spitz, Margaret Mahler, Edith Jacobson, Otto Kernberg y Heinz Kohut.

Las modificaciones teóricas básicas que ha experimentado el psicoanálisis clásico incluyen un sofisticado desarrollo del concepto de relaciones de objeto, la valoración del papel central que desempeñan en el desarrollo de la personalidad y su atención en los problemas de la adaptación humana. Otros importantes conceptos explorados por la psicología del yo son las zonas de la psique libres de conflicto, el aparato innato del yo y el entorno promedio esperable.

La psicología del yo amplía considerablemente el espectro de intereses psicoanalíticos incluyendo, por una parte, el desarrollo humano normal y, por la otra, las psicopatologías graves (las psicosis infantiles autistas y simbióticas, los trastornos narcisistas de la personalidad y la personalidad límite). Estas modificaciones de la teoría también han encontrado su reflejo en la práctica terapéutica. Innovaciones técnicas como la construcción del yo, la atenuación de los impulsos y la corrección de la distorsión estructural posibilitan el intento del trabajo psicoterapéutico con pacientes que tienen una fortaleza del yo muy precaria y que presentan una sintomatología psicótica limítrofe.

Pero, por más importantes que sean, para el psicoanálisis todos estos desarrollos siguen compartiendo la grave limitación del pensamiento freudiano clásico al inconsciente biográfico. Al no reconocer la existencia de los niveles perinatal y transpersonal de la psique, tampoco pueden alcanzar una comprensión verdadera de la psicopatología. En su lugar, se limitan a perfeccionar conceptos asociados a un estrato de la psique que no basta para su comprensión. A fin de cuentas, son muchos los estados limítrofes y psicóticos que hunden sus raíces en los aspectos negativos de las matrices perinatales o del ámbito transpersonal.

Por el mismo motivo, la psicología del yo tampoco puede concebir ni utilizar los poderosos mecanismos de curación y transformación de la personalidad a los que puede accederse a través de la experiencia de los dominios transindividuales de la psique. A la luz de los abordajes terapéuticos presentados en esta enciclopedia, el principal problema no reside en proteger y construir el yo mediante sofisticadas estrategias verbales, sino en crear un marco de referencia que permita experimentar su trascendencia. La experiencia de la muerte del ego y las consiguientes experiencias unitivas, tanto de carácter simbiótico-biológico como trascendental, se convierten entonces en las fuentes de una nueva fuerza e identidad personal. La comprensión de este tipo de conceptos y mecanismos y su empleo en terapia quedan tan lejos del alcance de la psicología del yo como lo estaban para el análisis freudiano clásico.

Los renegados famosos

Alfred Adler

La psicología individual de Alfred Adler subraya la gran importancia que, en la dinámica de la neurosis, tiene la «sensación de inadecuación» y la «inferioridad constitucional» de algunos órganos o sistemas de órganos y la correspondiente tendencia a superarlos. La lucha por la superioridad y el éxito se atiene a una pauta estrictamente subjetiva que refleja las circunstancias de la propia vida, en particular la dotación biológica y el entorno de la primera infancia (Adler, 1932). Pero el concepto de inferioridad de Adler ve más allá de lo que, a primera vista, parece porque incluye, entre otros elementos, la inseguridad y la ansiedad. Del mismo modo, la lucha por la superioridad es una búsqueda de perfección y culminación, pero también implica una búsqueda del sentido de la vida.

Alfred Adler (1870-1937), médico y psicoterapeuta austríaco fundador de la escuela de la psicología individual.

Una dimensión más profunda y oculta tras el complejo de inferioridad es el recuerdo del desamparo infantil y, en su fondo, de la impotencia ante el dictado de la muerte. El enfoque centrado en el desamparo infantil y la muerte que caracterizan el pensamiento de Adler le acercan al reconocimiento de la importancia del trauma del nacimiento, en donde estos son elementos esenciales. El complejo de inferioridad puede conducir, a través del mecanismo de sobrecompensación, a un rendimiento superior y, en casos extremos, crear incluso un genio. El ejemplo favorito de Adler era el de Demóstenes, un niño griego tartamudo con una voz débil y un tic en el hombro que acabó convirtiéndose en el más poderoso orador de todos los tiempos. Ensayaba sus discursos a la orilla del mar con una piedra bajo la lengua tratando de competir con el sonido de las olas y una espada colgada de un árbol sobre su hombro que le hería cada vez que tenía un tic. En casos menos afortunados, sin embargo, el mismo mecanismo puede acabar generando una neurosis.

Al igual que el psicoanálisis freudiano, la psicología individual de Alfred Adler se limitaba al nivel biográfico, pero su enfoque era distinto y, a diferencia del énfasis determinista de aquel, el enfoque de Adler era claramente teleológico y finalista. Freud exploraba los aspectos históricos y causales de la patogénesis de la neurosis y otros fenómenos mentales, mientras que Adler se interesaba por su finalidad y su objetivo ultimo. Según él, el principio rector de toda neurosis es el objetivo imaginario de ser un «hombre completo».

Según Adler, los impulsos sexuales y la inclinación hacia determinados tipos de perversiones sexuales son, como subrayaba Freud, expresiones secundarias de este principio rector. La preponderancia del material sexual en la vida fantástica del neurótico es simplemente una jerga, un *modus dicendi* que expresa los esfuerzos hacia el ideal. Este impulso hacia la superioridad, la totalidad y la perfección refleja la necesidad profunda de compensar los sentimientos omnipresentes de inferioridad e inadecuación.

En su práctica terapéutica, Adler hacía hincapié en el papel activo desempeñado por el terapeuta. Interpretaba la sociedad para el paciente, analizaba su estilo de vida y sus objetivos y sugería cambios concretos. Daba ánimos, infundía esperanza, restablecía la fe del paciente en sí mismo y le ayudaba a darse cuenta de sus fortalezas y de sus capacidades. Según la psicología de Adler, la comprensión del paciente por parte del terapeuta es esencial para una reconstrucción exitosa del paciente. La comprensión del paciente de sus motivaciones, intenciones y objetivos no se considera un requisito del cambio terapéutico. Adler consideraba equivocado y engañoso el concepto freudiano de transferencia y un obstáculo innecesario para el avance terapéutico y señaló que el terapeuta debe ser amable, confiable, seguro e interesado en el bienestar del paciente aquí y ahora.

Las observaciones proporcionadas por el trabajo con el LSD y otros enfoques experienciales nos proporcionan una nueva e interesante perspectiva para entender el conflicto teórico que existió entre Adler y Freud. Hablando en términos generales, esta controversia se basa en la creencia errónea de poder reducir la complejidad de la psique a unos pocos principios fundamentales simples. La mente humana es tan compleja que son muchas las teorías que, para explicarla, pueden esbozarse, todas las cuales parecen ser lógicas y coherentes y explican hechos importantes de la observación, pero que, al mismo tiempo, son mutuamente incompatibles y llegan incluso a contradecirse.

En concreto, los desacuerdos entre el psicoanálisis y la psicología individual reflejan la falta de reconocimiento del amplio espectro de la conciencia y sus diferentes niveles. Ambos enfoques son, en este sentido, incompletos y superficiales, porque se centran exclusivamente en el nivel biográfico y ni siquiera advierten la existencia de los dominios perinatal y transpersonal. En consecuencia, las proyecciones de diferentes elementos de estas regiones soslayadas de la psique aparecen, en ambos sistemas, en forma distorsionada y diluida.

El conflicto entre el énfasis en la pulsión sexual y la voluntad de poder y la protesta masculina solo parece importante e irreconciliable si el conocimiento de la psique se limita al nivel biográfico. Como ya hemos visto, la intensa excitación sexual (incluyendo la activación de las zonas erógenas orales, anales, uretrales y genitales) y el sentimiento de impotencia que se alternan con intentos desesperados de movilizar la propia fuerza y sobrevivir representan aspectos integrales e inseparables de la dinámica de la MPB-III. Aunque, en lo que respecta al proceso de muerte y renacimiento, puede haber, según el momento, más énfasis en el aspecto sexual o en el aspecto de poder del desarrollo perinatal, lo cierto es que ambos se hallan inextricablemente unidos.

Digamos, a modo de ejemplo, que el estudio *A Sexual Profile of Men in Power*, de Sam Janus, Barbara Bess y Carol Saltus, se basa en más de 700 horas de entrevistas con prostitutas de alto nivel de la costa este de Estados Unidos (Janus, Bess y Saltus, 1977). A diferencia de lo que sucedía con muchos otros investigadores, los autores estaban menos interesados en la personalidad de las prostitutas que en las preferencias y hábitos de sus clientes, entre los que había destacados políticos estadounidenses, presidentes de grandes empresas y bufetes de abogados y hasta un juez del Tribunal Supremo.

Esta investigación puso de relieve que solo una minoría de clientes buscaba simplemente relaciones sexuales. La mayoría estaban interesados en prácticas eróticas alternativas que podrían calificarse de «perversiones sexuales». Las peticiones de sexo masoquista, azotes y otras formas de tortura eran muy habituales. Algunos de estos clientes estaban dispuestos a pagar un precio muy elevado por la representación psicodramática de complejas escenas sadomasoquistas. Uno de los clientes, por ejemplo, pidió una escenificación realista de una situación en la que interpretaba el papel de un piloto estadounidense derribado y capturado en la Alemania nazi durante la Segunda Guerra Mundial que pedía a la prostituta que se vistiera como una mujer de la Gestapo, con botas altas y casco militar, y cuya tarea consistía en someter al cliente a diversas e ingeniosas torturas.

Entre las prácticas más solicitadas y cotizadas se hallaban las llamadas «lluvia dorada» y «ducha marrón», que consisten en verse orinados y defecados durante el acto sexual. Según los relatos de las prostitutas, una vez culminada la experiencia sadomasoquista y escatológica y alcanzado el orgasmo sexual, muchos de estos hombres extraordinariamente ambiciosos e influyentes regresaban a un estado infantil y querían ser abrazados, chupar los pezones de las prostitutas y ser tratados como bebés, una conducta que contrastaba profundamente con la imagen pública que desempeñaban en su vida cotidiana. Las interpretaciones de los hallazgos que proporciona este libro son de carácter estrictamente biográfico y freudiano. Los autores relacionan las torturas con los castigos paternos; la lluvia dorada y la ducha marrón con los problemas relacionados con el aprendizaje del control de los esfínteres; la necesidad de chupar el pecho con la lactancia frustrada; las necesidades anaclíticas con una fijación de la madre, etcétera. Un examen más detallado, sin embargo, revela que los clientes no solo representaban acontecimientos infantiles postnatales, sino escenas perinatales clásicas. La combinación de confinamiento físico, dolor, tortura, excitación sexual, implicaciones escatológicas y la posterior conducta oral regresiva son indicios inequívocos de una activación de las MPB-III y IV.

Las conclusiones de Janus, Bess y Saltus merecen una atención especial. Los autores llamaban la atención del público estadounidense para que no esperase que sus políticos y otras figuras públicas prominentes fuesen modelos de conducta sexual, una expectativa que, a la luz de su investigación, sería muy poco realista. Sus conclusiones indicaban que la elevada motivación y ambición necesarias para convertirse en una figura pública de éxito en la sociedad actual está inextricablemente unida a un impulso sexual excesivo y una tendencia hacia una conducta sexual desviada.

No deberían sorprendernos, pues, los escándalos que han afectado a las altas esferas sociales y políticas, como el *affaire* que mantuvo John Profumo, Secretario de Estado para la Guerra, con Christine Keeler, que sacudió el Parlamento británico y desacreditó al partido conservador; las escapadas de Ted Kennedy que pusieron fin a su expectativa de alcanzar la presidencia; las fiestas de natación al desnudo y las aventuras sexuales de John Kennedy, que llegaron a amenazar la seguridad nacional; los múltiples escándalos sexuales y el *sexting* [sexo a través de aplicaciones de mensajes] de Anthony Weiner, y las extravagancias sexuales de Bill Clinton que, durante muchos meses, paralizaron el gobierno de Estados Unidos.

Las raíces profundas de la patología sexual –la *psychopathia sexualis* de Krafft-Ebing– se asientan en la tercera matriz perinatal, donde la fuerte excitación libidinal está asociada a la ansiedad, el dolor, la agresividad y el encuentro con material biológico. Los sentimientos de inadecuación, inferioridad y baja autoestima pueden rastrearse más allá de los condicionamientos biográficos de la primera infancia, hasta la sensación de desbordamiento y desamparo experimentadas por el feto durante las situaciones de peligro que suelen acompañar al parto. La insuficiente profundidad de los enfoques de Freud y de Adler les llevó a centrar exclusivamente su atención en dos categorías de fuerzas psicológicas que, en su nivel más profundo, representan dos facetas del mismo proceso.

La conciencia de la muerte, tema crucial del proceso perinatal, también tuvo un poderoso impacto en ambos investigadores. En sus últimas formulaciones teóricas, Freud postuló la existencia del instinto de muerte (Tánatos) como una fuerza importante en la psique. Su énfasis biológico le impidió ver la posibilidad de la trascendencia psicológica de la muerte y le llevó a crear una imagen sombría y pesimista de la existencia humana. Y, debido a su grave tanatofobia, el tema de la muerte también desempeñó un papel importante en su vida personal.

La vida y la obra de Adler se vieron asimismo muy afectadas por la cuestión de la muerte. Consideraba que la incapacidad de prevenir y controlar la muerte era el núcleo de los sentimientos de inadecuación. También es importante constatar que Adler era consciente de que su decisión de convertirse en médico –es decir, en miembro de una profesión que trata de controlar y conquistar la muerte– se vio profundamente influida por una experiencia cercana a la muerte que tuvo a la edad de cinco años. Y también es probable que ese mismo factor operase como prisma que dio forma a sus especulaciones teóricas.

De las observaciones derivadas de la terapia experiencial profunda, la lucha decidida por objetivos externos y la búsqueda del éxito no ayudan mucho a superar los sentimientos de inadecuación y baja autoestima, sin importar el resultado de esos esfuerzos. Los sentimientos de inferioridad no pueden resolverse movilizando las fuerzas para superarlos, sino enfrentándonos y entregándonos experiencialmente a ellos. Entonces se consumen en un proceso de muerte y renacimiento del ego que posibilita la emergencia en la conciencia de una nueva imagen de sí. El verdadero valor no reside tanto en la búsqueda heroica de objetivos externos, sino en la voluntad de someterse a este sorprendente proceso de transformación interior. Hasta que el individuo no descubra su verdadera identidad interior, cualquier intento de dar sentido a su vida empeñándose en el logro de objetivos externos será una cruzada quijotesca inútil y, en última instancia, autodestructiva.

Wilhelm Reich

Otro importante renegado del psicoanálisis fue el psiquiatra y activista político austríaco Wilhelm Reich. Manteniendo la tesis central de Freud sobre la importancia primordial de los factores sexuales en la etiología de las neurosis, modificó substancialmente sus conceptos haciendo hincapié en la «economía sexual», es decir, en el equilibrio entre la carga y la descarga de energía (entre la excitación y la liberación sexual). Según Reich, la verdadera neurosis está generada por una represión de las sensaciones sexuales que va acompañada de síntomas clínicos que son expresión de las correspondientes actitudes caracterológicas.

Los traumas emocionales y las sensaciones sexuales se mantienen reprimidos por complejas pautas de tensiones musculares crónicas a las que Reich denomina «armadura caracterial», una expresión que hace referencia a su función de proteger al individuo de las experiencias dolorosas y amenazantes procedentes tanto del exterior como del interior. Para Reich, el factor que más contribuye al orgasmo sexual incompleto y al bloqueo de la energía vital es la influencia represiva de la sociedad. El individuo neurótico mantiene el equilibrio anclando su exceso de energía en tensiones musculares y limitando, de ese modo, la excitación sexual. Esta es una limitación que no afecta al individuo sano, cuya energía, al no estar anclada en armaduras musculares, puede fluir libremente.

La contribución de Reich a la terapia ha sido muy importante y duradera. Su insatisfacción con las técnicas utilizadas por el psicoanálisis le llevó a desarrollar un método conocido primero, «análisis del carácter» que, posteriormente como dio origen a la «vegetoterapia caracteroanalítica» (Reich, 1949). Esto supuso un cambio radical con respecto al método freudiano clásico, ya que implicaba elementos fisiológicos y abordaba desde una perspectiva biofísica el tratamiento de las neurosis. Para movilizar la energía atrapada y eliminar los bloqueos, Reich utilizaba la hiperventilación, diversas manipulaciones corporales y el contacto físico directo. Sus experimentos terapéuticos inspiraron las revolucionarias terapias experienciales y físicas de los años

60, muchas de las cuales han sido calificadas como neorreichianas (como la bioenergética de Alexander Lowen, la corenergética de John Pierrakos, la terapia radix de Charles Kelly, la psicología formativa de Stanley Keleman y la terapia primal de Arthur Janov, entre otras).

Para Reich, el objetivo de la terapia consistía en capacitar al paciente para entregarse por completo a los movimientos espontáneos e involuntarios del cuerpo que acompañan al proceso respiratorio, y, si esto se lograba, las olas respiratorias producían un movimiento corporal ondulante al que Reich denominó «reflejo del orgasmo». En este sentido, creía que los pacientes que lo lograban en terapia eran capaces de entregarse plenamente durante la relación sexual y alcanzar un estado de satisfacción total. Así es como el orgasmo pleno descarga el exceso de energía del organismo y libera al paciente de sus síntomas (Reich, 1961).

Wilhelm Reich (1897-1957), médico y psicoanalista austríaco, una de las figuras más radicales de la historia del psicoanálisis.

En la medida en que desarrollaba sus teorías y trataba de llevar a la práctica sus ideas, Reich fue convirtiéndose en una figura cada vez más controvertida. Reconociendo el papel represivo desempeñado por la sociedad como uno de los principales contribuyentes al trastorno emocional, combinó su innovador enfoque psicoterapéutico con una actividad política radical como miembro del partido comunista que desembocó en su alejamiento tanto del círculo psicoanalítico como del movimiento comunista. Después de su conflicto con Freud, el nombre de Reich se vio borrado de la lista de miembros de la Asociación Psicoanalítica Internacional. La publicación de su libro políticamente explosivo titulado *Psicología de masas del fascismo* (Reich, 1970), en el que describía el movimiento nazi como una patología social generada por la represión de la sexualidad, acabó provocando su expulsión del partido comunista.

En los años posteriores, Reich acabó convenciéndose de la existencia de una energía cósmica primordial que es la fuente de tres grandes reinos de la existencia que emergen a través de un largo proceso de diferenciación, la energía mecánica, la materia inorgánica y la materia viva. Esta energía, a la que Reich llamó *orgón*, podía demostrarse visual, térmica, electroscópicamente y mediante contadores Geiger-Müller. Se trata de un tipo de energía diferente a la energía electromagnética y una de cuyas principales propiedades es la pulsación.

Según Reich, la dinámica del orgón y las relaciones entre la «energía orgónica despojada de masa» y la «energía orgónica convertida en materia» son esenciales para cualquier comprensión funcional auténtica del universo, de la naturaleza y de la psique humana. El flujo de orgón y sus superposiciones dinámicas pueden explicar fenómenos tan diversos como la creación de partículas subatómicas, los tornados, las auroras boreales y la formación de galaxias, así como el origen de las distintas formas de vida, el crecimiento, la locomoción, la actividad sexual, los procesos reproductivos y los fenómenos psicológicos.

Reich diseñó unas cajas especiales, llamadas acumuladores de orgón que, según afirmaba, recogían y concentraban el orgón para su uso terapéutico. Envió uno de estos dispositivos a Albert Einstein, que pasó cinco días estudiándolo antes de concluir que la teoría del orgón era una ilusión y trató de disuadir a Reich de continuar por ese camino. La terapia orgónica se basaba en la suposición de que el cuerpo y la psique se hallan bioenergéticamente asentados en el sistema de placer pulsátil (sangre y aparato vegetativo), fuente común, por tanto, de las funciones somáticas y psicológicas. Por eso no consideraba la terapia orgónica como una terapia psicológica, sino como una terapia biológica que se ocupaba de las alteraciones en la pulsación del sistema nervioso autónomo.

El trabajo de Wilhelm Reich, que comenzó originalmente como una innovadora experimentación terapéutica, fue derivando poco a poco hacia áreas cada vez más remotas, como la física, la biología, la biopatía celular, la abiogénesis, la meteorología, la astronomía, las visitas extraterrestres y las especulaciones filosóficas. El final de su tormentosa carrera científica fue trágico. La Food and Drug Administration le acusó del empleo ilegal de los generadores de orgón, entró en serios conflictos con el gobierno de los Estados Unidos y, después de sufrir mucho acoso, se vio encarcelado en un par de ocasiones hasta que finalmente murió en la cárcel de un ataque al corazón.

Desde el punto de vista de los conceptos presentados en esta enciclopedia, la principal contribución de Reich parece hallarse en el papel desempeñado en la génesis de los trastornos emocionales y en su terapia por los procesos bioenergéticos y sus correlatos psicosomáticos. Reich era muy consciente de las enormes energías bloqueadas que subyacen a los síntomas neuróticos y de la inutilidad de los abordajes terapéuticos estrictamente verbales. Además, su visión del proceso de acorazamiento y del papel desempeñado por la musculatura en las neurosis es una contribución que sigue siendo completamente válida. Las observaciones del trabajo con LSD corroboran los conceptos reichianos básicos de bloqueo energético y la implicación, en las neurosis, de los sistemas muscular y vegetativo.

La confrontación vivencial del paciente con sus síntomas emocionales suele ir acompañada de temblores, espasmos, sacudidas, contorsiones, mantenimiento prolongado de posturas extremas, muecas, emisión de sonidos y hasta vómitos ocasionales. Resulta bastante evidente que las espectaculares manifestaciones fisiológicas y psicológicas que caracterizan a este proceso están íntimamente ligadas a sus manifestaciones perceptuales, emocionales e ideativas hasta el punto de que bien podríamos decir que se trata de las dos caras de la misma moneda. La diferencia básica entre mi punto de vista y la teoría reichiana descansa precisamente en la interpretación de este proceso.

Wilhelm Reich puso un gran énfasis en la acumulación y bloqueo gradual de la energía sexual en el organismo debida al efecto de las interferencias sociales que impiden la experimentación de un orgasmo sexual completo. Como resultado de repetidas descargas parciales, la libido acaba atascándose y se ve obligada a asumir una expresión distorsionada en una variedad de psicopatologías que van desde las psiconeurosis hasta las perversiones y el sadomasoquismo. La terapia eficaz pasa, en su opinión, por la liberación de las energías libidinales reprimidas, la disolución de la «armadura corporal» y el logro del orgasmo total. El trabajo con los estados holotrópicos corrobora el concepto reichiano de coraza corporal, pero también indica claramente que este reservorio energético no es una consecuencia del estancamiento sexual crónico provocado por orgasmos incompletos.

Gran parte de la energía liberada durante la psicoterapia experiencial es el resultado de horas de una excitación desproporcionada asociada al estrés, el dolor, el miedo y la asfixia experimentados durante el paso por el canal del parto. El fundamento más profundo de gran parte de la armadura caracterial parece hallarse en el conflicto dinámico introyectado entre el exceso de sobreestimulación neuronal provocada por el proceso de nacimiento y la implacable camisa de fuerza representada por el canal del nacimiento que no solo obstaculiza la emisión de una respuesta física y emocional adecuada, sino también su correspondiente descarga periférica. La disolución de la armadura coincide, en gran medida, con el final del proceso de muerte y renacimiento, pero algunos de sus elementos hunden más profundamente sus raíces y se adentran en los dominios transpersonales.

Como la MPB-III tiene un importante componente sexual debido a la similitud que existe entre las pautas del orgasmo sexual y del parto, no es difícil confundir la energía perinatal con un bloqueo de la libido. La energía perinatal activada busca la descarga periférica, para lo cual los genitales proporcionan uno de los cauces más lógicos e importantes. Esto parece generar un círculo vicioso según el cual la agresividad, el miedo y la culpa asociados a la MPB-III interfieren con la plena capacidad orgástica y, al mismo tiempo, la ausencia o incompletud del orgasmo sexual obstaculiza el acceso a una importante válvula de seguridad que posibilite la liberación de las energías asociadas al nacimiento.

La situación es, pues, contraria a la que postulaba Reich. El problema no es tanto que los factores sociales y psicológicos que obstaculizan el orgasmo pleno conduzcan al estancamiento y consiguiente acumulación de la energía sexual, sino que son las energías perinatales profundamente arraigadas las que obstaculizan el adecuado orgasmo, lo que acaba generando problemas psicológicos e interpersonales. Para corregir esta situación, esas poderosas energías deben descargarse en un entorno terapéutico no sexual y reducirse a un nivel que el paciente y su pareja puedan gestionar cómodamente en sus relaciones sexuales. La explicación más adecuada de muchos de los temas abordados por Reich, desde el sadomasoquismo hasta la psicopatología de masas del fascismo, no se deriva tanto del orgasmo incompleto y del consiguiente estancamiento de la energía sexual como de la dinámica perinatal.

Aunque poco convencionales y, en ocasiones, manifiestamente revolucionarias, las especulaciones de Reich son, en su esencia, compatibles con los desarrollos de la ciencia moderna. Su comprensión de la naturaleza le acercó a la visión del mundo sugerida por la física cuántico-relativista, haciendo hincapié en la unidad subyacente del mundo, centrándose en el proceso y el movimiento más que en la substancia y la estructura sólida y reconociendo el papel activo desempeñado por el observador. Sus ideas sobre el origen común de la materia inorgánica, la vida, la conciencia y el conocimiento recuerdan, en ocasiones, las especulaciones filosóficas de David Bohm y Ervin Laszlo. Sus argumentos en contra de la validez universal del principio de entropía y de la segunda ley de la termodinámica se asemejan a las conclusiones de la cuidadosa y sistemática investigación llevada a cabo por Ilya Prigogine sobre las estructuras disipativas y el orden a partir del caos.

En el campo de la psicología, Reich también se acercó, tanto teórica como prácticamente, al descubrimiento del ámbito perinatal del inconsciente. Su trabajo sobre la armadura muscular, su discusión sobre los peligros de la eliminación repentina de la armadura y su concepto de orgasmo total muestran con claridad elementos asociados a la dinámica perinatal. Sin embargo, mostró una notable resistencia a sus elementos más críticos: el significado psicológico de las experiencias de la muerte y el nacimiento. Esto resulta evidente en su apasionada defensa del papel primordial desempeñado por la genitalidad y en su rechazo del concepto de Otto Rank de trauma del nacimiento, de las especulaciones de Sigmund Freud acerca de la muerte y de la creencia de Karl Abraham en la necesidad psicológica de castigo.

En muchos sentidos, Reich se acercó también al misticismo y a la psicología transpersonal. Obviamente, no estuvo muy lejos de los conceptos de conciencia cósmica y de conciencia mística, que acabó expresando en sus especulaciones sobre el orgón. La verdadera religión era, para él, una fusión oceánica con la dinámica de la energía orgónica universal. A diferencia de la filosofía perenne, sin embargo, la visión de Reich sobre esta energía cósmica era bastante concreta, porque el orgón, en su opinión, posee rasgos físicos concretos y puede medirse.

Reich nunca llegó a valorar y comprender adecuadamente las grandes filosofías espirituales del mundo. En sus apasionadas críticas contra la espiritualidad y la religión, tendía a confundir el misticismo con ciertas versiones superficiales y distorsionadas de las doctrinas religiosas dominantes. En sus polémicas, argumentó en contra de la creencia literal en demonios con cola y portadores de una horquilla, ángeles alados, fantasmas exangües e informes, monstruos amenazadores, cielos e infiernos, a los que descartó como proyecciones de sensaciones orgánicas distorsionadas y antinaturales y, en última instancia, como percepciones erróneas del flujo universal de la energía orgónica. Y también se oponía con firmeza, del mismo modo, al interés de Jung por el misticismo y a su tendencia a espiritualizar la psicología.

Para Reich, las inclinaciones místicas suponían una grave distorsión de la economía orgónica y un signo de la armadura corporal. La búsqueda mística, en su opinión, se reduce a una comprensión inadecuada de los impulsos biológicos. Así: «El miedo a la muerte y a morir es idéntico a la ansiedad inconsciente del orgasmo y el supuesto instinto de muerte y el anhelo de desintegración, de la nada, es el anhelo inconsciente de resolución orgónica de la tensión». También dijo: «Dios es la representación de las fuerzas vitales naturales, de la bioenergía en el hombre que en ninguna parte se expresa tan claramente como en el orgasmo sexual. Desde esta perspectiva, el diablo es la representación del acorazamiento que conduce a la distorsión y perversión de estas fuerzas vitales». En agudo contraste con los descubrimientos realizados por nuestras observaciones psiquedélicas, Reich afirmaba que, si la terapia logra disolver el blindaje, las tendencias místicas acaban desapareciendo. En su opinión, «la potencia orgástica no se encuentra entre los místicos, como tampoco se encuentra el misticismo entre las personas orgásticamente potentes» (Reich, 1972).

Otto Rank

Las principales áreas de desacuerdo de Otto Rank con Freud fueron su énfasis en la importancia primordial del trauma del nacimiento en lugar de hacerlo en la dinámica sexual, su negación del papel crucial desempeñado por el complejo de Edipo y su concepción del ego que, en su opinión, no era tanto un esclavo del id como el representante autónomo de la voluntad. Rank también aportó a la técnica psicoanalítica modificaciones tan radicales como sus contribuciones teóricas. Subrayó las limitaciones de la psicoterapia estrictamente verbal y señaló que el trabajo terapéutico debe ser sobre todo experiencial. Según Rank, es esencial que el paciente reviva, durante la terapia, el trauma del nacimiento, sin lo cual no es posible dar por concluido el tratamiento. De hecho, daba a sus clientes la fecha de finalización del psicoanálisis y creía que el hecho de aproximarse a esa fecha activaría el material inconsciente relacionado con el nacimiento y lo acercaría al umbral de la conciencia.

Freud fue, en lo que respecta al papel desempeñado por el trauma del nacimiento en la psicología, el primero en señalar la posibilidad de que el miedo asociado a las «sensaciones e inervaciones» que tienen lugar durante el difícil paso por el canal del parto fuese la fuente y prototipo de toda ansiedad futura, una idea que se le ocurrió mientras estaba corrigiendo los exámenes médicos de las futuras enfermeras del departamento de obstetricia. Una de las preguntas del examen era: «¿Cuándo y por qué aparece el meconio [es decir, las heces fetales] durante el parto?». La respuesta correcta era que ese síntoma indica un alto grado de asfixia del feto, pero la respuesta de una enfermera fue «porque el feto está cagado de miedo», poniendo así el énfasis en el efecto del miedo sobre el esfínter anal.

Aunque la enfermera en cuestión no pasó el examen, Freud se tomó muy en serio la referencia al miedo en relación con el nacimiento. Pensó en la similitud lingüística existente en algunos idiomas entre las palabras para designar el miedo y los espacios estrechos, como *angustiae* («cañón estrecho»), *anxietas* («miedo») en latín y *eng* («estrecho») y *Angst* («ansiedad») en alemán. En checo, la palabra *úzkost* significa literalmente *ansiedad* y *estrechez*. También se sabe que hay veces en que los soldados que experimentan un miedo extremo pierden el control del esfínter anal y ensucian sus pantalones. Este fue un tema que Freud abordó en varios de sus escritos sin llegar, no obstante, a profundizar en él.

Otto Rank quedó cautivado por esta idea y trabajó en secreto en el libro *El trauma del nacimiento* (Rank, 1929) entregándole, como regalo de cumpleaños, un ejemplar de la obra terminada recién salida de imprenta. Ernest Jones, el principal biógrafo de Freud, dijo que, después de leer este libro, Freud permaneció en un estado de *shock* emocional durante cuatro meses. Y ello no se debió a una reacción crítica y a un enfado por lo que Rank había escrito, sino por todo lo contrario, ya que temía que las generaciones futuras atribuyesen más importancia a la teoría de Rank que a su descubrimiento del psicoanálisis.

Freud era muy sensible a esto, porque había estado a punto de obtener un premio científico por el descubrimiento de las propiedades anestésicas de

Otto Rank (1884-1939), psicoanalista, autor, conferenciante y profesor austríaco que descubrió la importancia psicológica del trauma del nacimiento.

la cocaína y su importancia para la medicina, una distinción que finalmente recayó en su colega vienés Karl Koller. Recuperado de la conmoción que le provocó el libro de Rank, Freud escribió un informe sobre él en donde lo valoraba como una contribución muy importante a la teoría psicoanalítica solo superada por su descubrimiento del psicoanálisis. Entonces sugirió a los analistas investigar las diferencias que observaran entre las personas nacidas por cesárea y las que habían tenido partos normales y difíciles.

Más tarde, Freud recibió cartas del influyente psicoanalista berlinés Karl Abraham y otros advirtiéndole del peligro de que el libro de Rank pudiese destruir la homogeneidad del movimiento psicoanalítico. Ellos sugirieron que, si bien algunos de los miembros abrazarían con entusiasmo la teoría de Rank, otros, sin embargo, la rechazarían y se negarían a aceptar las formulaciones extremas de Rank. Freud acabó cediendo a esta presión y el conflicto resultante entre él y Rank acabó desembocando en la expulsión de este de la Asociación Psicoanalítica.

Pero eran muchas, sin embargo, las diferencias entre la visión que Freud y Rank tenían sobre el trauma del nacimiento. La investigación holotrópica ha demostrado que, durante el breve lapso en el que Freud pensó en el trauma del nacimiento, su comprensión de este fue más precisa que la de Rank. Mientras que Freud subrayaba las grandes dificultades fisiológicas que implicaba el paso por el canal del parto, Rank ponía el énfasis en la pérdida de la comodidad del vientre materno como entorno paradisíaco de gratificación incondicional y sin esfuerzo y en la necesidad de tener que enfrentarse a los retos de la vida postnatal.

Rank consideraba que el trauma del nacimiento era la razón última por la cual la separación es la experiencia humana más aterradora y dolorosa. Según dijo, todas las frustraciones de las pulsiones parciales posteriores pueden considerarse derivados de este trauma primordial. La mayoría de los acontecimientos que el individuo experimenta como traumáticos derivan su poder patógeno de su similitud con el nacimiento biológico. La infancia puede considerarse, en su opinión, como una serie de intentos de abreacción y gestión psicológica de este trauma fundamental y la sexualidad infantil puede reinterpretarse como el deseo del niño de regresar al vientre materno, la ansiedad asociada y la curiosidad por saber de dónde viene.

Rank, sin embargo, no se detuvo aquí. Él creía que la vida mental del ser humano tiene su origen en la ansiedad y represión primigenias derivadas del trauma del nacimiento. El conflicto humano central consiste en el deseo de regresar al vientre materno y en el miedo a ese deseo. Como consecuencia de ello, cualquier cambio de una situación placentera a otra desagradable originará sensaciones de ansiedad. Rank también ofreció una alternativa a la interpretación freudiana de los sueños. Según él, el sueño es una condición que se asemeja a la vida intrauterina y los sueños pueden entenderse como intentos de revivir el trauma del nacimiento y regresar al estado prenatal, y, aun más, el acto mismo de dormir representa un retorno psicológico al útero. El análisis de los sueños proporciona el principal apoyo al significado psicológico del trauma del nacimiento.

Rank también reinterpretó el complejo de Edipo, piedra angular de la teoría freudiana, haciendo hincapié en el trauma del nacimiento y el deseo de regresar al vientre materno. En su opinión, el núcleo del mito de Edipo es el misterio del origen del hombre que Edipo trata de resolver regresando al vientre materno, algo que no solo ocurre literalmente durante el matrimonio y la unión sexual con su madre, sino también simbólicamente a través de su ceguera y desaparición en la hendidura de la roca que le conduce al inframundo (Mullahy, 1948).

El trauma del nacimiento también desempeña, en la psicología rankiana, un papel fundamental en la sexualidad, una importancia que se basa en el deseo profundo de la psique humana de regresar a la existencia intrauterina. Según él, gran parte de la diferencia que existe entre los sexos se explica por la capacidad de la mujer de generar el proceso reproductivo a través de su cuerpo y de encontrar su inmortalidad en la procreación, mientras que, para el hombre, el sexo representa la mortalidad y su fuerza reside en la creatividad no sexual, como la tecnología, la ciencia, la pintura, la música y la literatura. Curiosamente, los varones que exploran la capa perinatal de la psique desarrollan, en ocasiones, sentimientos de «envidia del útero», en claro contraste con la visión de Freud sobre la «envidia del pene».

En su análisis de la cultura humana, Rank descubrió que el trauma del nacimiento es una poderosa fuerza psicológica que hay detrás de la religión, el arte y la historia. Toda forma de religión tiende, en última instancia, a la restitución del cobijo y protección original proporcionados por el vientre materno. La raíz más profunda del arte, en su opinión, consiste en la «imitación autoplástica» del propio origen y en su desarrollo a partir de ese contenedor materno. El arte, al ser simultáneamente una representación de la realidad y una negación de ella, es un medio muy poderoso para enfrentarse al trauma primordial. La historia del refugio humano, desde la búsqueda del cobijo primordial hasta las más elaboradas estructuras arquitectónicas de la actualidad, refleja el recuerdo instintivo del cálido y protector vientre materno, y el empleo de utensilios y armas se basa, en última instancia, en la «insaciable tendencia a regresar a la madre».

La psicoterapia con LSD y otras formas de trabajo experiencial profundo han proporcionado un fuerte apoyo a la tesis general de Rank sobre la extraordinaria importancia psicológica del trauma del nacimiento. Su enfoque, sin embargo, necesita modificaciones substanciales para aumentar su compatibilidad con los datos clínicos reales. Como ya hemos dicho, la teoría de Rank gira en torno a dos facetas traumáticas del nacimiento, el problema de la separación de la madre y la pérdida del útero. El trauma, para él, consiste en el paso de una existencia prenatal ideal a una existencia postnatal mucho menos favorable. Fuera del útero, el niño debe enfrentarse a irregularidades en el suministro de alimento, a la ausencia de la madre, a las oscilaciones de la temperatura y a ruidos fuertes. También tiene que respirar, tragar alimentos y eliminar productos de desecho.

En el trabajo con estados holotrópicos, la situación parece mucho más complicada. El nacimiento no solo es traumático porque el niño se ve obligado a pasar de la situación paradisíaca del vientre materno a las condiciones adversas del mundo exterior, sino que el mismo paso por el canal del nacimiento conlleva un enorme estrés y dolor físico y emocional. Este fue un aspecto destacado por Freud en sus especulaciones originales sobre el nacimiento, pero que Rank descuidó casi por completo. En cierto modo, la visión que tenía Rank del trauma del nacimiento se asemejaba más a la situación de una persona nacida por cesárea que al parto vaginal.

La mayor parte de las condiciones psicopatológicas se originan en la dinámica de las MPB-II y III, que reflejan los retos a los que se enfrenta el feto durante el tiempo que pasa en el canal del parto desde el estado intrauterino imperturbable hasta la existencia postnatal en el mundo exterior. El impulso a exteriorizar y descargar los sentimientos y energías reprimidas generados durante la lucha por el nacimiento constituye una poderosa fuerza motivadora para un amplio espectro de conductas humanas.

Como Freud, Adler y Reich, Rank tampoco tenía una comprensión verdadera de los dominios transpersonales. En este sentido, consideraba los motivos y figuras religiosas y mitológicas como derivados del trauma del nacimiento. Por ejemplo, el cuerpo crucificado de Jesús representaba el polo opuesto del cuerpo cómodo y relajado del feto en el vientre materno, y las imágenes de diosas femeninas aterradoras, como Hécate o Medusa, se inspiraban en la ansiedad experimentada durante el parto. A pesar de estas deficiencias, sin embargo, el descubrimiento de Rank de la importancia psicológica del trauma del nacimiento y sus múltiples ramificaciones fue un logro notable que precedió, en muchas décadas, a la confirmación de los hallazgos realizados por la terapia con LSD. Resulta sorprendente que, cien años después, los académicos y clínicos de la psiquiatría convencional sigan mostrándose tan renuentes a aceptar, pese a las abrumadoras pruebas de las terapias experienciales que lo apuntan, la importancia psicológica del trauma del nacimiento.

Debemos mencionar, en este punto, a otros psicoanalistas que también reconocieron la importancia de diferentes aspectos del trauma del nacimiento. En su libro pionero titulado *The Search for the Beloved* (Fodor, 1949), Nandor Fodor describió con todo lujo de detalles la relación entre distintas facetas del proceso del nacimiento y muchos síntomas psicopatológicos importantes de un modo muy congruente con las observaciones proporcionadas por la investigación experiencial con LSD. Lietaert Peerbolte también escribió un extenso libro, titulado *Prenatal Dynamics* (Peerbolte 1975), en el que analizó su visión singular sobre la relevancia psicológica de la existencia prenatal y la experiencia del nacimiento. Este tema recibió asimismo mucha atención en la obra de Frank Lake y en los libros originales e imaginativos, aunque más especulativos y menos clínicamente fundamentados, de Francis Mott (Lake, 2007; Mott, 2012).

Carl Gustav Jung

La lista de renegados famosos del psicoanálisis no estaría completa si no mencionásemos a Carl Gustav Jung, que comenzó siendo uno de los discípulos favoritos de Freud y fue designado como «príncipe heredero» del psicoanálisis. Las revisiones de Jung fueron, con mucho, las más radicales y sus aportaciones resultaron realmente revolucionarias. No sería exagerado decir que su trabajo hizo avanzar a la psiquiatría tanto como los descubrimientos de Freud se avanzaron a su época. La psicología analítica de Jung no se limita a ser una variedad o modificación del psicoanálisis, sino que se trata de una visión completamente nueva de la psicología profunda y de la psicoterapia.

Jung era muy consciente de la imposibilidad de conciliar sus descubrimientos con el pensamiento cartesiano-newtoniano y de la necesidad de modificar de manera drástica los supuestos filosóficos más fundamentales de la ciencia occidental. Estaba profundamente interesado en los revolucionarios avances realizados por la física cuántico-relativista y mantuvo un fructífero intercambio con algunos de sus fundadores, como Wolfgang Pauli y Albert Einstein. A diferencia de lo que ocurría con el resto de los teóricos del psicoanálisis, Jung tenía una auténtica comprensión de las tradiciones místicas y un gran respeto por las dimensiones espirituales de la psique y la existencia humana. Y, aunque no llegó a calificarse como tal, también fue el primer psicólogo transpersonal.

Asimismo, podemos considerar a Jung como el primer psicólogo moderno y reconocer que las diferencias existentes entre el psicoanálisis de Freud y la psicología analítica de Jung reflejan las diferencias existentes entre la psicoterapia clásica y la psicoterapia moderna. Aunque Freud y algunos de sus seguidores propusieron revisiones bastante radicales de la psicología occidental, solo Jung llegó a cuestionar su núcleo y sus fundamentos filosóficos (el materialismo monista y el paradigma cartesiano-newtoniano). Como dijo claramente June Singer, Jung señaló «la preponderancia del inconsciente sobre la conciencia, de lo misterioso sobre lo conocido, de lo místico sobre lo científico, de lo creativo sobre lo productivo [y] de lo religioso sobre lo profano» (Singer, 1994).

El modelo de Jung de la psique humana supone una importante ampliación del modelo biográfico de Freud. Su alejamiento radical del psicoanálisis freudiano comenzó cuando analizaba una colección de poesía y prosa de la escritora estadounidense Frank Miller, que se vio publicada en Ginebra por Theodore Flournoy y se conoció como las *Miller Fantasies* (Miller, 1906). Jung descubrió que muchos de los motivos de esos escritos tenían paralelismos en la literatura de distintos países del mundo, así como en diferentes

Carl Gustav Young (1875-1961), psiquiatra y psicoanalista suizo fundador de la psicología analítica.

períodos históricos. Su libro *Símbolos de transformación*, inspirado en esta investigación, es una obra de gran importancia histórica y un hito que jalona su ruptura con Freud (Jung, 1956).

Estas observaciones se vieron confirmadas por el análisis de los sueños y las fantasías de sus pacientes, así como de las alucinaciones, delirios y vida onírica de sus pacientes esquizofrénicos y de los suyos propios. Esto le convenció de que no solo tenemos un inconsciente freudiano individual, es decir, una especie de vertedero psicobiológico lleno de tendencias instintivas rechazadas, recuerdos reprimidos y prohibiciones asumidas inconscientemente, sino que también contamos con un inconsciente colectivo, la manifestación de una fuerza cósmica inteligente y creativa que nos une a la humanidad, a la naturaleza y a la totalidad del cosmos.

El inconsciente colectivo de Jung está compuesto por un dominio histórico (que alberga la historia de toda la humanidad) y un dominio arquetípico (que incluye el patrimonio cultural de la humanidad y recoge las mitologías de todas las culturas que han existido). En los estados holotrópicos de conciencia podemos experimentar, sin tener el menor conocimiento intelectual previo de ellas, visiones de personajes y escenas de esas mitologías. Su exploración del inconsciente colectivo le permitió descubrir los principios universales que rigen la dinámica de este dominio de la psique. Primero se refirió a ellos con la expresión «imágenes primordiales» (que tomó prestada de Jacob Burckhardt), que luego cambió por «dominantes del inconsciente colectivo» y finalmente reemplazó por la de «arquetipos». La comprensión proporcionada por la psicología junguiana, la investigación de la conciencia y la investigación mitológica erudita le ayudaron a entender que los arquetipos son los principios cósmicos primordiales y atemporales subyacentes que configuran el tejido del mundo material (Jung, 1959).

Aunque Jung puso un gran énfasis en el inconsciente y su dinámica, su concepto de este era muy diferente al de Freud. El ser humano no se limita, para Jung, a ser una máquina biológica, porque también puede trascender los estrechos límites de su ego y del inconsciente personal y conectar con el Self que está en consonancia con la totalidad del cosmos. Jung consideraba la psique como la interacción complementaria entre sus dimensiones conscientes e inconscientes entre las que hay un continuo flujo e intercambio de energía. El inconsciente no se rige solo, en su opinión, por el determinismo histórico, sino que también tiene una función proyectiva, finalista y teleológica. El Self tiene un objetivo o propósito específico para cada uno de nosotros y puede guiarnos hacia él, algo a lo que se refirió como *proceso de individuación*.

Su estudio de la dinámica específica del inconsciente a través del método de la asociación libre le permitió descubrir sus unidades funcionales, para las que acuñó el término *complejos*. Los complejos junguianos son constelaciones de elementos psicológicos –ideas, opiniones, actitudes y convicciones– que se constelan en torno a un tema nuclear y están asociados a sentimientos concretos (Jung, 1960). También pudo rastrear el origen de los complejos partiendo de motivos determinados biográficamente y remontarlos a los arquetipos del inconsciente colectivo (Jung, 1959).

En sus primeros trabajos, Jung observó la gran similitud que existe entre los arquetipos y los instintos animales y pensó que estaban integrados en el cerebro humano. Más adelante, al estudiar casos de coincidencias extraordinarias entre sueños o visiones y acontecimientos del mundo exterior (*sincronicidades*), llegó a la conclusión de que, de algún modo, los arquetipos debían estar conectados con el armazón mismo del mundo (Jung, 1960a). Y, como parecían representar un vínculo entre la materia y la psique o conciencia, se refirió a ellos con el término, tomado de Hans Driesch, el fundador del vitalismo, de *psicoides*.

Las religiones comparadas y la mitología mundial pueden considerarse fuentes únicas de información relativa a aspectos diferentes del inconsciente colectivo. Según Freud, los mitos pueden ser entendidos como reflejo de los problemas y conflictos característicos de la infancia que deben su universalidad al hecho de que se refieren a una dimensión común de la experiencia humana. Pero esta era, para Jung, una explicación inaceptable, porque había observado repetidamente que los motivos mitológicos universales (*mitologemas*) se daban en individuos que carecían de todo conocimiento intelectual al respecto. Esto le sugirió la posibilidad de que la psique inconsciente contuviera elementos estructurales formadores de mitos que daban lugar tanto a las fantasías y los sueños del individuo como a la mitología de los pueblos. Así pues, podemos considerar los sueños como mitos individuales y los mitos como una especie de sueños colectivos.

Freud mostró, durante toda su vida, un profundo interés por la religión y la espiritualidad. Creía que era posible lograr una comprensión racional de los procesos irracionales y tendía a interpretar la religión en términos de conflictos sin resolver propios de un estadio infantil del desarrollo psicosexual. A diferencia de Freud, sin embargo, Jung estaba dispuesto a aceptar lo irracional, lo paradójico y hasta lo misterioso. Tuvo muchas experiencias religiosas durante su vida que le convencieron de la realidad de la dimensión espiritual en el esquema universal de las cosas. Una de sus creencias básicas era que el elemento espiritual constituye un aspecto orgánico e integral de la psique. La verdadera espiritualidad es una faceta del inconsciente colectivo independiente de la programación de la infancia y de los antecedentes culturales o educacionales del individuo. Así, si la autoexploración y el autoanálisis llegan a la suficiente profundidad, los elementos espirituales afloran espontáneamente en la conciencia.

Jung también difiere de Freud en su comprensión de la libido, el concepto central del psicoanálisis. En su opinión, no se trata de una fuerza estrictamente biológica que busca una descarga mecánica, sino de una fuerza creativa de la naturaleza, de un principio cósmico comparable a la *entelequia* de Aristóteles o el *élan vital* de Henri Bergson. La valoración de Jung de la espiritualidad y su comprensión de la libido como fuerza cósmica encontraron su expresión en un concepto único relativo a la función de los símbolos. Para Freud, un símbolo era una expresión análoga o una alusión a algo ya conocido y su función se asemejaba a la de una señal de tráfico. En el psicoanálisis se utiliza una imagen en lugar de otra, habitualmente de naturaleza sexual prohibida. Pero Jung no estaba de acuerdo con este uso del término «símbolo» y se refería a los símbolos freudianos como signos. Para él, los verdaderos símbolos apuntan a un nivel superior de conciencia que los trasciende y apuntan más allá de sí mismos. En este sentido, el símbolo es la mejor formulación posible de algo desconocido, de un arquetipo que no puede representarse de un modo más claro o más concreto.

Lo que realmente convierte a Jung en el primer psicólogo moderno es su empleo del método científico. El enfoque de Freud era estrictamente histórico y determinista; le interesaba encontrar explicaciones racionales para todos los fenómenos psíquicos y remontarlos a las raíces biológicas siguiendo los eslabones de una causalidad lineal. Jung, por su parte, era consciente de que la causalidad lineal no es el único principio posible de conexión. En este sentido apeló al concepto de *sincronicidad*, un principio de conexión acausal que se refiere a las coincidencias significativas que existen entre sucesos separados en el espacio o el tiempo. La voluntad de Jung de entrar en el reino de lo paradójico, lo misterioso y lo inefable le llevó también a considerar con una actitud abierta las grandes filosofías espirituales de Oriente. En este sentido, estudió y comentó el *I Ching*, el *Bardo Thödol*, el *Secreto de la Flor de Oro* y el despertar de *kundalini*. Entre sus intereses esotéricos se hallaban también la astrología, la mediumnidad y otros fenómenos psíquicos (Jung, 1958, 1967, 1970, 1995 y 1996).

Los datos procedentes de las experiencias psiquedélicas y otros tipos de estados holotrópicos de conciencia han corroborado reiteradamente la mayoría de las brillantes intuiciones de Jung. Y es que, aunque la psicología analítica de Jung tampoco abarque el amplio espectro de fenómenos que tienen lugar durante los estados holotrópicos es, de todas las escuelas de psicología profunda, la que menos revisiones y modificaciones requiere. Y, aunque ambos conceptos no sean idénticos, la descripción de Jung de los complejos psicológicos guarda, a nivel biográfico, cierta similitud con los sistemas COEX.

Pero, aunque Jung y sus seguidores eran conscientes de la importancia del proceso de muerte y renacimiento en la mitología y estudiaron sus diversas formas, desde los antiguos misterios griegos hasta los ritos de paso de las culturas aborígenes, no llegó a ver la estrecha relación que existe entre este proceso y el nacimiento biológico. Jung, que descubrió y describió los inmensos dominios del inconsciente colectivo histórico y arquetípico, no llegó a aceptar que el nacimiento sea un trauma psicológico y desempeñe un papel importante en la psique humana. En una entrevista, accesible ahora bajo el título *Jung on Film*, responde riendo a una pregunta que le hace Richard I. Evans sobre la opinión que le merece la teoría de su colega Otto Rank que atribuía un significado psicológico al trauma del nacimiento diciendo: «¡Oh, el nacimiento no es un trauma, es un hecho! Todo el mundo nace» (Jung, 1957).

La contribución más importante de Jung a la psicoterapia es su reconocimiento de las dimensiones espirituales de la psique y los descubrimientos que realizó en el dominio transpersonal. La observación de los estados holotrópicos ha aportado un fuerte apoyo a la existencia del inconsciente colectivo y del mundo arquetípico, la visión junguiana de la naturaleza de la libido, su distinción entre el ego y el Self, el reconocimiento de la función creativa y prospectiva del inconsciente y el concepto del proceso de individuación.

Todos estos aspectos se han visto corroborados independientemente por las observaciones llevadas a cabo en las sesiones psiquedélicas y de respiración holotrópica, hasta con sujetos no sofisticados. Material de este tipo también emerge con frecuencia en sesiones guiadas por terapeutas que no son junguianos, e incluso entre aquellos que carecen de todo conocimiento de la psicología junguiana. Más concretamente, la psicología analítica es muy útil para entender imágenes y temas arquetípicos que afloran de manera espontánea durante la terapia experiencial. El trabajo experiencial profundo también ha corroborado de manera independiente las observaciones de Jung sobre la importancia de la sincronicidad.

Comparadas con sus profundas similitudes, las diferencias entre los conceptos presentados en esta enciclopedia y las teorías de Jung son relativamente menores. Ya hemos dicho que el concepto del sistema COEX se asemeja, aunque no es idéntico, a la noción junguiana de complejo psicológico. Y, de manera parecida, la psicología junguiana tiene una comprensión general bastante adecuada del proceso de muerte y renacimiento psicoespiritual como tema arquetípico, aunque no reconoce el nivel perinatal del inconsciente ni la importancia del trauma del nacimiento.

Los fenómenos perinatales, con su énfasis en el nacimiento y la muerte, representan una interfaz crítica entre la biografía individual y los dominios transpersonales. La confrontación experiencial profunda con este nivel de la psique suele estar asociada a la lucha entre la vida y la muerte y la sensación de grave amenaza para la supervivencia. Las experiencias de muerte y renacimiento tienen una dimensión biológica importante y suelen ir acompañadas de un amplio abanico de correlatos fisiológicos muy claros (como sensación de asfixia, dolor en diferentes partes del cuerpo, temblores, malestar cardiovascular, hipersalivación, sudoración, náuseas, vómitos y, en algunas ocasiones, incontinencia urinaria).

El análisis junguiano, que utiliza técnicas más sutiles que la terapia psiquedélica o algunos de los nuevos y potentes enfoques experienciales, hace especial hincapié en las dimensiones psicológicas, filosóficas y espirituales del proceso de muerte y renacimiento, pero presta escasa atención, en el mejor de los casos, a sus componentes psicosomáticos. En la psicoterapia experiencial, uno siempre se encuentra con una amalgama de recuerdos fetales reales del nacimiento biológico y temas concomitantes procedentes del inconsciente colectivo histórico y arquetípico. El psicólogo suizo Arny Mindell y su esposa Amy han introducido los elementos somáticos que faltaban en el análisis junguiano desarrollando lo que llaman psicoterapia de proceso (Mindell, 2001).

En el ámbito transpersonal, la psicología junguiana parece haber explorado detenidamente ciertas categorías de experiencias, al tiempo que ha descuidado por completo otras. Entre las áreas descubiertas y estudiadas a fondo por Jung y sus seguidores cabe destacar la dinámica de los arquetipos y el inconsciente colectivo, las propiedades mitopoyéticas de la psique, ciertos tipos de fenómenos psíquicos y los vínculos sincrónicos entre los procesos psicológicos y el mundo material.

No parece haber ninguna referencia, sin embargo, en la literatura junguiana, a las experiencias transpersonales que impliquen una auténtica identificación con otras personas, animales, plantas y procesos inorgánicos que pueden permitirnos acceder a nueva información sobre esos elementos del mundo material. Teniendo en cuenta su erudición y profundo interés en las filosofías espirituales orientales, resulta sorprendente que Jung prestase tan poca atención a los recuerdos de encarnaciones pasadas que tan importantes son para cualquier forma de psicoterapia experiencial profunda. Pese a las mencionadas deficiencias, los junguianos parecen, en general, estar bien equipados conceptualmente para tratar la fenomenología de los estados holotrópicos de conciencia, siempre que puedan acostumbrarse a la espectacularidad que adoptan estas experiencias y se sientan cómodos con ellas. El conocimiento de la psicología y la mitología junguianas resulta esencial para navegar de manera segura y gratificante por los océanos de la psique.

Sandor Ferenczi

Parece oportuno concluir este breve recorrido por el mundo de la psicología profunda mencionando la obra de Sandor Ferenczi, otro destacado pionero y miembro del círculo vienés de Freud. Aunque no suele figurar entre los renegados, sus originales especulaciones y prácticas le llevaron mucho más allá del psicoanálisis ortodoxo. En su famoso trabajo *Confusión de lenguas entre los adultos y el niño*, Ferenczi retomó la idea original de Freud de que lo que desempeña un papel importante en la génesis de la psiconeurosis no es la fantasía incestuosa del niño, sino el incesto real (Ferenczi, 1949). Otra de sus controvertidas aportaciones al psicoanálisis fue su concepto de «análisis mutuo» que llevó a cabo con sus pacientes estadounidenses Elizabeth Severn y Clara Thompson. Además, su decidido apoyo a Otto Rank indicaba con claridad que estaba lejos de ser un seguidor conformista y dócil de Freud.

Su marco teórico no solo contempló seriamente la importancia de los acontecimientos perinatales y prenatales, sino también los recuerdos filogenéticos. Siendo uno de los pocos discípulos de Freud que aceptó de inmediato su concepto de Tánatos, Ferenczi también integró en su sistema conceptual un análisis metafísico de la muerte. En su notable ensayo *Thalassa: una teoría de la genitalidad*, Ferenczi describió la pulsión sexual como un intento de regresar al útero materno e incluso más allá de él. Según él, los organismos implicados en la relación sexual participan en la gratificación de las células germinales (Ferenczi, 1938).

Los hombres tienen el privilegio de volver directamente al vientre, mientras que las mujeres mantienen sustitutos de fantasía o se identifican con sus hijos cuando están embarazadas. Sin embargo, la esencia de la «tendencia regresiva de Thalassa» de Ferenczi reside en el esfuerzo por regresar a una situación todavía más temprana: la existencia acuática original en el océano primigenio. En última instancia, el líquido amniótico representa el agua del océano que llena una cavidad del vientre materno. Según Ferenczi, los mamíferos terrestres tienen un profundo anhelo organísmico de revertir la decisión que tomaron el día en que abandonaron el entorno acuático y regresar al lugar del que partieron, una solución que tomaron, hace millones de años, los ancestros de las ballenas y delfines actuales.

Sándor Ferenczi (1873-1933), neurólogo y psiquiatra húngaro y miembro del círculo de Viena de Freud.

Sin embargo, el objetivo último de toda vida podría ser el de llegar a un estado caracterizado por la ausencia de irritabilidad y alcanzar finalmente la inercia del mundo inorgánico. Así pues, es posible que la muerte y el morir no sean absolutos y que gérmenes de vida y tendencias regresivas permanezcan latentes aun en la materia inorgánica. De ese modo, podríamos concebir la totalidad de los mundos orgánico e inorgánico como un sistema de oscilaciones perpetuas entre la voluntad de vivir y la voluntad de morir, y en donde jamás se alcanza una hegemonía absoluta de una o de otra. Así fue como, pese a que sus formulaciones se expresaran en el lenguaje de las ciencias naturales, Ferenczi se aproximó claramente a los conceptos de la filosofía perenne y del misticismo.

Esta revisión histórica de los desacuerdos conceptuales presentes en el primer movimiento psicoanalítico demuestra de forma clara que muchos de los conceptos que hoy pueden parecer sorprendentemente nuevos en la psicología occidental ya se vieron, de una forma u otra, considerados y discutidos apasionadamente por los primeros pioneros del psicoanálisis. La principal contribución de esta revisión es, por tanto, una evaluación de las diferentes escuelas de la psicología profunda a la luz de los hallazgos de la investigación moderna sobre la conciencia, así como la integración de sus contribuciones en una cartografía completa de la psique que sirva a las necesidades de los psiconautas.

Bibliografía

Adler, A. 1932. *The Practice and Theory of Individual Psychology*. New York: Harcourt, Brace & Co.
Brun, A. 1953. Ueber Freuds Hypothese vom Todestrieb. *Psyche* 17:81.
Fenichel, O. 1945. *The Psychoanalytic Theory of Neurosis*. New York: W. W. Norton.
Ferenczi, S. 1968. *Thalassa*. New York: W. W. Norton and Company.
Ferenczi, S. 1949. Confusion of the Tongues Between the Adults and the Child. *The International Journal of Psychoanalysis*, 30:225-230.
Fodor, N. 1949. *The Search for the Beloved: A Clinical Investigation of the Trauma of Birth and Prenatal Condition*. New Hyde Park, NY: University Books.

Freud, S. 1907. Obsessive Actions and Religious Practices. *The Standard Edition of the Complete Psychological Works of Sigmund Freud*, Vol. 9. London: The Hogarth Press & The Institute of Psychoanalysis.

Freud, S. y Breuer, J. 1936. *Studies in Hysteria*. New York: Nervous and Mental Diseases Publication Company.

Freud, S. 1953. The Interpretation of Dreams. *The Standard Edition of the Complete Psychological Works of Sigmund Freud*. Vol. 4. London: The Hogarth Press & The Institute of Psychoanalysis.

Freud, S. 1964. An Outline of Psychoanalysis. *The Standard Edition of the Complete Psychological Works of Sigmund Freud*. Vol. 23. London: The Hogarth Press & The Institute of Psychoanalysis.

Freud, S. 1989. *Totem and Taboo*. London: W.W. Norton.

Janus, S., Bess, B. y Saltus, C. 1977. *A Sexual Profile of Men in Power*. Englewood Cliffs, NJ: Prentice-Hall.

Jung, C.G. 1956. Symbols of Transformation. *Collected Works*, vol. 5, Bollingen Series XX, Princeton, NJ: Princeton University Press.

Jung, C.G. 1958. Psychological Commentary on the Tibetan Book of the Great Liberation. *Collected Works*, vol. 11. Bollingen Series XX, Princeton, NJ: Princeton University Press.

Jung, C.G. 1959. The Archetypes and the Collective Unconscious. *Collected Works*, vol. 9,1. Bollingen Series XX, Princeton, NJ: Princeton University Press.

Jung, C.G. 1960a. Synchronicity: An Acausal Connecting Principle. *Collected Works*, vol. 8. Bollingen Series XX. Princeton, NJ: Princeton University Press.

Jung, C.G. 1960b. A Review of the Complex Theory. *Collected Works*, vol. 8. Bollingen Series XX. Princeton, NJ: Princeton University Press.

Jung, C.G. 1967. The I Ching or Book of Changes (traducido por Richard Wilhelm). *Collected Works*. Bollingen Series XIX, Princeton, NJ: Princeton University Press.

Jung, C.G. 1970. *Commentary to The Secret of the Golden Flower: A Chinese Book of Life* (traducido por Richard Wilhelm). New York: Harcourt, Brace, and Company.

Jung, C.G. 1996. *The Psychology of kundalini Yoga: Notes on the seminars given in 1932 by C.G. Jung* (Soma Shamdasani, ed.). Bollingen Series XCIX. Princeton, NJ: Princeton University Press.

Klein, M. 1960. *The Psychoanalysis of Children*. New York: Grove Press.

Lake, F. 2007. *Clinical Theology: A Theological and Psychiatric Basis for Clinical Pastoral Care*. Lexington, KY: Emeth Press.

Miller, F. 1906. Quelques Faits d'Imagination Créatrice. *Archives de psychologie* (Geneva) V 36-51.

Mindell, A. 2001. *Working with the Dreaming Body*. Portland, OR: Lao Tse Press.

Mott, F.J. 2012. *The Nature of the Self*. London: Starwalker Press.

Mullahy, P. 1948. *Oedipus Myth and Complex: A Review of Psychoanalytic Theory*. Trenton, NJ: Hermitage Press.

Peerbolte, L. 1975. *Prenatal Dynamics. Psychic Energy*. Amsterdam, Holland: Servire Publications.

Rank, O. 1929. *The Trauma of Birth*. New York: Harcourt Brace.

Reich, W. 1949. *Character Analysis*. New York: Noonday Press.

Reich, W. 1961. *The Function of the Orgasm: Sex-Economic Problems of Biological Energy*. New York: Farrar, Strauss & Giroux.

Reich, W. 1970. *The Mass Psychology of Fascism*. New York: Simon & Schuster.

Reich, W. 1972. *Ether, God, and Devil and Cosmic Superimposition*. New York: Farrar, Straus & Giroux.

Ross, C. 1989. *Multiple Personality Disorder*. Indianapolis, IN: Wiley Publications.

Singer, J. 1994. *Boundaries of the Soul: The Practice of Jung's Psychology*. New York: Anchor Books.

Sullivan, H.S. 1953. *The Interpersonal Theory of Psychiatry*. New York: W.W. Norton.

IV. La arquitectura de los trastornos emocionales y psicosomáticos

Si queremos entender las grandes implicaciones que tiene el estudio de los estados holotrópicos para la comprensión de los trastornos emocionales y psicosomáticos, debemos empezar examinando los marcos conceptuales que actualmente se utilizan en el campo de la psiquiatría. Los intentos para tratar de explicar la naturaleza y el origen de los trastornos psiquiátricos realizados hasta el momento caen en dos grandes categorías. Algunos académicos y clínicos muestran una clara tendencia a ver estos trastornos como resultado de causas de naturaleza fundamentalmente biológica, mientras que otros, por el contrario, se inclinan por las explicaciones psicológicas. En la práctica clínica diaria, sin embargo, los psiquiatras optan por un enfoque ecléctico asignando diferentes grados de importancia a elementos procedentes de ambas categorías, inclinándose hacia una o hacia otra de estas dos categorías.

Los psiquiatras de orientación orgánica creen que la psique es un producto de procesos materiales que tienen lugar en el cerebro y que, en consecuencia, las respuestas finales de la psiquiatría vendrán de los campos de la neurofisiología, la bioquímica, la genética y la biología molecular. Según ellos, llegará un día en que estas disciplinas nos proporcionarán explicaciones y soluciones prácticas a la mayoría de los problemas que aquejan en su campo. Esta orientación suele ir asociada a una rígida adhesión al modelo médico y a los intentos de esbozar una clasificación diagnóstica fija para todos los trastornos emocionales, incluidos aquellos para los que no se ha encontrado fundamento orgánico alguno.

Una orientación alternativa de la psiquiatría hace hincapié en los factores de naturaleza psicológica, como el papel desempeñado por las experiencias traumáticas de la infancia, la niñez y estadios posteriores de la vida, el efecto potencialmente patógeno de los conflictos, la importancia de la dinámica familiar y las relaciones interpersonales y el impacto del entorno social. En los casos extremos, esta forma de pensar no solo se aplica a las neurosis y los trastornos psicosomáticos, sino también a aquellos estados psicóticos como las psicosis funcionales o endógenas para los que la medicina carece de explicación biológica.

Una consecuencia lógica de este enfoque lleva a cuestionar seriamente la conveniencia de aplicar el modelo médico, incluidas las etiquetas diagnósticas rígidas, a trastornos que no están determinados biológicamente y que, por tanto, se originan en un orden ajeno a lo orgánico. Desde esta perspectiva, los trastornos psicógenos reflejan la complejidad de los factores de desarrollo a los que nos hemos visto expuestos a lo largo de la vida (algo que los psicólogos transpersonales ampliarían al espectro de toda nuestra historia psicoespiritual). Y, como estas influencias difieren mucho entre una persona y otra, no tiene mucho sentido empeñarnos en encorsetar los trastornos resultantes en la camisa de fuerza del diagnóstico médico.

Aunque muchos profesionales aboguen por un enfoque ecléctico que reconozca la existencia de una compleja interacción entre la biología y la psicología o entre lo innato y lo adquirido, el enfoque de pensamiento dominante en los círculos académicos y en la práctica psiquiátrica cotidiana sigue siendo el biológico. Como resultado de su complejo desarrollo histórico, la psiquiatría se ha consolidado como una subespecialidad de la medicina, lo que le proporciona un marcado sesgo biologicista. Por eso el pensamiento conceptual dominante en el campo de la psiquiatría, su visión del individuo con trastornos emocionales y problemas conductuales, la estrategia de investigación, la formación y el entrenamiento básico y las medidas forenses se hallan sometidas al modelo médico.

Esta situación es la consecuencia de dos grandes grupos de circunstancias. Por una parte, la medicina ha logrado establecer la etiología y encontrar una terapia eficaz para un conjunto concreto y relativamente pequeño de anomalías mentales de origen orgánico. También ha demostrado su capacidad para controlar los síntomas de muchos trastornos cuya etiología orgánica sigue sin poder determinarse. Pero, por más sorprendentes que hayan sido sus éxitos iniciales en el descubrimiento de las causas biológicas de algunos trastornos mentales, no han dejado de ser aislados y permanecen circunscritos a una fracción muy limitada de los problemas a los que se enfrenta la psiquiatría. Sea como fuere, el enfoque médico de la psiquiatría ha fracasado en su intento de descubrir una etiología orgánica concreta a los problemas que afligen a la inmensa mayoría de sus clientes (como las psiconeurosis, las enfermedades psicosomáticas, los trastornos maníaco-depresivos y las psicosis funcionales).

La orientación psicológica de la psiquiatría se inspiró en las investigaciones pioneras realizadas por Sigmund Freud y sus seguidores, algunos de los cuales acabaron abandonando o se vieron expulsados de la Asociación

Psicoanalítica y crearon sus propias escuelas, como C.G. Jung, Otto Rank, Wilhelm Reich y Alfred Adler. Otros siguieron perteneciendo a ella, pero desarrollaron sus propias versiones de la teoría y la técnica psicoanalítica. Este esfuerzo colectivo dio lugar, a lo largo del siglo XX, a un gran número de escuelas de la llamada «psicología profunda» que difieren significativamente tanto en lo que respecta a su comprensión de la psique humana y la naturaleza de los trastornos emocionales como en lo que se refiere a las técnicas terapéuticas que utilizan.

La influencia que la mayoría de estas personas han tenido en el pensamiento psiquiátrico convencional ha sido escasa o nula y las referencias a su obra solo aparecen en los libros de texto académicos como una nota histórica o como una mera nota a pie de página. Solo los primeros escritos de Freud, el trabajo de algunos de sus seguidores y los desarrollos modernos del psicoanálisis conocidos como «psicología del yo» han tenido un impacto significativo en el campo de la psiquiatría.

Como ya hemos dicho, Freud y sus colegas esbozaron una clasificación dinámica que explica y ordena los trastornos emocionales y psicosomáticos en términos de su fijación a un determinado estadio del desarrollo de la libido y de la evolución del ego.

Una de las principales aportaciones realizadas por Freud fue el descubrimiento de que la sexualidad no se origina en la pubertad, sino que lo hace durante la lactancia. En este sentido, el interés libidinal del lactante va desplazándose gradualmente desde la zona oral (en el momento de la lactancia) hasta las zonas anal y uretral (en el momento del control de los esfínteres) y, por último, la zona fálica (centrada en el pene y el clítoris en el momento de la aparición del complejo de Edipo y de Electra, respectivamente). La traumatización –o, por el contrario, la indulgencia excesiva durante esos períodos críticos– puede provocar la fijación a una de estas zonas y la correspondiente predisposición a regresar psicológicamente a ella cada vez que, en el futuro, se enfrente a grandes dificultades.

El psicoanalista alemán Karl Abraham resumió la visión de una psicopatología basada en la teoría freudiana de la libido y Otto Fenichel la representó gráficamente en su clásico *La teoría psicoanalítica de la neurosis* (Abraham, 1927; Fenichel, 1945). En su famoso esquema, Abraham estableció las principales formas de psicopatología en función de la fijación primaria de la libido. Según él, la fijación a la fase oral pasiva (previa a la dentición) predispone al individuo a la esquizofrenia y desempeña un papel fundamental en el desarrollo del alcoholismo y la adicción a los estupefacientes; la fijación a la fase oral-sádica o caníbal (posterior a la dentición) puede provocar trastornos maníaco-depresivos y conductas suicidas.

La neurosis y la personalidad obsesivo-compulsiva están ancladas en una fijación en el nivel anal, que también desempeña un papel importante en la génesis de las llamadas conversiones pregenitales como la tartamudez, los tics psicógenos y el asma. Estos trastornos se caracterizan por una estructura de personalidad obsesivo-compulsiva, pero emplean el mecanismo de la conversión histérica para la formación de los síntomas. La fijación uretral está asociada a la vergüenza y el miedo a equivocarse y a la tendencia a sobrecompensar este problema a través de una ambición excesiva y el perfeccionismo. La ansiedad histérica (diversas fobias) y la histeria de conversión (parálisis, anestesia, ceguera, pérdida de la voz y ataque histérico) son el resultado de una fijación a la fase fálica (véase la tabla 1 que presentamos en la pág. 249).

Este aspecto de la psicopatología se vio elaborado con gran detalle durante el desarrollo posterior del psicoanálisis. La moderna psicología del yo, inspirada en la obra pionera de Anna Freud y Heinz Hartmann, revisó y perfeccionó los conceptos psicoanalíticos clásicos y añadió nuevas e importantes dimensiones (Blanck y Blanck, 1974 y 1979). La combinación entre la observación directa de la conducta de bebés y niños pequeños y un profundo conocimiento de la teoría psicoanalítica permitió a René Spitz y Margaret Mahler sentar las bases de una visión más profunda del establecimiento de la identidad personal y el desarrollo del yo. Su obra llamó la atención sobre la importancia de la evolución de las relaciones objetales y de los problemas asociados.

El esquema de Karl Abraham no solo tuvo en cuenta los puntos de anclaje de la libido, sino también la fijación a los estadios de la evolución del yo (desde el autoerotismo y el narcisismo primario hasta el establecimiento del objeto amoroso). La descripción y la definición de la existencia de tres fases en la evolución del yo (la autista, la simbiótica y la fase de separación-individuación) tienen importantes implicaciones teóricas y clínicas (Spitz, 1965; Mahler, 1961 y 2008).

Margaret Mahler, Otto Kernberg, Heinz Kohut y otros ampliaron el esquema de Karl Abraham agregando algunos trastornos que, según ellos, se originan en las tempranas complicaciones que pueden darse en la relaciones objetales, como las psicosis infantiles autistas y simbióticas y los trastornos narcisista y fronterizo de la personalidad (Mahler, 1961; Kernberg, 1976 y 1984 y Kohut, 1971). Esta nueva comprensión de la dinámica de la evolución

Tabla 1. Karl Abraham: clasificación dinámica de las neurosis

Fijación de la libido		Trastornos emocionales y psicosomáticos
ORAL	Pasiva	• Esquizofrenia • Alcoholismo • Adicción
	Activa	• Trastornos maníaco-depresivos • Suicidio
ANAL		• Neurosis obsesivo-compulsiva
URETRAL		• Miedo a equivocarse • Perfeccionismo
FÁLICA		• Histeria de conversión • Ansiedad histérica

• Conversiones pregenitales
• Tartamudez
• Tics
• Asma

Clasificación dinámica de las neurosis de Karl Abraham (del libro de Otto Fenichel titulado *The Psychoanalytic Theory of Neuroses*).

del yo y de sus vicisitudes posibilitó el desarrollo de técnicas terapéuticas destinadas al tratamiento de pacientes psiquiátricos pertenecientes a categorías inaccesibles a los métodos del psicoanálisis clásico.

No cabe la menor duda de que los psicólogos del yo mejoraron, perfeccionaron y ampliaron la comprensión psicoanalítica de la psicopatología. Sin embargo, lo cierto es que todos ellos comparten la misma comprensión superficial de la psique que el psicoanálisis clásico, una visión limitada a la biografía postnatal y el inconsciente individual. Las observaciones proporcionadas por el estudio de los estados holotrópicos de conciencia demuestran la imposibilidad de entender de manera adecuada los trastornos emocionales y psicosomáticos, incluidos muchos estados hoy diagnosticados como psicóticos, teniendo exclusivamente en cuenta los problemas que afectan al desarrollo postnatal, como pueden ser los ligados al desarrollo de la libido o las vicisitudes implicadas en el establecimiento de las relaciones de objeto.

Hay que decir que los intentos llevados a cabo por Freud y sus seguidores para entender los trastornos emocionales y psicosomáticos fueron muy innovadores e iban, en general, en la dirección correcta. Sin embargo, el hecho de emplear un modelo de la psique centrado exclusivamente en la biografía postnatal y el inconsciente individual impedía que sus explicaciones dejaran de ser superficiales y poco convincentes. En ocasiones, eran manifiestamente cuestionables, como sucede con la teoría de Freud del instinto de muerte (Tánatos), el intento de Otakar Kučera de explicar el sadomasoquismo como una fijación a la etapa oral-activa del desarrollo de la libido en la que el bebé se hiere a sí mismo durante los intentos agresivos de morder con sus dientes recién estrenados, o la interpretación del suicidio como eliminación del pecho malo introyectado (Freud, 1964; Kučera, 1959). Las ediciones más recientes del *Manual diagnóstico y estadístico de los trastornos mentales* (DSM III-V) abandonaron por completo las consideraciones etiológicas y se limitaron a la simple enumeración de los síntomas («enfoque neokraepeliniano»).

El nuevo y muy ampliado modelo de la psique derivado de la investigación de los estados holotrópicos de conciencia permite proseguir la búsqueda etiológica de las causas de los trastornos emocionales y psicosomáticos iniciada por los pioneros del psicoanálisis y puede ofrecernos una comprensión mucho más profunda y convincente. Además, abre también nuevas e interesantes perspectivas a la terapia. Desde el punto de vista proporcionado por estas nuevas comprensiones, estos trastornos tienen una estructura multinivel y multidimensional que hunde sus raíces en los niveles de los inconscientes perinatal y transpersonal.

El reconocimiento de las raíces perinatales y transpersonales de los trastornos emocionales no implica, en modo alguno, negar la importancia de los factores biográficos mencionados por el psicoanálisis y la psicología del yo, porque no cabe la menor duda de la importancia de que, en el cuadro general, tienen los acontecimientos de la infancia y la niñez. Sin embargo, en lugar de ser la causa primaria de estos trastornos, el recuerdo de los acontecimientos traumáticos de la biografía postnatal funciona como desencadenante para la emergencia de elementos procedentes de niveles más profundos de la psique.

Lo que confiere a los síntomas neuróticos, psicosomáticos y psicóticos su contenido concreto y su extraordinario poder dinámico son las complejas constelaciones COEX, que no se limitan a los estratos biográficos, sino que hunden sus raíces en lo más profundo de los dominios perinatal y transpersonal. Los determinantes patógenos subrayados por el análisis freudiano y la psicología del yo modifican el contenido de temas procedentes de niveles más profundos del inconsciente, agregándole su carga emocional e intermediando su acceso a la conciencia.

Como ya hemos visto en el caso de Peter anteriormente mencionado, la relación entre síntomas y el sistema COEX subyacente multiestratificado incluye elementos biográficos y perinatales. El siguiente ejemplo se refiere a Norbert, un psicólogo y sacerdote de 51 años que participó en uno de nuestros talleres de cinco días celebrado en el Instituto Esalen.

Durante la introducción de bienvenida que precedió a la primera sesión de respiración holotrópica, Norbert se quejó de un fuerte dolor crónico en los músculos del hombro y en la zona pectoral que le provocaba mucho sufrimiento y le hacía la vida imposible. Los repetidos exámenes médicos, radiografías incluidas, no habían detectado fundamento orgánico alguno a su problema y todos los intentos terapéuticos realizados al respecto hasta el momento se habían mostrado infructuosos. Las inyecciones de procaína solo le procuraban un alivio breve y transitorio mientras duraba su efecto. Asimismo señaló la existencia de problemas respiratorios para los que tampoco se había encontrado explicación orgánica alguna.

Al comienzo de la sesión de respiración holotrópica, Norbert trató impulsivamente de abandonar la sala, porque no podía tolerar la música que, según dijo, estaba «matándole». Tuvimos que hacer un gran esfuerzo para persuadirle de que permaneciera en el proceso y explorase las razones de su malestar. Al final accedió y, durante casi tres horas, experimentó fuertes dolores en el pecho y el hombro que, por momentos, le resultaban casi insoportables. Se debatió con violencia como si su vida se hallara gravemente amenazada y, en varias ocasiones, se atragantó, tosió y gritó. Después de ese tormentoso episodio, acabó calmándose y se mostró tranquilo y relajado. Se sorprendió mucho al darse cuenta de que la experiencia había liberado las tensiones musculares de su hombro y ya no experimentaba ningún dolor. Esta experiencia también abrió sus vías respiratorias, permitiéndole respirar mucho más fácilmente.

Más tarde, Norbert dijo que su experiencia parecía tener tres niveles diferentes, todos ellos relacionados con el dolor en la zona de los hombros y su sensación de ahogo. En uno de los niveles más superficiales, revivió una situación aterradora de su infancia en la que casi perdió la vida. Cuando tenía unos siete años, él y sus amigos cavaron un túnel en la playa y, cuando lo terminaron, Norbert se metió en él a gatas, pero el túnel se derrumbó con los saltos de los niños, enterrándole vivo, y estuvo a punto de morir asfixiado.

Al profundizar en la experiencia de la respiración, revivió un episodio violento y aterrador que le llevó al recuerdo de su nacimiento biológico. Su parto fue muy difícil porque su hombro quedó atrapado durante un largo período de tiempo en la pelvis de su madre, un episodio que compartía con el anterior una combinación entre la asfixia y un dolor muy intenso en el hombro.

Durante la última parte de la sesión experimentó una transformación espectacular. Norbert empezó a ver uniformes militares y caballos y reconoció que se encontraba en medio de un campo de batalla. Hasta pudo identificar que se trataba de una de las batallas de la Inglaterra de Cromwell. En un determinado momento sintió un dolor muy agudo y se dio cuenta de que una lanza le había perforado el hombro. Al poco, cayó del caballo y sintió que los caballos le pisoteaban y aplastaban el pecho.

La conciencia de Norbert se separó entonces de su cuerpo moribundo, elevándose por encima del campo de batalla y pudo contemplar la escena a vista de pájaro. Después de la muerte del soldado, al que reconoció como una encarnación suya anterior, su conciencia regresó al presente y se conectó con su cuerpo que, por primera vez después de muchos años, se hallaba completamente despojado de dolor, un alivio que resultó permanente porque, pasados más de veinte años de esa memorable sesión, Norbert nos confirmó que los síntomas no habían regresado.

El recuerdo traumático de ciertos aspectos del nacimiento parece ser un factor importante en la causa de todo tipo de síntomas psicógenos. El registro inconsciente de la experiencia del nacimiento representa un trasfondo universal de emociones y sensaciones físicas complejas que constituyen el fundamento básico de distintas formas de psicopatología. El desarrollo real de trastornos emocionales y psicosomáticos y la forma que adoptan dependerán de la influencia reforzadora de los acontecimientos traumáticos de la historia postnatal o del efecto mitigador de factores biográficos que tengan un efecto favorable.

Pero las raíces de los problemas emocionales, psicosomáticos e interpersonales no se limitan a incluir componentes biográficos y perinatales, sino que pueden llegar a lo más profundo del dominio transpersonal de la psique y adoptar la forma de experiencias de vidas pasadas o de figuras y motivos mitológicos que comparten la misma cualidad arquetípica. Tampoco es extraño descubrir síntomas que, a un nivel más profundo, están relacionados con elementos procedentes de los reinos animal o hasta vegetal. Podemos concluir, pues, que los síntomas de los trastornos emocionales y psicosomáticos son el resultado de una compleja interacción entre elementos biográficos, perinatales y transpersonales.

Es interesante especular sobre los factores que podrían constituir el origen de las constelaciones COEX y la relación entre sus estratos biográficos, las matrices perinatales y los componentes transpersonales. La similitud de algunos traumas postnatales y su semejanza con ciertos aspectos de la dinámica perinatal podría atribuirse al azar. La vida de algunas personas puede pasar accidentalmente por situaciones de victimización semejantes a la MPB-II, traumas violentos o sexuales asociados a elementos de la MPB-III, episodios que implican dolor y asfixia y situaciones similares, en fin, a la angustia perinatal. El establecimiento de un sistema COEX, sin embargo, tiende a autorreplicarlo y puede llevar inconscientemente al individuo a recrear situaciones similares y añadir así, como ya vimos en el caso de Peter, nuevas capas a su constelación de recuerdos.

Muchas personas implicadas en la autoexploración profunda afirman haber tenido experiencias que asocian a vidas pasadas y al trauma del nacimiento. La reviviscencia del nacimiento suele coincidir o alternarse con diferentes episodios kármicos con los que comparten una cualidad emocional o ciertas sensaciones físicas, una conexión que sugiere la posibilidad de que la forma en que experimentamos nuestro nacimiento esté determinada por nuestro karma. Y esto no solo se aplica a la naturaleza general de nuestra experiencia de nacimiento, sino también a sus detalles concretos.

Verse ahorcado o estrangulado en una vida pasada, por ejemplo, puede traducirse en una asfixia durante el parto provocada por el enroscamiento del cordón umbilical en torno al cuello. Los dolores infligidos por objetos afilados en un episodio kármico pueden revelarse en dolores causados por las contracciones y presiones uterinas. La experiencia de estar confinado en una mazmorra medieval, en una cámara de tortura de la Inquisición o en un campo de concentración puede asociarse a la sensación sin salida característica de la MPB-II, y así sucesivamente. Las pautas kármicas también pueden subyacer y conformar acontecimientos traumáticos de la biografía postnatal.

Esto significa que las observaciones realizadas desde los estados holotrópicos de conciencia pueden transformar por completo nuestra visión psicológica de las formas más importantes de psicopatología. La siguiente discusión se centra exclusivamente en el papel desempeñado por los factores psicológicos en la formación de los síntomas. No incluye los trastornos que son de naturaleza orgánica (como los provocados por tumores o fiebres) y que pertenecen, en consecuencia, al ámbito estricto de la medicina.

Pero, antes de explorar esta nueva y revolucionaria comprensión de los trastornos concretos, nos parece apropiado reconocer el intelecto brillante e inquisitivo de Freud. Él no estaba satisfecho con sus interpretaciones de muchos trastornos en términos de experiencias traumáticas en la infancia y la niñez y solo contaba con la herramienta terapéutica que le proporcionaba el método de la asociación libre. En uno de sus últimos libros, *Esquema del psicoanálisis* (Freud, 1964), hizo una declaración en la que parece profetizar la aparición de una era psiquedélica:

> Pero la terapia nos ocupa aquí únicamente en la medida en que trabaja con medios psicológicos; por el momento no tenemos otros. Quizás el futuro nos enseñe a influir de forma directa, por medio de determinadas substancias químicas, sobre la cantidad de energía y su distribución dentro del aparato anímico. Puede que se abran para la terapia otras posibilidades insospechadas, pero, por el momento, no tenemos nada mejor que la técnica psicoanalítica, razón por la cual, pese a sus limitaciones, no deberíamos desdeñarla.

Como los académicos y clínicos modernos parecen haber renunciado a la búsqueda de Freud y sus primeros discípulos de una explicación plausible de los trastornos psicógenos trataré de demostrar el poder explicativo del nuevo modelo revisando, ampliando y profundizando la conceptualización freudiana original.

Las psiconeurosis clásicas de Freud

La mayoría de los psiquiatras probablemente coincidirían en que la ansiedad, ya sea en su variedad libre y flotante como en forma de fobias hacia determinadas personas, animales y situaciones, o como factor subyacente a otros síntomas y síndromes diversos, es uno de los problemas psiquiátricos más comunes. Y como la ansiedad es una respuesta a situaciones que ponen en peligro la supervivencia o la integridad física, no es extraño pensar que una de las principales fuentes de ansiedad clínica se remonte al trauma del nacimiento, que es una situación real o potencialmente mortal

El mismo Freud consideró brevemente la posibilidad de que la aterradora experiencia del nacimiento pudiera ser el prototipo de todas las ansiedades futuras. Esta fue una idea que se le ocurrió, como hemos mencionado en el capítulo anterior, durante un examen de las enfermeras de la sección de obstetricia.

Ansiedad histérica (fobias)

El psicoanálisis clásico consideraba las fobias como afecciones que aparecían en torno a los cuatro años y eran el resultado de una fijación, debida a un trauma psicosexual, a la fase fálica del desarrollo libidinal. El trabajo con los estados holotrópicos, sin embargo, ha demostrado que las raíces de las fobias se remontan a niveles mucho más profundos hasta el nivel perinatal del inconsciente y, a menudo, más allá todavía, hasta el dominio transpersonal. El papel fundamental desempeñado por el trauma del nacimiento en la génesis de las fobias es más evidente en la **claustrofobia** (del latín *claustrum*, que significa «lugar cerrado», y el griego *phobos*, que significa «miedo»), es decir, el miedo a los lugares cerrados y estrechos, que se manifiesta en situaciones de confinamiento o en las aglomeraciones que pueden ocurrir en los ascensores, el metro y las habitaciones pequeñas y sin ventanas y desemboca en la necesidad urgente de abandonar el espacio cerrado y buscar el aire libre.

Las personas que padecen claustrofobia se hallan bajo la influencia selectiva de un sistema COEX asociado al comienzo de la MPB-II, cuando el feto empieza a experimentar las primeras contracciones uterinas. Los factores biográficos de la vida postnatal que contribuyen a este trastorno son los recuerdos de situaciones que implican un confinamiento desagradable o una limitación de la respiración próxima al ahogo, las enfermedades respiratorias, la inmovilización mediante escayola, o el hecho de estar encerrado en un espacio oscuro o atado (para evitar, por ejemplo, la masturbación o rascarse un eczema). Y los elementos más significativos del nivel transpersonal para esta fobia son los recuerdos kármicos que implican encarcelamiento, atrapamiento y asfixia. Aunque la tendencia general de los pacientes claustrofóbicos consiste en evitar situaciones que intensifiquen los síntomas, el verdadero cambio terapéutico exige experimentar completamente los recuerdos inconscientes subyacentes y abrir la respiración a través de la abreacción y el trabajo corporal.

La ***agorafobia*** (del griego *agorá*, que significa «plaza central de una ciudad») consiste en el miedo a los lugares abiertos o al tránsito de un espacio cerrado a otro abierto y parece, en principio, contrario a la claustrofobia. Sin embargo, los pacientes agorafóbicos suelen ser también claustrofóbicos, aunque, para ellos, la transición de un lugar cerrado a un gran espacio abierto es un reto emocional más fuerte que la permanencia en un lugar cerrado. En el nivel perinatal, la agorafobia está asociada al último estadio de la MPB-III cuando, después de muchas horas de extremo confinamiento, la liberación repentina va acompañada del miedo a perder los límites, a explotar, a romperse en pedazos y a dejar de existir.

Cuando se hallan en un espacio abierto, los pacientes agorafóbicos se comportan como niños. Tienen miedo a cruzar solos la calle o una plaza grande y necesitan para ello apoyarse en un adulto que los lleve de la mano. Los hay que temen perder el control, se quitan la ropa y se acuestan desnudos en el suelo, expuestos a las miradas de los transeúntes, algo que recuerda la situación del recién nacido que acaba de nacer y es observado por adultos. En la terapia holotrópica, la experiencia de la muerte del ego y el renacimiento psicoespiritual suele implicar el alivio significativo de este problema.

Los pacientes que padecen ***tanatofobia*** (del griego *thanatos*, que significa «muerte»), o miedo patológico a la muerte, experimentan episodios de ansiedad vital que interpretan como la proximidad de un infarto, una embolia o una asfixia potencialmente mortales. Esta fobia hunde sus raíces en el malestar físico extremo y en la sensación de catástrofe inminente asociados al trauma del nacimiento. Los sistemas COEX implicados suelen estar relacionados con situaciones que ponen en peligro la vida, como operaciones, enfermedades y lesiones, en particular las que dificultan la respiración. La solución radical de la tanatofobia pasa por la reviviscencia consciente de las diferentes capas del sistema COEX subyacente y la confrontación experiencial con la muerte.

La ***nosofobia*** (del griego *nosos*, que significa «enfermedad»), es decir, el miedo patológico a tener o contraer una enfermedad, está estrechamente ligada a la tanatofobia y la hipocondría, la convicción delirante e infundada de padecer una enfermedad grave. Los pacientes que sufren de este trastorno tienen sensaciones corporales extrañas que no pueden explicar e interpretan como la presencia de una enfermedad somática. Entre los síntomas más habituales cabe destacar dolores, presiones y calambres en diferentes partes del cuerpo, corrientes extrañas de energía, parestesias y otro tipo de fenómenos inusuales. También pueden manifestarse en forma de disfunciones en diferentes órganos, como dificultades respiratorias, dispepsia, náuseas y vómitos, estreñimiento, diarrea, temblores musculares, malestar general, debilidad y fatiga.

Los chequeos médicos no suelen detectar trastorno orgánico alguno que justifique las quejas subjetivas. Y la razón para ello es que las sensaciones y emociones perturbadoras no tienen tanto que ver con un proceso fisiológico presente como con recuerdos de traumas físicos pasados. Los pacientes que padecen este tipo de problemas suelen solicitar repetidas pruebas clínicas y de laboratorio y convertirse en una auténtica pesadilla de las consultas médicas y de los hospitales. Muchos de ellos acaban en la consulta del psiquiatra donde no suelen recibir la acogida compasiva que merecen.

Los psiquiatras son médicos y, a falta de fundamento orgánico, pueden tomarse menos en serio las quejas de estos pacientes. Los síntomas físicos que no pueden ser explicados por las pruebas de laboratorio acaban viéndose descartados como quejas infundadas o como el mero producto de la imaginación de sus clientes. Pero nada más lejos de la realidad porque, pese a los hallazgos médicos negativos, las quejas físicas de estos pacientes son muy reales. Y es que, aunque estas quejas no reflejen un problema médico actual, se deben a la emergencia de recuerdos de graves problemas fisiológicos pasados. Su origen se asienta en enfermedades, operaciones y lesiones muy diversas entre las que destaca, por su importancia, el trauma del nacimiento.

Tres modalidades diferentes de nosofobia merecen una atención especial: la oncofobia (es decir, el miedo patológico a desarrollar o tener un cáncer), la bacilofobia (el miedo a los microorganismos y las infecciones) y la misofobia (el miedo a la suciedad y la contaminación). Aunque sus formas específicas se hallan biográficamente codificadas, todos estos problemas tienen hondas raíces perinatales. El elemento más importante en el caso de la **oncofobia** o **cancerofobia** (del griego *cáncer*, que significa «cangrejo») es el parecido que existe entre el cáncer y el embarazo. La literatura psicoanalítica conoce muy bien la similitud entre el crecimiento embrionario y el desarrollo de un tumor maligno, una similitud que trasciende el mero paralelismo superficial del rápido desarrollo de un objeto extraño en el interior del cuerpo y que se ve también apoyada por datos anatómicos, fisiológicos y bioquímicos. No en vano, las células cancerosas se asemejan, en muchos sentidos, a las células indiferenciadas de los primeros estadios del desarrollo embrionario.

En el caso de la ***bacilofobia*** o ***misofobia*** (del latín *bacillus* y del griego *musos*, que significa «suciedad»), el miedo patológico se centra en el material biológico, los olores corporales y la falta de higiene. Aunque los determinantes biográficos de estos trastornos suelen tener que ver con recuerdos de la época del aprendizaje del control de los esfínteres, sus raíces son más profundas y se remontan a la dimensión escatológica del proceso perinatal. Suele darse en pacientes que estuvieron en contacto con las heces de la madre o que, durante el parto, inhalaron las heces fetales (*meconio*). La clave que permite la comprensión de estas fobias es la conexión en la MPB-III entre la muerte, la agresividad, la excitación sexual y diferentes formas de material biológico.

Los pacientes que padecen estos trastornos no solo temen contaminarse biológicamente, sino que también suelen estar preocupados por la posibilidad de contagiar a los demás. Su miedo a los materiales biológicos se halla, pues, estrechamente ligado a una agresividad dirigida tanto hacia el interior como hacia el exterior, un rasgo distintivo de los estadios finales del proceso del nacimiento. A un nivel más superficial, el miedo a la infección y al desarrollo bacteriano guarda también alguna relación inconsciente con el esperma y la concepción y, consecuentemente, también con el embarazo y el nacimiento. Los sistemas COEX más relacionados con estas fobias implican recuerdos relevantes del estadio anal-sádico del desarrollo libidinal y problemas en torno a la higiene y el entrenamiento del control de los esfínteres. El material biográfico adicional tiene que ver con recuerdos que consideran el sexo y el embarazo como algo sucio y peligroso. Y, como sucede con todos los trastornos emocionales, estas fobias también suelen tener componentes transpersonales.

La profunda implicación e identificación con substancias biológicamente contaminantes constituye el fundamento de un tipo especial de baja autoestima que implica la autodegradación y la sensación de desagrado hacia uno mismo a la que de manera coloquial se conoce como «autoestima de mierda». A menudo está asociada a conductas rituales destinadas a deshacerse de material desagradable y repulsivo y a mejorar el aspecto exterior. El más obvio de estos rituales es el lavado compulsivo de manos u otras partes del cuerpo, algo que puede ser tan excesivo que acabe provocando graves lesiones y hasta hemorragias cutáneas. Otro tipo de rituales asociados son los que reflejan el esfuerzo de evitar o neutralizar la contaminación biológica, como llevar guantes blancos, utilizar un pañuelo limpio para tocar los pomos de las puertas, o limpiar los cubiertos y platos antes de comer, un problema obviamente conectado con las neurosis obsesivo-compulsivas.

La mujer cuyo recuerdo de los acontecimientos perinatales se halla cerca de la superficie puede experimentar una *fobia al embarazo y el parto*. Estar en contacto con el recuerdo de la agonía del parto hace que la mujer tenga dificultades para aceptar su feminidad y su función reproductora, porque la maternidad implica infligir dolor y sufrimiento. La idea de quedarse embarazada y de tener que enfrentarse al calvario del parto puede, en tales circunstancias, ir acompañada de un terror paralizante.

La *aicmofobia* (del griego *aichmē*, que significa «punta») es un miedo mórbido a cosas afiladas (como cuchillos, tijeras, lápices o agujas de tejer). Esta condición emocionalmente atormentadora, que suele comenzar poco después del nacimiento, no es una simple fobia, sino que también implica elementos obsesivo-compulsivos. Se trata de una combinación entre impulsos violentos contra el niño y el miedo a hacerle daño que suele estar asociado a un miedo a la maternidad, a una conducta sobreprotectora o la preocupación irracional de que al bebé pueda ocurrirle algo malo. Sean cuales fueren, sin embargo, los determinantes biográficos de este problema, su origen más profundo suele remontarse al parto, lo que también evidencia que, en el inconsciente, los aspectos pasivos y activos del parto se hallan profundamente conectados.

Los estados de unión simbiótica biológica entre la madre y el niño reflejan estados de unidad experiencial. La mujer que revive su propio nacimiento suele tener la experiencia simultánea o alterna de estar dando a luz. Y, de manera parecida, el recuerdo de ser un feto en el vientre materno está ligado a la experiencia de estar embarazada; y lo mismo ocurre también con las situaciones de ser amamantado y amamantar. Las raíces profundas de la fobia a la maternidad tienen que ver con el primer estadio clínico del parto (MPB-II), cuando el útero se contrae y el cuello uterino permanece cerrado, momento en el cual madre e hijo se hallan atrapados en un estado de antagonismo biológico en el que se infligen dolor mutuamente.

Esta situación tiende a activar el recuerdo de la madre de su propio nacimiento, desatando el potencial agresivo asociado y dirigiéndolo hacia el niño. El hecho de que dar a luz a un hijo permita un acceso experiencial a la dinámica perinatal supone una importante oportunidad terapéutica. Es un momento muy apropiado para que la mujer que acaba de dar a luz lleve a cabo un trabajo psicológico inusualmente profundo. En su aspecto negativo, sin embargo, la activación del inconsciente perinatal de la madre puede dar lugar, si las emociones emergentes no se gestionan de manera adecuada, a depresiones posparto, neurosis y hasta psicosis.

La psicopatología posparto suele explicarse con vagas referencias a los cambios hormonales, lo que no tiene mucho sentido si tenemos en cuenta que, mientras que los cambios hormonales se atienen a una pauta bastante estándar, las respuestas de la mujer al parto abarcan un abanico muy amplio que va desde el éxtasis hasta la psicosis. En mi opinión, los recuerdos perinatales desempeñan un papel decisivo en las fobias asociadas al embarazo y la maternidad, así como también en la psicopatología posparto. El trabajo vivencial sobre el trauma del nacimiento y el período postnatal temprano parece ser el método de elección para el tratamiento de estos trastornos.

La **siderodromofobia** (del griego *sideron*, que significa «hierro», y *dromos*, que significa «camino»), es decir, la fobia a viajar en tren y en metro, se basa en ciertas similitudes formales entre la experiencia del nacimiento y los desplazamientos en esos medios de transporte. Los denominadores comunes más relevantes de ambas situaciones son la sensación de enclaustramiento y el sometimiento a fuerzas y energías enormes en movimiento sobre las que la persona carece de todo control. Otros elementos coadyuvantes son el paso por túneles y pasajes subterráneos y el encuentro con la oscuridad. En los viejos tiempos de las máquinas de vapor aparecen también otros elementos como el fuego, la presión del vapor y el pitido, que transmiten una sensación de urgencia. Para que estas situaciones desencadenen una fobia, los recuerdos perinatales deben hallarse cerca de la conciencia, debido a su intensidad y al efecto puente de los estratos biográficos postnatales del sistema COEX subyacente.

Una fobia estrechamente ligada a la anterior es el *miedo a viajar en avión* que comparte con otras situaciones la alarmante sensación de enclaustramiento, el miedo a poderosas energías en movimiento y la total incapacidad de influir en el curso de los acontecimientos. Un factor adicional durante los vuelos accidentados parece ser la incapacidad de dejarse llevar y el empeño en permanecer en la misma posición. Esta falta de control parece ser un elemento de gran importancia en las fobias relacionadas con los viajes. Esto puede ilustrarse con la *fobia a viajar en coche*, que es un medio de transporte en el que podemos desempeñar fácilmente los dos papeles de pasajero y conductor. Esta fobia solo se presenta cuando nos vemos conducidos pasivamente y no cuando ocupamos el asiento del conductor y podemos controlar o modificar deliberadamente la dirección o el movimiento.

Es interesante constatar la existencia de una conexión entre el *mareo* y el *mal de altura* y la dinámica perinatal, que tienden a desaparecer cuando el individuo ha completado el proceso de muerte y renacimiento. El elemento esencial aquí parece ser la renuncia a la necesidad de tener el control y la capacidad de entregarse al flujo de los acontecimientos, sin importar lo que estos traigan. Los problemas irrumpen cuando el individuo se empeña en controlar procesos que tienen un dinamismo propio e inexorable. La necesidad excesiva de control de una situación es característica de los individuos que se hallan bajo una fuerte influencia de la MPB-III y los sistemas COEX relacionados, mientras que la capacidad de entregarse al flujo de los acontecimientos evidencia una fuerte conexión con los aspectos positivos de las MPB-I y MPB-IV.

La ***acrofobia*** o ***miedo a las alturas*** (del griego *ákron*, que significa «pico» o «cumbre») no es, en sentido estricto, una fobia. Siempre está asociada a la compulsión a saltar o lanzarse desde un lugar elevado como una torre, una ventana, un acantilado o un puente. La sensación de caída acompañada del miedo simultáneo a la destrucción es una manifestación característica de las últimas fases de la MPB-III, una asociación cuyo origen no está claro, aunque probablemente implique un componente filogenético. Tengamos en cuenta que algunos animales dan a luz de pie y su nacimiento puede implicar una importante caída (como ocurre, por ejemplo, en el caso del nacimiento de una jirafa) y las mujeres de algunas culturas nativas dan a luz suspendidas de un árbol, en cuclillas o a cuatro patas (*à la vache*), como supuestamente ocurrió en el caso de la reina Maya que dio a luz al Buda de pie y agarrada a una rama. Otra posibilidad es que el momento del parto refleje nuestro primer encuentro con el fenómeno de la gravedad, incluida la posibilidad o incluso el recuerdo real de haber caído.

Sea como fuere, es muy habitual que, en estados holotrópicos, las personas que se hallen bajo la influencia de la MPB-III tengan experiencias de caída, buceo acrobático o paracaidismo. También es típico el interés compulsivo por deportes extremos y otras actividades que implican caídas (como el paracaidismo, el puenting, el vuelo acrobático, o los especialistas que reemplazan a los actores en las escenas cinematográficas arriesgadas) que parece reflejar la necesidad de exteriorizar la sensación de desastre inminente en situaciones que permiten un cierto grado de control (como la cuerda del puenting o el paracaídas), o que implican alguna que otra forma de protección (como la finalización de la caída en el agua). Los sistemas COEX responsables de la manifestación de esta faceta concreta del trauma del nacimiento incluyen recuerdos de la infancia de haber sido lanzados juguetonamente al aire por adultos, o los accidentes que implican una caída.

Debido a la naturaleza un tanto enigmática de la relación entre la fobia a las alturas, la experiencia de caer y los estadios finales del nacimiento, puede resultar de utilidad ilustrarla con un ejemplo concreto. Se trata del caso de Ralph, un inmigrante alemán que vive en Canadá que, hace muchos años, asistió a uno de nuestros talleres de respiración holotrópica en la Columbia Británica. Las historias de casos relacionados con otros tipos de fobias pueden encontrarse en otras publicaciones (Grof, 1975 y 2000).

En sus sesiones holotrópicas, Ralph experimentó un poderoso sistema COEX que, según él, era la causa de su fobia a las alturas. La capa más superficial de este COEX contenía un recuerdo de la Alemania anterior a la guerra, un momento de creciente tensión militar que también coincidía con una ajetreada preparación de los juegos olímpicos que iban a celebrarse en Berlín y con los que Hitler pretendía demostrar la superioridad de la raza aria.

Como la victoria en las Olimpiadas era, para Hitler, un asunto de extraordinaria importancia política, muchos atletas de talento se vieron recluidos en campos especiales para someterse a un riguroso entrenamiento. La alternativa consistía en ser reclutado para alistarse a la Wehrmacht, el infausto ejército alemán. Ralph, un pacifista que odiaba el ejército, fue seleccionado para ir a uno de estos campos, lo cual agradeció como una ocasión para evitar el reclutamiento forzoso.

El entrenamiento consistía en distintas disciplinas deportivas y era muy competitivo; todas las pruebas se calificaban y quienes obtenían las peores puntuaciones eran enviados al ejército. Ralph no tenía muy buenas notas y solo le quedaba una última oportunidad para mejorar. Lo que estaba en juego y su motivación para triunfar eran muy elevados, pero el reto al que se enfrentaba –tirarse de cabeza a una piscina desde un trampolín de nueve metros de altura– era realmente formidable.

El estrato biográfico de su sistema COEX consistió en revivir la extraordinaria ambivalencia y miedo asociados al salto, así como las sensaciones que acompañaban a la caída. La capa más profunda del mismo sistema COEX que siguió a esta experiencia fue la de revivir su lucha durante el estadio final del parto, con todas las emociones y sensaciones físicas que ello implicaba. El proceso continuó con lo que Ralph concluyó que debía tratarse de una experiencia de vida pasada.

En este punto se convirtió en un adolescente de una cultura nativa que participaba, junto a un grupo de compañeros de su edad, en un peligroso rito de iniciación. Uno tras otro, debían trepar a la cúspide de una torre hecha de postes de madera unidos con lianas vegetales y flexibles. Una vez allí, se ataban a los tobillos el extremo de una larga liana y fijaban el otro extremo al borde de la plataforma ubicada en lo alto de la torre. Era motivo de orgullo y símbolo de estatus tener la liana más larga y no perder la vida en el intento.

Cuando experimentó los sentimientos asociados al salto de ese rito de paso se dio cuenta de la gran similitud que existe con las sensaciones que experimentó en el campamento olímpico y las que atravesó durante los estadios finales del nacimiento. Se trataba de tres situaciones que formaban parte integral del mismo COEX.

La *zoofobia* (del griego *zoon*, que significa «animal» u «organismo») es el miedo a los animales, lo que puede implicar muchas formas de vida diferentes, desde bestias grandes y peligrosas hasta criaturas pequeñas e inofensivas. No se trata del peligro que un determinado animal representa para el ser humano. Aunque el psicoanálisis clásico consideraba al animal temido como una representación simbólica del padre castrador o de la mala madre y siempre tenía una connotación sexual, el trabajo con los estados holotrópicos ha demostrado lo inadecuado de esa interpretación biográfica de las zoofobias y ha puesto de manifiesto que sus raíces están ubicadas en los dominios perinatal y transpersonal.

Si el objeto de la fobia es un animal grande, los elementos más importantes parecen ser el miedo a ser devorado y engullido (lobo) o la relación con el embarazo y la lactancia (vaca). Ya hemos dicho que la experiencia de verse devorado y engullido está asociada al simbolismo arquetípico del comienzo de la MPB-II, un miedo perinatal a ser engullido que puede proyectarse fácilmente sobre los grandes animales, en especial los depredadores. Ejemplos clásicos de la relación entre un animal grande y el nacimiento son el cuento de Caperucita Roja y la historia bíblica de Jonás, con su simbolismo perinatal de ser devorado.

Ciertos animales también guardan una relación simbólica especial con el proceso de nacimiento, como las tarántulas gigantes, que aparecen con frecuencia durante la fase inicial de la MPB-II como símbolos de la dimensión devoradora de lo femenino. Esto parece reflejar el hecho de que las arañas atrapan en sus telas a los insectos voladores, los inmovilizan, los envuelven y los matan. No es difícil advertir la similitud entre esta secuencia de acontecimientos y las experiencias por las que atraviesa el bebé durante el parto biológico. Esta relación parece esencial para el desarrollo de la ***aracnofobia*** (del griego *arachne*, que significa «araña»), es decir, el miedo a las arañas.

Otra zoofobia que tiene un importante componente perinatal es la *ofiofobia* o *serpentofobia* (del griego *ophis* y del latín *serpens*, que significan «serpiente»), es decir, el miedo a las serpientes. Las imágenes de serpientes que, a un nivel más superficial, tienen una connotación fálica, son símbolos comunes que representan la agonía del parto y, por tanto, de las dimensiones aterradoras y devoradoras de lo femenino. Las víboras venenosas representan una amenaza de muerte inminente y el inicio también del viaje iniciático (véanse los frescos de Pompeya que representan un ritual dionisíaco), mientras que las grandes serpientes constrictoras tipo boa simbolizan el aplastamiento y estrangulamiento que acompaña al proceso del parto. El hecho de que las grandes serpientes constrictoras se traguen a sus víctimas y parezcan embarazadas refuerza todavía más esta connotación perinatal.

Pero este simbolismo serpentino llega hasta lo más profundo del nivel transpersonal, donde puede tener muchos significados culturales diferentes, como la serpiente del Jardín del Edén que engañó a Eva; la serpiente que representa el poder de *kundalini*; la serpiente Muchalinda, que protege al Buda de la lluvia; Ananta, la interminable serpiente de Vishnu; Quetzalcóatl, la serpiente emplumada mesoamericana, o la serpiente arco iris de los aborígenes australianos, entre otras muchas.

La **entomofobia** (del griego *entomos*, que significa «insecto»), es decir, la fobia a los insectos, suele remontarse a la dinámica de las matrices perinatales. Las abejas, por ejemplo, parecen estar relacionadas con la reproducción y el embarazo debido a su papel en la transferencia del polen y en la fertilización de las plantas, así como a su capacidad para provocar hinchazón con sus picaduras. Las moscas, debido a su asociación con los excrementos y por ser fuente de infecciones, están asociadas al aspecto escatológico del nacimiento. Y todo esto, como ya hemos señalado, guarda una estrecha relación con las fobias a la suciedad y los microorganismos y con el lavado compulsivo de manos.

La **queraunofobia** (del griego *keraunos*, que significa «rayo») es el miedo patológico a las tormentas eléctricas que está relacionado psicodinámicamente con la transición entre la PMB III y la PMB IV y, por consiguiente, con la muerte del yo. Tengamos en cuenta que el rayo representa una conexión energética entre el cielo y la tierra y que la electricidad es una expresión física de la energía divina. Por estas razones, la tormenta eléctrica simboliza el contacto con la luz divina que se da durante la culminación del proceso de muerte y renacimiento. En las sesiones psiquedélicas que llevé a cabo en Praga, varios de mis pacientes revivieron los *electroshocks* que les habían administrado en el pasado y aunque, en la situación original, las descargas eléctricas los dejaron inconscientes, permanecieron conscientes durante toda la experiencia.

Tuvieron estas experiencias cuando su proceso de transformación psicoespiritual llegó al punto de la muerte del yo. Es interesante constatar aquí que una de las teorías que trataba de explicar el efecto terapéutico de los *electroshocks* sugiriese que el procedimiento inducía una experiencia de muerte y renacimiento psicoespiritual. El queraunófobo más famoso fue Ludwig van Beethoven, que logró enfrentarse al tema de su miedo cuando, en su Sinfonía Pastoral, incluyó magistralmente la representación musical de una tormenta eléctrica.

La ***pirofobia*** (del griego *pyr*, que significa «fuego»), es decir, el miedo patológico al fuego, también tiene profundas raíces psicológicas en el proceso que conduce desde la MPB-III hasta la MPB-IV. Cuando hablamos de la fenomenología de las matrices perinatales, vimos que los individuos que se acercan a la muerte del yo suelen tener visiones de fuego. También suelen experimentar que su cuerpo arde y se sienten atravesados por llamas purificadoras (*pirocatarsis*). Los temas del fuego y el purgatorio constituyen, pues, un importante correlato del estadio final de la transformación psicoespiritual. Cuando este aspecto de la dinámica inconsciente alcanza el umbral de la conciencia, el vínculo entre la experiencia del fuego y la inminente muerte del yo da paso a la pirofobia.

No obstante, en aquellos individuos capaces de intuir el potencial positivo de este proceso, el hecho de que su resultado final suponga la muerte y el renacimiento psicoespiritual va acompañado de un efecto totalmente diferente. Tienen la sensación de que, si pudiesen llegar a experimentar la fuerza destructiva del fuego, les ocurriría algo extraordinario, una expectativa, en ocasiones tan fuerte que puede convertirse en el impulso irresistible de provocar un incendio. Pero el testimonio de la conflagración resultante solo aporta una emoción transitoria y tiende a ser decepcionante. Sin embargo, la sensación de que la experiencia del fuego debería conllevar una extraordinaria liberación es tan convincente y urgente que la persona puede volver a intentarlo y acaba convirtiéndose en un pirómano. Resulta paradójico, en este sentido, la estrecha relación entre la pirofobia y la piromanía (del griego *mania*, que significa «frenesí»).

La ***hidrofobia***, es decir, el miedo patológico al agua, también suele tener un fuerte componente perinatal que refleja el importante papel que desempeña el agua durante el proceso del parto. Si el embarazo y el parto siguen un curso normal, esta conexión es muy positiva. En ese caso, el agua representa la sensación placentera de la existencia amniótica o del período postnatal, cuando el baño es signo de que ha pasado ya el peligro del nacimiento. Sin embargo, varias crisis prenatales, como tragar líquido amniótico durante el parto o los accidentes durante el baño postnatal pueden dar al agua connotaciones abiertamente negativas. Los sistemas COEX latentes en la hidrofobia también suelen contener elementos biográficos (experiencias traumáticas con el agua durante la infancia y la niñez) y transpersonales (como naufragio, inundación o ahogamiento durante una encarnación pasada).

Histeria de conversión

Esta forma de neurosis, mucho más común en tiempos de Freud que en la actualidad, desempeñó un papel muy importante en la historia y el desarrollo del psicoanálisis. A esta categoría diagnóstica pertenecían muchas de las pacientes tanto de Freud como de muchos de sus seguidores. El nombre de este trastorno se deriva del griego *hystera*, que significa útero, porque, en un primer momento, se consideraba un trastorno exclusivamente femenino, una suposición que acabó viéndose desmentida y abandonada. La **histeria de conversión** tiene una sintomatología muy rica y variada y, según la taxonomía psicogenética esbozada por el psicoanalista berlinés Karl Abraham ya mencionada, está estrechamente ligada al grupo de las fobias o ansiedad histérica.

Esto significa que la fijación principal de este trastorno se produce durante la fase fálica del desarrollo libidinal y que el trauma psicosexual ocurre en un momento en el que el niño se halla bajo la fuerte influencia del complejo de Electra o de Edipo. Su nombre se deriva del mecanismo de defensa implicado en la psicogénesis de este problema de la conversión, un término que se refiere a la transformación simbólica en síntomas físicos de los conflictos inconscientes y de los impulsos instintivos.

Algunos ejemplos de manifestaciones histéricas de las funciones motoras son la parálisis de brazos o piernas (abasia o astasia), la pérdida del habla (afonía) y los vómitos. La conversión que afecta a los órganos y funciones sensoriales puede llegar a producir ceguera o sordera temporal o anestesia psicógena. La histeria de conversión también puede producir una combinación de síntomas que emulan convincentemente el embarazo. Este falso embarazo (o pseudociesis) conlleva amenorrea, náuseas y vómitos matutinos, y una considerable ampliación del volumen de la cavidad abdominal originado en parte por la retención de gases en los intestinos. Los estigmas religiosos, que simulan las heridas de Jesús, también se han interpretado a menudo como ejemplo de histeria de conversión.

Freud sugirió que, en la histeria de conversión, los pensamientos e impulsos sexuales reprimidos encuentran su expresión en cambios de las funciones físicas y el órgano afectado se «sexualiza», es decir, se convierte en un sustituto simbólico de los genitales. Por ejemplo, la hiperemia o hinchazón de varios órganos pueden simbolizar la erección y las sensaciones anormales o cambios fisiológicos de esos órganos pueden imitar las sensaciones genitales.

Freud, por ejemplo, aceptó la teoría de su amigo íntimo el otorrinolaringólogo Wilhelm Fliess, que creía que el rubor del rostro es una forma de excitación sexual desplazada y que hurgarse la nariz es un sustituto de la masturbación. Freud llegó a sugerir a algunos de sus pacientes histéricos que se les rompiera quirúrgicamente el tabique nasal, una intervención recomendada por Fliess para el tratamiento de este trastorno. Freud también sugirió que, en algunos casos, el recuerdo emergente de una situación traumática pudiese entenderse teniendo en cuenta las sensaciones físicas que el individuo experimentaba en ese momento

La manifestación más compleja y característica de la histeria es una forma específica de ataque psicosomático denominado **ataque** o **crisis histérica mayor**, un trastorno caracterizado por desmayos (*síncopes*), dificultades respiratorias, arqueo extremo del cuerpo hacia atrás en el suelo (*arc de cercle* u *opistótono*), alternancia de llanto y risa, agitación y movimientos pélvicos semejantes a los del coito. Según Freud, el ataque histérico es una expresión caricaturesca de sucesos y recuerdos olvidados de la infancia, así como de historias fantásticas construidas en torno a ellos. Estos ataques reflejan temas sexuales encubiertos y están asociados a los complejos de Edipo y Electra o sus variantes. Freud señaló que la conducta del sujeto durante el ataque histérico muestra claramente su naturaleza sexual y llegó a comparar la pérdida de conciencia que se produce en el momento álgido del ataque con la pérdida momentánea de conciencia que acompaña al orgasmo.

Las experiencias que tienen lugar durante los estados holotrópicos demuestran que, además de sus determinantes biográficos, la histeria de conversión tiene también importantes raíces perinatales y transpersonales. Por debajo de los fenómenos de conversión en general y de los episodios histéricos en particular yacen poderosos bloqueos bioenergéticos que tienen vínculos conflictivos relacionados con la dinámica de la MPB-III. La conducta de quienes reviven la fase final de esta matriz perinatal, especialmente la desviación característica de la cabeza y el arqueo extremo del cuerpo hacia atrás, suele asemejarse al ataque histérico.

La naturaleza y el momento de aparición del material biográfico que interviene en la psicogénesis de la histeria de conversión coinciden básicamente con la teoría freudiana. Por lo general, el trabajo experiencial revela traumas psicosexuales propios del período de la infancia en el que el paciente alcanzó la fase fálica del desarrollo y se hallaba sometido a la influencia de los complejos de Edipo o de Electra. También es posible demostrar que los movimientos del ataque histérico no solo reflejan los mencionados elementos perinatales, sino que contienen también alusiones simbólicas a aspectos concretos del trauma infantil subyacente.

El contenido sexual de los recuerdos traumáticos asociados a la histeria de conversión explica su participación en un sistema COEX que incluye también la faceta sexual de la MPB-III. Si no tenemos en cuenta la fuerte carga sexual del recuerdo del nacimiento, es fácil pasar por alto la contribución perinatal a la génesis de la histeria de conversión y atribuir exclusivamente este trastorno a factores postnatales. Pero es interesante señalar, en este contexto, que el propio Freud observó y admitió que los temas principales que subyacen al ataque histérico no suelen referirse a la seducción sexual ni al coito, sino al embarazo y el parto.

La implicación de la MPB-III en la psicogénesis de la histeria de conversión explica muchos aspectos a menudo mencionados pero nunca adecuadamente explicados por la literatura psicoanalítica. Se trata, sobre todo, del hecho de que el análisis de los síntomas histéricos no solo revela su conexión con los impulsos libidinales y el orgasmo sexual, sino también con una «erección» generalizada de todo el cuerpo (parto orgásmico) y de un modo bastante explícito con el embarazo y el parto. Y lo mismo ocurre con los extraños vínculos que existen, en la histeria de conversión, entre la sexualidad, la agresividad y la muerte. La lucha por la respiración es otro rasgo que el ataque histérico comparte con la reviviscencia del nacimiento. Esto sugiere que la mejor forma de abordar un ataque histérico es tratarlo como una sesión experiencial y favorecer la plena expresión de las emociones y sensaciones físicas, y convertirlo así en una oportunidad para el tratamiento terapéutico del problema subyacente.

El fundamento psicodinámico de la histeria de conversión se asemeja bastante al de la depresión agitada. Esto resulta evidente cuando observamos la expresión más plena de este trastorno, el ataque histérico mayor. En términos generales, la depresión agitada es un trastorno más grave que la histeria de conversión y manifiesta de un modo más puro el contenido y la dinámica de la MPB-III. La observación de las expresiones faciales y de la conducta del paciente que experimenta una depresión agitada no deja lugar a dudas de que nos hallamos ante una situación grave. Esta impresión se ve corroborada por la alta incidencia de suicidio –e incluso de asesinato combinado con suicidio– que se da en estos pacientes.

Aunque el ataque de histeria mayor se asemeja superficialmente a la depresión agitada, su aspecto general, sin embargo, es mucho menos grave y carece de la profundidad de la desesperación. Parece artificial y muestra rasgos notablemente histriónicos salpicados de inconfundibles matices sexuales. En general, el ataque histérico presenta muchos rasgos distintivos de la MPB-III, como la tensión excesiva, la excitación y agitación psicomotora, la mezcla de depresión y agresividad, gritos, las complicaciones de la respiración y un espectacular arqueo corporal. Sin embargo, la pauta experiencial básica aparece aquí de un modo bastante más mitigado que en el caso de la depresión agitada y se ve substancialmente modificada y teñida por acontecimientos traumáticos posteriores.

La terapia experiencial profunda pone de relieve la conexión dinámica que existe entre la histeria de conversión, la depresión agitada y la MPB-III. Al comienzo, los estados holotrópicos tienden a desencadenar o amplificar los síntomas histéricos y el cliente reconoce su origen en determinados traumas psicosexuales de su infancia. Las sesiones posteriores suelen asemejarse más a una depresión agitada y acaban revelando, en gran cantidad de casos, los elementos subyacentes de la MPB-III. La reviviscencia del nacimiento y la conexión con la MPB-IV va acompañada del alivio y hasta de la desaparición de los síntomas. Las raíces más profundas de la conversión histérica pueden llegar hasta el nivel transpersonal y adoptar la forma de recuerdos kármicos o motivos arquetípicos.

La parálisis histérica de manos y brazos, la incapacidad para permanecer de pie (*abasia*), la pérdida del habla (*afonía*) y otros síntomas de conversión también tienen fuertes componentes perinatales. Estas afecciones no están causadas por la falta de impulsos motores, sino por la activación de impulsos motores contrarios que los anulan. Esta situación se deriva de la experiencia dolorosa y estresante del nacimiento, durante la cual el cuerpo del niño responde con la activación caótica de impulsos neuronales que carecen de la adecuada descarga.

En su libro pionero *El trauma del nacimiento* (1929), Otto Rank sugirió una interpretación parecida de los síntomas de la histeria de conversión. Mientras que Freud consideraba que las conversiones eran la expresión en el lenguaje corporal de un conflicto psicológico, Rank creía que su fundamento real era fisiológico y reproducía la situación original que existía durante el nacimiento. El problema, para Freud, era cómo podía traducirse en síntoma físico un problema fundamentalmente psicológico, mientras que Rank tuvo que enfrentarse al problema contrario, explicar cómo un fenómeno somático puede adquirir, mediante una elaboración secundaria, un contenido psicológico y un significado simbólico.

Algunas manifestaciones graves de la histeria muy próximas a la psicosis, como el estupor psicógeno, la ensoñación descontrolada y la confusión de la fantasía con la realidad (*pseudología fantástica*), parecen estar dinámicamente asociadas a la MPB-I. Reflejan la profunda necesidad de restablecer la condición emocional beatífica propia de la unión simbiótica con la madre y la existencia intrauterina no perturbada. Mientras que el componente de satisfacción emocional y física implicado en estos estados puede ser fácilmente considerado un sucedáneo de las situaciones anheladas de un buen útero y un buen pecho, el contenido concreto de las ensoñaciones y fantasías diurnas gira en torno a temas y cuestiones relacionadas con la infancia, la adolescencia y la vida adulta del individuo. En las últimas décadas, la histeria de conversión clásica, muy frecuente durante mis estudios de medicina y los primeros años de mi práctica psiquiátrica (años 50 y 60), ha acabado convirtiéndose en un trastorno psiquiátrico muy raro.

Neurosis obsesivo-compulsiva

Los pacientes que sufren un ***trastorno obsesivo-compulsivo*** se ven atormentados por pensamientos irracionales intrusivos de los que no pueden desembarazarse y que los obligan a repetir determinados rituales absurdos. Y, por más conscientes que sean de la irracionalidad y extrañeza de sus procesos de pensamiento y de su conducta son, sin embargo, incapaces de controlarlos y, si se niegan a dejarse llevar por esos extraños impulsos, se ven desbordados por una ansiedad flotante que puede llegar a resultar insoportable.

El espectro de pensamientos y conductas obsesivo-compulsivas es muy amplio y va desde la inocente conducta lúdica y la «psicopatología de la vida cotidiana» hasta auténticos calvarios que imposibilitan el desempeño de la vida cotidiana. Son muchas las personas que se van de vacaciones con la maleta hecha y, de repente, experimentan la escalofriante sensación de que han olvidado algo importante o se han dejado encendida la luz o la estufa, una inquietud que solo pueden disipar regresando y corroborado la veracidad de sus sospechas. La persona que sufre de TOC tiene que volver a casa una y otra vez para comprobar la comprobación de la comprobación llegando incluso, en ocasiones, a perder el tren o el avión.

Nací en Praga y viví allí hasta los treinta y seis años. Las calles de gran parte de la ciudad tenían aceras decoradas con hermosos dibujos hechos con pequeños cubos de granito negro, gris, blanco y rojo. Muchas personas que caminaban por las calles tenían, de vez en cuando, el impulso de caminar por la acera ateniéndose a una determinada pauta como, por ejemplo, pisar tan solo las zonas del mismo color, serpenteando de tal o de cual modo o evitando ciertas figuras geométricas. Pero ese era un juego en el que mis pacientes de TOC quedaban a veces atrapados durante horas sin poder escapar porque, cada vez que trataban de hacerlo, experimentaban un miedo aterrador.

El problema de uno de mis pacientes con TOC era que, cada vez que debía enfrentarse a algo que le evocaba una fuerte reacción emocional –como, por ejemplo, una cita con una chica atractiva–, se veía obligado a llevar a cabo un largo proceso para colocarse a determinadas distancias de los ejes de abscisas y ordenadas del lugar en el que se encontraba hasta identificar el punto exacto en el que ubicarse frente a esa persona o a ese acontecimiento. Durante una sesión de LSD se dio cuenta de que ese laborioso proceso de pensamiento era una expresión de los conflictivos vectores asociados al hecho de tener la cabeza atrapada en el canal de parto.

La literatura psicoanalítica parece coincidir en que el fundamento psicodinámico de este trastorno está asociado a conflictos relacionados con la homosexualidad, la agresividad y el material biológico. Otros rasgos comunes son la inhibición de la genitalidad y el fuerte énfasis en los impulsos pregenitales, especialmente los de naturaleza anal. Estos aspectos de la neurosis obsesivo-compulsiva evidencian el claro componente perinatal asociado a la dimensión escatológica de la MPB-III.

Otro rasgo característico de esta neurosis es una fuerte ambivalencia con respecto a la religión y Dios. Muchos pacientes obsesivo-compulsivos viven en un grave conflicto constante en torno a Dios y la fe religiosa, a la vez que experimentan fuertes pensamientos, sentimientos e impulsos blasfemos. Por ejemplo, asocian la imagen de Dios a la masturbación o la defecación o tienen la irrefrenable tendencia de reírse en voz alta, gritar obscenidades o expulsar ventosidades en una iglesia o un funeral, algo que alterna con la necesidad desesperada de arrepentirse, expiar y castigarse como forma de enmendar sus transgresiones, blasfemias y pecados.

Como ya hemos dicho en la sección relativa a la fenomenología de las matrices perinatales, la estrecha relación entre los impulsos sexuales, agresivos y escatológicos y el elemento numinoso y divino son rasgos distintivos de la transición entre la MPB-III y la MPB-IV. Y, del mismo modo, un fuerte conflicto entre la lucha contra esa fuerza abrumadora y el deseo de rendirse es un rasgo característico de los últimos estadios del proceso de muerte y renacimiento. En el caso de los estados holotrópicos, esta fuerza autoritaria implacable puede ser experimentada de un modo arquetípico.

Puede manifestarse como el castigo estricto de un dios cruel semejante al Yahvé del Antiguo Testamento, o como una feroz deidad precolombina que exige sacrificios sangrientos. El correlato biológico de esta deidad castigadora es la opresión experimentada en el canal del nacimiento que inflige al individuo un sufrimiento extremo y amenazante para su vida al tiempo que impide cualquier expresión de las energías instintivas de naturaleza sexual y agresiva que se activan durante el doloroso proceso del nacimiento biológico.

La fuerza constrictiva del canal del parto representa el fundamento biológico de ese aspecto del superego que Freud calificó como «salvaje». Se trata de un elemento primordial y bárbaro de la psique que puede llevar al individuo al autocastigo, la automutilación y hasta el suicidio violento. Freud consideraba que esta parte del superego era de naturaleza instintiva y, por tanto, un derivado del id. Esta influencia restrictiva y coercitiva adopta, durante el período postnatal, formas mucho más sutiles de prescripciones y prohibiciones establecidas por la autoridad parental, las instituciones legales y los mandamientos religiosos. Este es el polo opuesto de otro aspecto del superego, el «yo ideal» (*das ideale Ich*) de Freud, que expresa la tendencia a identificarnos y emular a las personas a las que admiramos.

Una importante fuente perinatal de la neurosis obsesivo-compulsiva es el encuentro desagradable y amenazador con diferentes formas de material biológico que sucede durante los últimos estadios del nacimiento. Los sistemas COEX psicogenéticamente asociados a este trastorno implican experiencias traumáticas relacionadas con la zona anal y el material biológico, como una historia muy estricta de entrenamiento del control de los esfínteres, enemas dolorosos, violación anal o enfermedades gastrointestinales. Otra importante categoría de material biográfico relacionada incluye el recuerdo de situaciones que representan una amenaza a la organización genital (como la circuncisión o fimosis). Con bastante frecuencia, elementos transpersonales con temas similares desempeñan también un papel importante en la génesis de este problema.

Las obsesiones, la compulsión a la conducta ritual, los conflictos sobre la religión y la sexualidad y la ansiedad que aflora cuando el individuo trata de resistirse y controlar estos síntomas pueden ser tortuosos y hasta insoportables. Después de 1949, cuando el neurocirujano portugués Egas Moniz recibió el Premio Nobel por su descubrimiento de la lobotomía prefrontal (del griego *lobos,* que significa «lóbulo», y *temnein*, que significa «corte»), un controvertido procedimiento neuroquirúrgico, los casos graves de este trastorno eran considerados (junto a los esquizofrénicos crónicos) candidatos idóneos para someterse a este bárbaro procedimiento. En el lado positivo, un estudio realizado en la Universidad de Arizona ha descubierto, tras la administración de psilocibina, un alivio temporal de los síntomas de pacientes que experimentaban un trastorno obsesivo-compulsivo (Moreno *et al.*, 2006).

Depresión, manía y conducta suicida

Las teorías esgrimidas para tratar de explicar la etiología de los trastornos maníaco-depresivos han cambiado mucho a lo largo de las últimas décadas. La literatura sobre este tema ha sido amplia y las especulaciones son muy diversas y están perfectamente resumidas en los libros enciclopédicos de Goodwin y Jamison (Goodwin y Jamison, 1990; Goodwin 2007). En esta sección solo voy a referirme a las principales tendencias conceptuales. Durante las décadas de 1940 y 1950, gran parte de la atención de los profesionales giraba en torno a las teorías psicoanalíticas de los trastornos maníaco-depresivos que el psicoanálisis clásico asociaba a una fijación a la fase oral activa y consideraba el suicidio como una agresión hacia los objetos odiados introyectados (como, por ejemplo, matar el pecho introyectado de la mala madre).

Durante la década de 1960, el énfasis se trasladó a las explicaciones neuroquímicas centradas, por ejemplo, en la importancia de una tasa baja o un desequilibrio de los neurotransmisores (las catecolaminas adrenalina y noradrenalina, la serotonina y la dopamina), los neuropéptidos, las redes de señalización y el metabolismo celular anormal. La investigación posterior llegó a la conclusión de que la etiología de los trastornos maníacos es más compleja y menos específica y que depende de una combinación de factores genéticos, biológicos, psicológicos e influencias socio/ambientales. Las especulaciones más recientes atribuyen un papel importante en la génesis de los trastornos afectivos a una conectividad anormal entre las redes neuronales de los sistemas reguladores del cerebro, las pautas de oscilación y los ritmos biológicos.

Varias teorías biológicas de los trastornos maníaco-depresivos solo indican la propensión a los episodios maníacos y depresivos, pero sin explicar por qué adoptan esta o aquella forma, y tampoco proporcionan indicio alguno para entender los detalles concretos de los síntomas clínicos de cualquiera de ellos. Paradójicamente, aunque las fases maníaca y depresiva parezcan representar polos opuestos, ambas muestran, si atendemos a los parámetros bioquímicos del estrés y a la máxima actividad oscilatoria de los ritmos biológicos, una mayor actividad. En cualquiera de los casos, las observaciones proporcionadas al respecto por la investigación holotrópica podrían ayudarnos a entender y resolver estas controversias.

Los primeros manuales del DSM (DSM I y II) prestaban atención a los factores etiológicos y mostraban un fuerte sesgo psicoanalítico. Las versiones posteriores del mismo manual evitaron de manera deliberada las especulaciones etiológicas, biológicas y psicodinámicas y acabaron optando por un «enfoque neokraepeliniano» que centra únicamente su atención en la descripción de los síntomas y los síndromes. Sería imposible relacionar los conocimientos proporcionados por la investigación holotrópica con una mera descripción de síntomas o síndromes, o con conceptos tan vagos como la etiología multifactorial de los trastornos maníaco-depresivos. Por ello, he decidido rescatar y profundizar en las explicaciones originales de los trastornos emocionales y psicosomáticos proporcionadas por el psicoanálisis clásico que, aunque manifiestamente imperfectas, apuntaban al menos en la dirección correcta.

El psicoanálisis clásico consideraba la ***depresión*** y la ***manía*** como trastornos relacionados con problemas graves durante la fase oral activa (sádica o caníbal), fruto de interferencias durante la lactancia, la carencia o el rechazo emocional y las dificultades en la relación temprana entre el bebé y la madre. Las tendencias suicidas eran interpretadas entonces como actos de hostilidad hacia un objeto introyectado, la imagen de la «mala madre» y, fundamentalmente, de su pecho (Fenichel, 1945, esquema de Karl Abraham que hemos presentado en la tabla 1 de la pág. 249). Los datos proporcionados por los estados holotrópicos nos obligan a revisar y profundizar substancialmente esta imagen porque, en su forma original, es poco verosímil y menos convincente y deja sin explicar algunas observaciones clínicas fundamentales relativas a la depresión.

¿Por qué existen, por ejemplo, dos versiones radicalmente diferentes de expresión de la depresión, la inhibida y la agitada? ¿Por qué las personas que sufren de depresión están bioenergéticamente bloqueadas, como lo ejemplifica la alta incidencia de dolores de cabeza, presión en el pecho y los hombros, dolores psicosomáticos o retención de líquidos? ¿Por qué están fisiológicamente inhibidos y muestran pérdida de apetito, disfunciones gastrointestinales, estreñimiento, falta de interés en el sexo y amenorrea? ¿Por qué los individuos deprimidos –aun aquellos que padecen de una depresión inhibida– presentan niveles elevados de estrés bioquímico? ¿Por qué se sienten desesperanzados y a menudo afirman sentirse «atrapados»? ¿Por qué la depresión está tan asociada al suicidio y la manía? ¿Por qué la manía y la depresión, trastornos que parecen polos opuestos –una evidencia reflejada incluso en la misma terminología clínica con la que se los conoce («trastorno bipolar»)–, muestran un aumento de los indicadores bioquímicos del estrés y de la actividad oscilatoria de los ritmos biológicos?

Las escuelas psicoterapéuticas que limitan conceptualmente su alcance a la biografía postnatal y el inconsciente individual freudiano son incapaces de responder a todas estas preguntas. Menos convincentes son todavía al respecto las teorías que tratan de explicar los trastornos maníaco-depresivos como el simple efecto de un desajuste químico del organismo. Es muy poco probable que un cambio químico pueda, por sí solo, explicar la complejidad del cuadro clínico de la depresión, incluida su estrecha relación con la manía y el suicidio. Pero lo cierto es que esta situación cambia de manera espectacular apenas advertimos las importantes raíces perinatales y transpersonales de estos trastornos. Entonces empezamos a ver muchos de los problemas mencionados bajo una luz completamente nueva y parecen lógicas muchas de las manifestaciones de la depresión antes incomprensibles.

La *depresión inhibida* tiene importantes raíces en la MPB-II. La fenomenología de las sesiones gobernadas por la segunda matriz perinatal, así como la de los períodos inmediatamente posteriores a las experiencias mal resueltas gobernadas por esta matriz, presentan los rasgos esenciales de la depresión profunda. La persona que se halla bajo la influencia de la MPB-II experimenta un gran sufrimiento mental y emocional (impotencia, desesperación, una abrumadora sensación de culpabilidad y una sensación de gran inadecuación). También experimenta una profunda ansiedad, falta de iniciativa, pérdida de interés e incapacidad de disfrutar. La vida, desde ese estado, parece absurda y resulta emocionalmente vacía y despojada de sentido.

El sujeto que se halla inmerso en este estado vive su vida y el mundo a través de un prisma negativo, con una conciencia selectiva que le impide ver los aspectos positivos y solo puede ver los aspectos dolorosos, negativos y trágicos de la existencia. Esta situación puede alcanzar una proporción de insoportable desesperación de la que no parece haber salida. A veces se pierde incluso la incapacidad de ver los colores y, cuando tal cosa ocurre, el mundo entero se ve como si fuese una película en blanco y negro. Pese al sufrimiento extremo que conlleva, esta condición no está asociada al llanto ni a otra manifestación externa dramática, sino que se caracteriza por una inhibición motora generalizada.

Como ya hemos dicho, la depresión inhibida está asociada a bloqueos bioenergéticos en diferentes partes del cuerpo y la correspondiente inhibición de las principales funciones fisiológicas. El correlato físico de esta forma de depresión son las sensaciones de opresión, constricción y confinamiento, la sensación de sofoco, tensiones y presiones en diferentes partes del cuerpo y dolor de cabeza. También es muy habitual la retención de agua y orina, el estreñimiento, los problemas cardíacos y la pérdida de interés por la comida y el sexo, así como la tendencia a una interpretación hipocondríaca de los síntomas físicos.

Todos estos indicios son coherentes con la visión de este tipo de depresión como una manifestación de la MPB-II, algo que se ve reforzado por paradójicos descubrimientos bioquímicos. Como indica el aumento de catecolaminas y de hormonas esteroides en sangre y orina, las personas que sufren una depresión inhibida suelen experimentar un alto nivel de estrés. Este cuadro bioquímico encaja bien con la MPB-II, que representa una situación interna muy estresante sin posibilidad de acción o manifestación externa («externamente quieto, pero internamente acelerado»).

La teoría psicoanalítica relaciona la depresión con problemas orales tempranos y con la privación emocional. Pero, por más que esta relación sea obviamente correcta, lo cierto es que deja sin explicar aspectos importantes de la depresión, como la sensación de hallarse estancado, la impotencia que acompaña a la sensación de no tener salida, el bloqueo bioenergético y ciertas manifestaciones físicas, incluidos los descubrimientos bioquímicos. El presente modelo reconoce que la explicación freudiana es esencialmente correcta, pero parcial porque, si bien los sistemas COEX asociados a la depresión inhibida incluyen los elementos biográficos subrayados por el psicoanálisis, una comprensión más completa y exhaustiva debería incluir la dinámica de la MPB-II.

La privación temprana y la frustración oral tienen mucho en común con la MPB-II y la inclusión de ambas situaciones en el mismo sistema COEX refleja su profunda lógica experiencial. La MPB-II va acompañada de una interrupción de la conexión simbiótica entre el feto y el organismo materno provocada por las contracciones uterinas y la consiguiente compresión arterial. Esta ruptura y pérdida de ese contacto biológico y emocionalmente esencial con la madre pone fin al suministro de oxígeno, alimento y calor al feto. Otras consecuencias de las contracciones uterinas son la acumulación provisional de productos tóxicos en el cuerpo del feto y la exposición a una situación desagradable y potencialmente peligrosa.

Tiene mucho sentido, por tanto, que los componentes típicos de los sistemas COEX relacionados dinámicamente con la depresión inhibida (y con la MPB-II) impliquen la separación y ausencia de la madre durante la infancia y la niñez temprana, así como las consiguientes sensaciones de soledad, frío, hambre y miedo. Bien podríamos decir, en cierto sentido, que constituyen una «octava superior» de la intensa y perturbadora privación provocada, durante el parto, por las contracciones uterinas. Los estratos más superficiales de los correspondientes sistemas COEX reflejan situaciones familiares opresivas y castigos al niño sin posibilidad de rebelión o huida. También suelen incluir recuerdos de haber desempeñado el papel de chivo expiatorio en diferentes grupos de iguales, de haber tenido jefes abusivos y de haber estado sometidos a una opresión política o social. Todas estas situaciones consolidan y perpetúan el papel de víctima indefensa en los casos de ausencia de salida que caracterizan la MPB-II.

Un grupo importante de sistemas COEX decisivo para la dinámica de la depresión implica el recuerdo de acontecimientos que supusieron un ataque físico y una amenaza para la supervivencia o integridad del cuerpo y en los que el individuo fue, efectivamente, una víctima indefensa. Esta reciente observación de la investigación holotrópica nos proporciona una imagen completamente nueva para la comprensión de las depresiones. Los psicoanalistas y psiquiatras académicos de orientación psicodinámica han subrayado la importancia que tienen los factores psicológicos en la patogénesis de la depresión sin tomar en consideración el peso de los problemas psicológicos derivados de un trauma físico.

Si tenemos en cuenta su énfasis general en los factores biológicos, resulta sorprendente que la psiquiatría convencional haya subestimado –llegando incluso, en ocasiones, a soslayar– los efectos psicotraumáticos de las enfermedades graves, las lesiones, las operaciones, la necesidad de permanecer escayolado debido a un desarrollo inadecuado de las articulaciones de la cadera y los episodios de casi ahogamiento. El descubrimiento del importante papel desempeñado por los traumas físicos en el desarrollo de este trastorno constituye, para los teóricos y los clínicos que consideran la depresión como el resultado de una fijación a la fase oral del desarrollo libidinal, un grave desafío conceptual.

Desde la perspectiva del modelo presentado aquí, que atribuye una importancia patógena a los sistemas COEX que incluyen traumas emocionales y físicos que suelen acompañar al nacimiento, esto es algo que parece perfectamente lógico. Este hecho contribuye a salvar la brecha entre los académicos y clínicos que se inclinan por enfatizar la importancia de los factores biológicos en la génesis de los trastornos psiquiátricos y los que se decantan por una explicación de corte más psicológica. Así pues, ni los factores psicológicos son la causa de los síntomas físicos ni viceversa; ambos son las dos caras de una misma moneda que tiene su origen en la experiencia del nacimiento.

A diferencia de lo que sucede con la depresión inhibida, la fenomenología de la ***depresión agitada*** se halla psicodinámicamente asociada a la MPB-III. Las sesiones experienciales y los intervalos que les siguen evidencian que sus elementos básicos están asociados a la tercera matriz perinatal. Las energías reprimidas desde el nacimiento no están, como en el caso de la depresión inhibida asociada a la MPB-II, completamente bloqueadas, sino que encuentran una salida parcial y se descargan a través de diferentes vías destructivas y autodestructivas. También conviene destacar que la depresión agitada refleja un compromiso dinámico entre el bloqueo energético y su descarga que, en el caso de ser completa, acabaría con el problema y desembocaría en la curación.

Los rasgos distintivos de este tipo de depresión son una elevada tensión, ansiedad, inquietud y excitación psicomotora. Las personas que experimentan una depresión agitada son muy activas. Tienden a tirarse al suelo, patalear y golpearse incluso la cabeza contra la pared. Su dolor emocional se expresa a través del grito, el llanto, arañándose la cara, tirándose del pelo o rasgándose la ropa. Los síntomas físicos asociados a este problema son las tensiones musculares, los temblores, los calambres dolorosos y los espasmos uterinos e intestinales, un cuadro cínico que se completa con jaquecas, náuseas y problemas respiratorios.

Los sistemas COEX asociados a esta matriz conllevan agresividad, violencia, diferentes manifestaciones de crueldad, abuso y agresión sexual, intervenciones médicas dolorosas, enfermedades relacionadas con la asfixia y problemas respiratorios. A diferencia de los sistemas COEX relacionados con la MPB-II, los sujetos implicados en estas situaciones no son víctimas pasivas, sino que participan activamente en el intento de defenderse, contraatacar, eliminar los obstáculos o escapar. Los recuerdos de encuentros violentos con hermanos o figuras parentales, las peleas con los amigos, las escenas de abuso sexual y de violación y los episodios que transcurren en los campos de batalla son ejemplos típicos en este sentido.

Como admiten muchos analistas (Fenichel, 1945), la interpretación psicoanalítica de la *manía* es menos satisfactoria y convincente aún que la de la depresión. Sin embargo, la mayoría de los autores parecen coincidir en que la manía representa una forma de evitar la conciencia de la depresión latente y que conlleva la negación de una realidad interna dolorosa y la correspondiente huida hacia el mundo externo. En este sentido, representa una victoria del ego y del id sobre el superego que va acompañada de una drástica reducción de las inhibiciones, un aumento de la autoestima y una abundancia de impulsos sensuales y agresivos.

Pese a todo, sin embargo, la manía no transmite la impresión de auténtica libertad. Las teorías psicológicas de los trastornos maníaco-depresivos hacen hincapié en la intensa ambivalencia que muestran los pacientes maníacos y en el hecho de que los sentimientos simultáneos de amor y odio obstaculizan su capacidad de relacionarse con los demás. La típica hambre maníaca de objetos suele considerarse una manifestación de una fuerte fijación oral y la alternancia de la manía y la depresión suele considerarse un indicador de su relación con el ciclo del hambre y la saciedad.

Muchos de los rasgos característicos de los episodios maníacos que, de otro modo, resultarían desconcertantes, son fáciles de entender cuando se contemplan desde la perspectiva proporcionada por la dinámica de las matrices perinatales. La manía está psicogenéticamente asociada a la transición experiencial de la MPB-III a la MPB-IV. Indica que, aunque el individuo permanece parcialmente en contacto con la cuarta matriz perinatal sigue, sin embargo, bajo la influencia de la tercera. Estar en paz, dormir y comer –la típica tríada de deseos que se encuentra en la manía– son los objetivos natural de un organismo desbordado por los impulsos asociados a los estadios finales del nacimiento.

Como la persona maníaca ha retrocedido hasta el nivel del nacimiento biológico, los impulsos orales no son de naturaleza regresiva, sino progresiva. Por eso, en lugar de reflejar una regresión al nivel oral, apuntan al estado al que el maníaco aspira, pero todavía no ha alcanzado conscientemente. La relajación y la satisfacción oral son rasgos distintivos del estado que sigue al nacimiento biológico.

Durante la psicoterapia experiencial es posible observar la emergencia provisional de episodios maníacos *in statu nascendi* en forma de fenómenos que sugieren un nacimiento incompleto. Esto suele ocurrir cuando el individuo implicado en el proceso de transformación ha alcanzado el último estadio de la experiencia de muerte y renacimiento y ha experimentado las correspondientes sensaciones de liberación de la agonía del nacimiento, pero, al mismo tiempo, tiene miedo y no quiere –o es incapaz– de enfrentarse al material todavía no resuelto asociado a la MPB-III y experimentar, por tanto, la muerte del yo. Como resultado de aferrarse a esta victoria incierta y frágil, los sentimientos positivos que emergen en esta situación suelen acentuarse hasta el punto de asumir una forma caricaturesca, una situación perfectamente reflejada por la imagen de «silbar en la oscuridad».

La naturaleza rotunda y desproporcionada de las emociones y de la conducta maníaca delata que no se trata tanto de expresiones de una alegría y una libertad auténticas, sino del resultado de formaciones reactivas ante el miedo y la agresividad. A menudo he observado, en los sujetos que han tomado LSD y cuya sesión termina en un estado de renacimiento incompleto, la presencia de los rasgos típicos de la manía. Son hiperactivos, se mueven frenéticamente, tratan de relacionarse y confraternizar con todo el mundo, hacen insinuaciones inapropiadas y no dejan de hablar de sus logros, de su bienestar, de lo positivo de sus sentimientos y de la extraordinaria experiencia que acaban de atravesar.

Tienden a alabar las maravillas del tratamiento con LSD y esbozan planes mesiánicos y extravagantes para transformar el mundo haciendo posible que todos los seres humanos –y muy especialmente los políticos– puedan tener esa misma experiencia. La ruptura de las restricciones del superego se convierte en seducción, tendencia a la promiscuidad y gestos, conductas y conversaciones obscenas. El ansia de estímulos y de contacto social está asociada a un entusiasmo y una autoestima desproporcionadas, así como a una excesiva indulgencia hacia diferentes aspectos de la vida.

La necesidad de excitación y la búsqueda de acción y emoción que caracterizan a los pacientes maníacos cumple con una doble función. Por una parte, proporciona una salida a los impulsos y tensiones que acompañan a la activación de la MPB-III. Y, por otra parte, el hecho de involucrarse en situaciones externas turbulentas que coinciden con la intensidad y naturaleza de la agitación interna contribuye a atenuar la intolerable «disonancia emocional-cognitiva» que amenaza a las personas maníacas y la aterradora comprensión de que su experiencia interior no se corresponde con las circunstancias externas. Y es evidente que la gran discrepancia entre lo interno y lo externo implica, naturalmente, un elemento de locura.

Otto Fenichel (1945) señaló que muchos aspectos importantes de la manía la relacionan con la psicología de los carnavales, que proporcionan la oportunidad de dar rienda suelta a impulsos que, de otro modo, estarían prohibidos. Esto corrobora aún más la profunda conexión que existe entre la manía y el cambio dinámico de la MPB-III a la MPB-IV. En la fase final del proceso de muerte y renacimiento, muchas personas experimentan espontáneamente visiones de coloridas escenas de carnaval. Y esto, como sucede en los desfiles de Mardi Gras de la vida real, puede incluir imágenes de calaveras, esqueletos y otros símbolos y motivos relacionados con la muerte que aparecen en el contexto de una celebración eufórica. Esto es algo que, en los estados holotrópicos, ocurre durante el estadio final de la MPB-III, cuando empezamos a darnos cuenta de la posibilidad de sobrevivir a la confrontación con la muerte.

Cuando el individuo que experimenta este estado se da cuenta de la necesidad de dirigirse hacia dentro para enfrentarse a las emociones difíciles que han quedado sin resolver y completar el proceso de (re)nacimiento, se desvanece la cualidad maníaca de su estado de ánimo y de su conducta. En su forma pura, la experiencia de la MPB-IV se caracteriza por una alegría expansiva, un mayor entusiasmo y una profunda relajación, tranquilidad y serenidad. En ese estado mental, la persona tiene una sensación de paz interior y de satisfacción total. Su alegría y euforia dejan de ser grotescas caricaturas y su conducta carece de la cualidad impulsiva y extravagante que caracteriza a los estados maníacos.

Los sistemas COEX relacionados psicogenéticamente con la manía están compuestos por recuerdos de situaciones en las que se experimentó satisfacción en circunstancias de inseguridad e incertidumbre sobre la autenticidad y continuación de la gratificación. Del mismo modo, la expectativa de una conducta manifiestamente feliz en situaciones que no la justifican parece responder también a una pauta maníaca. Asimismo, es frecuente encontrar, en la historia de los pacientes maníacos, influencias contradictorias sobre su autoestima, como la actitud hipercrítica y despectiva de una figura parental que alterna con la sobrevaloración, inflación psicológica y expectativas irreales asumidas por el otro progenitor. En varios de mis pacientes europeos he observado que la experiencia alternante de restricción total y libertad completa que caracterizaba la costumbre de poner pañales a los bebés parecía hallarse psicológicamente asociada a la manía.

Es muy improbable explicar la complejidad de las imágenes clínicas de la depresión y la manía apelando a cambios bioquímicos concretos. Es muy difícil, por ejemplo, imaginar una situación químicamente mejor definida que una sesión de LSD, en la que conocemos a la perfección la estructura química de la substancia y la dosis exacta administrada. Por desgracia, sin embargo, poco explica el conocimiento de esos datos el contenido psicológico de la experiencia.

Dependiendo de las circunstancias, el sujeto que ha tomado LSD puede experimentar un éxtasis o un estado depresivo, maníaco o paranoico. Y tampoco es posible explicar la sintomatología de la depresión o de la manía reduciéndola a algunos procesos químicos por más complejos o simples que estos sean. En el caso de que detectásemos cambios químicos en pacientes que experimentan estos trastornos, siempre quedaría la duda de si los factores biológicos desempeñan un papel causal en el trastorno, o si son meros correlatos sintomáticos. No es difícil imaginar por ejemplo, en este sentido, que los cambios fisiológicos y bioquímicos de los trastornos maníaco-depresivos sean, en realidad, una reproducción de las condiciones físicas del niño que está naciendo.

Durante las sesiones con LSD celebradas en nuestras primeras investigaciones psiquedélicas en Praga descubrimos, midiendo mediante colorimetría la saturación de oxígeno en sangre en el lecho de las uñas de nuestros pacientes, que la tasa descendía cuando revivían su nacimiento. En las personas que acababan de revivir un parto con fórceps también observamos hematomas cuadrangulares en la zona de las sienes en que se había aplicado el instrumento y marcas lineales azuladas en el cuello de quienes habían revivido un parto en el que el cordón umbilical había quedado enroscado en torno al cuello. Esto indica la posibilidad de que el recuerdo del nacimiento se halle, de algún modo, grabado a nivel celular y hasta bioquímico.

La nueva comprensión de la depresión proporcionada por la dinámica de las matrices perinatales básicas nos ofrece una visión nueva y fascinante de la psicología de las *tendencias y conductas suicidas*, fenómenos que cuestionan seriamente las interpretaciones de orientación psicoanalítica. Cualquier teoría que trate de explicar la psicología del suicidio debe responder a dos preguntas importantes: la primera es por qué un determinado individuo quiere suicidarse, un acto que trasgrede el dictado, por lo demás imperativo, del impulso de autoconservación, la poderosa fuerza que constituye el motor de la evolución de la vida natural, y la segunda, igualmente desconcertante, concierne a la elección del método de suicidio utilizado, porque parece haber una estrecha relación entre el estado de ánimo de la persona deprimida y el tipo de suicidio en el que piensa o, incluso, que lleva a cabo.

El impulso suicida no lleva simplemente a acabar con la propia vida, sino a hacerlo de una determinada manera. Puede parecer natural que la persona que toma una sobredosis de tranquilizantes o de barbitúricos no se lance a un acantilado o se tire a las vías de un tren, pero la elección del método también funciona en sentido contrario: la persona que elige el suicidio sangriento no utiliza drogas, por más fáciles de conseguir que le resulten. El material proporcionado por la investigación psiquedélica y otras formas de trabajo experiencial profundo con estados holotrópicos arroja una nueva luz tanto sobre los motivos profundos del suicidio como sobre la intrigante cuestión del método de suicidio elegido.

En el Instituto de Investigación Psiquiátrica de Praga teníamos un colega, profesor universitario de psiquiatría y toxicología, que tenía completo acceso a las substancias químicas y lo sabía todo sobre efectos y dosis. Sin embargo, durante un episodio de depresión periódica grave decidió suicidarse en su despacho con tres cortes profundos de navaja en la garganta. Cuando una de las enfermeras lo encontró una buena mañana tumbado en el suelo de su despacho, asistió a una escena sangrienta, con su bata blanca llena de salpicaduras de sangre, lo mismo que la alfombra y los papeles del escritorio. Dadas las circunstancias, una sobredosis de drogas hubiese parecido una solución menos espectacular y más aceptable, pero, de algún modo, su estado de ánimo lo obligó a hacer exactamente lo que hizo.

Aunque la ideación y las tendencias suicidas pueden observarse en ocasiones en cualquier fase del trabajo con estados holotrópicos, son especialmente frecuentes y apremiantes en el momento en que el sujeto se enfrenta a material inconsciente relacionado con las matrices perinatales negativas. El estudio de las sesiones psiquedélicas y holotrópicas, así como de los episodios de emergencia espiritual, parece revelar la existencia de dos tipos diferentes de tendencias suicidas que tienen relaciones muy concretas con el proceso perinatal. Ya hemos visto que la experiencia de la depresión inhibida se relaciona dinámicamente con la MPB-II y que la depresión agitada, por su parte, es un derivado de la MPB-III. En ese mismo sentido, las distintas formas de fantasías, tendencias y acciones suicidas pueden entenderse asimismo como intentos inconscientes de escapar de esos estados psicológicos insoportables empleando dos vías, cada una de las cuales refleja un aspecto concreto de la historia biológica temprana del individuo.

El *suicidio I* o *suicidio no violento* se basa en el recuerdo inconsciente de que la situación de no salida de la MPB-II se vio precedida por la experiencia de la existencia intrauterina. La ruta más accesible para el individuo que se halla en ese estado y experimenta una depresión inhibida que le resulta intolerable y trata de escapar de ella parece ser la regresión a la fusión indiferenciada original propia de la condición prenatal (MPB-I). El nivel del inconsciente implicado en este proceso no suele ser accesible, a menos que el individuo tenga la oportunidad de emprender un proceso profundo de autoexploración experiencial, pero, al carecer de la comprensión necesaria, se siente atraído por situaciones de la vida cotidiana que guardan cierta semejanza con los elementos de la situación prenatal.

La intención inconsciente básica que yace bajo este tipo de tendencias y conductas suicidas es la de atenuar y acabar eliminando la intensidad de los estímulos y emociones dolorosos asociados a la MPB-II. El objetivo final es el de alcanzar el estado indiferenciado de «conciencia oceánica» propio de la existencia embrionaria. Las formas leves de ideación suicida de este tipo se manifiestan en el deseo de no existir, de abandonarse a un sueño muy profundo, de olvidarlo todo y de no despertar más. Las personas que se hallan en este estado pueden ir a la cama, taparse con una manta y permanecer ahí largos períodos de tiempo. Los planes e intentos de suicidio reales en este grupo implican el uso de grandes dosis de hipnóticos o tranquilizantes y saltar o entrar en el agua hasta ahogarse.

En los países de inviernos fríos, este impulso inconsciente de regresar al vientre materno puede adoptar la forma de adentrarse en una llanura o en un bosque y tumbarse hasta quedar cubierto por una capa de nieve. La fantasía que subyace a esta situación es que el malestar inicial de la congelación acaba desapareciendo y se ve reemplazado por una sensación de comodidad y calidez, como hallarse en el interior de un buen útero. A esta categoría pertenece también el hecho de cortarse las venas en una bañera llena de agua caliente, una forma de acabar con la propia vida que estuvo de moda en la antigua Roma y fue utilizada por hombres tan ilustres como Petronio y Séneca. Este tipo de suicidio podría parecer, a simple vista, diferente de otros de esta misma categoría, porque implica sangre, pero el enfoque psicológico no se centra tanto, en este caso, en la violación del cuerpo como en la disolución de los límites y en la fusión con el medio acuático.

El *suicidio II* o *suicidio violento* se atiene inconscientemente a la pauta experimentada en su día durante el parto biológico. Está muy ligado a la modalidad agitada de depresión y tiene que ver con la MPB-III. Para la persona que se halla bajo la influencia de esta matriz, la regresión al estado oceánico del vientre materno no es una opción porque supondría atravesar la etapa infernal sin salida de la MPB-II, algo psicológicamente mucho peor que la MPB-III, ya que implica una sensación de absoluta impotencia y desesperación.

Sin embargo, la vía psicológica de escape estriba en el recuerdo de que una vez se puso fin a un estado similar mediante una liberación explosiva (que coincide con el momento del nacimiento biológico). Para entender esta forma de suicidio es importante advertir que si bien, durante nuestro nacimiento biológico, nacimos anatómicamente, no procesamos ni integramos emocional ni físicamente este abrumador acontecimiento. El pequeño llanto que vemos en los recién nacidos después del parto, los episodios de llanto que se producen durante la infancia y las «rabietas» de la niñez, que suelen verse reprimidas y abortadas por los padres con diferentes medidas disciplinarias, son formas lamentablemente inadecuadas de liberar las emociones generadas durante las muchas horas de sufrimiento que acompañaron al paso por el canal del parto. El individuo que contempla una modalidad violenta de suicidio está empleando el recuerdo de su nacimiento biológico como receta para afrontar el «segundo nacimiento», la aparición en la conciencia de las emociones y sensaciones físicas sin asimilar que aspiran a ser procesadas y liberadas.

Como sucede en el caso del suicidio no violento, los individuos implicados en este proceso no suelen tener acceso experiencial al nivel perinatal del inconsciente. Carecen de la comprensión de que la estrategia ideal para salir de la situación en que se encuentran consistiría en completar el proceso de manera interna, es decir, en revivir el recuerdo de su nacimiento y conectar experiencialmente con la situación postnatal. Pero, al no contemplar conscientemente esta posibilidad, exteriorizan el proceso y se ven impulsados a implicarse en situaciones del mundo exterior en las que se hallan presentes los mismos elementos que el nacimiento biológico y que poseen una cualidad experiencial parecida. La estrategia básica del suicidio violento se atiene a una pauta experimentada durante el parto: la intensificación de la tensión y el sufrimiento emocional hasta un punto crítico para alcanzar luego una resolución explosiva entre diferentes formas de material biológico.

Esta descripción se aplica tanto al parto biológico como al suicidio violento. Ambos implican el final abrupto de una tensión emocional y física excesiva, una descarga instantánea de energías altamente destructivas y autodestructivas, un gran daño tisular y la presencia de material orgánico, como sangre, heces y vísceras. La yuxtaposición de fotografías que muestran un nacimiento biológico y las que representan a víctimas de un suicidio violento evidencian un claro paralelismo formal. No es difícil, pues, que el inconsciente las confunda. La conexión entre el tipo de trauma del nacimiento y esta modalidad de suicidio se ha visto confirmada por la investigación clínica realizadas al respecto con adolescentes suicidas (Jacobson *et al.*, 1987).

Las fantasías y los actos suicidas pertenecientes a esta categoría implican lanzarse a las ruedas de un tren, a la turbina de una central hidroeléctrica o tener un accidente automovilístico. Otros ejemplos representativos son cortarse la garganta, volarse los sesos, apuñalarse con un cuchillo, o saltar desde una ventana, una torre o un acantilado. El suicidio por ahorcamiento parece pertenecer a una fase anterior de la MPB-III caracterizada por sensaciones de estrangulamiento, asfixia y una intensa excitación sexual. El elemento de asfixia también parece estar implicado en los suicidios por inhalación de monóxido de carbono o gas doméstico. La categoría de suicidio violento incluye asimismo algunas formas de suicidio asociadas a la cultura, como el harakiri y las matanzas indiscriminadas.

En el pasado, estas últimas se consideraban una forma exótica de conducta suicida y asesina que se daba exclusivamente en Malasia, en donde se conocía con el nombre de *amok*. La persona afectada por este trastorno corría a un lugar público, por lo general un mercado, y mataba indiscriminadamente a las personas con las que se cruzaba hasta que estos acababan con él o ponía fin a su vida suicidándose. Los malayos creían que el *amok* estaba causado por el *hantu belian*, el espíritu maligno de un tigre que entraba en el cuerpo de la persona y provocaba esos actos atroces. En las últimas décadas, episodios similares que implican una matanza indiscriminada que acaba con la muerte del agresor son cada vez más frecuentes en Estados Unidos y otros países occidentales. Un aspecto muy preocupante de estos episodios ha sido su creciente incidencia entre adolescentes y hasta en escolares.

Como ya hemos visto, el suicidio no violento expresa la tendencia a reducir la intensidad de los estímulos emocionales y físicos dolorosos. La elección de los medios para llevar a cabo este tipo de suicidio también parece estar determinada por elementos biográficos o transpersonales. Por su parte, el suicidio violento implica mecanismos de una naturaleza completamente diferente. Y los individuos que estaban contemplando una forma particular de suicidio a menudo ya experimentaban, en su vida cotidiana, las sensaciones físicas y las emociones implicadas. El trabajo experiencial suele poner de relieve e intensificar esos sentimientos y esas sensaciones.

Así, las personas cuyas fantasías y tendencias autodestructivas giran en torno a trenes o turbinas hidroeléctricas ya experimentan una sensación intensa de opresión y desgarro. Las personas que tienen tendencia a cortarse o apuñalarse suelen quejarse de dolores insoportables en las partes de su cuerpo que pretenden herir, o experimentan dolor en esos lugares durante las sesiones de psicoterapia experiencial. Y lo mismo sucede con la tendencia a ahorcarse, que corresponde a sensaciones profundas preexistentes de estrangulamiento y asfixia (recordemos que los dolores y las sensaciones de asfixia son elementos fácilmente reconocibles de la MPB-III). Si la intensificación de los síntomas ocurriese en un entorno terapéutico, su adecuada orientación podría liberar las sensaciones incómodas y tener efectos terapéuticos. Por eso convendría considerar las mencionadas tendencias autodestructivas como expresión de intentos de sanación inconscientes, mal entendidos e inadecuadamente dirigidos.

El mecanismo del suicidio violento requiere un recuerdo relativamente claro de la transición súbita que va de la lucha en el canal del parto hasta llegar al mundo exterior y la correspondiente liberación explosiva. Si esta transición se diluyese mediante una fuerte anestesia, el individuo estaría programado, casi a nivel celular, para escapar, en el futuro, al estrés y el malestar graves a través de las drogas, lo que determinaría una propensión al alcoholismo y el abuso de drogas y hasta la tendencia, en el caso de la persona dominada por la MPB-III, a acabar con su vida con una sobredosis.

Los individuos que se hallan bajo la fuerte influencia de la MPB-III experimentan una extraordinaria presión interior y afirman sentirse como una bomba a punto de explotar en cualquier momento. Estos sentimientos de agresividad oscilan entre dirigirse hacia la destrucción de un objetivo exterior o hacia la autodestrucción. En ambos casos, se trata de una exteriorización de la situación vivida en el canal de parto: la primera es la furia del organismo que sufre y lucha por respirar, y la segunda es la fuerza introyectada de las contracciones uterinas. Esta es una situación en la que el asesinato y el suicidio son alternativas igualmente probables o hasta simultáneas, como ilustra el caso de la madre que mata a su hijo y acaba suicidándose.

Relacionar el mecanismo del suicidio con la MPB-III arroja luz sobre la teoría del suicidio formulada por Karl Menninger. Sigmund Freud llegó a la conclusión de que los suicidas carecerían de la energía necesaria para suicidarse a menos que encontraran a una persona a la que odiaran y quisieran matar, en cuyo caso, el suicidio equivaldría entonces al asesinato de ese objeto introyectado. Menninger amplió la idea de Freud, sugiriendo que el suicidio requiere la concurrencia simultánea de tres deseos: el deseo de ser asesinado, el deseo de matar y el deseo de morir, tres fuerzas que se hallan simultáneamente presentes en el estadio último del parto. En este contexto, el deseo de morir no se refiere a la muerte física, sino a la muerte simbólica, la muerte del yo.

Cuando la persona suicida se somete a terapia psiquedélica u holotrópica y completa el proceso de muerte y renacimiento, considera *a posteriori* el suicidio como un trágico error basado en su falta de comprensión. Lo más normal es que la persona no sepa que uno puede experimentar con seguridad la liberación de la insoportable tensión emocional y física a través de una muerte y renacimiento simbólicos o a través del restablecimiento de contacto con el estado de existencia prenatal. En consecuencia, la intensidad del malestar y el sufrimiento pueden llevarle a buscar, en el mundo material, una situación que concite elementos similares. El desenlace último suele ser trágico e irreversible. El impulso que sienten estas personas no es realmente el de destruir su cuerpo, sino el de experimentar la muerte y el renacimiento psicoespiritual.

Como ya hemos visto, las experiencias de la MPB-I y la MPB-IV no solo representan una regresión a estados biológicos simbióticos, sino que también tienen dimensiones espirituales muy claras. Para la MPB-I, se trata de la experiencia del éxtasis oceánico y la unión cósmica y, para la MPB-IV, de la experiencia del renacimiento psicoespiritual y la epifanía divina. Desde esta perspectiva, las tendencias suicidas de ambos tipos parecen ser anhelos de trascendencia distorsionados y no reconocidos y reflejan una confusión fundamental entre el suicidio y el egocidio. Así pues, el mejor remedio para las tendencias autodestructivas y el impulso suicida es la experiencia de muerte del ego y el renacimiento y la consiguiente sensación de unidad cósmica.

El hecho de que la transición entre la MPB-III y la MPB-IV tenga un importante componente espiritual proporciona una nueva comprensión de un fenómeno que, en las últimas décadas, está desempeñando un papel cada vez más importante en el mundo: la combinación entre suicidio y asesinato por motivo religioso. Ya hemos discutido y explicado la combinación de suicidio y asesinato como una manifestación de la MPB-III, en donde la numinosidad de la MPB-IV aporta una dimensión religiosa en forma de recompensa divina por este acto.

Los pilotos kamikaze japoneses de la Segunda Guerra Mundial hacían que sus aviones fueran construidos especialmente o transformasen aviones convencionales y los cargaban con bombas, torpedos y bidones llenos de combustible que luego lanzaban sobre los barcos estadounidenses con la intención de destruirlos, aunque, de ese modo, acabasen también con su vida. Afirmaban hacerlo por el emperador Hirohito, a quien consideraban una representación de Dios. De manera parecida, los terroristas suicidas musulmanes creen que el sacrificio de su vida matando infieles se verá recompensado por el acceso a un paraíso lleno de hermosos jardines, una vegetación exuberantes llena de frutos exquisitos, aves exóticas y ríos de agua pura, miel y aceite. Entre las extraordinarias delicias que les aguardarán en ese paraíso se encuentra una hueste de huríes, muchachas de ojos negros dispuestas a servir a los placeres de los fieles. La potencia sexual de los hombres se multiplicará por cien y, una vez satisfecho el deseo sexual de sus clientes, las huríes volverán a ser vírgenes.

Alcoholismo y drogadicción

En términos generales, las observaciones de los estados holotrópicos de conciencia coinciden con la teoría psicoanalítica que considera que el *alcoholismo* y la *drogadicción* están muy ligados a los trastornos maníacodepresivos y el suicidio. Sin embargo, difieren considerablemente en cuanto a la naturaleza de los mecanismos psicológicos implicados y el nivel de la psique en que operan. Como sucede en el caso de los suicidas, los adictos experimentan un gran sufrimiento emocional en forma de depresión, tensión generalizada, ansiedad, culpabilidad y baja autoestima, situaciones todas ellas insoportables y de las que tienen una gran necesidad de escapar. Ya hemos visto que la psicología de la depresión y el suicidio no puede explicarse únicamente apelando a una fijación oral, que es la interpretación que nos ofrece el psicoanálisis freudiano. Y lo mismo podríamos decir con respecto a los casos del alcoholismo y la drogadicción.

El rasgo psicológico más característico de los alcohólicos y los adictos y su motivación más profunda para consumir sustancias tóxicas no se deben tanto a la necesidad de regresar al seno materno, sino al anhelo mucho más profundo de la experiencia de unidad dichosa que experimentaron durante su tranquila vida intrauterina. Como ya hemos visto, las experiencias regresivas de ambos estados simbióticos tienen sus dimensiones numinosas intrínsecas. La gran fuerza que se esconde detrás del alcoholismo y la adicción es un imperioso, no reconocido y distorsionado deseo de trascendencia. Al igual que ocurre con el suicidio, estos trastornos implican un error trágico basado en una comprensión inadecuada de la dinámica inconsciente de la psique.

El consumo excesivo de alcohol o drogas parece ser un análogo atenuado de la conducta suicida. Es más, en repetidas ocasiones se ha dicho que el alcoholismo y la drogadicción son formas lentas y prolongadas de suicidio. El principal mecanismo que opera en estos dos grupos de pacientes es el mismo que el de la modalidad no violenta de suicidio. Refleja la necesidad inconsciente de despojarse del malestar que acompaña al proceso de nacimiento y regresar al vientre materno, es decir, al estado que existía antes del comienzo del parto. Por lo general, el alcohol y las drogas tienden a inhibir emociones y sensaciones dolorosas y producen un estado de conciencia difuso e indiferenciado hacia problemas pasados y presentes, un estado que guarda cierta similitud con la conciencia fetal y la experiencia de unidad cósmica.

Pero lo cierto es que estas semejanzas son solo superficiales y existen algunas diferencias fundamentales entre la intoxicación alcohólica o narcótica y los estados trascendentales. El alcohol y las drogas embotan los sentidos, obnubilan la conciencia, interfieren con las funciones intelectuales y producen anestesia emocional, mientras que los estados trascendentales se caracterizan, por su parte, por una intensificación de la percepción sensorial, la serenidad, la claridad de pensamiento, la abundancia de comprensiones filosóficas y espirituales y una desacostumbrada riqueza de emociones. A pesar de algunos rasgos compartidos, la intoxicación con alcohol y drogas duras no es más que una patética caricatura de los estados místicos. Sin embargo, la similitud, aunque tenue, basta para arrastrar a los adictos a la autodestrucción.

William James era consciente de que lo que buscaban los alcohólicos era la experiencia trascendental, algo que expresó muy sucintamente en su libro *Variedades de la experiencia religiosa* cuando dijo que: «la mejor cura para la dipsomanía [nombre con el que antaño se conocía el alcoholismo] es la religiomanía» (James, 1961), una idea que C.G. Jung expresó de una manera diferente. En su correspondencia con Bill Wilson, el fundador de AA [alcohólicos anónimos], Jung dijo, sobre un paciente alcohólico, que: «su ansia de alcohol era el equivalente, en un nivel bajo, a la sed espiritual de nuestro ser por la plenitud o, dicho en lenguaje medieval, a la unión con Dios».

Señalando que el término latino *spiritus* comparte las dos acepciones de alcohol y de espíritu, Jung sugirió que la fórmula adecuada para tratar el alcoholismo es «*spiritus contra spiritum*», una fórmula con la que expresaba su creencia de que la única forma de salvar a la persona de los estragos del alcohol era una profunda experiencia espiritual (Wilson y Jung, 1963). Las ideas de James y Jung explican el éxito que ha tenido la Iglesia Nativa Americana al ayudar a los nativos americanos alcohólicos evocando experiencias espirituales en las ceremonias de peyote. Sus resultados se han visto confirmados desde entonces por los resultados de la investigación clínica con psiquedélicos (Pahnke *et al.*, 1970; Grof, 2001).

La tendencia a escapar de las emociones dolorosas asociadas a la MPB-II y los sistemas COEX, así como el intento de recrear la situación del útero, parece ser el mecanismo psicodinámico más habitual que subyace al alcoholismo y la drogadicción. Sin embargo, también he trabajado con alcohólicos y drogadictos cuyos síntomas indicaban que se hallaban bajo la influencia de la MPB-III y seguían buscando una solución farmacológica a sus problemas. Esto implicaba claramente un mecanismo alternativo que requería, en consecuencia, una explicación diferente. En cuanto a los clientes de los que pude obtener información relativa a su nacimiento, descubrí que habían nacido sometidos a una fuerte anestesia.

Esta explicación tiene mucho sentido. Al margen de los casos de grave crisis durante la existencia embrionaria, el nacimiento suele ser la primera gran situación dolorosa y estresante que encontramos en nuestra vida. La extraordinaria influencia que tienen los primeros acontecimientos de la vida sobre la conducta posterior se ha visto reiteradamente documentada por los resultados de la investigación realizada por etólogos, es decir, por las personas que se dedican a estudiar la conducta instintiva de los animales (un fenómeno conocido como «impronta») (Lorenz, 1963; Tinbergen, 1965).

La naturaleza de nuestro nacimiento y la forma en que fue gestionado ejercen un poderoso impacto en nuestra vida futura. Cuando el parto es de duración y gravedad medias y salimos al mundo después de haber superado con éxito los retos a los que nos hemos enfrentado, el nacimiento nos deja una sensación de optimismo y confianza para enfrentarnos a las dificultades que nos depare el futuro. Los partos prolongados y agotadores, por el contrario, nos transmiten una sensación de pesimismo y derrotismo que deja la impronta de que el mundo es demasiado difícil y nosotros demasiado impotentes para afrontarlo con éxito.

La eliminación o atenuación con anestesia del dolor y de las molestias asociadas al nacimiento dejan en nuestra psique una huella muy profunda y convincente, según la cual, la única forma de afrontar las dificultades de la vida consiste en fugarse a través de las drogas. Quizás no sea una simple coincidencia que la epidemia de abuso de drogas que asola a los Estados Unidos afecte precisamente a la generación de personas que han nacido desde que los obstetras estadounidenses empezaron a utilizar de manera rutinaria la anestesia durante el parto, a menudo en contra de la voluntad de la madre. Desde la fundación de la Asociación de Psicología Prenatal y Perinatal, una institución que aplica los hallazgos de las terapias experienciales y la investigación fetal a las prácticas de parto, los obstetras son cada vez más conscientes de que el parto implica algo más que una mecánica corporal y que puede tener una profunda influencia en la vida del recién nacido.

La forma en que gestionamos el parto y el período postnatal influye profundamente en la vida emocional y social del individuo y tiene importantes consecuencias en el futuro de nuestra sociedad. Establece el fundamento de una relación cariñosa y altruista hacia los demás o, por el contrario, una actitud desconfiada y agresiva hacia la sociedad (Odent, 1995). También puede ser un elemento crítico para determinar si el individuo será capaz de enfrentarse constructivamente a las vicisitudes de la vida, o si, por el contrario, tenderá a escapar de los retos de la existencia apelando al alcohol o las drogas.

El hecho de que el alcoholismo y el abuso de drogas reflejen una búsqueda errónea de trascendencia también puede ayudarnos a entender el efecto curativo y transformador de las crisis profundas en las que la persona «toca fondo». No son pocos los casos en los que el estado de quiebra y aniquilación emocional total se convierten en un punto de inflexión en la vida del alcohólico y el drogadicto. En el contexto de nuestra exposición, esto significaría que el individuo experimentó la muerte del yo como parte de la transición que conduce de la MPB-III a la MPB-IV, un punto en el que el alcohol o las drogas ya no pueden proteger al individuo de los embates del material inconsciente profundo. En tal caso, la irrupción de la dinámica perinatal da lugar a una experiencia psicosomática de muerte y renacimiento que suele representar un punto de inflexión positivo en la vida del alcohólico o el adicto.

Como sucede con todos los problemas emocionales, el alcoholismo y la adicción no solo tienen un fundamento biográfico y perinatal, sino que hunden también sus raíces en los dominios transpersonales, los más importantes de los cuales proceden del dominio arquetípico, un aspecto de la adicción que se ha visto especialmente explorado por los terapeutas de orientación junguiana. Entre los arquetipos que muestran conexiones importantes con la adicción, el del *puer aeternus*, con sus variedades de Ícaro y Dionisio, parece desempeñar un papel muy importante (Lavin, 1987). Muchas personas con las que he trabajado también han descubierto material kármico que parecía estar significativamente asociado a su adicción.

Trastornos y desviaciones sexuales

La visión psicoanalítica de los problemas sexuales se basa en varios conceptos fundamentales esbozados por Freud. El primero de ellos es la noción de *sexualidad infantil*. Uno de los pilares básicos de la teoría psicoanalítica es el descubrimiento de que la sexualidad no hace acto de presencia en la pubertad, sino durante la primera infancia. En la medida en que la libido se desarrolla y atraviesa diferentes fases de su desarrollo –oral, anal, uretral y fálica–, la frustración o la excesiva indulgencia en cualquiera de ellas puede desembocar en una fijación. Durante la sexualidad madura, el foco principal es genital y los componentes pregenitales desempeñan un papel secundario, sobre todo como parte de los juegos preliminares. Un estrés psicológico concreto en estadios posteriores de la vida puede provocar una regresión a los estadios anteriores del desarrollo libidinal en los que tuvo lugar la fijación, lo que, dependiendo de la fuerza de los mecanismos de defensa que se oponen a estos impulsos, desemboca en perversiones o psiconeurosis (Freud, 1953).

Un concepto importante en la visión psicoanalítica de los problemas sexuales es el de *complejo de castración*. Freud creía que ambos sexos atribuyen un valor extremo al pene, lo que consideraba una cuestión de suma importancia para la psicología. Según él, los chicos experimentan un miedo excesivo a perder este órgano tan valorado, mientras que las chicas creen que una vez tuvieron un pene y lo perdieron y se preguntan por qué sucedió eso, lo que las torna más susceptibles al masoquismo y el sentimiento de culpabilidad. Este fue un aspecto de la teoría psicoanalítica muy criticado como un grave malentendido de la sexualidad femenina que retrata a las mujeres esencialmente como varones castrados. Y es que, el hecho de soslayar algunos aspectos importantes de la vida de las mujeres, como el embarazo, el parto y la maternidad, y creer que lo más importante para ellas es tener o no tener un pene, acaba proporcionándonos una imagen de la psicología femenina tan parcial como distorsionada.

Otra piedra angular de la teoría sexual de Freud es el complejo de Edipo, es decir, la atracción sexual que los niños sienten hacia sus madres y la agresividad que experimentan hacia sus padres. Esto está asociado al miedo al castigo por esos sentimientos en forma de castración por parte del padre. La contrapartida femenina del complejo de Edipo, es decir, el afecto de las niñas hacia sus padres y el odio hacia sus madres, recibe el nombre de complejo de Electra.

Esta crítica de la visión de Freud sobre la sexualidad no estaría completa si no mencionásemos otro concepto importante, la famosa *vagina dentata*, es decir, la observación de que los niños consideran los genitales femeninos como un órgano peligroso y dotado de dientes que puede matarlos, devorarlos o castrarlos. Junto a los complejos de Edipo y Electra y el complejo de castración, la fantasía de unos genitales femeninos ominosos desempeña un papel fundamental en la interpretación psicoanalítica de las desviaciones sexuales y las neurosis.

Freud sugirió dos razones por las que la visión de los genitales femeninos puede despertar la ansiedad de los niños. En primer lugar, el reconocimiento de que hay seres humanos sin pene lleva a la conclusión de que pueden acabar convirtiéndose en uno de ellos, lo que alimenta en ellos el temor a la castración. Y, en segundo lugar, la percepción de los genitales femeninos como un instrumento castrador capaz de morder se deriva de una asociación con antiguas ansiedades correspondientes a la fase oral (Fenichel, 1945). Pero lo cierto es que ninguna de esas razones resulta especialmente convincente.

Las observaciones descubiertas durante los estados holotrópicos amplían y profundizan radicalmente la comprensión freudiana de la sexualidad al añadir el ámbito perinatal al inconsciente individual. Sugieren que no experimentamos nuestras primeras sensaciones sexuales en el pecho, sino en el canal del parto, porque, como hemos comentado anteriormente, la asfixia y agonía que acompañan a la MPB-III parecen generar una intensa excitación sexual. Esto significa que nuestro primer encuentro con las sensaciones sexuales tiene lugar en circunstancias muy precarias.

El nacimiento es una situación en la que nuestra vida está amenazada y experimentamos asfixia, dolor y otras formas de incomodidad física y emocional extrema. Se trata de un momento en el que infligimos dolor a otro organismo y otro organismo nos inflige dolor a nosotros. También estamos en contacto con diferentes tipos de material biológico como sangre, fluidos vaginales, líquido amniótico y, si no se utiliza un catéter y un enema, a veces heces y orina. La respuesta típica a esta situación es una combinación de rabia y ansiedad. Estas asociaciones problemáticas constituyen el fundamento natural para la comprensión de las disfunciones, desviaciones y perversiones sexuales básicas.

El reconocimiento de la profunda influencia de la dinámica perinatal en la sexualidad aclara también algunos problemas teóricos graves asociados al concepto freudiano de complejo de castración. Varios rasgos importantes de este complejo, tal como lo concibió Freud, carecen de sentido si seguimos relacionándolo de manera exclusiva con el pene. Según Freud, el miedo a la castración es tan intenso que equivale al miedo a la muerte. También equiparó psicológicamente la castración a la pérdida de una relación humana importante, llegando a sugerir que podría verse activado por dicha pérdida. Entre las asociaciones libres que parecen conectadas al complejo de castración se hallan las que tienen que ver con situaciones de asfixia y falta de aire o dificultades para respirar. Y, como ya he mencionado, el complejo de castración se da tanto en hombres como en mujeres.

Ninguna de estas asociaciones tendría sentido si el complejo de castración se limitara a reflejar la preocupación por la posible pérdida del pene. Las observaciones realizadas acerca de los estados holotrópicos muestran que las experiencias que Freud consideraba origen del complejo de castración no son más que la capa superficial de un sistema COEX superpuesta al recuerdo traumático del corte del cordón umbilical. Todas las incoherencias mencionadas desaparecen cuando nos damos cuenta de que muchos rasgos desconcertantes del complejo de castración de Freud no se refieren, en realidad, a la pérdida del pene, sino al corte del cordón umbilical y la consiguiente separación de la madre.

A diferencia de lo que ocurre con las fantasías espontáneas de castración y no provocadas, de las amenazas verbales de castración por parte de los adultos y hasta de las intervenciones quirúrgicas del pene, como la circuncisión o corrección de la adherencia del prepucio (*fimosis*), el corte del cordón umbilical está asociado a una situación potencial o realmente mortal. La ruptura de la conexión vital con el organismo materno refleja la pérdida prototípica de una relación importante. La asociación entre el corte del cordón umbilical y la asfixia también tiene otro significado muy destacado porque, para el feto, el cordón es la fuente de oxígeno. Y, por último –pero no, por ello, menos importante–, se trata de una experiencia que comparten ambos sexos.

De manera parecida, la imagen de la *vagina dentada* que Freud vio como una ingenua fantasía infantil aparece bajo una nueva luz si admitimos que el recién nacido es un ser consciente, o, al menos, que el trauma del nacimiento queda grabado en la memoria. En lugar de tratarse de una fantasía absurda y ridícula de la psique inmadura del niño, la imagen de la vagina como un órgano peligroso refleja los peligros asociados a los genitales femeninos

Dibujo que ilustra la experiencia de una sesión perinatal de LSD y ayuda a entender el complejo de castración y sus raíces profundas en el corte del cordón umbilical. Combina las sensaciones de constricción del cuerpo con sensaciones dolorosas en las regiones umbilical y genital.

durante el parto. Y lejos de tratarse de una mera fantasía despojada de todo fundamento, representa la generalización de una experiencia vivida en un determinado contexto que pone en peligro la vida.

La relación entre la sexualidad y el trauma potencialmente mortal del nacimiento establece una predisposición general a diferentes tipos de trastorno sexual. Así se desarrollan determinados trastornos cuando estos elementos perinatales se ven acompañados y reforzados por traumas postnatales que suceden durante la infancia y la niñez. Como ocurre con los trastornos emocionales y psicosomáticos en general, las experiencias traumáticas que los psicoanalistas consideran causa primaria de estos problemas consolidan y corroboran determinados aspectos del trauma del nacimiento y facilitan su emergencia en la conciencia. Y, como sucede con otros trastornos psicógenos, los problemas sexuales suelen tener también raíces más profundas en el ámbito transpersonal, que los vinculan a diferentes elementos kármicos, arquetípicos y filogenéticos.

La **disfunción eréctil** (*impotencia*), es decir, la incapacidad de lograr o mantener una erección en el caso del hombr, y la **incompetencia orgástica** (*frigidez*), es decir, la incapacidad de alcanzar el orgasmo, en el caso de la mujer, tienen un fundamento psicodinámico parecido. El abordaje convencional a estos problemas se refleja en sus antiguas denominaciones de *impotencia* y *frigidez*, hoy en día obsoletas y políticamente incorrectas. Se consideraba que la impotencia era una falta de poder masculino y una debilidad sexual, mientras que la incompetencia orgástica femenina, como indica el nombre de «frigidez», suele interpretarse como frialdad sexual y falta de respuesta erótica. Desde mi perspectiva, sin embargo, lo cierto parece ser exactamente lo contrario porque, en ambos casos, el problema se debe a una falta o a un exceso de energía sexual perinatal.

Los individuos que padecen estos trastornos se hallan bajo la fuerte influencia del aspecto sexual de la MPB-III, lo que imposibilita experimentar excitación sexual sin la activación simultánea de los demás contenidos propios de esta matriz. Así es como la intensidad del impulso sexual, los impulsos agresivos, la ansiedad vital y el miedo a la pérdida de control asociados a la MPB-III acaban inhibiendo el acto sexual. En ambos casos, los problemas sexuales están asociados a los sistemas COEX que, además del componente perinatal, tienen también estratos biográficos y raíces transpersonales (como recuerdos personales y kármicos de abuso sexual, violación, asociaciones entre el sexo y el dolor o el daño y temas similares).

La psicoterapia experiencial corrobora empíricamente la implicación de la dinámica perinatal en los casos de impotencia y frigidez. Cuando creamos una situación no sexual en la que los contenidos de la MPB-III pueden llegar a la conciencia y descargarse la energía asociada, la impotencia puede verse provisionalmente reemplazada por una condición llamada ***satiriasis***, es decir, un impulso y un apetito sexual desmedidos. Esto se debe a que se ha establecido una conexión entre el pene y la energía sexual generada por el trauma del nacimiento, de modo que no es la libido ordinaria, sino esta energía perinatal, la que ahora se expresa durante el acto sexual.

La excesiva cantidad de energía disponible en el nivel perinatal explica que esta situación pueda dar lugar a un apetito y una actividad sexual insaciables. Los hombres anteriormente incapaces de lograr una erección pueden mantener ahora relaciones sexuales varias veces en una sola noche. Pero esta liberación no es plenamente satisfactoria porque, apenas alcanzan el orgasmo y eyaculan, la energía sexual vuelve de nuevo a acumularse. Es necesario un trabajo experiencial no sexual para aprender a gestionar mejor esta energía en una situación sexual. Cuando este problema aparece en la vida cotidiana fuera de una situación terapéutica, puede persistir y acabar convirtiéndose en una adicción al sexo.

De manera parecida, cuando las mujeres anteriormente incapaces de alcanzar el orgasmo pueden liberar, en situación terapéutica, el exceso de energía asociada la MPB-III pueden llegar a permitirse el orgasmo. Y, cuando tal cosa ocurre, los orgasmos iniciales suelen ser tan intensos que pueden ir acompañados de gritos involuntarios seguidos de varios minutos de violentas sacudidas. También puede haber una tendencia a perder brevemente el control y arañar o lastimar la espalda de la pareja. Tampoco es de extrañar que, en tales circunstancias, la mujer experimente múltiples orgasmos.

Esta liberación inicial también puede desembocar en un aumento del apetito sexual que parece insaciable. Entonces asistimos a una transformación temporal de la frigidez en un problema conocido como ***ninfomanía***, que se caracteriza por un fuerte impulso sexual y una dificultad para alcanzar la relajación plena. Y de nuevo aquí, como sucede en el caso de los hombres implicados en el tratamiento experiencial de la disfunción eréctil, es necesario llevar a cabo un trabajo interior adicional en situación no sexual para llevar la descarga de la energía perinatal a un nivel que posibilite una vida sexual más adecuada.

La cantidad de energía sexual de origen perinatal parece especialmente grande en los individuos cuyo nacimiento estuvo asociado a largos períodos de asfixia. Son muchas las personas con las que, lo largo de los años, he trabajado que nacieron con el cordón umbilical enroscado en torno al cuello, un gran número de las cuales afirmó haber experimentado una tensión sexual inusualmente intensa durante toda su vida y que, en su temprana infancia, se habían masturbado mucho. La fuerte carga sexual generada en situaciones que implican asfixia podría ser también un factor motivador importante en las prácticas sexuales que impliquen algún tipo de isquemia.

Existe una forma de incapacidad orgástica en la que el miedo no está asociado a la energía perinatal desbordante que se activa durante el coito y amenaza con liberarse, sino con la micción involuntaria. Este parece ser un problema que se da exclusivamente en las mujeres, debido a su uretra más corta y a la menor eficacia de su esfínter urinario. En tal caso, se retiene y bloquea el orgasmo sexual debido al temor a que pueda provocar una micción involuntaria embarazosa.

Este miedo también puede suponer un problema en el trabajo experiencial con psiquedélicos o durante la respiración holotrópica. Cada vez que el proceso acerca a la mujer al punto de dejarse llevar, se expresa como una necesidad de orinar que obliga a interrumpir la sesión para ir al lavabo. Esto era algo que, durante los primeros trabajos con psiquedélicos, llegaba a ocurrir hasta diez o quince ocasiones en una sola sesión, lo que imposibilitaba por completo el desarrollo de la terapia. Finalmente resolvimos ese problema con una solución tan sencilla como poco convencional que consistía en llevar un pañal o un pantalón quirúrgico de modo que, cuando afloraba la urgencia, no era necesario interrumpir la sesión. Además, la experiencia del contacto con la orina caliente solía evocar recuerdos de micciones involuntarias durante la infancia, como episodios de enuresis o «accidentes» de ese tipo en la escuela, una situación que suele estar asociada a una mezcla de los sentimientos de vergüenza, bochorno y placer sensual. Después de unos pocos episodios de este tipo, la asociación entre desahogo sexual y micción se disipaba y el problema acababa desapareciendo.

La comprensión de las dimensiones perinatales de la sexualidad arroja también una nueva e interesante luz sobre el *sadomasoquismo*, una condición que representa un auténtico reto para las especulaciones teóricas de Freud y con el que luchó durante toda su vida sin llegar a encontrar una solución satisfactoria. La búsqueda activa del dolor característica del individuo masoquista contradice uno de los pilares fundamentales del primer modelo freudiano, el principio del placer, según el cual, la fuerza motivadora más profunda de la psique es la búsqueda del placer y la evitación del malestar. Freud también estaba desconcertado por la extraña fusión, en el sadomasoquismo, entre dos instintos básicos, la sexualidad y la agresividad.

Fue precisamente la existencia del sadomasoquismo y otros problemas que se encuentran «más allá del principio del placer» los que obligaron a Freud a abandonar sus primeras teorías y esbozar un nuevo sistema de psicoanálisis que incluía el controvertido Tánatos o instinto de muerte (Freud, 1955 y 1964). Aunque Freud nunca llegó a comprender el vínculo íntimo entre la muerte y el nacimiento que existe en el nivel perinatal, sus especulaciones tardías evidencian su comprensión intuitiva de que el sadomasoquismo se mueve en la frontera entre la vida y la muerte; y también confirmaban su creencia de que cualquier teoría psicológica viable debía incluir el problema de la muerte.

Esto supuso un cambio radical con respecto a sus primeros trabajos, cuando consideraba que la muerte era irrelevante para la psicología porque el id era atemporal y no aceptaba los hechos de la impermanencia y la muerte. Es evidente que su pensamiento al respecto se adelantó mucho al de sus seguidores, algunos de los cuales formularon teorías del sadomasoquismo que trataban de derivar este problema de situaciones biográficas relativamente triviales. Un ejemplo de este enfoque es el trabajo del psicoanalista checo Otakar Kučera, que relacionó el sadomasoquismo con la experiencia de la dentición, cuando los intentos agresivos del niño por morder dan lugar a un dolor autoinfligido (Kučera, 1959). Pero este tipo de aclaraciones son tan poco convincentes que ni siquiera llegan a explicar la intensidad y profundidad de los impulsos sadomasoquistas.

El sadomasoquismo y el síndrome de sumisión pueden entenderse a partir de las conexiones existentes, en el contexto de la MPB-III, entre la excitación sexual, el confinamiento físico, la agresividad, el dolor y la asfixia. Esto explica la fusión de la sexualidad con la agresividad, así como también el vínculo entre la sexualidad y el dolor infligido o experimentado que caracteriza a estas dos condiciones. Los individuos que necesitan combinar el sexo con elementos como la restricción física, la dominación y la sumisión, el hecho de infligir y experimentar dolor y el estrangulamiento o la asfixia están reproduciendo una combinación de sensaciones y emociones no tanto sexual como perinatal. Las experiencias y visiones sadomasoquistas son frecuentes durante las sesiones dominadas por la MPB-III.

La necesidad de recrear una situación sadomasoquista y el complejo vivencial inconsciente recién mencionado no es solo una conducta sintomática, sino también un intento desviado y truncado de la psique de liberarse e integrar la impronta traumática original. La razón por la cual este intento es infructuoso y no da lugar a la autocuración es el hecho de que no llega a un nivel del inconsciente lo suficientemente profundo y tampoco proporciona, en consecuencia, la introspección, profundización y comprensión necesarias sobre la naturaleza del proceso. Por eso el complejo experiencial se reproduce una y otra vez automáticamente sin la menor conciencia ni reconocimiento de sus fuentes inconscientes.

Y lo mismo sucede con los casos de la **coprofilia**, la **coprofagia** y la **urolagnia**, desviaciones sexuales caracterizadas por una fuerte necesidad de introducir heces y orina en la situación sexual. Los individuos que padecen estas aberraciones buscan de manera activa el contacto íntimo con materiales biológicos por lo general repulsivos. Dichas personas se excitan sexualmente con ellos, llegando a incorporarlos a su vida sexual. En los casos extremos, actividades como ser orinado o defecado, untado de heces, comer excrementos y beber orina pueden ser una condición necesaria para alcanzar la satisfacción sexual.

La combinación entre excitación sexual y elementos escatológicos es una experiencia bastante habitual durante los estadios finales del proceso de muerte y renacimiento. Esto parece reflejar el hecho de que, en los partos en los que no se utilizan catéteres ni enemas, son muchos los recién nacidos que experimentan un contacto íntimo no solo con la sangre, las mucosidades y el líquido amniótico, sino también con las heces y la orina. En la antigua Roma, donde esta situación era probablemente más común, era conocida por el famoso dicho *inter faeces et urinam nascimur* (que significa «nacemos entre heces y orina»). El fundamento natural de esta desviación tan rara y aparentemente estrafalaria reside en el contacto oral con las heces y la orina en el momento en que, después de muchas horas de agonía y amenaza a la vida, la cabeza del bebé logra liberarse de la firme presa del canal del parto en el que se hallaba atrapado. Así es como el contacto íntimo con dicho material se convierte en símbolo –y requisito previo– de una liberación orgástica completa.

Según la literatura psicoanalítica, el bebé –debido a su naturaleza fundamentalmente animal– se siente primero atraído por diferentes formas de material biológico y solo después desarrolla una aversión a ellas como resultado de las medidas represivas de los padres y la sociedad. Las observaciones realizadas por la investigación psiquedélica sugieren que esto no es necesariamente así, porque la actitud hacia el material biológico está muy determinada por la naturaleza del encuentro con estas substancias durante la experiencia del nacimiento. Y esa es una actitud que, dependiendo de las circunstancias concretas, puede ser positiva o extraordinariamente negativa.

En algunos partos, el niño solo encuentra, como parte del entorno que rodea su liberación física y emocional, secreciones vaginales, orina o heces. Este material, entre otros, se inhala, obstruye las vías respiratorias y provoca una asfixia aterradora. En situaciones extremas de este tipo, hay que salvar la vida del recién nacido mediante intubación y aspiración para despejar la tráquea y los bronquios y evitar así la aparición de una neumonía. Se trata de dos formas radicalmente diferentes de encuentro con material biológico al nacer, una positiva y la otra terrible y traumática. Una situación en la que la respiración se desencadene prematuramente y el material biológico inhalado amenace la vida del niño puede generar un miedo intenso y convertirse, como ya hemos visto, en el fundamento de un futuro trastorno obsesivo-compulsivo.

Algunas formas extremas de patología sexual criminal, como la *violación*, el *asesinato sádico* y la *necrofilia*, revelan claramente sus raíces perinatales. Las personas que experimentan los aspectos sexuales de la MPB-III suelen decir que esta fase del proceso de nacimiento tiene mucho en común con la violación, una comparación que adquiere mucho sentido si tenemos en cuenta algunos de los rasgos esenciales de la experiencia de la violación. Para la víctima, esto supone un grave peligro e implica una gran ansiedad vital, dolor extremo, contención física, lucha por liberarse, asfixia y una excitación sexual ajena e impuesta. La experiencia del violador, por su parte, implica las contrapartidas activas de cada una de estas actividades: poner en peligro, amenazar, herir, restringir, estrangular y forzar la excitación sexual. La experiencia de la víctima, por su parte, tiene muchos elementos en común con la del niño que queda atrapado en el canal de parto, mientras que el violador exterioriza y escenifica las fuerzas introyectadas de las contracciones uterinas, al tiempo que se venga de la víctima, un sustituto de la madre.

Si el recuerdo de la MPB-III está lo suficientemente cerca de la conciencia puede ejercer una fuerte presión psicológica sobre el individuo para reproducir en su vida cotidiana los elementos que componen esta constelación: aceptar relaciones sexuales violentas y hasta someterse inconscientemente a situaciones sexuales peligrosas. Aunque es cierto que este mecanismo no se aplica a todas las víctimas de los crímenes sexuales, hay casos en los que puede desempeñar un papel muy importante. Y, por más que sea claramente autodestructiva, esta conducta también responde a un impulso inconsciente autocurativo. Las experiencias similares que emergen de la psique del sujeto durante la terapia experiencial y con la comprensión de sus fuentes inconscientes facilitan la curación y la transformación psicoespiritual.

Debido a la similitud que existe entre la experiencia de la violación y la del parto, la víctima no solo sufre un trauma psicológico que refleja el doloroso impacto de la violación, sino también una ruptura de las defensas que la protegen del recuerdo del nacimiento biológico. Es muy probable que los frecuentes y duraderos problemas emocionales provocados por la violación se vean acentuados por la aparición en la conciencia de síntomas psicosomáticos y de emociones perinatales, en cuyo caso el trabajo terapéutico deberá incluir el abordaje del trauma del nacimiento. La influencia de la MPB-III resulta más evidente aún en el caso de los asesinatos sádicos, que están estrechamente ligados a las violaciones.

La dinámica del asesinato sádico se halla asimismo muy asociada a la del suicidio sangriento. La única diferencia estriba en que mientras que, en aquel, el individuo asume abiertamente el papel de agresor, en este desempeña también el papel de víctima. Ambos roles, en última instancia, reflejan aspectos distintos de la misma personalidad: el agresor refleja la introyección de las fuerzas opresivas y destructivas experimentadas en el canal del parto, mientras que la víctima refleja el recuerdo de las emociones y sensaciones experimentadas por el feto durante el nacimiento.

Manifestaciones psicosomáticas de los trastornos emocionales

Muchos trastornos emocionales, como las psiconeurosis, las depresiones y las psicosis funcionales, presentan manifestaciones físicas concretas, las más comunes de las cuales son el dolor de cabeza, las palpitaciones, la sudoración excesiva, los tics, los temblores, los dolores psicosomáticos y diferentes afecciones cutáneas. Igualmente frecuentes son los trastornos gastrointestinales como náuseas, pérdida de apetito, estreñimiento y diarrea. Entre los correlatos típicos de los problemas emocionales se encuentran también varias disfunciones sexuales, como la amenorrea, las irregularidades y dolores del ciclo menstrual o los dolorosos espasmos vaginales durante el coito. Ya hemos hablado de la disfunción eréctil y de la incapacidad de alcanzar del orgasmo, problemas que pueden acompañar a otros problemas neuróticos o presentarse como síntomas primarios independientes.

En algunas neurosis como, por ejemplo, la histeria de conversión, los síntomas físicos son muy notables y característicos y pueden ser el rasgo más relevante del trastorno. Esto también es cierto para una categoría de trastornos que los psicoanalistas clásicos denominaron *neurosis pregenitales*, entre los que destacan diversos tics nerviosos, la tartamudez y el asma psicógena, que representan una especie de híbrido entre la neurosis obsesivo-compulsiva y la histeria de conversión. La estructura de personalidad latente en estos casos es la obsesivo-compulsiva, pero el principal mecanismo de defensa y formación de síntomas es, como sucede en el caso de la histeria, la conversión. También existe un grupo de trastornos médicos en los que el papel desempeñado por los factores psicológicos es tan importante que hasta la medicina tradicional se refiere a ellos como *enfermedades psicosomáticas*. En esta categoría cabe destacar las migrañas, la hipertensión funcional, la colitis y úlceras pépticas, el asma psicógena, la psoriasis, diferentes tipos de eczema y, en opinión de otros, algunas formas de artritis. Y, aunque los médicos y psiquiatras convencionales aceptan el origen psicógeno de estos trastornos, no nos ofrecen explicaciones plausibles de los mecanismos psicogénicos implicados. Gran parte del trabajo clínico, las especulaciones teóricas y la investigación realizada al respecto se han basado en las ideas del psicoanalista Franz Alexander, fundador de la medicina psicosomática. Alexander propuso un modelo teórico que explicaba el mecanismo de acción de los trastornos psicosomáticos. Su principal contribución fue el reconocimiento de que los síntomas psicosomáticos son el fruto de los correlatos fisiológicos de los conflictos y traumas psicológicos. Según él, la excitación emocional que se produce durante los ataques de ansiedad, pena o rabia da lugar a reacciones fisiológicas intensas que conducen al desarrollo de síntomas y enfermedades psicosomáticas (Alexander, 1950).

Alexander distinguió entre las reacciones de conversión y los trastornos psicosomáticos. En aquellas, los síntomas tienen un significado simbólico y sirven de mecanismo de defensa contra la ansiedad, un rasgo importante de las neurosis, mientras que, en el caso de los trastornos psicosomáticos, el origen del estado emocional latente puede rastrearse hasta un trauma psicológico, los conflictos neuróticos y las relaciones interpersonales patológicas. En este último caso, los síntomas no cumplen con ninguna función útil y reflejan el fracaso de los mecanismos psicológicos para proteger al individuo de una excitación afectiva desproporcionada. Pero, aunque Alexander subrayó que la somatización de las emociones solo se produce en algunos individuos predispuestos, ni él ni sus seguidores llegaron a definir la naturaleza de esta predisposición.

Más de seis décadas después, la situación del campo de la medicina psicosomática sigue dejando mucho que desear. Se caracteriza principalmente por una falta de acuerdo fundamental sobre los mecanismos implicados en la psicogénesis de los síntomas somáticos y carece de marco conceptual explicativo mínimamente satisfactorio (Kaplan y Kaplan, 1967). Esta falta de respuesta clara es la responsable de que muchos autores suscriban la idea de multicausalidad. Desde esta perspectiva, los factores psicológicos desempeñan un papel decisivo en los trastornos psicosomáticos, aunque también debemos tener en cuenta la existencia de otra serie de factores, como la constitución, la herencia, la patología orgánica, el estado nutricional, el entorno y los determinantes sociales y culturales. Y, como estos no pueden especificarse adecuadamente, seguimos sin tener respuesta a la pregunta sobre la etiología de los trastornos psicosomáticos.

La terapia psiquedélica y la respiración holotrópica han aportado evidencias claras de que no basta, para explicar el desarrollo de los trastornos emocionales, con apelar a los traumas psicológicos postnatales, y lo mismo ocurre también –y en mayor medida– con el caso de los síntomas y trastornos psicosomáticos. El conflicto psicológico, la pérdida de una relación emocionalmente significativa, la dependencia excesiva, la observación del niño de las relaciones sexuales parentales, y otros factores que los psicoanalistas consideran causales, tampoco logran explicar la naturaleza e intensidad de las alteraciones fisiológicas implicadas en los trastornos psicosomáticos.

A la luz del trabajo experiencial profundo, las diferentes teorías de orientación psicoanalítica que tratan de explicar las enfermedades psicosomáticas basándose exclusivamente en los traumas psicológicos de la biografía postnatal resultan superficiales y poco convincentes. Igualmente inverosímil es la suposición de que estos trastornos pueden ser tratados con eficacia mediante un abordaje estrictamente verbal. La investigación holotrópica ha realizado importantes descubrimientos en torno a la teoría y la terapia de los trastornos psicosomáticos, pero el más importante de todos ellos es posible que haya sido el descubrimiento de la extraordinaria cantidad de energía emocional y física bloqueada que se oculta detrás de los síntomas psicosomáticos.

Pese a las dudas justificadas de que los traumas psicológicos biográficos son los únicos que pueden dañar anatómicamente los órganos y provocar alteraciones funcionales profundas, nuestra experiencia con los estados holotró-

Franz Alexander (1891-1964), médico y psicoanalista húngaro, uno de los fundadores de la medicina psicosomática y de la criminología psicoanalítica.

picos evidencia que también es un posible efecto de las energías destructivas elementales procedentes del estrato perinatal del inconsciente. En un sentido más general, esta observación confirmó los conceptos de Wilhelm Reich, el brillante y controvertido pionero renegado del psicoanálisis. Basándose en sus observaciones de las sesiones terapéuticas, Reich llegó a la conclusión de que el principal factor subyacente a los trastornos emocionales y psicosomáticos es el atasco y bloqueo de una importante cantidad de bioenergía anclada en los músculos y las vísceras que constituyen lo que denominó *coraza caracterial* (Reich, 1949 y 1961).

Pero aquí termina toda similitud entre la psicología reichiana y las observaciones hechas por la investigación holotrópica. Según Reich, esta energía atrapada es de naturaleza sexual y la razón de este bloqueo es fundamentalmente un conflicto entre nuestras necesidades biológicas y la influencia represiva de la sociedad, que impide una vida sexual satisfactoria y el logro de una liberación orgástica plena. El remanente de energía sexual que queda sin expresar se estanca y busca una expresión que solo logra a través de distorsiones y síntomas neuróticos o psicosomáticos. El trabajo con los estados holotrópicos nos proporciona una explicación radicalmente distinta que demuestra que la energía reprimida que llevamos en nuestro organismo no es libido acumulada y sin expresar, sino carga emocional y física atrapada en los sistemas COEX.

Aunque parte de esta energía proceda de las capas biográficas de estos sistemas que contienen recuerdos de traumas psicológicos y físicos que tuvieron lugar durante la infancia y la niñez, hay otra parte importante que es de origen perinatal y refleja el hecho de que el recuerdo del nacimiento no ha sido procesado de manera adecuada y permanece en el inconsciente como una *gestalt* emocional y físicamente incompleta. La excesiva estimulación de las neuronas que no pueden descargarse durante el confinamiento en el canal del parto genera una cantidad extraordinaria de energía. La razón por la que Reich confundió esta energía con libido atrapada fue quizás la intensa excitación sexual asociada a la MPB-III.

En algunos casos, los traumas prenatales pueden contribuir significativamente a la carga general negativa de los sistemas COEX y participar en la génesis de los síntomas psicosomáticos. Algunas personas cuentan con una historia prenatal muy difícil que incluye factores como el estrés emocional y físico extremo de la madre embarazada, el peligro de aborto espontáneo, el intento de aborto, el útero tóxico y la incompatibilidad sanguínea. Las fuentes más profundas de la energía de los trastornos psicosomáticos pueden rastrearse hasta el dominio transpersonal, especialmente hasta los elementos kármicos y arquetípicos (véase la historia de Norbert que hemos presentado en la pág. 251).

De interés e importancia especial en este sentido es la observación, derivada del trabajo experiencial profundo, de que la fuerza motriz básica de todas las manifestaciones psicosomáticas no se deriva de los traumas psicológicos. Lo que desempeña un papel fundamental en su génesis son los traumas físicos que siguen sin haber sido asimilados e integrados (como, por ejemplo, los recuerdos del malestar asociado a las enfermedades de la infancia, las operaciones, las lesiones o los episodios de casi ahogamiento). A un nivel más profundo, los síntomas están relacionados con el trauma del nacimiento y hasta con traumas físicos asociados a recuerdos de vidas pasadas. El material subyacente a los dolores psicosomáticos puede incluir recuerdos de accidentes, operaciones o enfermedades de la infancia, la niñez y la vida postnatal, el dolor experimentado durante el proceso de nacimiento y el sufrimiento físico relacionado con lesiones, o hasta la muerte en una encarnación anterior.

Este punto de vista contrasta claramente con el sustentado por la mayoría de las escuelas psicodinámicas que tienden a atribuir la génesis de los síntomas psicosomáticos a los conflictos y traumas psicológicos. Según ellas, los síntomas se originan de tal manera que estas cuestiones psicológicas se expresan en un lenguaje corporal simbólico, es decir, se «somatizan». Desde esta perspectiva, por ejemplo, retener y deshacerse de ciertas emociones se consideran factores psicológicos subyacentes al estreñimiento y la diarrea, respectivamente, y el dolor intenso en el cuello y los hombros es una expresión simbólica de que el cliente «carga, sobre sus hombros, demasiadas responsabilidades».

En el mismo sentido, los problemas digestivos se derivan de la incapacidad de la persona de «tragar» o «digerir» algo y la parálisis histérica reproduce una defensa contra una actividad sexual infantil censurada. Las dificultades respiratorias son el resultado de una madre que «sofoca» al cliente, el asma es un «llanto por la madre» y la sensación de opresión en el pecho es el resultado de estar «apesadumbrado». En esta misma línea, la tartamudez se considera el resultado de una agresividad verbal reprimida y del impulso de proferir obscenidades y los trastornos cutáneos graves sirven de protección contra la tentación sexual.

El trabajo con los estados holotrópicos nos ofrece la posibilidad de entender la dinámica de los trastornos psicosomáticos. De hecho, no es raro advertir la aparición provisional de ataques asmáticos, migrañas, diversos eczemas y hasta erupciones cutáneas de psoriasis *in statu nascendi*, es decir, tal y como emergen durante las sesiones de respiración psiquedélica y holotrópica, algo que suele ir acompañado de la comprensión de sus raíces psicodinámicas. También hay que añadir, en el lado positivo, que los terapeutas y facilitadores que emplean técnicas experienciales profundas han informado de mejoras espectaculares y duraderas, en sus pacientes, de diferentes trastornos psicosomáticos. Estos informes suelen señalar la importancia terapéutica al respecto de la reviviscencia del trauma físico, en particular el trauma del nacimiento y las experiencias transpersonales.

Por razones de espacio no puedo detenerme aquí a describir con más detalle los nuevos descubrimientos sobre la psicodinámica de los distintos trastornos psicosomáticos ni ilustrarlos con historias de casos, para lo cual debo remitir a los lectores interesados a mis publicaciones anteriores (Grof, 1985 y 2001)

Psicosis infantiles autistas y simbióticas, personalidad narcisista y estados fronterizos

Los pioneros de la psicología del yo, Margaret Mahler, Otto Kernberg, Heinz Kohut y otros, contribuyeron a la clasificación psicoanalítica clásica con varias categorías diagnósticas nuevas que, según ellos, se originan en las perturbaciones tempranas de las relaciones de objeto. Un desarrollo psicológico sano parte del estadio autista y simbiótico del narcisismo primario y, atravesando el proceso de separación e individuación, llega hasta el establecimiento de relaciones objetales constantes. Las interferencias graves en este proceso, así como la falta de gratificación de las necesidades básicas durante estos tempranos estadios, pueden dar lugar a trastornos graves. Según el grado y la cronología de estas adversidades, estas perturbaciones acaban convirtiéndose en *psicosis infantiles autistas y simbióticas, trastornos narcisistas de la personalidad* o *trastornos límite de la personalidad*.

La finura del análisis de las perturbaciones de las relaciones de objeto que subyacen a estos trastornos llevado a cabo por la literatura de la psicología del yo es inusualmente detallado. Por desgracia, estos psicoanalistas –como los clásicos– tampoco llegan a advertir que los acontecimientos biográficos postnatales no son los únicos responsables de la sintomatología de los trastornos emocionales. La observación de los estados holotrópicos sugiere que los traumas de la infancia temprana ejercen un profundo impacto en la vida psicológica del individuo no solo porque le ocurren a un organismo muy inmaduro y afectan a los fundamentos mismos de la personalidad, sino también porque, al interferir en la recuperación del trauma del nacimiento, dejan abierta una puerta de acceso al inconsciente perinatal.

Los términos utilizados por la psicología del yo para describir la dinámica postnatal de estos trastornos delatan sus dimensiones prenatales y perinatales subyacentes. La gratificación simbiótica, a la que los psicólogos del yo atribuyen gran importancia, no solo se aplica a la calidad de la lactancia materna y la satisfacción anaclítica en la infancia, sino también a la calidad del estado prenatal. Y lo mismo ocurre con los efectos dañinos de la privación simbiótica. Veamos, a modo de ilustración, la descripción que hace Margaret Mahler de la fase simbiótica: «la fase de simbiosis en la que el bebé se comporta y funciona como si él y su madre fueran un sistema omnipotente (una unidad dual) que comparten los mismos límites (como si estuvieran dentro de la misma membrana)» (Mahler, 1961). Del mismo modo, la regresión al autismo y a un estado sin objeto presenta los rasgos distintivos de una regresión psicológica que no se limita al estado postnatal temprano, sino que llega hasta el útero.

Otros aspectos importantes de los trastornos causados por problemas durante el desarrollo de las relaciones de objeto apuntan claramente a la dinámica perinatal. La división del mundo objetal en «bueno» y «malo» característica de los pacientes con trastornos fronterizos, no solo refleja la maternidad poco consistente de la que hablan los psicólogos del yo («buena madre» y «mala madre») porque, a un nivel más profundo, hunde sus raíces en la ambigüedad fundamental del papel que, aun en las mejores circunstancias, desempeña la madre en la vida del niño. En el período prenatal y postnatal, representa un ser que da y mantiene la vida, mientras que, durante el parto, se convierte en una antagonista que inflige dolor y pone en peligro la vida.

La literatura de los psicólogos del yo describe a los niños que padecen una psicosis simbiótica infantil como si estuvieran atrapados entre el miedo a la separación y el miedo a verse devorados. El origen de esta situación no gira en torno a la transición del narcisismo primario a las relaciones de objeto, sino en torno al trauma del nacimiento. Como ya hemos visto, la pérdida del útero y el comienzo del parto se experimentan normalmente como un engullimiento que pone en peligro la vida y la transición de la MPB-III a la MPB-IV se vive como una experiencia aterradora de separación. Estas dos experiencias son incomparablemente más poderosas que el miedo a verse devorado, o a la separación que se experimenta durante la formación de una relación objetal. También debemos añadir que la intensidad de la rabia, típica de este tipo de pacientes, es demasiado intensa como para ser de origen postnatal y parece provenir de fuentes perinatales.

Psicodinámica de los estados psicóticos en adultos

A pesar de la extraordinaria cantidad de tiempo, energía y dinero invertida en la investigación psiquiátrica, la naturaleza de los procesos psicóticos sigue siendo un misterio. Ninguno de los estudios sistemáticos destinados a explorar el amplio abanico de factores constitucionales y genéticos, cambios hormonales y bioquímicos, determinantes biológicos, psicológicos y sociales e influencias ambientales, entre muchas otras variables, nos ha proporcionado una explicación convincente de la etiología de las psicosis funcionales.

Pero, aun en el caso de que la investigación biológica y bioquímica hubiese detectado procesos que mostrasen una clara correlación con la presencia de estados psicóticos, tampoco eso nos ayudaría a entender la naturaleza y el contenido de las experiencias psicóticas. Este es un problema que ya he comentado anteriormente al hablar de la investigación de laboratorio sobre el empleo del LSD. Y es que, por más que conozcamos la composición exacta y la dosis del agente desencadenante de estas experiencias, tampoco ello nos proporcionaría explicación alguna sobre el problema de las psicosis. Lo cierto, muy al contrario, es que las cosas todavía son más complicadas porque, en lugar de proporcionarnos una respuesta sencilla a la pregunta sobre la etiología de las psicosis, la búsqueda de respuestas relativas al misterio de la psique humana, del universo y de la existencia pondría simplemente en marcha un nuevo proyecto.

Esta investigación solo demostró la aparición de material inconsciente profundo en la conciencia, poniendo de relieve que el potencial para crear estas experiencias no es tanto el fruto de un proceso patológico como una propiedad inherente de la psique humana. La fenomenología de las psicosis funcionales combina de distintos modos las experiencias perinatales y transpersonales con elementos biográficos postnatales.

La sintomatología de los episodios psicóticos refleja las experiencias características de la MPB-I tanto en sus aspectos positivos como en sus aspectos negativos. Muchos pacientes experimentan episodios de unión simbiótica beatífica con la Gran Diosa Madre y tienen la sensación de estar en su vientre o alimentándose de su pecho. La MPB-I también puede experimentarse como una unión extática con otras personas, con la naturaleza, con la totalidad del universo o con Dios (*unio mystica*). Asimismo, el espectro experiencial de la MPB-I incluye visiones de cielos o paraísos semejantes a aquellos de los que hablan las mitologías de diferentes culturas.

Por su parte, parece haber una profunda relación entre las alteraciones de la vida embrionaria y los estados psicóticos que implican una percepción paranoide y una distorsión de la realidad. Muchas alteraciones prenatales implican cambios químicos en el cuerpo de la madre (*toxicosis*), lo que parece explicar por qué hay tantos pacientes paranoicos que sospechan que alguien está envenenando su comida, bombeando gases tóxicos en su casa, o que son el objetivo de las radiaciones emitidas por un científico malvado. La experiencia de estas influencias hostiles suele ir acompañada de visiones de entidades y figuras arquetípicas malignas.

Tampoco debe sorprendernos que otra fuente de la sensación de paranoia sea la fase inicial de la MPB-II porque, a fin de cuentas, el inicio del parto constituye una perturbación importante e irreversible de la existencia prenatal. No resulta difícil entender, teniendo en cuenta lo desagradables y confusas que deben ser estas situaciones para el feto, que el recuerdo emergente del comienzo del parto o de una grave perturbación intrauterina pueda despertar, en la conciencia del adulto, sensaciones omnipresentes de ansiedad y amenaza. Y como, por razones obvias, la fuente de este peligro no puede ser identificada y permanece desconocida, el individuo tiende a proyectar esos sentimientos sobre alguna situación amenazadora procedente del mundo exterior (como organizaciones secretas clandestinas, los nazis, los comunistas, los masones, el Ku Klux Klan o algún otro grupo humano potencial o realmente peligroso, y hasta sobre invasores extraterrestres).

Revivir el comienzo del parto suele conllevar experiencias de entrada en el inframundo chamánico o mitológico. Las formas plenamente desarrolladas de la MPB-II aportan a la sintomatología psicótica los motivos de la condena eterna, la desesperación, torturas inhumanas y pruebas diabólicas. No es de extrañar que muchos pacientes psicóticos experimenten lo que parece un sufrimiento interminable en el infierno o torturas que parecen provenir de algunos ingeniosos artilugios destinados a ese fin.

Los estudios psicoanalíticos han demostrado que la «máquina de influencia» a la que muchos pacientes psicóticos describen como causante de una agonía insoportable es una representación del cuerpo de la «mala madre» (Tausk, 1933). Pero estos estudios no llegan a reconocer que ese cuerpo peligroso y torturador no es el de la madre que amamanta, sino el de la madre que da a luz. Otros temas psicóticos relacionados con la MPB-II son las experiencias en las que aparecen figuras extrañas de mundos absurdos poblados de autómatas y del clima que rodea a espectáculos circenses grotescos. Una brillante representación de estas experiencias de pesadilla nos la proporciona el arte biomecánico de Hansruedi Giger, el genio suizo del realismo fantástico (Grof, 2015).

La MPB-III añade un rico abanico de experiencias que representan facetas diversas de esta compleja matriz al cuadro clínico de los estados psicóticos. El aspecto titánico se manifiesta en forma de tensiones insoportables, poderosas corrientes de energía, colisiones y descargas. Las imágenes y los temas correspondientes están relacionados con escenas violentas de guerras, revoluciones y masacres sangrientas. Hay veces en que estas escenas alcanzan proporciones arquetípicas y se refieren a motivos de dimensiones cósmicas, como la lucha entre las fuerzas del Bien y del Mal, la Oscuridad y la Luz, ángeles y demonios, titanes que desafían a los dioses, o superhéroes que luchan contra monstruos mitológicos. Los arquetipos de los rituales del *sabbat* de las brujas o de la misa negra, que combinan motivos de muerte, sexo, agresividad y escatología, también pueden hacer acto de presencia durante las experiencias de los pacientes psicóticos.

La transición de la MPB-III a la MPB-IV aporta secuencias de muerte y renacimiento psicoespiritual que van desde visiones apocalípticas de destrucción y recreación del mundo, escenas del juicio de los muertos o del juicio final hasta el espectro completo de las experiencias psicóticas. Esto puede ir acompañado de una identificación con Jesús o con figuras arquetípicas que representan la muerte y resurrección, lo que puede conducir a una inflación del yo y a sentimientos mesiánicos. A esto pertenecen las fantasías y experiencias del matrimonio sagrado (*hieros gamos*), engendrar un niño divino o darle a luz. Las experiencias de epifanía divina, las visiones de la Gran Diosa Madre o la identificación con ella, los encuentros con seres angélicos y deidades que aparecen en la luz y la sensación de salvación y redención son también manifestaciones características de la MPB-IV.

Cuando sugerí por primera vez la posibilidad de entender gran parte de la sintomatología psicótica en términos de dinámica perinatal (Grof, 1975), no pude encontrar ningún estudio clínico que respaldara esta hipótesis ni que explorase siquiera esa posibilidad. Me pareció sorprendente la poca atención prestada por los investigadores a la relación que existe entre las psicosis y el trauma del nacimiento. Medio siglo después contamos con evidencias clínicas muy importantes que subrayan el papel desempeñado por las alteraciones prenatales y el trauma del nacimiento en la génesis de las psicosis.

La investigación lleva a cabo al efecto ha puesto sistemáticamente de relieve la importancia que tienen, entre los factores de riesgo de esquizofrenia, la alimentación inadecuada y las infecciones víricas durante el embarazo de la madre y las complicaciones obstétricas durante el parto, incluidos los partos largos y la falta de oxígeno (Wright *et al.*, 1997; Verdoux y Murray, 1998; Dalman *et al.*, 1999; Kane, 1999 y Warner, 1999). Debido a la fuerte influencia que, en el campo de la psiquiatría, tiene el pensamiento biológico, estos datos tienden a interpretarse hacia el supuesto de que el nacimiento ha provocado un daño cerebral sutil inaccesible a los métodos diagnósticos actuales. Los teóricos y los clínicos convencionales siguen sin reconocer el importante papel que, en tanto trauma psicológico, pueden llegar a desempeñar el nacimiento y las alteraciones prenatales.

Mientras que las experiencias perinatales anteriormente descritas suelen reflejar una combinación de recuerdos biológicos del nacimiento y motivos arquetípicos con sus correspondientes temas, la fenomenología de los estados psicóticos puede incluir diferentes experiencias transpersonales en estado puro, es decir, sin contaminación de elementos biológicos perinatales. Las más comunes de todas ellas son los recuerdos de vidas pasadas, el contacto con extraterrestres y los encuentros con deidades y seres demoníacos. En ocasiones, los individuos diagnosticados como psicóticos también pueden tener experiencias espirituales muy elevadas, como la identificación con Dios, el Absoluto o el Vacío Metacósmico.

Muchas de estas experiencias han sido reportadas por místicos, santos, profetas y maestros espirituales de todas las épocas. Es absurda, como ya hemos señalado, la práctica demasiado habitual de la psiquiatría moderna de atribuir estas experiencias a un proceso patológico y desconocido del cerebro o de cualquier otra parte del cuerpo. Esto nos lleva naturalmente a preguntarnos por la relación entre la psicosis y la experiencia mística. Hasta ahora he utilizado los términos psicosis y psicótico como lo hace la psiquiatría académica, pero, como veremos en el próximo capítulo, las observaciones y experiencias de los estados holotrópicos sugieren la necesidad de redefinir por completo el concepto de psicosis.

Cuando colocamos estas experiencias en el contexto de una cartografía amplia de la psique que no se limita a la biografía postnatal, sino que incluye también los dominios perinatal y transpersonal, resulta evidente que la diferencia entre misticismo y trastorno mental no tiene tanto que ver con la naturaleza y el contenido de las experiencias en cuestión como con la actitud que se tiene al respecto, es decir, con el «estilo experiencial» del individuo, con su modo de interpretar y su capacidad de integrar la experiencia. Esta es una relación perfectamente resumida en la conocida frase de Joseph Campbell que afirma que: «el psicótico se ahoga en las mismas aguas en las que el místico nada gozosamente». Mis únicas reservas a esta cita –por lo demás muy apropiada– giran en torno al hecho de que no todas las experiencias místicas son necesariamente placenteras, sino que a menudo son difíciles y hasta muy gravosas. Aun así, el místico es capaz de contemplar estos retos en el contexto más amplio de un viaje espiritual que tiene un propósito más profundo y deseable.

Esta visión de las psicosis no solo tiene profundas implicaciones para la teoría, sino también para la terapia y, sobre todo, para el curso y el desenlace de estos estados. Las observaciones realizadas al respecto por la terapia experiencial corroboran, en este punto, las ideas revolucionarias de pioneros de una visión alternativa de la psicosis como C.G. Jung, (1960c), Roberto Assagioli (1977), Abraham Maslow (1964) y John W. Perry (1998).

Bibliografía

Abraham, K. 1927. *A Short Study of the Development of the Libido. Selected Papers*. London: Institute of Psychoanalysis and Hogarth Press.

Alexander, F. 1950. *Psychosomatic Medicine*. New York: W. W. Norton.

Assagioli, R. 1977. *Self-Realization and Psychological Disturbances. Synthesis 3-4*. También en: Grof, S. y Grof, C. (eds). *Spiritual Emergency: When Personal Transformation Becomes a Crisis*. Los Angeles, CA: J. P. Tarcher.

Blanck, G. y Blanck, R. 1974. *Ego Psychology I: Theory and Practice*. New York: Columbia University Press.

Blanck, G. y Blanck, R. 1979. *Ego Psychology II: Psychoanalytic Developmental Psychology*. New York: Columbia University Press.

Dalman, C. *et al*. 1999. Obstetric Complications and the Risk of Schizophrenia: A Longitudinal Study of a National Birth Cohort. *Arch.gen. Psychiat.* 56:234-240.

Fenichel, O. 1945. *The Psychoanalytic Theory of Neurosis*. New York: W.W. Norton.

Freud, S. 1953. *Three Essays on the Theory of Sexuality*. Standard Edition, vol. 7. London: The Hogarth Press & The Institute of Psychoanalysis.

Freud, S. 1955. Beyond the Pleasure Principle. *The Standard Edition of the Complete Works of Sigmund Freud*, Vol. 18. (J. Strachey, ed.), London: The Hogarth Press & The Institute of Psychoanalysis.

Freud, S. 1964. An Outline of Psychoanalysis. *Standard Edition*, vol. 23. London: The Hogarth Press & The Institute of Psychoanalysis.

Goodwin, F.K. y Jamison K.R. 1990. *Manic-Depressive Illness*. Oxford, New York: Oxford University Press.

Goodwin, F.K. y Jamison, K.R. 2007. *Manic-Depressive Illness, Bipolar Disorders and Recurrent Depression*. Oxford, New York: Oxford University Press.

Grof, S. 1975. *Realms of the Human Unconscious*. New York: Viking Press.
Grof, S 1985. *Beyond the Brain: Birth, Death, and Transcendence in Psychotherapy*. Albany, NY: State University of New York (SUNY) Press.
Grof, S. 2000. *Psychology of the Future*. Albany, New York: State University of New York (SUNY) Press.
Grof, S. 2001. *LSD Psychotherapy*. Santa Cruz, CA: MAPS Publications.
Grof, S. 2015. *Modern Consciousness Research and the Understanding of Art*. Santa Cruz, CA: MAPS Publications.
Jacobson, B. *et al.* 1987. Perinatal Origin of Adult Self-Destructive Behavior. *Acta psychiat. Scand.* 76:364-371.
James, W. 1961. *The Varieties of Religious Experience*. New York: Collier.
Jung, C.G. 1960. The Psychogenesis of Mental Disease. *Collected Works*, vol. 3. Bollingen Series XX. Princeton: Princeton University Press.
Kane, J.M. 1999. Schizophrenia: How Far Have We Come? *Current Opinion in Psychiatry* 12:17.
Kaplan, H.S. y Kaplan, H.I. 1967. Current Concepts of Psychosomatic Medicine. En *Comprehensive Textbook of Psychiatry*. Baltimore: The Williams & Wilkins Co.
Kernberg, O.F. 1976. *Object Relations Theory and Clinical Psychoanalysis*. New York: Jason Aronson.
Kernberg, O.F. 1984. *Severe Personality Disorders: Psychotherapeutic Strategies*. New Haven, CT: Yale University Press.
Kohut, H. 1971. *The Analysis of the Self: A Systematic Approach to the Psychoanalytic Treatment of Narcissistic Personality Disorders*. New York: International Universities Press.
Kučera, O. 1959. On Teething. *Dig. Neurol. Psychiat.* 27:296.
Lavin, T. 1987. *Jungian Perspectives on Alcoholism and Addiction*. Artículo presentado en el seminario The Mystical Quest, Attachment, and Addiction de un mes de duración celebrado en el Esalen Institute, Big Sur (CA).
Lorenz, K. 1963. *On Aggression*. New York: Harcourt, Brace and World.
Mahler, M. 1961. On Sadness and Grief in Infancy and Childhood: Loss and Restoration of the Symbiotic Love Object. *The Psychoanalytic Study of the Child*. 16:332-351.
Mahler, M. 2008. *The Psychological Birth of the Human Infant: Symbiosis and Individuation*. New York: Basic Books.
Maslow, A. 1964. *Religions, Values, and Peak Experiences*. Cleveland, (OH): Ohio State University.

Moreno, F. *et al*. 2006. Safety, Tolerability, and Efficacy of Psilocybin in Nine Patients with Obsessive-Compulsive Disorder. *Journal of Clinical Psychiatry* 67(11):1735-40.

Odent, M. 1995. «Prevention of Violence or Genesis of Love? Which Perspective?». Presentación en el decimocuarto congreso transpersonal internacional celebrado en Santa Clara (California) en junio.

Pahnke, W.N., Kurland, A.A., Unger, S., Grof, S. 1970. «The Experimental Useof Psychedelic (LSD) Psychotherapy». *Journal of the American Medical Association* (JAMA) 212:856.

Perry, J.W. 1998. *Trials of the Visionary Mind: Spiritual Emergency and the Renewal Process*. Albany, NY: State University of New York (SUNY) Press.

Rank, O. 1929. *The Trauma of Birth*. New York: Harcourt Brace.

Reich, W. 1949. *Character Analysis*. New York: Noonday Press.

Reich, W. 1961. *The Function of the Orgasm: Sex-Economic Problems of Biological Energy*. New York: Farrar, Strauss & Giroux.

Spitz, R. Á. 1965. *The First Year of Life : A Psychoanalytic Study of Normal and Deviant Development of Object Relations*. New York : International Universities Press.

Tausk, V. 1933. On the Origin of the Influencing Machine in Schizophrenia. *Psychoanalyt. Quart.* 11.

Tinbergen, N. 1965. *Animal Behavior*. New York: Time-Life.

Verdoux, H. y Murray, R.M. 1998. What Is the Role of Obstetric Complications in Schizophrenia? *Harv. Ment. Health Lett*.

Warner, R. 1999. New Directions for Environmental Intervention in Schizophrenia: I. The Individual and the Domestic Level. *Mental Health Services*. #83, pp. 61-70.

Wilson, W. y Jung, C.G. 1963. Cartas publicadas también en: Grof, S. (ed.): Mystical Quest, Attachment, and Addiction. Edición especial de *Re-Vision Journal*. 10 (2):1987.

Wright, P. *et al*. 1997. Maternal Influenza, Obstetric Complications, and Schizophrenia. *Amer. J. Psychiat*. 154:292.

V. Emergencia espiritual: *comprensión y tratamiento de las crisis de transformación*

Una de las implicaciones más importantes de la investigación realizada sobre los estados holotrópicos reside en el reconocimiento de que muchos de los episodios espontáneos actualmente diagnosticados como psicosis y tratados con una medicación destinada a erradicarlos son, en realidad, estadios difíciles de un proceso de apertura espiritual que van acompañados de una transformación radical de la personalidad. Adecuadamente entendidas y gestionadas, estas crisis psicoespirituales pueden dar lugar a una sanación emocional y psicosomática que desemboque en una transformación importante de la personalidad y en una evolución de la conciencia que posee un gran potencial heurístico (Grof y Grof, 1989 y 1990).

Las biografías de chamanes, yoguis, místicos y santos están llenas de episodios de este tipo. Por otra parte, la literatura mística del mundo entero describe estas crisis como hitos importantes del camino espiritual que corroboran, además, su potencial curativo y transformador. El estrecho marco conceptual de la psiquiatría convencional la incapacita para advertir la extraordinaria diferencia que hay entre las enfermedades mentales y las crisis psicoespirituales, y los verdaderos estados místicos que no solo no suponen ninguna complicación, sino que normalmente implican todo lo contrario. No olvidemos que el modelo de la psique sustentado por la psiquiatría académica se limita a la biografía postnatal y tiene un fuerte sesgo biologicista que le impide entender la naturaleza y el contenido de los estados psicóticos.

La expresión «emergencia espiritual» que acuñamos mi difunta esposa Christina y yo para referirnos a estos estados alude a su potencial curativo. La palabra latina *emergere* significa «emerger», pero la aparición repentina de una situación crítica también recibe el nombre de «emergencia». Ocurre con este término lo mismo que con el carácter chino para referirse a una crisis, un ideograma compuesto por dos pictogramas, uno de los cuales representa un peligro y el otro, una oportunidad, ilustrando así la posibilidad de «emerger», es decir, de elevarse a un nivel superior de funcionamiento psicológico y de conciencia espiritual.

La adecuada conclusión e integración de estos episodios va acompañada de una reducción substancial de la agresividad, un aumento de la tolerancia racial, política y religiosa, una mayor conciencia ecológica y cambios profundos en la jerarquía de valores y prioridades existenciales. Entre los beneficios derivados de estas crisis psicoespirituales podemos citar una mejora en la salud psicosomática, una mayor alegría de vivir, una actitud vital más gratificante, una visión del mundo más amplia y una espiritualidad no confesional, universal y omniinclusiva. No es exagerado decir que las crisis psicoespirituales adecuadamente integradas pueden llevar al individuo a un nivel superior de evolución de la conciencia.

En las últimas décadas hemos asistido a un rápido aumento del interés por las cuestiones espirituales que ha motivado una amplia experimentación de «tecnologías de lo sagrado» antiguas y aborígenes y de técnicas modernas de expansión de la conciencia que pueden facilitar el acceso a las dimensiones espirituales de la existencia. Entre ellas se encuentran, por ejemplo, abordajes chamánicos, prácticas meditativas orientales, empleo de substancias psiquedélicas, poderosas psicoterapias experienciales y técnicas de laboratorio desarrolladas por la psiquiatría experimental. Según las encuestas realizadas al respecto, el número de estadounidenses que han tenido experiencias espirituales ha experimentado, durante la segunda mitad del siglo XX, un considerable aumento que parece coincidir con un mayor número correlativo de emergencias espirituales.

Cada vez hay más personas que parecen darse cuenta de la importancia que tiene una espiritualidad verdadera basada en una profunda experiencia personal. No cabe la menor duda, a la vista de la crisis global galopante provocada por la visión materialista de la civilización occidental, de que estamos pagando un precio muy elevado por haber negado y rechazado la espiritualidad y desterrado de nuestras vidas una fuerza que no solo nos nutre y fortalece, sino que da sentido también a nuestra existencia.

El peaje que implica esta pérdida de la espiritualidad se traduce individualmente en una forma de vida empobrecida, una alienación y un descontento con nuestro estilo de vida que necesariamente van acompañados de un aumento proporcional de los trastornos emocionales y psicosomáticos. Por su parte, la ausencia de valores espirituales desemboca colectivamente en estrategias existenciales, como el expolio de los recursos no renovables, la contaminación

Christina Grof (1940-2014), doctora en Filosofía, profesora de arte y de yoga, artista, terapeuta y escritora. En 1980 fundó Spiritual Emergence Network (SEN) en el Instituto Esalen de Big Sur (California).

del medio ambiente, la perturbación del equilibrio ecológico y el empleo de la violencia como forma principal de solución de problemas, que ponen en peligro la supervivencia de la vida en nuestro planeta.

A todos nos interesa encontrar el modo de restituir la espiritualidad en el lugar que le corresponde en nuestra vida individual y colectiva. Y para ello no solo es necesario el reconocimiento teórico de su importancia como un aspecto vital de la existencia, sino la aceptación y el fomento también de actividades que favorecen el acceso experimental a las dimensiones espirituales de la realidad. Y una parte importante de este esfuerzo pasa por el desarrollo de un adecuado sistema de apoyo para que las personas que están atravesando crisis de apertura espiritual puedan servirse del potencial positivo y transformador de estos estados.

En 1980, mi esposa Christina fundó la red de emergencia espiritual llamada SEN [acrónimo de *Spiritual Emergence Network*], una organización destinada a poner en contacto a las personas que atraviesan crisis psicoespirituales con profesionales preparados y dispuestos a prestar una asistencia basada en la nueva comprensión de estos estados que actualmente tiene filiales en muchos países.

Desencadenantes de la emergencia espiritual

Son muchos los casos en que es posible identificar la situación que precipitó una crisis psicoespiritual. Puede tratarse tanto de un estrés fundamentalmente físico como de una enfermedad, un accidente o una operación. Hay casos en los que el desencadenante más inmediato se debe a un esfuerzo físico extremo o a la falta de sueño prolongada. En el caso de las mujeres, también puede tratarse del parto o de un aborto natural o provocado. Y también ha habido casos en los que el inicio de la crisis espiritual coincide con una experiencia sexual extraordinariamente poderosa.

En otros, la crisis psicoespiritual comienza poco después de una experiencia emocionalmente traumática. Puede tratarse de la pérdida de una relación importante, de la muerte de un hijo o de un familiar cercano, de un divorcio o del final de una relación amorosa. También pueden ser desencadenantes una serie de desengaños y la pérdida de un trabajo o de una propiedad. Y, en individuos especialmente predispuestos, la «gota que colma el vaso» puede tratarse de una sesión de psicoterapia experiencial o la toma de una substancia psiquedélica.

Uno de los catalizadores más importantes de la emergencia espiritual parece ser el compromiso profundo con diferentes tipos de meditación y de práctica espiritual, lo que no debería sorprender, porque dichos métodos fueron creados con la intención de facilitar las experiencias espirituales. En repetidas ocasiones han contactado con nosotros personas que se han visto desbordados por episodios espontáneos de estados holotrópicos provocados por la práctica de la meditación budista Zen o *vipassana*, el yoga *kundalini*, el *dhikr* sufí, la contemplación monástica o la oración cristiana. Y esta probabilidad aumenta en los casos en los que la práctica espiritual en cuestión va acompañada de ayuno, privación de sueño o largos períodos de meditación.

El amplio abanico de factores que pueden desencadenar una emergencia espiritual sugiere claramente que la predisposición del individuo a la transformación interior desempeña un papel mucho más importante que los estímulos externos. Si buscamos un denominador común o una causa última de las situaciones antes descritas, descubrimos que todas ellas implican un cambio importante en el equilibrio entre los procesos conscientes y los procesos inconscientes. El debilitamiento de las defensas psicológicas o, por el contrario, el aumento de la carga energética de la dinámica inconsciente posibilita la emergencia en la conciencia del material inconsciente (y supraconsciente).

Es bien sabido que las defensas psicológicas pueden verse debilitadas por situaciones biológicamente estresantes, como los traumas físicos, el agotamiento, la falta prolongada de sueño o la intoxicación. También los traumas psicológicos pueden movilizar el inconsciente, sobre todo cuando impliquen elementos que recuerdan a traumas anteriores y formen parte de un sistema COEX importante. El fuerte potencial del parto como desencadenante de las crisis psicoespirituales refleja claramente la combinación entre el debilitamiento biológico y la reactivación específica de los recuerdos perinatales.

Los fracasos y decepciones de la vida profesional y personal pueden socavar y frustrar la motivación y ambiciones de la persona orientadas hacia el exterior. Esto no solo obstaculiza el empleo de la actividad externa para fugarse de los problemas emocionales, sino que también facilita un repliegue psicológico que invita a dirigir la atención hacia el mundo interior. Como resultado de todo ello, los contenidos inconscientes pueden aflorar en la conciencia e interferir –llegando incluso ocasionalmente a imposibilitar– la vida cotidiana del individuo.

Parece haber una relación inversa entre la orientación y búsqueda de objetivos materiales externos y la atención prestada a los procesos internos y el tiempo dedicado a la introspección. Las crisis en diversos sectores de la vida que contrarrestan o destruyen la visión optimista –como la muerte de parientes y amigos cercanos, la ruptura de un matrimonio o de una relación importante, la pérdida de una propiedad o de un trabajo y una serie de fracasos– tienden a dirigir la atención hacia el interior y a movilizar el inconsciente. La similitud de los traumas actuales y los anteriores –a menudo una serie de ellos– intensifica la carga emocional de los COEX correspondientes al impacto de los acontecimientos recientes. La lamentable situación general del mundo y la pérdida de perspectiva (como, por ejemplo, la muerte del sueño americano) también pueden provocar un efecto similar.

El diagnóstico de la emergencia espiritual

Subrayar la necesidad de reconocer la existencia de las emergencias espirituales no implica el rechazo indiscriminado de las teorías y prácticas de la psiquiatría convencional. De hecho, no todos los estados diagnosticados hoy en día como psicóticos son crisis de transformación psicoespiritual ni son potencialmente sanadores. Los episodios de estados no ordinarios de conciencia abarcan el amplio espectro que va desde las experiencias netamente espirituales hasta problemas de naturaleza manifiestamente biológica y que requieren, en consecuencia, un abordaje médico convencional. Porque, si bien es cierto que la psiquiatría tradicional tiende a patologizar los estados místicos, tampoco debemos olvidar el peligro contrario de idealizar y glorificar los estados psicóticos o, lo que resulta todavía peor, soslayar un problema médico grave.

Muchos profesionales de la salud mental que se encuentran con el concepto de emergencia espiritual están interesados en un «diagnóstico diferencial» que les permita distinguir con claridad las emergencias espirituales de la psicosis. Por desgracia, tal cosa es prácticamente imposible debido al modelo empleado por la medicina somática porque, a diferencia de lo que ocurre con las enfermedades tratadas por la medicina, los estados psicóticos que no son de naturaleza orgánica, es decir, las «psicosis funcionales», carecen de definición médica y resulta muy cuestionable considerarlas enfermedades.

Las psicosis funcionales no son enfermedades en el mismo sentido en que lo son la diabetes, la fiebre tifoidea o la anemia perniciosa. No existe ninguna evidencia clínica ni de laboratorio que apoye el diagnóstico y justifique la creencia de que su origen sea biológico. El diagnóstico de estos estados se basa por entero en la observación de experiencias y conductas inusuales para las que la psiquiatría contemporánea, con su modelo lamentablemente superficial de la psique, carece de explicación convincente. Quien conozca las prácticas de etiquetado empleadas por la medicina tradicional sabe que los calificativos «endógeno» o «funcional» utilizados para referirse a estas condiciones equivalen a una admisión de ignorancia. No existe, en la actualidad, razón alguna para dar por sentado que las experiencias implicadas sean el producto de un proceso patológico cerebral que todavía no se ha descubierto ni para referirnos a estas condiciones como «enfermedades mentales».

Basta con pensar un poco para darnos cuenta de que es muy poco probable que un proceso patológico que afecte al cerebro pueda, por sí solo, generar el amplísimo espectro experiencial de los estados actualmente diagnosticados como psicóticos. ¿Cómo podrían procesos cerebrales anormales dar cuenta de experiencias tales como las secuencias específicas de muerte y renacimiento psicoespiritual de las que hablan tantas culturas, de una identificación convincente con Jesús en la cruz o con Shiva danzante, de un episodio de muerte en las barricadas de París durante la Revolución francesa o de las complejas escenas de una abducción alienígena?

Es cierto que los cambios químicos pueden catalizar este tipo de experiencias, pero es imposible que, por sí solos, sean capaces de generar la compleja imaginería y las ricas comprensiones filosóficas y espirituales que suelen acompañar a las emergencias espirituales. ¿Y de qué manera podrían facilitar el acceso a una información tan novedosa como exacta sobre aspectos tan distintos del universo? Esto resulta evidente cuando observamos los efectos de las substancias psicoactivas de las que conocemos tanto su estructura química como la dosis empleada. Quizás la administración de LSD y otros psiquedélicos y enteógenos pueda explicar la emergencia en la conciencia de material procedente de las profundidades del inconsciente, pero en modo alguno puede explicar su naturaleza ni su contenido.

La comprensión de la fenomenología de las experiencias psiquedélicas exige un enfoque mucho más sofisticado que la simple mención de una alteración de los procesos bioquímicos o biológicos normales del cuerpo. Sería necesario, para ello, un enfoque integral que incluyese los aportes de la psicología transpersonal, la parapsicología, la mitología, la filosofía y las religiones comparadas. Y algo semejante podríamos decir con respecto a las crisis psicoespirituales.

Está claro que las experiencias que se dan durante una emergencia espiritual no son el producto artificial de procesos fisiopatológicos aberrantes que tienen lugar en el cerebro, sino que pertenecen al ámbito de la psique. Naturalmente, para poder verlo así, debemos trascender la estrecha visión de la psique sustentada por la psiquiatría convencional y utilizar un marco conceptual mucho más amplio. Ejemplos de estos modelos ampliados de la psique son la cartografía antes descrita en este libro y los enfoques de Roberto Assagioli (Assagioli, 1976), la psicología espectral de Ken Wilber (Wilber, 1977) y el modelo de C.G. Jung de la psique como *anima mundi* (o alma del mundo), que incluye el inconsciente colectivo histórico y arquetípico (Jung, 1959). Una visión tan amplia y exhaustiva de la psique también es propia de las grandes filosofías orientales y de las tradiciones místicas del mundo entero.

Como las psicosis funcionales no se definen médica sino psicológicamente, resulta imposible esbozar un criterio que nos permita hacer un diagnóstico diferencial de la emergencia espiritual y la psicosis semejante al que emplea la práctica médica con las diferentes formas de encefalitis, tumores cerebrales o demencias. ¿Es posible, teniendo en cuenta este hecho, llegar a alguna conclusión diagnóstica? ¿Cómo podemos abordar este problema y qué podemos ofrecer en lugar de un diagnóstico claro e inequívoco que nos ayude a distinguir la emergencia espiritual de la enfermedad psiquiátrica?

Una alternativa viable consiste en establecer criterios que nos ayuden a identificar a los individuos que experimentan un estado espontáneo de conciencia holotrópica que probablemente sean buenos candidatos para una estrategia terapéutica que valide y apoye el proceso. También podríamos tratar de determinar en qué circunstancias sería inapropiado el uso de un enfoque alternativo y cuándo, por el contrario, sería preferible seguir con la práctica rutinaria actual de eliminación farmacológica de los síntomas.

Un requisito necesario para tal evaluación pasa por un buen examen médico que descarte la presencia de afecciones orgánicas que requieran un abordaje biológico. El siguiente paso, satisfecho este requisito, consiste en estudiar la fenomenología del estado no ordinario de conciencia en cuestión. Las emergencias espirituales implican la combinación de experiencias biográficas, perinatales y transpersonales anteriormente descrita. Las experiencias de este tipo pueden inducirse en un grupo de personas «normales» seleccionadas al azar no solo con substancias psiquedélicas, sino también con métodos sencillos como la meditación, la percusión chamánica, la hiperventilación, la música evocadora, el trabajo corporal y una serie de otras técnicas que no recurren a la administración de drogas.

Quienes trabajamos con la respiración holotrópica asistimos a diario a este tipo de experiencias en nuestros talleres y seminarios y tenemos igualmente la oportunidad de apreciar su potencial curativo y transformador. En vista de todo ello resulta difícil atribuir experiencias similares a alguna patología exótica y desconocida que ocurra espontáneamente en medio de la vida cotidiana. Tiene mucho sentido abordar estas experiencias del mismo modo en que se abordan durante la sesión holotrópica, animando a la persona a entregarse al proceso y apoyando la emergencia y la expresión plena del material inconsciente que se pone a nuestro alcance.

Otro indicador pronóstico importante es la actitud de la persona ante el proceso y su estilo experiencial. En términos generales, resulta sumamente alentador que las personas que tienen una experiencia holotrópica se den cuenta de que lo que les está ocurriendo es un proceso interno, estén dispuestas a emprender al trabajo experiencial y se interesen en intentarlo. Por el contrario, el abordaje transpersonal no es apropiado para las personas que, careciendo de esta comprensión elemental, apelan al mecanismo de proyección o padecen delirios persecutorios. El establecimiento de una buena relación de trabajo y de una adecuada confianza es un requisito básico para el trabajo psicoterapéutico con quienes están atravesando este tipo de crisis.

También es muy importante prestar atención al modo en que el cliente habla de sus experiencias. El estilo de comunicación suele servir, en sí mismo, para separar a los candidatos prometedores de los inadecuados o dudosos. Un excelente indicador de pronóstico es el hecho de que, por más extraordinario y extraño que sea su contenido, la persona describa las experiencias de un modo coherente y articulado. En cierto sentido, esto se asemejaría a escuchar el relato de una persona que acaba de tener una sesión de dosis elevada de un psiquedélico y describe de manera inteligente lo que, para la persona no informada, podrían parecer experiencias extrañas y extravagantes.

Veamos ahora un par de ejemplos relativos al proceso interior y al estilo de comunicación que convertirían a un cliente en un candidato idóneo o en un candidato problemático para el tratamiento de una emergencia espiritual.

El primer cliente acude a un psiquiatra con las siguientes quejas: «Desde el parto de mi hija, hace un par de semanas, he tenido experiencias muy extrañas. Poderosas corrientes de energía que parecen descargas eléctricas ascienden por mi columna vertebral y hacen que mi cuerpo se estremezca de un modo que me resulta imposible de controlar. Experimento intensas oleadas de emociones (ansiedad, tristeza, ira o alegría) que aparecen inesperadamente y sin motivo aparente. A veces veo luces que asumen la forma de dioses o demonios. Aunque no creo en la reencarnación, hay veces en las que experimento fogonazos de lo que parecen ser recuerdos de otros tiempos y países que me parece reconocer como si hubiera vivido en ellos. ¿Qué me está pasando? ¿Estaré acaso volviéndome loco?». Esta persona está claramente desconcertada y confundida por experiencias muy extrañas, pero considera esta situación como un proceso interno y está dispuesta a aceptar consejo y ayuda. Bastaría con ello para calificar esta situación como una emergencia espiritual e indicador de un buen resultado terapéutico.

Muy diferente es el cuadro que nos presenta el cliente que no describe sus síntomas ni solicita consejo psiquiátrico. En su lugar, cuenta una historia sobre sus enemigos: «Mi vecino me persigue, está tratando de destruirme. Bombea gases tóxicos en mi habitación y se mete en mi casa por la noche a través de un túnel que ha cavado en el sótano y envenena la comida de mi nevera. No me siento seguro en casa porque ha colocado microcámaras y dispositivos de escucha ocultas por todas partes. Toda esta información va a parar a la mafia. Mi vecino está en su nómina; están pagándole grandes sumas de dinero para que se deshaga de mí, porque tengo unos principios morales tan elevados que interfiere con sus planes. Y el dinero para subvencionar todo esto, sobre todo petrodólares, procede de Oriente Medio». Queda claro que este cliente carece de toda comprensión de que esta situación tiene algo que ver con su propia psique, razón por lo cual es muy poco probable que establezca un buen vínculo terapéutico y esté dispuesto a emprender un viaje conjunto de autoconocimiento y sanación.

Variedades de la emergencia espiritual

La clasificación de las crisis psicoespirituales está estrechamente ligada al problema de su diagnóstico diferencial. ¿Es posible definir y distinguir ciertos tipos o categorías del modo en que lo hace el *Manual diagnóstico y estadístico de los trastornos mentales* (DSM V revisado) utilizado por la psiquiatría tradicional? Antes de abordar esta cuestión conviene decir que los intentos llevados a cabo para clasificar los trastornos psiquiátricos, con la excepción de los de naturaleza netamente orgánica, se han mostrado, hasta el momento, por desgracia, infructuosos.

No existe acuerdo general sobre las categorías diagnósticas ni entre los psiquiatras estadounidenses ni entre las sociedades psiquiátricas de otros países. Aunque el DSM se ha visto revisado y modificado en varias ocasiones –por lo general tras acalorados debates y multitud de discrepancias–, los médicos siguen quejándose de las dificultades para hacer coincidir los síntomas de sus clientes con las categorías diagnósticas oficiales. Ha quedado meridianamente claro que los intentos de esbozar un DSM satisfactorio y útil han fracasado hasta el punto de que el Instituto Nacional de Salud Mental de nuestro país (NIMH), en la actualidad, se niega a subvencionar cualquier proyecto de investigación que emplee este instrumento.

Las emergencias espirituales presentan un problema similar, porque el hecho de asignar a las personas que atraviesan una crisis psicoespiritual a casillas diagnósticas bien definidas resulta muy problemático debido a que su fenomenología es inusualmente rica y puede basarse en todos los niveles de la psique. Los síntomas de las crisis psicoespirituales constituyen una manifestación y exteriorización de la dinámica profunda de la psique humana, un sistema multidimensional y multinivel sin divisiones ni fronteras internas. Los recuerdos de la vida postnatal y los contenidos del inconsciente individual freudiano forman parte del mismo continuo en que se hallan las experiencias perinatales y transpersonales, razón por la cual no cabe esperar descubrir modalidades de emergencia espiritual netamente definidas y claramente delimitadas.

Sin embargo, nuestro trabajo con personas que atraviesan una crisis psicoespiritual, los intercambios con colegas que hacen un trabajo similar y el estudio de la literatura al respecto nos han convencido de la posibilidad y utilidad de esbozar ciertas modalidades básicas de crisis psicoespirituales que poseen rasgos distintivos suficientemente característicos. Por supuesto, sus límites no son claros y en la práctica existen, entre ellos, importantes solapamientos. La siguiente lista incluye las principales variedades de crisis psicoespiritual que hemos observado:

1. *Crisis chamánica iniciática*
2. *El despertar de kundalini*
3. *Episodios de conciencia unitiva (las «experiencias cumbre» de Maslow)*
4. *Renovación psicológica mediante el retorno al centro (John Weir Perry)*
5. *Crisis de apertura psíquica*
6. *Experiencias de vidas pasadas*
7. *Comunicación con guías espirituales y «canalización»*
8. *Experiencias cercanas a la muerte (ECM)*
9. *Encuentros con ovnis y experiencias de abducción alienígena*
10. *Estados de posesión*
11. *Alcoholismo y drogadicción*

Crisis chamánica iniciática

La carrera de muchos chamanes –los brujos y brujas y los curanderos y curanderas de diferentes culturas– comienza con un episodio visionario involuntario que los antropólogos han denominado «enfermedad chamánica». Durante este episodio, los futuros chamanes suelen alejarse psicológica o incluso físicamente de su entorno cotidiano y experimentar poderosas experiencias holotrópicas. También suelen hacer un viaje visionario al inframundo, el reino de los muertos, donde se ven atacados por demonios y expuestos a torturas y calvarios espeluznantes.

Esta dolorosa iniciación culmina con una experiencia de muerte y desmembramiento, seguida de un renacimiento y un ascenso a las regiones celestiales. Esto puede implicar la transformación en un ave, como un águila, un halcón, un pájaro del trueno o un cóndor, y un vuelo a los dominios del sol cósmico. El chamán novato también puede tener la experiencia de verse transportado por aves hasta un reino solar. En algunas culturas, el motivo del vuelo mágico se ve sustituido por un ascenso al dominio celestial trepando al árbol del mundo, un arco iris, un poste con muchas muescas o una escalera hecha de arcos y flechas.

En el transcurso de estos arduos viajes visionarios, el novicio establece una profunda conexión con las fuerzas de la naturaleza y con los animales, tanto en su forma natural como en sus versiones arquetípicas («espíritus animales» o «animales de poder»). Y, cuando estos viajes visionarios se completan con éxito, pueden ser profundamente sanadores. En el curso de este proceso, el joven chamán puede liberarse de enfermedades emocionales, psicosomáticas y a veces físicas. Por esta razón, los antropólogos se refieren en ocasiones al chamán como «el sanador herido». En muchos casos, el iniciado logra una comprensión profunda de las causas energéticas y metafísicas de las enfermedades que le permite curarse a sí mismos y a los demás. Superada con éxito la crisis iniciática, el individuo se convierte en chamán, regresa a su pueblo como un miembro de pleno derecho honrado por la comunidad y asume el papel combinado de sanador, sacerdote y artista visionario.

Son muchas las personas que, en nuestros talleres y en nuestra formación profesional, estadounidenses, europeos, australianos y asiáticos modernos, han experimentado a menudo, durante sus sesiones de respiración holotrópica, episodios muy semejantes a estas crisis chamánicas. Además de los elementos de tortura física y emocional y de muerte y renacimiento, esos estados implican experiencias de conexión con animales, plantas y fuerzas elementales de la naturaleza. Las personas que experimentan estas crisis también suelen mostrar la tendencia espontánea a recrear cantos y rituales semejantes a los realizados por los chamanes de diferentes culturas. Asimismo ha habido profesionales de la salud mental que han atravesado esta experiencia y han podido servirse de las lecciones aprendidas en sus viajes para crear versiones modernas de los procedimientos chamánicos.

La actitud con la que las culturas nativas han contemplado las crisis chamánicas se ha atribuido muchas veces a su falta de conocimientos psiquiátricos elementales y la consiguiente tendencia a atribuir a fuerzas sobrenaturales experiencias y conductas que esas personas no entienden. Pero lo cierto es que no hay nada más lejos de la realidad, porque las culturas que reconocen a los chamanes y les muestran su respeto no tienen problema alguno en identificarlos y distinguirlos de quienes están locos o enfermos.

Para ser reconocido como chamán, el individuo debe haber completado con éxito el viaje de transformación y haber integrado y superado los complejos retos que presentan los estados holotrópicos de conciencia que ha atravesado. Asimismo, debe funcionar al menos tan bien como el resto de los miembros de su tribu. La forma en que estas sociedades abordan y tratan las crisis chamánicas es un modelo muy ilustrativo y útil para enfrentarse a las crisis psicoespirituales en general.

El despertar de *kundalini*

Las manifestaciones de esta modalidad de crisis psicoespiritual se asemejan a las descripciones del despertar de *kundalini*, el *poder de la serpiente* del que habla la antigua literatura india. Según los yoguis, *kundalini* es una energía cósmica generadora de naturaleza femenina responsable de la creación del cosmos que descansa, en forma latente, en la base de la columna vertebral, en el cuerpo sutil o energético, que es un campo que impregna y rodea el cuerpo físico. Esta energía latente puede verse activada por determinados ejercicios, la meditación, la intervención de un maestro espiritual completamente realizado (*gurú*), determinados ejercicios, el parto, o por razones desconocidas.

La activación de *kundalini*, llamada *shakti*, asciende a través de los *nadis*, es decir, de los canales o conductos de energía del cuerpo sutil liberando, a su paso, las viejas huellas traumáticas y abriendo los centros de energía psíquica, llamados *chakras*, que se encuentran en el entrecruzamiento de los tres principales nadis (*sushuma*, *ida* y *pingala*). Este proceso, aunque muy valorado y beneficioso para la tradición yóguica, no está exento de peligro y requiere la guía experta de un gurú cuya *kundalini* se halle completamente despierta y asentada. Los signos más espectaculares del despertar de *kundalini* son las manifestaciones físicas y psicológicas llamadas *kriyas*.

Las *kriyas* son sensaciones intensas de energía y calor que ascienden por la columna vertebral y están asociadas a sacudidas, espasmos y contorsiones violentas. También pueden aflorar, sin motivo aparente, poderosas oleadas de emociones, como la ansiedad, la ira, la tristeza o la alegría y el éxtasis, y dominar provisionalmente la psique. Todos estos síntomas pueden presentarse acompañados de la percepción interior de una serie de sonidos, de visiones de una luz resplandeciente y de seres arquetípicos. Muchas personas que atraviesan este proceso también tienen poderosas experiencias asociadas a lo que parecen ser recuerdos de vidas pasadas. Otra característica es la aparición de conductas involuntarias y a menudo incontrolables, como don de lenguas, entonar cantos desconocidos o invocaciones sagradas (*mantras*),

Lee Sannella (1916-2003), autor, psiquiatra, oftalmólogo y cirujano ocular. Sannella llamó la atención de los círculos profesionales occidentales hacia el fenómeno del despertar de *kundalini* (el poder de la serpiente), anteriormente solo conocido por la literatura india.

adoptar posturas yóguicas (*asanas*) y gestos (*mudras*) y reproducir una serie de sonidos y movimientos animales.

C.G. Jung y sus colaboradores dedicaron una serie de seminarios especiales a este fenómeno (Jung, 1996). La visión de Jung sobre *kundalini* resultó ser probablemente el principal error de toda su carrera. Llegó a la conclusión de que el despertar de la *kundalini* era un fenómeno exclusivamente oriental y predijo que, como resultado de la psicología profunda, pasarían al menos mil años antes de que esta energía se pusiera en marcha en Occidente. Sin embargo, en las últimas décadas se han observado en miles de occidentales signos inequívocos del despertar de *kundalini*. El mérito de haber llamado la atención sobre este fenómeno corresponde al psiquiatra y oftalmólogo californiano Lee Sannella, que estudió por su cuenta centenares de estos casos y resumió sus conclusiones en su libro *The Kundalini Experience: Psychosis or Transcendence* (Sannella, 1987).

Episodios de conciencia unitiva («experiencias cumbre»)

El psicólogo estadounidense Abraham Maslow estudió la experiencia de centenares de personas que habían tenido experiencias místicas unitivas criticando duramente la tendencia de la psiquiatría occidental a confundir esos estados místicos con enfermedades mentales y acuñando para ellas la expresión de *experiencias cumbre* (Maslow, 1964). Según él, no deberían considerarse fenómenos anormales, sino supranormales. De hecho, si no se interfiere con ellos y se les deja seguir su curso natural, estos estados suelen conducir a un mejor funcionamiento en el mundo y a la «autorrealización», es decir, a la capacidad de vivir una vida más satisfactoria y gratificante y de expresar más plenamente su potencial creativo.

Basándose en la obra de Abraham Maslow y W.T. Stace, el psiquiatra e investigador de la conciencia Walter Pahnke esbozó la lista de rasgos básicos que debía de tener una experiencia cumbre típica y, para describir este estado mental, utilizó los siguientes criterios (Pahnke y Richards, 1966):

Unidad (interior y exterior)
Fuerte emoción positiva
Trascendencia del tiempo y del espacio
Sensación de lo sagrado (numinosidad)

Naturaleza paradójica
Objetividad y realidad de las comprensiones
Inefabilidad
Efectos posteriores positivos

Como indica esta lista, la experiencia cumbre nos transmite la sensación de haber superado la separación habitual entre la mente y el cuerpo y el logro de un estado de unidad y plenitud. También trascendemos la distinción habitual entre sujeto y objeto y experimentamos una unión extática con la humanidad, la naturaleza, el cosmos y Dios, lo que está asociado a una intensa sensación de alegría, beatitud, serenidad y paz interior. En una experiencia mística de este tipo tenemos la sensación de abandonar la realidad ordinaria del tiempo lineal y el espacio tridimensional. Es como si hubiésemos entrado en un reino metafísico y trascendente en el que esas categorías dejan de ser aplicables. En este estado, el infinito y la eternidad se convierten en realidades experimentables. La cualidad numinosa de este estado no tiene nada que ver con las creencias religiosas previas, sino que refleja la aprehensión directa de la naturaleza divina de la realidad.

Las descripciones de las experiencias cumbre suelen estar llenas de paradojas. La experiencia puede ser descrita como «sin contenido, pero que lo contiene todo», es decir que, en ausencia de contenido concreto, parece contenerlo potencialmente todo. También podemos tener la sensación de ser al mismo tiempo todo y nada. Y es que, aunque nuestra identidad personal y el ego limitado hayan desaparecido, sentimos que nuestro ser se ha expandido hasta abarcar la totalidad del cosmos. Igualmente podemos percibir que todas las formas están vacías y que el vacío está preñado de formas; y hasta podemos alcanzar un estado en el que advertimos la existencia y no existencia simultánea del mundo.

La experiencia cumbre puede transmitir lo que parece ser la sabiduría y el conocimiento último de cuestiones de relevancia cósmica a la que las *Upanishads* se refieren como «conocer Eso cuyo conocimiento nos permite conocerlo todo». Esta revelación no implica el conocimiento de los distintos aspectos del mundo estudiados por la ciencia materialista, sino la naturaleza más profunda de la realidad, así como nuestra propia naturaleza. El budismo denomina sabiduría trascendental (*prajñāpāramitā*) a este tipo de conocimiento que disipa nuestra ignorancia de los aspectos más fundamentales de la existencia (*avidyā*).

Abraham Maslow (1908-1970), psicólogo estadounidense conocido por haber esbozado la jerarquía de necesidades que lleva su nombre, por la investigación de las experiencias místicas espontáneas («experiencias cumbre») y por haber sido el cofundador de las psicologías humanista y transpersonal.

Lo que hemos aprendido durante esta experiencia es inefable, es decir, no puede describirse con palabras. El vocabulario de nuestro lenguaje está diseñado para hablar de objetos y acontecimientos del mundo material y resulta inadecuado para expresar este tipo de experiencia. Sin embargo, la experiencia puede cambiar profundamente nuestro sistema de valores y nuestra estrategia existencial. Las personas familiarizadas con las filosofías espirituales orientales suelen recurrir a una terminología específica desarrollada en países con muchos siglos de experiencia en la exploración de los estados holotrópicos de conciencia (como la India, el Tíbet, China y Japón).

Debido a la naturaleza generalmente benigna y al extraordinario poder curativo y transformador de las experiencias cumbre, esta es la categoría menos problemática de emergencia espiritual. Por su misma naturaleza, las experiencias cumbre son provisionales y limitadas y no hay razón alguna por la que deban ser consideradas y tratadas como manifestaciones de una enfermedad mental. Resulta, por tanto, lamentable que la ignorancia de nuestra cultura asociada a los conceptos erróneos de la profesión psiquiátrica sobre las cuestiones espirituales acabe asignando etiquetas patológicas a muchas personas que las experimentan, que se ven así hospitalizadas y tratadas con una medicación represiva que acaba truncando el proceso.

Renovación psicológica mediante el retorno al centro

Otra modalidad importante de crisis transpersonal fue descrita por el psiquiatra californiano y analista junguiano John Weir Perry, que la denominó «proceso de renovación» (Perry, 1974, 1976 y 1998). Debido a su profundidad e intensidad, este es el tipo de crisis psicoespiritual que más probabilidades tiene de ser diagnosticada como una enfermedad mental grave. Las experiencias de las personas que se ven inmersas en este proceso de renovación son tan extrañas, extravagantes y alejadas de la realidad cotidiana que parece evidente que sus cerebros deben estar afectados por algún proceso patológico grave. Como veremos, sin embargo, este tipo de crisis psicoespiritual es el que proporciona la evidencia más convincente de que los estados holotrópicos no son el fruto de un proceso patológico que afecte al cerebro.

Los individuos implicados en este tipo de crisis experimentan su psique como un colosal campo de batalla en el que se desarrolla una lucha cósmica entre las fuerzas del bien y el mal o entre las fuerzas de la luz y las fuerzas de la oscuridad. Están preocupados por el tema de la muerte, el asesinato ritual, el sacrificio, el martirio y lo que sucede después de la muerte. Están fascinados por el problema de los opuestos, especialmente las cuestiones relacionadas con las diferencias entre sexos. Se experimentan a sí mismos como el centro de acontecimientos fantásticos que tienen relevancia cósmica y son claves para el futuro del mundo. Sus estados visionarios tienden a alejarlos cada vez más de la realidad, a través de su propia historia y de la historia de la humanidad, hasta la creación del mundo y el estado original e ideal del paraíso. Durante este proceso, parecen esforzarse por alcanzar la perfección, tratando de corregir los errores del pasado.

Después de un período de agitación y confusión, las experiencias se tornan cada vez más agradables y empiezan a acercarse a una resolución. Este proceso culmina en ocasiones en la experiencia del *hieros gamos*, es decir, del «matrimonio sagrado», en el que el individuo se ve elevado a un estatus superior y hasta divino y experimenta la unión con una pareja igualmente distinguida. Esto indica que los aspectos masculinos y femeninos de la personalidad están alcanzando un nuevo equilibrio. La unión sagrada puede experimentarse con una figura arquetípica imaginaria o proyectarse en alguna persona idealizada de la propia vida que aparece entonces como una pareja kármica o un alma gemela.

En este momento, también se pueden tener experiencias que representan lo que la psicología junguiana interpreta como símbolos del Self, el centro transpersonal que refleja nuestra naturaleza más profunda y verdadera. Esto tiene que ver, aunque sin ser totalmente idéntico, con el concepto hindú de Atman-Brahman, lo Divino Interior que puede aparecer, en estados visionarios, en forma de una fuente de luz de una belleza sobrenatural, esferas resplandecientes, piedras preciosas, joyas exquisitas, perlas y otras representaciones simbólicas similares. En los libros de John Perry (Perry, 1953, 1974, 1976 y 1998) y en *La tormentosa búsqueda del ser*, nuestro libro sobre emergencias espirituales (Grof y Grof, 1990), el lector puede encontrar ejemplos de esta evolución desde las experiencias dolorosas y desafiantes hasta el descubrimiento de la propia divinidad.

En este estadio del proceso, estas experiencias gloriosas se interpretan como una apoteosis personal, un ritual de celebración que les permite elevar su experiencia a un estatus suprahumano (como, por ejemplo, un gran líder, un salvador del mundo o hasta el Señor del Universo). Y esto es algo que habitualmente se asocia a una profunda sensación de renacimiento espiritual que reemplaza la anterior preocupación por la muerte. A medida que el proceso se acerca a su finalización e integración, suele traer consigo visiones de un futuro ideal, un nuevo mundo gobernado por el amor y la justicia en el que se han superado todos los males. Y, cuando la intensidad del proceso se atenúa, la persona se da cuenta de que lo que ha vivido ha sido una transformación psicológica interna que no afectaba a la realidad externa.

John Weir Perry (1914-1988) fue un psiquiatra junguiano pionero en una comprensión alternativa de la psicosis y fundador de dos establecimientos residenciales experimentales, Diabasis, en San Francisco, y Chrisalis, en San Diego (ambos en California).

Según John Perry, el proceso de renovación mueve al individuo en dirección a lo que Jung denominó «individuación», es decir, la plena realización y expresión de su potencial más profundo. Un aspecto de la investigación de Perry merece especial atención, ya que produjo la prueba probablemente más convincente de que lo experimentado en modo alguno puede reducirse a una psicosis de base biológica. Perry pudo demostrar que las experiencias implicadas en el proceso de renovación coinciden exactamente con los temas de los dramas que muchas culturas antiguas representaban el día de Año Nuevo.

Han sido muchas las culturas que, durante el día de Año Nuevo, han celebrado dramas rituales en lo que Perry llamó «la era arcaica del mito encarnado». Este fue un período de la historia de estas culturas en el que los gobernantes no eran considerados seres humanos ordinarios, sino dioses encarnados. Este fue, por ejemplo, el caso de los faraones egipcios, los incas peruanos, los reyes hebreos e hititas y los emperadores chinos y japoneses (Perry, 1966). El potencial positivo del proceso de renovación y su profunda conexión con el simbolismo arquetípico, así como la evolución de la conciencia y períodos concretos de la historia humana, representan un argumento muy convincente que refuta la noción de que estas experiencias son el producto patológico y caótico de un cerebro enfermo.

Crisis de apertura psíquica

Un rasgo muy común a todas las categorías de emergencia espiritual consiste en el aumento de las capacidades intuitivas y la aparición de todo tipo de fenómenos psíquicos o paranormales. En algunos casos, sin embargo, la abundancia de información procedente de fuentes no ordinarias, como la precognición, la telepatía o la clarividencia, es tan confusa y desbordante que obstaculiza la visión y acaba constituyendo, en sí misma, un importante problema.

Una de las manifestaciones más espectaculares de apertura psíquica son las experiencias extracorporales. En medio de la vida cotidiana y a menudo sin causa aparente, la conciencia parece desprenderse del cuerpo y atestiguar lo que ocurre en el entorno o incluso en lugares remotos. La información obtenida durante estos episodios de percepción extrasensorial puede ser verificada y suele corresponderse con la realidad. Las experiencias extracorporales se producen con asombrosa frecuencia en situaciones cercanas a la muerte, en donde los estudios sistemáticos han llegado a corroborar la exactitud de esta «visión remota» (Ring, 1982 y 1985; Ring y Valarino, 1998).

Las personas que experimentan este tipo de apertura psíquica pueden estar tan conectadas con los procesos internos de los demás que exhiben una extraordinaria capacidad telepática. Pueden expresar comprensiones muy exactas e incisivas sobre cuestiones que otras personas están tratando de ocultar. Esto puede asustar, molestar y alejar tanto a los demás que, a veces, desemboca en un tratamiento drástico o en una hospitalización innecesaria. Del mismo modo, la precognición exacta de situaciones futuras y la clarividencia, sobre todo si se producen repetidamente, pueden llegar a inquietar seriamente a la persona que las experimenta y a quienes la rodean, porque socava su noción de la realidad.

En las experiencias llamadas «mediúmnicas», uno tiene la sensación de perder su identidad y asumir la identidad de otra persona, lo que llega hasta el punto de asumir la imagen corporal, la postura, los gestos, la expresión facial, los sentimientos y hasta los procesos de pensamiento de otra persona. Los chamanes, videntes y sanadores espirituales consumados son capaces de utilizar estas experiencias de un modo controlado y productivo. A diferencia de lo que ocurre con quienes atraviesan una emergencia espiritual, son capaces de asumir a voluntad la identidad de otros y recuperar luego, después de haber cumplido la tarea que les ocupa, su propia identidad separada. Durante las crisis de apertura psíquica, la pérdida repentina, imprevisible e incontrolable de la identidad ordinaria puede resultar aterradora.

También es habitual que las personas que están atravesando una crisis espiritual experimenten coincidencias extrañas que vinculan el mundo de las realidades interiores (como los sueños y los estados visionarios) a sucesos de la vida cotidiana, un fenómeno reconocido y descrito por primera vez por C.G. Jung, quien le dio el nombre de *sincronicidad* y le dedicó todo un ensayo (Jung, 1960). El estudio de los sucesos sincrónicos llevó a Jung a darse cuenta de que los arquetipos no eran principios limitados al ámbito intrapsíquico. En su opinión, poseen lo que él denominó una cualidad «psicoide», lo que significa que no solo gobiernan la psique, sino también aspectos del mundo de la realidad consensuada. Este es un fenómeno que he explorado en otros escritos (Grof, 2000 y 2006) y al que volveré en un capítulo posterior de esta misma obra.

Las sincronicidades junguianas son fenómenos auténticos que no podemos ignorar ni descartar como meras coincidencias accidentales. Tampoco debemos rechazar indiscriminadamente como distorsiones patológicas de la realidad la percepción de relaciones significativas donde, en realidad, no las hay. Por desgracia, esto es una práctica demasiado frecuente en la psiquiatría contemporánea, donde cualquier alusión a coincidencias significativas es de inmediato diagnosticada como un «delirio de referencia». En el caso de las auténticas sincronicidades, cualquier testigo de mente abierta que tenga acceso a toda la información relevante reconoce que las coincidencias implicadas trascienden con mucho el dominio de la probabilidad estadística razonable. Las sincronicidades extraordinarias acompañan a muchas formas de emergencia espiritual, pero, durante las crisis de apertura psíquica, resultan especialmente comunes.

Experiencias de vidas pasadas

Entre las experiencias transpersonales más llamativas y pintorescas que se producen durante los estados holotrópicos cabe destacar lo que parecen ser recuerdos de encarnaciones anteriores. Se trata de secuencias asociadas a poderosas emociones y sensaciones físicas y que suceden en otros momentos históricos y otros países. Suelen retratar con gran detalle a las personas, circunstancias y escenarios históricos implicados. Su aspecto más destacable es la convincente sensación de recordar y revivir algo que uno ya ha visto (*déjà vu*) o ya ha vivido (*déjà vecu*) en algún momento del pasado. Estas experiencias proporcionan una comprensión fascinante de la creencia en el karma y en la reencarnación que ha sido desarrollada de forma independiente y reiterada en diferentes partes del mundo por muchos grupos religiosos y culturales.

Los conceptos de karma y reencarnación representan la piedra angular del hinduismo, el budismo, el jainismo, el sijismo, el zoroastrismo, el budismo tibetano Vajrayana y el taoísmo. Ideas similares aparecieron en grupos geográfica histórica y culturalmente tan distintos como diversas tribus africanas, los nativos americanos, las culturas precolombinas, los kahunas hawaianos, los practicantes de la umbanda brasileña, los galos y los druidas. Varias escuelas importantes de pensamiento de la antigua Grecia se adhirieron también a este concepto, como los pitagóricos, los órficos y los platónicos. Los esenios, los fariseos, los caraítas y otros grupos judíos y semijudíos asumieron asimismo el concepto de karma y reencarnación, que formó parte importante de la teología cabalística del judaísmo medieval. Otros grupos que también se adhirieron a esta creencia fueron los neoplatónicos y los gnósticos.

La información rica y precisa que proporcionan estos «recuerdos de vidas pasadas», así como su potencial curativo, nos impulsan a tomarlos muy en serio. Cuando el contenido de una experiencia kármica emerge plenamente en la conciencia, puede explicar de repente muchos aspectos de la vida cotidiana que, de otro modo, resultarían incomprensibles. Extrañas dificultades en la relación con ciertas personas, miedos inexplicables e idiosincrasias e intereses peculiares, así como síntomas emocionales y psicosomáticos, que, de otro modo, serían incomprensibles, parecen adquirir súbitamente sentido como restos de una vida anterior. Estos problemas suelen desaparecer cuando la pauta kármica en cuestión se experimenta plena y conscientemente.

Las experiencias de vidas pasadas pueden complicarnos la vida de muchos modos. Antes de que su contenido emerja plenamente en la conciencia y se ponga de manifiesto, uno puede verse desbordado, en la vida cotidiana, por emociones, sensaciones físicas y visiones extrañas que no se sabe de dónde vienen y cuyo significado se ignora. Experimentadas fuera de contexto, estas experiencias parecen totalmente incomprensibles e irracionales. Otro tipo de complicación aparece cuando una experiencia kármica muy fuerte empieza a emerger en nuestra conciencia en medio de las actividades cotidianas con una intensidad que obstaculiza el normal funcionamiento.

Uno también puede verse compelido a escenificar algunos de los elementos de una determinada pauta kármica antes de llegar a experimentarla y comprenderla por completo. Por ejemplo, puede parecer súbitamente que determinada persona de la vida real desempeñó un papel importante en una encarnación anterior cuyo recuerdo está aflorando en la conciencia. Cuando tal cosa ocurre, uno puede buscar el contacto emocional con una persona que ahora se nos antoja un «alma gemela» del pasado kármico, o buscar, por el contrario, la confrontación con un adversario procedente de otra vida. Este tipo de actividad puede dar lugar a complicaciones desagradables, porque estas supuestas parejas kármicas carecen, en el contexto de su experiencia, de fundamento para comprender tal comportamiento.

Aunque la persona logre evitar el peligro de implicarse en esta pauta, los problemas no necesariamente desaparecen por ello. Aun después de que el recuerdo de una vida pasada haya aflorado completamente en la conciencia y haya puesto de relieve su contenido y sus implicaciones, la persona todavía tiene que reconciliar esta experiencia con las creencias y valores tradicionales de la civilización occidental. La negación de la posibilidad de la reencarnación representa un caso curioso de coincidencia entre la Iglesia cristiana y la ciencia materialista. Por eso, en la cultura occidental, la aceptación e integración intelectual de un recuerdo de vida pasada es una tarea tan difícil para el ateo como para el cristiano que ha recibido una educación tradicional.

La asimilación de las experiencias de vidas pasadas en el propio sistema de creencias puede ser una tarea relativamente sencilla para quien carece de un fuerte compromiso con el cristianismo o con la visión materialista del mundo. Las experiencias suelen ser tan convincentes que uno simplemente acepta su mensaje y puede llegar incluso a emocionarse con este nuevo descubrimiento. No obstante, los cristianos fundamentalistas y quienes creen a pies juntillas en la racionalidad y la visión científica tradicional se enfrentan a experiencias personales convincentes que parecen cuestionar tanto su sistema de creencias que pueden verse profundamente confundidos.

Comunicación con guías espirituales y «canalización»

En ocasiones, es posible que, en una experiencia holotrópica, la persona se encuentre con un ser que asume el papel de maestro, guía, protector o, simplemente, con una fuente de información relevante. Estos seres suelen percibirse como entidades incorpóreas suprahumanas o deidades muy sabias que existen en planos superiores de conciencia. A veces asumen la forma de una persona y, en otras ocasiones, se presentan como extraterrestres procedentes de estrellas lejanas, como Sirio o las Pléyades. Y, aunque a veces adoptan la forma de una persona, otras aparecen como fuentes de luz resplandeciente o simplemente dejan sentir su presencia. Sus mensajes suelen recibirse en forma de transferencia directa de pensamiento o por medios extrasensoriales. En algunos casos, la comunicación puede adoptar la forma de mensajes verbales.

Un fenómeno especialmente interesante en esta categoría es la *canalización* que, durante las últimas décadas, ha despertado la atención tanto del público como de los medios de comunicación. La persona «canalizadora» transmite mensajes recibidos de una fuente que parece ajena a su conciencia. Sucede hablando en trance, por medio de la escritura automática o grabando los pensamientos recibidos telepáticamente. La canalización ha desempeñado un papel importante en la historia de la humanidad. Entre las enseñanzas espirituales canalizadas se encuentran numerosas escrituras que han tenido una enorme influencia cultural, como los antiguos Vedas hindúes, el Corán y el Libro de Mormón. Un notable ejemplo moderno de texto canalizado es *Un curso de milagros,* grabado por la psicóloga Helen Schucman y William Thetford (Anónimo, 1975).

Las experiencias de canalización pueden precipitar una grave crisis psicológica y espiritual. Una posibilidad es que el individuo implicado interprete la experiencia como indicio de un episodio de locura. Esto resulta bastante frecuente, sobre todo cuando la canalización implica escuchar voces, un síntoma bien conocido de la esquizofrenia paranoide. La cualidad del material canalizado va desde charlas triviales y cuestionables hasta información extraordinaria. En ocasiones, la canalización puede proporcionar datos muy exactos sobre cuestiones a las que el receptor jamás ha estado expuesto. Una vez más, este hecho parece una prueba especialmente convincente de la participación de realidades sobrenaturales y puede provocar una gran confusión filosófica al ateo o al científico que sustente una visión materialista del mundo.

Los guías espirituales suelen ser percibidos como seres espirituales avanzados con un alto nivel de evolución de la conciencia, dotados de una inteligencia superior y de una extraordinaria integridad moral. Esto puede conllevar una inflación del ego muy problemática en el canalizador, que puede sentirse elegido para una misión especial y considerarlo una prueba de su superioridad.

Helen Schucman (1909-1981), psicóloga e investigadora clínica de la Universidad de Columbia en la ciudad de New York que canalizó el libro *Un curso de milagros.*

Experiencias cercanas a la muerte (ECM)

La mitología, el folclore y la literatura espiritual abundan en testimonios vívidos de experiencias asociadas a la muerte y el proceso del morir. Hay textos sagrados exclusivamente dedicados a la descripción y exposición del viaje póstumo del alma, como el *Libro tibetano de los muertos* (*Bardo Thödol*), el *Libro de los muertos egipcio* (*Pert em hru*) y, su homólogo europeo, el *Ars Moriendi* (*El arte de morir*). Ejemplos prehispánicos de textos escatológicos son el *Códice Borgia* nahual (azteca), que describe la muerte y el renacimiento de Quetzalcóatl (la serpiente emplumada), y la historia épica de la muerte y el renacimiento de los héroes gemelos Hunahpú y Xbalanqué, incluida en el *Popol Vuh* maya (Grof, 1994).

Los estudiosos occidentales descartaron, en el pasado, la mitología escatológica como producto de la fantasía y la superstición de pueblos primitivos incapaces de descartar la impermanencia y su propia mortalidad. Esta situación cambió radicalmente después de la publicación del superventas internacional de Raymond Moody *Vida después de la vida*, que proporcionó una confirmación científica de estos relatos y demostró que el encuentro con la muerte puede ser una fantástica aventura de la conciencia. El libro de Moody se basa en los informes de 150 personas que habían experimentado una experiencia cercana a la muerte, o que, después de ser declaradas clínicamente muertas, recuperaron la conciencia y vivieron para contar su experiencia (Moody, 1975).

Moody declaró que las personas que habían tenido una experiencia cercanas a la muerte (ECM) solían ser testigos de un repaso de toda su vida en forma de una repetición increíblemente condensada y colorida que ocurre en el transcurso de unos pocos segundos. Tampoco era extraño que la conciencia se separase del cuerpo y flotara libremente por encima de la escena, observándola con un interés y diversión distante, o que viajara a lugares distantes. Asimismo fueron muchas las personas que mencionaron el paso por un túnel o embudo oscuro hacia una luz divina de belleza y resplandor sobrenatural.

Esta luz no es de naturaleza física, sino que posee rasgos netamente personales, se trata de un ser de luz que irradia amor, perdón y una aceptación infinita y omnipresente. Cuando se produce un encuentro personal, la persona lo percibe como una entrevista con Dios en la que recibe lecciones sobre la existencia y las leyes universales y tiene la oportunidad de evaluar su pasado en función de esos nuevos criterios. Luego deciden regresar a la realidad cotidiana y vivir sus vidas de un modo nuevo y congruente con los principios recién aprendidos. Desde la publicación del libro de Moody, sus conclusiones se han visto reiteradamente confirmadas por otros investigadores.

La mayoría de los supervivientes de este tipo de experiencias cercanas a la muerte salen de ellas profundamente transformados. Tienen una visión de la realidad espiritual universal y omniabarcadora, un nuevo sistema de valores y una actitud ante la vida radicalmente diferente. Valoran de manera muy positiva estar vivos y no solo se sienten afines a todos los seres vivos, sino que también muestran un profundo interés por el futuro de la humanidad y el planeta. A pesar, sin embargo, de todas estas consecuencias positivas, ello no implica que el encuentro con la muerte sea una transformación sencilla.

No es extraño que las experiencias cercanas a la muerte desemboquen en una emergencia espiritual. Una ECM puede socavar radicalmente la visión del mundo de la persona implicada y catapultarla con brusquedad y sin previo aviso a una realidad diametralmente opuesta a su vida cotidiana. Un accidente de coche en hora punta o un ataque al corazón mientras se hace *footing* pueden lanzar a alguien, en pocos segundos, a una aventura visionaria fantástica que desgarra el velo de la realidad ordinaria. Por eso, después de una ECM, la persona puede necesitar terapia o un apoyo especial que le ayude a integrar estas experiencias extraordinarias en su vida cotidiana.

Encuentros con ovnis y experiencias de abducción alienígena

La experiencia del encuentro con naves extraterrestres y sus tripulantes y de la abducción por parte de seres alienígenas puede precipitar a menudo graves crisis emocionales e intelectuales que tienen mucho en común con las emergencias espirituales. Esto requiere una explicación, porque la mayoría de la gente suele concebir los ovnis desde cuatro perspectivas diferentes: como la visita real de naves extraterrestres, como un simple engaño, como fruto de una interpretación errónea de acontecimientos y dispositivos naturales y de origen terrestre, y como una alucinación psicótica. Alvin Lawson trató de explicar, utilizando mi concepto de matrices perinatales básicas, las experiencias de abducción ovni como interpretaciones erróneas del trauma del nacimiento, (Lawson, 1984). Lamentablemente, sus conclusiones no fueron convincentes y quedaron lejos de poder explicar este complejo e intrigante fenómeno.

Las descripciones de los avistamientos de ovnis suelen referirse a luces que poseen una cualidad extraña y sobrenatural. Estas luces se asemejan a las mencionadas en muchos informes de estados visionarios. C.G. Jung, que dedicó un estudio especial al problema de los «platillos volantes» (o, como los llamó, «cosas que se ven en el cielo») sugirió que, más que alucinaciones psicóticas o visitas reales de extraterrestres, esos fenómenos podrían ser visiones arquetípicas originadas en el inconsciente colectivo de la humanidad (Jung, 1964), una tesis que iba acompañada de un cuidadoso análisis de las historias sobre discos voladores que se habían contado a lo largo de los siglos y de los informes sobre apariciones misteriosas que ocasionalmente habían provocado situaciones de crisis y ataques colectivos de pánico.

También se ha señalado que los extraterrestres implicados en estos encuentros tienen importantes paralelismos en mitologías y religiones de todo el mundo, sistemas que hunden sus raíces en el inconsciente colectivo. Las naves espaciales extraterrestres y los vuelos cósmicos descritos por personas que supuestamente se vieron abducidas o invitadas a dar un paseo se asemejan a las descripciones del carro del dios védico Indra, la máquina llameante de Ezequiel representada en la Biblia o el glorioso vehículo de fuego de Helios, el dios griego del sol. Los fabulosos paisajes y ciudades visitadas durante estos viajes se asemejan a las experiencias visionarias de los paraísos, los reinos celestiales y las ciudades de luz.

Las personas abducidas suelen contar que los extraterrestres las llevaron a un laboratorio y las sometieron a exámenes físicos y a extraños experimentos utilizando instrumentos muy exóticos. A menudo se trataba de un sondeo de las distintas cavidades de sus cuerpos, con especial énfasis en los órganos genitales. Los abducidos también describen con frecuencia lo que parecen ser experimentos genéticos destinados a crear una descendencia híbrida. Estas intervenciones suelen ser muy dolorosas y rozan, en ocasiones, la tortura. Esto acerca las experiencias de la abducción a las crisis iniciáticas de los chamanes y a las pruebas de los neófitos que participan en los ritos aborígenes de paso. Existe además una razón adicional por la que una experiencia ovni puede precipitar una emergencia espiritual, algo similar al problema mencionado en una sección anterior cuando hablábamos de los guías espirituales y la canalización. Los visitantes alienígenas suelen ser vistos como representantes de civilizaciones incomparablemente más avanzadas que la nuestra, no solo tecnológica, sino también intelectual, moral y espiritualmente. Tal contacto suele tener un poderoso trasfondo místico y está asociado a percepciones de relevancia cósmica. Por ello es fácil que los destinatarios de esta atención especial la interpreten como una evidencia de su singularidad.

Los abducidos pueden sentir entonces que han llamado la atención de seres superiores de una civilización avanzada porque, de alguna manera, son especiales y especialmente idóneos para alguna misión especial. La psicología junguiana denomina «inflación del ego» a una situación en la que el individuo acaba atribuyéndose el resplandor del mundo arquetípico. Por todas estas razones, las experiencias de «encuentros cercanos» pueden provocar graves crisis transpersonales.

Las personas que han experimentado el extraño mundo de los encuentros con ovnis y las abducciones alienígenas necesitan la ayuda profesional de alguien que tenga un conocimiento general de psicología arquetípica y se halle también familiarizado con los rasgos concretos del fenómeno ovni. Los investigadores experimentados, como el psiquiatra de Harvard John Mack, han aportado claras evidencias de que las experiencias de abducción alienígena representan un serio desafío conceptual para la psiquiatría occidental y la ciencia materialista en general y que es ingenuo e indefendible desdeñarlas por completo, o considerarlas como la simple manifestación de una enfermedad mental. Mack llegó a la conclusión de que el hecho de que estas experiencias se califiquen como «fenómenos anómalos» pone claramente de relieve que cuestionan en serio la actual visión científica del mundo (Mack, 1994 y 1999). Sus experiencias con esta investigación le inspiraron a emprender, en 1993, el Programa de Investigación de Experiencias Extraordinarias (PEER).

A lo largo de los años, he tenido la ocasión de trabajar –durante sesiones psiquedélicas, de respiración holotrópica y atendiendo a emergencias espirituales– con muchas personas que afirmaban haber tenido experiencias de abducción alienígena. Casi sin excepción, estos episodios fueron extraordinariamente intensos, experiencialmente muy convincentes y, en ocasiones, presentaban claros rasgos psicoides. A la vista de mis observaciones, estoy convencido de que estas experiencias son fenómenos *sui generis* que merecen ser estudiados muy en serio. La posición asumida al respecto por la psiquiatría convencional, que la considera como el mero producto de un proceso cerebral patológico desconocido, resulta tan simple como inadmisible.

Igualmente inverosímil es la alternativa de considerar a los ovnis como visitas reales de extraterrestres procedentes de otros cuerpos celestes. Una civilización extraterrestre capaz de enviar naves espaciales a nuestro planeta debería disponer de medios técnicos que quedan muy lejos del alcance

John Mack (1929-2004), psicoanalista y parapsicólogo, ganador del premio Pulitzer e investigador pionero de la abducción alienígena y el fenómeno ovni.

de nuestra imaginación. Tenemos suficiente información sobre los planetas del sistema solar para saber que son fuentes poco probables de este tipo de expedición. La distancia entre el sistema solar y las estrellas más cercanas asciende a varios años luz y, para recorrer esas distancias, se necesitarían velocidades cercanas a la de la luz o viajes interdimensionales a través del hiperespacio. Es muy probable que una civilización capaz de tales logros disponga de una tecnología que nos impida diferenciar las alucinaciones de la realidad. Mientras sigamos careciendo de información más fiable parece más plausible considerar las experiencias ovni como manifestaciones de material arquetípico procedente del inconsciente colectivo.

Estados de posesión

Las personas que experimentan este tipo de crisis transpersonal tienen la clara sensación de que su psique y su cuerpo se han visto invadidos y de que están siendo controlados por entidades o energías malignas que poseen rasgos personales y que perciben como algo hostil, perturbador y ajeno a su personalidad. Puede manifestarse como una entidad incorpórea confusa, un ser arquetípico demoníaco, o la conciencia de una persona malvada que las invade mediante algún tipo de hechizo o maleficio.

Estas afecciones pueden asumir tipos y grados muy diferentes. En algunos casos, la verdadera naturaleza del trastorno permanece oculta. El problema puede manifestarse como una psicopatología grave, por ejemplo, como una conducta antisocial o incluso criminal, una depresión suicida, una agresividad asesina o autodestructiva, una sexualidad promiscua o desviada o un consumo excesivo de alcohol y drogas. A menudo, hasta que la persona emprende una psicoterapia experiencial no identifica la «posesión» como una condición subyacente a estos problemas.

Es muy posible que, en el contexto de una sesión experiencial, la cara de la persona se transforme en una especie de «máscara diabólica» y que sus ojos asuman una expresión feroz. Las manos y el cuerpo pueden mostrar extrañas contorsiones y la voz puede alterarse y adoptar una cualidad ultramundana. Cuando se permite que esta situación se desarrolle, la sesión se asemeja sorprendentemente a la escena de un exorcismo cristiano, o a los rituales exorcistas que llevan a cabo distintas culturas aborígenes. El desenlace de estos espectaculares episodios suele producirse después de escenas de tos, vómito proyectado, una actividad física frenética y hasta pérdida provisional de conciencia. Si las secuencias de este tipo se abordan de manera adecuada pueden ser inusualmente curativas y transformadoras y suelen dar lugar a una profunda conversión espiritual de la persona implicada. Una descripción detallada del episodio más espectacular de este tipo que he tenido ocasión de atestiguar durante mi carrera profesional puede encontrarse en mi libro *When the Impossible Happens* («Interview with the Devil: The Case of Flora») (Grof, 2006).

Otras veces, la persona poseída es consciente de la presencia de la «entidad maligna» y dedica muchos esfuerzos a luchar contra ella y a tratar de controlar su influencia. En la versión extrema del estado de posesión, la energía problemática puede manifestarse espontáneamente y apoderarse de la persona en medio de su vida cotidiana. Esta situación se asemeja a la antes descrita durante las sesiones experienciales con la diferencia de que, en este caso, el individuo carece de la protección y el apoyo que le proporciona el entorno terapéutico. En tales circunstancias, la persona puede experimentar un miedo atroz y sentirse desesperantemente sola. Los familiares, los amigos y, a menudo, hasta los terapeutas tienden a alejarse del individuo «poseído» y responden con una extraña combinación de rechazo moral y miedo metafísico, llegando incluso a considerar a la persona como malvada y negándose a mantener cualquier contacto con ella.

Esta condición cabe perfectamente dentro de la categoría de «emergencia espiritual», pese a que implica energías negativas y está asociada a formas de conducta muy reprobables. El arquetipo demoníaco es, por su propia naturaleza, transpersonal, porque asume una imagen diametralmente opuesta a lo divino. También suele presentarse como un «fenómeno de umbral» semejante a los guardianes airados que flanquean las puertas de los templos orientales y ocultan el acceso a una profunda experiencia espiritual que a menudo se produce después de haber superado con éxito un estado de posesión. Esta energía puede disiparse con la ayuda de alguien que no se asuste de su extraña naturaleza y sea capaz de alentar su plena expresión consciente dando así lugar a una notable curación.

El alcoholismo y la drogadicción como emergencia espiritual

A pesar de diferir en su expresión externa de las modalidades más obvias de crisis psicoespirituales, tiene mucho sentido considerar la adicción como una forma de emergencia espiritual. Como sucede en los estados de posesión, la dimensión espiritual de la adicción se ve oscurecida por la naturaleza destructiva y autodestructiva del trastorno. A diferencia de lo que ocurre con otras formas de emergencia espiritual, en donde la persona tiene dificultades para afrontar las experiencias místicas, el origen de la adicción radica en el fuerte anhelo espiritual de una persona que no ha establecido contacto con la dimensión mística.

Son muchas las evidencias de que detrás del ansia de drogas o alcohol está el anhelo no reconocido de trascendencia o plenitud. Muchas personas que se hallan en proceso de recuperación hablan de su desesperada búsqueda de algún elemento o dimensión desconocida de la que su vida carece, cuya insatisfactoria y frustrante búsqueda de substancias, comida, relaciones, posesiones o poder refleja el esfuerzo implacable por saciar este anhelo (Grof, 1993).

Ya hemos hablado de la similitud superficial que hay entre los estados místicos y la intoxicación por alcohol o drogas duras. Ambos estados comparten la sensación de disolución de los límites individuales, desaparición de las emociones inquietantes y trascendencia de los problemas mundanos. Y, si bien es cierto que la intoxicación por alcohol o drogas carece de muchos de los rasgos propios del estado místico, como la serenidad, la numinosidad y la riqueza de comprensiones filosóficas, el solapamiento experiencial que se da es suficiente para seducir a los alcohólicos y adictos y llevarlos al abuso.

William James escribió sobre esta conexión en su libro *Variedades de la experiencia religiosa* con las siguientes palabras: «La influencia del alcohol sobre la humanidad se debe sin duda a su poder para estimular las facultades místicas de la naturaleza humana, habitualmente aplastadas por los hechos fríos y las secas críticas de la sobriedad. La sobriedad reduce, separa y dice "no", mientras que la embriaguez expande, une y dice "sí"» (James, 1961). James también señaló las importantes implicaciones para el éxito de la terapia de las experiencias realmente trascendentales.

La claridad de C.G. Jung a este respecto fue decisiva para el desarrollo de la red mundial de los programas de doce pasos. No todo el mundo conoce el importante papel desempeñado por Jung en la historia de Alcohólicos Anónimos (AA). Esta faceta de la historia de Jung sigue siendo bastante desconocida y puede advertirse claramente en una carta que Bill Wilson, el cofundador de AA, escribió a Jung en 1961 (Wilson y Jung, 1963).

Jung tenía un paciente, Roland H., que acudió a él como última instancia para poner fin a su alcoholismo. Después de una mejora temporal tras un año de tratamiento con Jung, experimentó una recaída. Jung le dijo entonces que su caso no tenía remedio y le recomendó unirse a una comunidad religiosa con la esperanza de tener una profunda experiencia espiritual. Entonces, Roland H. se unió al Grupo Oxford, un movimiento evangélico que hacía hincapié en la autoobservación, la confesión y el servicio a la comunidad. Allí experimentó una conversión religiosa que acabó liberándole del alcoholismo. Luego regresó a la ciudad de Nueva York y se volvió muy activo en el Grupo Oxford de esa ciudad. Pudo ayudar al amigo de Bill Wilson, Edwin T., que, a su vez, ayudó a Bill Wilson en su crisis personal. En su poderosa experiencia espiritual, Bill Wilson tuvo una visión de una cadena de hermandad mundial de alcohólicos apoyándose mutuamente.

Años más tarde, Wilson escribió a Jung una carta comentándole el importante papel que había desempeñado en la historia de AA. Jung comprendió la estrategia básica para tratar el alcoholismo y la expresó en su respuesta a Wilson con la fórmula *spiritus contra spiritum*, con la que quería subrayar la importancia que las experiencias espirituales profundas tenían para ayudar a las personas a salir de los estragos provocados por el alcohol. Desde entonces, las ideas de James y Jung se han visto confirmadas por programas de investigación clínica destinados a evaluar la eficacia de la terapia psiquedélica para el tratamiento de alcohólicos y drogadictos (Pahnke *et al*., 1970; Grof, 2001).

El tratamiento de las emergencias espirituales

La estrategia terapéutica para el tratamiento de los individuos que atraviesan una crisis espiritual refleja los principios que hemos discutido anteriormente. Se basa en la comprensión de que esos estados no son manifestaciones de un proceso patológico desconocido, sino el resultado de un movimiento espontáneo de la psique que tiene un extraordinario potencial curativo y transformador. La comprensión y el adecuado tratamiento de las emergencias espirituales exigen contar con un modelo amplio de la psique que tenga también en cuenta las dimensiones perinatal y transpersonal.

La naturaleza y el grado de la asistencia terapéutica necesaria dependen de la intensidad del proceso psicoespiritual en cuestión. En sus formas leves, la persona que está atravesando una crisis de emergencia espiritual suele ser capaz de enfrentarse a las experiencias holotrópicas en el curso de su vida cotidiana. Lo único que necesita para ello es la posibilidad de hablar del proceso con un terapeuta de orientación transpersonal que le proporcione un *feedback* constructivo y la ayude a integrar las experiencias en su vida cotidiana.

Si el proceso, en cambio, es más activo, puede requerir sesiones regulares de terapia experiencial que faciliten la emergencia del material inconsciente y la plena expresión de las emociones y energías físicas bloqueadas. La estrategia general de este enfoque es idéntica a la utilizada durante las sesiones de respiración holotrópica. Cuando las experiencias son muy intensas, solo tenemos que alentar al cliente a entregarse al proceso y, si nos encontramos con una fuerte resistencia psicológica, quizás sea preciso apelar ocasionalmente a la hiperventilación y a un trabajo corporal de liberación, como sucede en los estadios finales de las sesiones de trabajo respiratorio. La respiración holotrópica como tal solo está indicada si el desarrollo natural del proceso se encuentra en un callejón sin salida.

Estas intensas sesiones experienciales pueden complementarse con la práctica de la *gestalt*, la caja de arena junguiana de Dora Kalff o el trabajo corporal con un practicante que posea conocimientos de psicología. Son varias las técnicas auxiliares a las que puede apelarse en estas circunstancias, entre las cuales se encuentran la escritura de un diario, el dibujo de mandalas, la danza expresiva, correr, la natación u otras actividades deportivas. También puede ser muy interesante, si el cliente es capaz de concentrarse, la lectura de libros de orientación transpersonal, en particular los centrados específicamente en el problema de las crisis psicoespirituales o en algún aspecto concreto de su experiencia personal.

Las personas cuyas experiencias son tan intensas y dramáticas que no puedan tratarse en régimen ambulatorio suponen un problema especial. Apenas hay centros que ofrezcan una supervisión las veinticuatro horas del día que no incluyan la administración rudimentaria de psicofármacos. La creación de estos centros alternativos es un requisito esencial para el adecuado abordaje terapéutico futuro de las emergencias espirituales.

En California hubo varias de estas instalaciones experimentales, como Diabasis de John Perry en San Francisco, Chrysalis en San Diego o Pocket Ranch de Barbara Findeisen en Geyserville (California), pero lamentablemente duraron poco. Aunque el coste de estos programas era casi un tercio del tratamiento psiquiátrico convencional, estas instituciones experimentales no resultaron, desde el punto de vista financiero, sostenibles. Y, como las compañías de seguros se niegan a abonar formas alternativas de terapia, los costes debían ser sufragados por los pacientes o sus familiares. Pero este apoyo ocasional no fue suficiente para costear la situación.

En algunos casos, los colaboradores han tratado de superar esta deficiencia estableciendo equipos de facilitadores formados que van turnándose en el hogar del cliente mientras dura el episodio. Sin embargo, la gestión de las formas más agudas e intensas de emergencia espiritual requiere, tanto si se produce en un centro especial como en un domicilio particular, algunas medidas excepcionales. Los episodios prolongados de este tipo pueden durar días o hasta semanas e ir asociados a una gran actividad física, emociones intensas, pérdida de apetito e insomnio, lo que conlleva un peligro de deshidratación, agotamiento y deficiencia de minerales y vitaminas. Un suministro insuficiente de alimentos puede desembocar en la hipoglucemia, lo que se sabe que debilita las defensas psicológicas y abre las puertas a material adicional procedente del inconsciente, todo lo cual puede acabar abocando en un círculo vicioso que no hace más que perpetuar el problema. El té con miel, los plátanos u otros alimentos que contengan glucosa pueden ser de gran ayuda para romper este círculo y estabilizar el proceso.

La persona que está atravesando una crisis psicoespiritual intensa suele hallarse tan inmersa en su experiencia que se olvida de la comida, la bebida y la higiene básica. Estas son algunas de las necesidades básicas del cliente que deben satisfacer los colaboradores, y, como la atención a las personas que están atravesando las formas más agudas de emergencia espiritual es inusualmente exigente, los colaboradores deberán hacer turnos para no descuidar su propia salud física y mental. Por eso, para garantizar, en tales circunstancias, una atención completa e integral, es necesario llevar un registro en el que anotar cuidadosamente la ingesta de alimentos, líquidos y vitaminas.

Como el ayuno, la privación del sueño tiende a debilitar las defensas y facilitar la emergencia en la conciencia de material inconsciente. Esto también puede generar un círculo vicioso que asimismo hay que evitar. Quizás, en ese sentido, sea necesario administrar ocasionalmente al cliente un tranquilizante menor o un hipnótico para garantizar el sueño. En este contexto, la medicación no es un tratamiento (la forma que suele adoptar la administración de estos fármacos en la psiquiatría convencional), sino una medida estrictamente paliativa. De este modo, la administración de dosis bajas de tranquilizantes o hipnóticos rompe este círculo vicioso y proporciona al cliente el descanso y la energía necesarios para continuar, al día siguiente, con el proceso de descubrimiento.

En estadios posteriores de la emergencia espiritual, cuando la intensidad del proceso se atenúa, la persona deja de necesitar una supervisión constante. Entonces es cuando la persona vuelve a asumir la responsabilidad de su cuidado personal básico y retoma gradualmente sus actividades y obligaciones cotidianas. La duración total de la estancia en un entorno protegido depende de la tasa de estabilización e integración del proceso. Si fuese necesario, podríamos programar sesiones experienciales ocasionales y recomendar el uso de abordajes complementarios. Las sesiones regulares de exposición de las experiencias y comprensiones obtenidas durante estos episodios pueden ser de mucha utilidad en el proceso de integración.

El tratamiento del alcoholismo y la drogadicción presenta algunos problemas concretos que aconsejan el empleo de medidas distintas a las de otras emergencias espirituales. Más concretamente, lo que requiere medidas especiales es el elemento de adicción fisiológica y la naturaleza progresiva del trastorno. Antes de adentrarnos en los problemas psicológicos que subyacen a la adicción, es imprescindible romper el ciclo químico que perpetúa el consumo de substancias, y el individuo debe pasar por un período de abstinencia y desintoxicación en un centro especializado.

Logrado esto, podemos ocuparnos de las raíces psicoespirituales del trastorno. Como ya hemos visto, el alcoholismo y la drogadicción constituyen una búsqueda de trascendencia más dirigida. Por eso, para tener éxito, el programa terapéutico debe incluir, como parte integral, un fuerte énfasis en la dimensión espiritual del problema. Históricamente, los programas de Alcohólicos Anónimos (AA) y Narcóticos Anónimos (NA), asociaciones que ofrecen un enfoque amplio basado en la filosofía de los doce pasos esbozada por Bill Wilson, han sido los más exitosos en la lucha contra la adicción.

Siguiendo paso a paso el programa, el alcohólico o el adicto reconoce que ha perdido el control de su vida y que le resulta imposible recuperarlo. Por ello se le anima a rendirse y dejar que un poder superior, definido por él mismo, se haga cargo de la situación. Una revisión dolorosa de su historia personal le muestra un inventario de sus errores que sirve de fundamento para corregir los daños que su adicción pudiera haber provocado a otras personas. A quienes han alcanzado la sobriedad y se hallan en proceso de recuperación se les invita a llevar el mensaje a otros adictos y ayudarles a superar su hábito.

Los programas de doce pasos son muy valiosos para proporcionar apoyo y orientación a los alcohólicos y los adictos. Guía a las personas desde el comienzo del tratamiento y durante los años de sobriedad y recuperación. Como el tema de este libro gira en torno al potencial sanador de los estados holotrópicos, veremos ahora cómo y de qué manera pueden esos estados ser útiles para el tratamiento de la adicción. Esta cuestión está estrechamente ligada al undécimo paso, que hace hincapié en la necesidad de «buscar a través de la oración y la meditación mejorar nuestro contacto consciente con Dios tal como nosotros lo concebimos». Y, como los estados holotrópicos pueden facilitar las experiencias místicas, estos encajan perfectamente en esta categoría.

A lo largo de los años, he tenido una amplia experiencia en el uso de estados holotrópicos para el tratamiento de alcohólicos y drogadictos, así como para trabajar con personas que se hallan en proceso de recuperación y que los emplean para mejorar la calidad de su sobriedad. En este sentido, participé en un equipo del Centro de Investigación Psiquiátrica de Maryland, en Baltimore, llevando a cabo amplios estudios controlados sobre la terapia psiquedélica con alcohólicos y adictos a las drogas duras (Grof, 2001). Y también he tenido la oportunidad de ver, en el contexto de nuestra formación, el efecto, en muchas personas, de una serie de sesiones de respiración holotrópica.

Según mi experiencia, es muy poco probable que el trabajo de respiración holotrópica o la terapia psiquedélica puedan ayudar a los alcohólicos y adictos que están consumiendo activamente. Ni siquiera las experiencias profundas y significativas parecen tener el poder de romper el ciclo químico implicado. Solo es posible introducir el trabajo terapéutico con estados holotrópicos después de que los alcohólicos y adictos hayan pasado por un proceso de desintoxicación, superado los síntomas de abstinencia y alcanzado la sobriedad. Únicamente entonces pueden beneficiarse de las experiencias holotrópicas y hacer un trabajo profundo sobre los problemas psicológicos subyacentes a su adicción. En este punto, los estados holotrópicos pueden ser muy útiles para ayudarles a enfrentarse a los recuerdos traumáticos, procesar las emociones difíciles asociadas y lograr una comprensión valiosa de las raíces psicológicas de su abuso.

Las experiencias holotrópicas pueden mediar en el proceso de muerte y renacimiento psicoespiritual, un punto de inflexión crítico en la vida de muchos alcohólicos y adictos habitualmente conocido con la expresión «tocar fondo». La experiencia de la muerte del ego ocurre, en este caso, en una situación protegida y a salvo de las peligrosas consecuencias físicas, interpersonales y sociales que podrían producirse en el caso de ocurrir espontáneamente en el entorno natural del cliente, en especial con el riesgo que conlleva de confusión entre «egocidio» y suicidio. Los estados holotrópicos también pueden facilitar el acceso experiencial a experiencias espirituales profundas, verdadero objetivo del ansia del alcohólico y el adicto y reducir la probabilidad de que busquen sustitutos desafortunados en el alcohol y las drogas.

Los programas de terapia psiquedélica para alcohólicos y adictos llevados a cabo en el Centro de Investigación Psiquiátrica de Maryland tuvieron mucho éxito, a pesar de que el protocolo limitaba el número de sesiones psiquedélicas a un máximo de tres. Más del cincuenta por ciento de los alcohólicos crónicos y un tercio de los drogadictos que participaron en estos programas seguían sobrios durante un seguimiento realizado a los seis meses y fueron considerados «esencialmente rehabilitados» por un equipo de evaluación independiente (Pahnke et al., 1970; Savage y McCabe, 1971 y Grof, 2001). Las personas que se hallan en recuperación que participan en nuestras formaciones y talleres consideran, casi sin excepción, el trabajo de la respiración holotrópica como una forma de mejorar la calidad de su sobriedad y facilitar su desarrollo psicoespiritual.

Pese a la evidencia de sus efectos beneficiosos, el empleo de los estados holotrópicos en personas que se hallan en proceso de recuperación encontró una fuerte oposición entre algunos de los miembros más conservadores del movimiento de los doce pasos. Esas personas sostienen que los alcohólicos y adictos que apelan a cualquier forma de «subidón» están experimentando una «recaída». Y este juicio no solo lo emiten cuando el estado holotrópico en cuestión implica el empleo de substancias psiquedélicas, sino que llegan a extenderlo a cualquier forma de terapia experiencial e incluso a la meditación, un enfoque explícitamente recomendado en la descripción original del undécimo paso.

Es muy probable que el origen de una actitud tan radical se remonte a la época en que Bill Wilson, el cofundador de AA, experimentó con el LSD (Lattin, 2012). Resulta que, después de veinte años de sobriedad, Bill Wilson se interesó por el LSD e hizo una serie de sesiones con Aldous Huxley y Gerald Heard bajo la supervisión de Sidney Cohen y Betty Eisner, los pioneros psiquedélicos de Los Ángeles. Bill Wilson se entusiasmó ante los efectos de esta substancia, porque sentía que las sesiones le ayudaban mucho con su depresión crónica y le permitían acceder a una percepción espiritual del mundo. Cuando se acercaba a su septuagésimo aniversario esbozó un plan para que se distribuyera LSD en todas las reuniones de AA del país.

El uso de LSD por parte de Bill Wilson y su propuesta provocaron una gran controversia en AA. Muchos de sus colaboradores más cercanos, incluido el doctor Jack Norris, entonces presidente del consejo de administración de AA, estaban muy preocupados por el uso de Wilson de los psiquedélicos y su controvertida idea para el futuro de AA. El plan se vio finalmente rechazado por las voces más racionales del movimiento y se le pidió que suspendiera sus experimentos con LSD. Así fue como, en 1958, defendió en una larga carta su empleo del LSD, pero poco después se retiró del órgano de gobierno de AA para tener la libertad de llevar a cabo sus propios experimentos.

Esta situación ilustra dos actitudes contradictorias sobre la relación que existe entre los estados holotrópicos de conciencia y la adicción. Una de ellas considera que cualquier esfuerzo por salir del estado ordinario de conciencia es, para una persona adicta, inaceptable y la califica como una recaída. Esta actitud exige la sobriedad a cualquier precio, aunque ello signifique «aguantar apretando los dientes». Los miembros de AA que asumen esta actitud no parecen advertir problema alguno en la enorme cantidad de café que se suele servir y consumir en las reuniones de AA y en la cantidad de tabaco que se fuma. El punto de vista opuesto se basa en la idea de que la búsqueda de un estado espiritual es una tendencia legítima y natural de la naturaleza humana y que la lucha por la trascendencia es la fuerza motivadora más poderosa de la psique (Weil, 1972). Desde esta perspectiva, la adicción es una forma equivocada y distorsionada de llevar a cabo este intento y el remedio más eficaz para ello consiste en facilitar el acceso a una auténtica experiencia espiritual.

El futuro decidirá cuál de estos dos enfoques acaba siendo adoptado por los profesionales y por la comunidad de personas que se hallan en proceso de recuperación. En mi opinión, el desarrollo más prometedor para el tratamiento del alcoholismo y la drogadicción consiste en una combinación entre los programas de doce pasos (el método más eficaz para tratar el alcoholismo y la adicción) y la psicología transpersonal, que puede proporcionar una sólida base teórica para una terapia espiritualmente arraigada. El trabajo responsable con los estados holotrópicos de conciencia sería un aspecto muy lógico e integral de un enfoque auténticamente comprehensivo.

En los años 90, mi esposa Christina y yo organizamos un par de congresos de la Asociación Transpersonal Internacional (ATI) en Eugene (Oregón) y Atlanta (Georgia) con el título *Mystical Quest, Attachment and Addiction* [Búsqueda mística, apego y adicción]. Estos encuentros demostraron la viabilidad y utilidad de combinar los programas de doce pasos con la psicología transpersonal, un abordaje cuya justificación empírica y teórica se ha discutido en varias publicaciones (Grof, 1987, 1993).

R.D. Laing (1927-1989), psiquiatra pionero en la comprensión y el tratamiento alternativo de la psicosis, con su esposa Jutta.

No obstante, el concepto de «emergencia espiritual» es nuevo y no tengo la menor duda de que acabará complementándose y perfeccionándose. Sin embargo, hemos comprobado repetidamente que, aun en su forma actual, tal y como la definimos Christina y yo, ha sido de gran ayuda para muchas personas que estaban atravesando una crisis de transformación. Hemos observado que, cuando estos problemas se tratan con el debido respeto y reciben el adecuado apoyo, pueden dar lugar a una curación notable, a una transformación profunda y positiva y a un mejor nivel de funcionamiento en la vida cotidiana. Esto ha sucedido a menudo a pesar de que, en la situación actual, las condiciones para tratar a las personas en crisis psicoespirituales están lejos de ser ideales.

En el futuro, el éxito de este empeño podría aumentar considerablemente si las personas capaces de asistir a los individuos en emergencias espirituales pudiesen contar con una red de centros, abiertos las veinticuatro horas del día, destinados al tratamiento de aquellas personas cuyas experiencias sean tan intensas que no puedan ser tratadas en régimen ambulatorio. En la actualidad, la ausencia de tales instalaciones y la falta de apoyo de las compañías de seguros a los abordajes no convencionales constituyen los obstáculos más graves para la implementación efectiva de las nuevas estrategias terapéuticas.

Bibliografía

Anónimo. 1975. *A Course in Miracles*. New York: Foundation for Inner Peace.
Assagioli, R. 1976. *Psychosynthesis*. New York: Penguin Books.
Grof, C. 1993. *The Thirst For Wholeness: Attachment, Addiction, and the Spiritual Path*. San Francisco, CA: Harper.
Grof, C. y Grof, S.1990. *The Stormy Search for the Self: A Guide to Personal Growth through Transformational Crisis*. Los Angeles, CA: J. P. Tarcher.
Grof, S. 1987. Spirituality, Addiction, and Western Science. *Re-Vision* Journal 10:5-18.
Grof, S. y Grof, C. (eds.) 1989. *Spiritual Emergency: When Personal Transformation Becomes a Crisis*. Los Angeles, CA: J. P. Tarcher.
Grof, S. 1994. *Books of the Dead: Manuals for Living and Dying*. London: Thames and Hudson.
Grof, S. 2000. *Psychology of the Future: Lessons from Modern Consciousness Research*. Albany, NY: State University of New York (SUNY) Press.

Grof, S. 2001. *LSD Psychotherapy*. Santa Cruz, CA: MAPS Publications.
Grof, S. 2006. *When the Impossible Happens: Adventures in Non-Ordinary Realities*. Louisville, CO: Sounds True.
James, W. 1961. *The Varieties of Religious Experience*. New York: Collier.
Jung, C.G. 1959. The Archetypes and the Collective Unconscious. *Collected Works*, vol. 9,1. Bollingen Series XX, Princeton, N.J.: Princeton University Press.
Jung, C.G. 1960. Synchronicity: An Acausal Connecting Principle. *Collected Works*, vol. 8, Bollingen Series XX. Princeton: Princeton University Press.
Jung, C.G. 1964. Flying Saucers: A Modern Myth of Things Seen in the Skies. En: *Collected Works*, vol. 10. Bollingen Series XX. Princeton: Princeton University Press.
Jung, C.G. 1996. *The Psychology of Kundalini Yoga: Notes on the seminars given in 1932 by C.G. Jung* (Soma Shamdasani, ed.). Bollingen Series XCIX. Princeton: Princeton University Press.
Lattin, D. 2012. *Distilled Spirits*. Oakland, CA: University of California Press.
Lawson, A. 1984. Perinatal Imagery In UFO Abduction Reports. *Journal of Psychohistory* 12:211.
Mack, J. 1994. *Abductions: Human Encounters with Aliens*. New York: Charles Scribner Sons.
Mack, J. 1999. *Passport to the Cosmos: Human Transformation and Alien Encounters*. New York: Crown Publishers.
Maslow, A. 1964. *Religions, Values, and Peak Experiences*. Cleveland, OH: Ohio State University.
Moody, R.A. 1975. *Life After Life*. New York: Bantam.
Pahnke, W.N. y Richards, W.E. 1966. Implications of LSD and Experimental Mysticism. *Journal of Religion and Health*. 5:175.
Pahnke, W.N., Kurland, A.A., Unger, S., Savage, C. y Grof, S. 1970. The Experimental Use of Psychedelic (LSD) Psychotherapy. *J. Amer. Med. Assoc*. 212:1856.
Perry, J.W. 1953. *The Self in the Psychotic Process*. Dallas, TX: Spring Publications.
Perry, J.W. 1966. *Lord of the Four Quarters*. New York: Braziller.
Perry, J.W. 1974. *The Far Side of Madness*. Englewood Cliffs, NJ: Prentice Hall.
Perry, J.W. 1976. *Roots of Renewal in Myth and Madness*. San Francisco, CA: Jossey-Bass Publications.

Perry, J.W. 1998. *Trials of the Visionary Mind: Spiritual Emergency and the Renewal Process*. Albany, NY: State University of New York (SUNY) Press.

Ring, K. 1982. *Life at Death: A Scientific Investigation of the Near-Death Experience*. New York: Quill.

Ring, K. 1985. *Heading Toward Omega: In Search of the Meaning of the Near-Death Experience*. New York: Quill.

Ring, K. y Valarino, E.E. 1998. *Lessons from the Light: What We Can Learn from the Near-Death Experience*. New York: Plenum Press.

Sannella, L. 1987. *The Kundalini Experience: Psychosis or Transcendence?* Lower Lake, CA: Integral Publishing.

Savage, C. y McCabe, O.L. 1971. Psychedelic (LSD) Therapy of Drug Addiction. En *The Drug Abuse Controversy* (Brown, C.C. y Savage, C., eds.) Baltimore, MD: Friends of Medical Science Research Center.

Weil, A. 1972. *The Natural Mind*. Boston: Houghton Mifflin.

Wilber, K. 1977. *The Spectrum of Consciousness*. Wheaton, IL: Theosophical Publishing House.

Wilson, W. y Jung, C.G. 1963. Correspondencia: Grof, S. (ed.): Mystical Quest, Attachment, and Addiction. Edición especial de *Re-Vision Journal* 10 (2):1987.

VI. La respiración holotrópica: *una nueva aproximación a la psicoterapia y la autoexploración*

La respiración holotrópica es un método experiencial de autoexploración y terapia que, a mediados de los 70, desarrollamos mi difunta esposa Christina y yo en el Instituto Esalen de Big Sur (California). Se trata de un enfoque que, mediante la adecuada combinación de métodos muy sencillos (como una respiración acelerada, música evocadora y técnicas de trabajo corporal que ayudan a liberar los bloqueos bioenergéticos y emocionales), induce estados holotrópicos de conciencia muy profundos.

Las sesiones suelen realizarse en grupo; los participantes trabajan en parejas alternando en el papel de «respirador» y «acompañante». El proceso está supervisado por facilitadores adecuadamente entrenados que, cuando se necesita su intervención, ayudan a los participantes. Finalizada la fase de respiración, los participantes expresan sus experiencias pintando mandalas y compartiendo en pequeños grupos sus viajes interiores. En caso necesario, también se apela, para facilitar la adecuada conclusión e integración de la experiencia, a métodos complementarios y entrevistas de seguimiento.

La respiración holotrópica combina e integra, tanto en la teoría como en la práctica, elementos procedentes de la investigación moderna de la conciencia, la psicología profunda, la psicología transpersonal, las filosofías espirituales orientales y las prácticas curativas nativas. Difiere significativamente de formas convencionales de psicoterapia como el psicoanálisis y otras escuelas de psicología profunda que se limitan al empleo de métodos exclusivamente verbales. Comparte ciertos rasgos comunes con las terapias experienciales de la psicología humanista, como la *gestalt* y los enfoques neorreichianos que hacen hincapié en el trabajo con el cuerpo y la expresión directa de las emociones. El rasgo distintivo de la respiración holotrópica consiste en el empleo del potencial terapéutico de los estados holotrópicos de conciencia.

En sus prácticas rituales, espirituales y curativas, las culturas antiguas y nativas apelaron, durante siglos y hasta milenios, a los estados holotrópicos, cuyo extraordinario poder curativo se ha visto confirmado por la investigación moderna de la conciencia realizada durante la segunda mitad del siglo XX. Esta investigación también ha demostrado que los fenómenos que ocurren durante esos estados ponen claramente en cuestión el marco conceptual y los supuestos metafísicos básicos hoy utilizados por la psiquiatría y la psicología académicas. El trabajo con la respiración holotrópica requiere de una nueva comprensión de la conciencia y de la psique humana, tanto sana como enferma. Los principios básicos sobre los que se asienta esta nueva psicología se describen en el segundo capítulo de esta enciclopedia, así como también en otros escritos míos (Grof, 2000, 2012).

Componentes esenciales de la respiración holotrópica

La respiración holotrópica combina la respiración acelerada, la música evocadora y el trabajo corporal liberador para inducir intensos estados de conciencia holotrópicos que tienen un gran poder curativo y transformador. Este método nos permite acceder a los dominios biográficos, perinatales y transpersonales del inconsciente, y, en consecuencia, a las raíces psicoespirituales profundas, en los que se originan los trastornos emocionales y psicosomáticos. También nos ayuda a utilizar los mecanismos de curación y transformación de la personalidad que operan a esos niveles. El proceso de autoexploración y terapia que tiene lugar durante la respiración holotrópica es espontáneo y autónomo y no consiste tanto en seguir las instrucciones y directrices de una determinada escuela de psicoterapia como en servirse de la inteligencia sanadora interna del individuo.

La mayoría de los recientes y revolucionarios descubrimientos realizados sobre la conciencia y la psique humana en los que se basa la respiración holotrópica solo son novedosos para la psiquiatría y la psicología modernas, porque lo cierto es que tienen una larga historia como aspectos integrantes de la vida ritual y espiritual de muchas culturas antiguas y nativas, así como de sus prácticas curativas. Los principios básicos de la respiración holotrópica representan el redescubrimiento, la validación y la reformulación moderna de una sabiduría y unos procedimientos que, en ocasiones, se remontan a los albores mismos de la historia de la humanidad. Y lo mismo podríamos decir con respecto a los principales componentes de la práctica de la respiración holotrópica, es decir, la respiración, la música instrumental, los cantos, el trabajo corporal y el dibujo de mandalas u otras formas de expresión artística que se han utilizado desde hace siglos –y hasta milenios– durante las ceremonias de sanación y las prácticas rituales de todos los grupos humanos preindustriales.

El poder curativo de la respiración

La respiración ha desempeñado un papel muy importante en la cosmología, la mitología y la filosofía, así como también en las prácticas rituales y espirituales de las sociedades antiguas y preindustriales. Desde tiempo inmemorial se han utilizado técnicas respiratorias muy distintas con fines religiosos y curativos, ya que prácticamente todos los sistemas psicoespirituales importantes que han aspirado a entender la naturaleza humana han considerado la respiración como un vínculo esencial entre la naturaleza, el cuerpo, la psique y el espíritu.

En la antigua literatura india, el término *prāna* no solo se refería al aliento físico y al aire, sino también a la esencia sagrada de la vida. Del mismo modo, en la medicina tradicional china, la palabra *chi* se refiere a la esencia cósmica y a la energía de la vida, así como al aire que respiramos, un término que tiene su correlato en el japonés *ki* y que desempeña un papel muy importante en las prácticas espirituales y las artes marciales japonesas. En la antigua Grecia, la palabra *pneuma* significaba «aire» o «aliento», así como también «espíritu» o «esencia de la vida». Asimismo, los griegos consideraban que el aliento estaba estrechamente ligado a la psique. Por su parte, el término *phren* se utilizaba para referirse tanto al diafragma, el músculo más grande que interviene en la respiración, como a la mente (como bien ilustra el término esquizofrenia, que literalmente significa «mente dividida»).

En la antigua tradición hebrea, la palabra *ruach* denotaba tanto el aliento como el espíritu creador y no hacía diferencia alguna entre ellos. La siguiente cita del Génesis muestra la estrecha relación entre Dios, el aliento y la vida: «Entonces Jehová Dios formó al hombre del polvo de la tierra [en hebreo "Adán"] y sopló en su nariz aliento de vida y fue el hombre un ser vivo». En latín se utilizaba el mismo término para el aliento y el espíritu (*spiritus*); y espíritu y aliento comparten también, en las lenguas eslavas, la misma raíz lingüística.

En la tradición y la medicina nativa hawaiana (*kanaka maoli lapa'au*), la palabra *ha* significa «espíritu divino», «viento», «aire» y «aliento». Está contenida en el popular *aloha* hawaiano, una expresión que tiene muchos significados diferentes, pero que suele traducirse como presencia (*alo*) del Aliento Divino (*ha*). Su opuesto, *ha'ole*, que significa «sin aliento» o «sin vida», es un término que los nativos hawaianos han aplicado a los extranjeros de piel blanca desde la llegada, en 1778, del infame capitán de navío británico James Cook. Los kahunas, «guardianes del conocimiento secreto», emplean ejercicios de respiración para generar energía espiritual (*mana*).

Desde hace siglos se conoce la posibilidad de influir en la conciencia mediante técnicas respiratorias. Los procedimientos utilizados para este fin por diferentes culturas antiguas y preindustriales abarcan un amplio espectro y van desde la interrupción drástica de la respiración hasta los ejercicios sutiles y sofisticados de diferentes tradiciones espirituales. La forma original de bautismo practicada por los esenios, por ejemplo, consistía en la inmersión forzada del iniciado bajo el agua durante un período de tiempo prolongado, cuyo resultado era una poderosa experiencia de muerte y renacimiento. En otros grupos, los neófitos se veían medio sofocados por el humo, la estrangulación o la compresión de la arteria carótida.

Es posible inducir profundos cambios de conciencia forzando los dos extremos de la respiración, la hiperventilación y la retención prolongada, así como alternando entre ambos extremos. También es posible encontrar métodos muy sofisticados y avanzados de este tipo en la antigua ciencia india de la respiración o *prāṇāyāma*. William Walker Atkinson, un escritor estadounidense que fue influyente durante el movimiento filosófico-espiritual de fin de siglo (1890-1900), escribió, bajo el seudónimo de Yogi Ramacharaka, un amplio tratado sobre la ciencia hindú de la respiración (Ramacharaka, 1903).

Las técnicas específicas que implican la respiración intensa o la retención de la respiración también forman parte de distintos ejercicios del *kundalini yoga*, el *siddha yoga*, el *vajrayana* tibetano, la práctica sufí y las meditaciones budistas birmana y taoísta, entre otros muchos sistemas espirituales. Indirectamente, la profundidad y el ritmo de la respiración pueden verse muy influidos por determinadas representaciones artísticas rituales, como el canto de los monos balineses o ketjak, la música de garganta de los esquimales inuit, el canto multivocal tibetano y mongol, el canto de kirtans y bhajans o los cantos sufíes.

Las técnicas más sutiles, que no se ocupan tanto de los cambios en la dinámica respiratoria, sino que centran más su atención en la conciencia de la respiración, ocupan un lugar destacado en el budismo. El *anāpānasati*, que literalmente significa «atención a la respiración» (del pali *anāpāna*, que significa «inspiración y espiración», y *sati*, que significa «atención»), es una forma básica de meditación enseñada por el Buda. La enseñanza del Buda sobre el *anāpāna* se basó en su experiencia al utilizarlo como medio para alcanzar la iluminación, destacando la importancia no solo de ser consciente de la respiración, sino de utilizarla para cobrar conciencia del cuerpo y de la propia experiencia. Según el *Anāpānasati Sutta* (*sutra*), la práctica de esta forma de meditación conduce a la eliminación de todas las impurezas (*kilesa*). El Buda enseñó que la práctica sistemática de *anāpānasati* desemboca en la liberación última (*nirvāna* o *nibbāna*).

El *anāpānasati* se practica en la meditación Vipassana (*meditación introspectiva*) y en la meditación Zen (*shikantaza*, que significa «simplemente sentarse»). La esencia de *anāpānasati* como práctica central de la meditación budista, especialmente en la escuela Theravada, consiste en asumir la perspectiva de un observador que contempla pasivamente el proceso natural de la respiración involuntaria. Esto se halla en claro contraste con las prácticas del *prānāyāma* yóguico que apelan a técnicas que aspiran a un control riguroso de la respiración. Pero el *anāpānasati* no es la única forma budista de meditación respiratoria. El control de la respiración también desempeña un papel muy importante en las prácticas espirituales budistas utilizadas en el Tíbet, Mongolia y Japón, y algo parecido podríamos decir con respecto al cultivo de una atención especial a la respiración, que constituye una parte esencial de ciertas prácticas taoístas y cristianas.

Durante el desarrollo de la ciencia materialista, la respiración perdió su significado sagrado y se vio despojada de su conexión con la psique y el espíritu y la medicina occidental acabó reduciéndola a una importante función fisiológica. Las manifestaciones físicas y psicológicas que acompañan a diferentes maniobras respiratorias se han visto patologizadas. Así, por ejemplo, la respuesta psicosomática a una forma acelerada de respiración, el llamado *síndrome de hiperventilación*, se considera un estado patológico cuando lo cierto es que se trata de un proceso que tiene un extraordinario potencial curativo. Cuando la hiperventilación ocurre de manera espontánea, se la suprime rutinariamente mediante la administración de tranquilizantes, inyecciones intravenosas de calcio y la aplicación de una bolsa de papel sobre la cara de la persona para aumentar así la concentración de dióxido de carbono y combatir la alcalosis provocada por una respiración acelerada.

Durante la segunda mitad del siglo xx, los terapeutas occidentales redescubrieron el potencial curativo de la respiración y desarrollaron técnicas para aprovecharla. Nosotros mismos hemos experimentado con diferentes técnicas relacionadas con la respiración en el contexto de nuestros seminarios de un mes de duración celebrados en el Instituto Esalen de Big Sur (California). Entre ellas cabe destacar los ejercicios de respiración procedentes de antiguas tradiciones espirituales bajo la supervisión de maestros hindúes y tibetanos y técnicas desarrolladas también por terapeutas occidentales. Cada uno de estos enfoques tiene un énfasis concreto y emplea la respiración de manera diferente. En nuestra búsqueda de un método eficaz, hemos procurado simplificar al máximo este proceso.

En nuestra opinión, basta con respirar más rápida y eficazmente de lo habitual con plena concentración en el proceso interior. En lugar de hacer hincapié en una determinada técnica de respiración, seguimos la estrategia general del trabajo holotrópico, que consiste en seguir los indicios interiores y confiar en la sabiduría intrínseca del cuerpo. En nuestro trabajo de respiración holotrópica animamos a las personas a comenzar la sesión con una respiración más rápida y algo más profunda de lo habitual, uniendo la inspiración y la espiración en un círculo respiratorio continuo hasta que, una vez iniciado el proceso, las personas encuentran su propio ritmo y forma de respirar.

Hemos podido confirmar repetidamente la observación de Wilhelm Reich de que las resistencias y defensas psicológicas están asociadas a algún tipo de restricción de la respiración (Reich, 1949 y 1961). La respiración es una función autónoma, pero que también puede verse afectada por la voluntad. La intensificación deliberada de la respiración afloja las defensas psicológicas y posibilita la emergencia y liberación de material inconsciente (y supraconsciente). A menos que uno haya presenciado o experimentado en persona este proceso, resulta difícil creer, basándose exclusivamente en cuestiones teóricas, en el poder y la eficacia de esta técnica.

El potencial terapéutico de la música

En la respiración holotrópica combinamos el efecto de expansión de la conciencia provocado por la respiración con la música evocadora. Al igual que sucede con la respiración, la música y otras técnicas de sonido han sido utilizadas, desde hace milenios, como poderosas herramientas durante la práctica ritual y espiritual. El tamborileo monótono, el traqueteo, los cánticos, la música instrumental y otras formas de producir sonidos han sido algunas de las principales herramientas utilizadas por los chamanes de diferentes partes del mundo. Muchas culturas preindustriales han desarrollado de manera bastante independiente ritmos de percusión que, según los experimentos de laboratorio realizados al respecto, tienen un efecto considerable sobre la actividad eléctrica del cerebro (Goldman, 1952; Jilek, 1974, 1982; Kamiya, 1969 y Neher, 1961 y 1962).

Los archivos de los antropólogos culturales contienen numerosos ejemplos de poderosos métodos de inducción al trance que combinan la música, el canto y la danza. Muchas culturas han utilizado técnicas de sonido con fines específicamente curativos en el contexto de complejas ceremonias. Los rituales de sanación navajos, que llevan a cabo cantantes entrenados, son de una complejidad sorprendente comparable a las partituras de las óperas de Wagner. Y, como han documentado muchos documentos y películas realizadas por los antropólogos, la danza de trance y el extenso tamborileo de los bosquimanos !Kung del desierto africano de Kalahari tienen un extraordinario poder curativo (Lee y DeVore, 1976; Katz, 1976).

El potencial curativo de los ritos de las religiones sincréticas de las islas del Caribe y Sudamérica, como la santería cubana o la umbanda brasileña, es reconocido por muchos profesionales de esos países con formación médica tradicional occidental. Son notables los casos de curación emocional y psicosomática que se producen durante las reuniones de grupos cristianos que emplean la música, el canto y la danza, como los manipuladores de serpientes (Holy Ghost People), los revivalistas o miembros de la Iglesia pentecostal.

Algunas tradiciones espirituales han desarrollado tecnologías del sonido que no solo inducen un estado de trance general, sino que llegan a tener incluso un efecto concreto sobre la conciencia, la psique y el cuerpo. Las enseñanzas hindúes postulan la existencia de una relación concreta entre determinadas frecuencias acústicas y ciertos chakras o centros de energía sutil del cuerpo. Con el uso sistemático de este conocimiento, es posible influir en el estado de conciencia de un modo deseable y predecible. El antiguo arte hindú del llamado *nada yoga*, es decir, el camino hacia la unión a través del sonido, es conocido por mantener, mejorar y restablecer la salud y el bienestar físico, emocional y psicosomático.

Entre las extraordinarias interpretaciones vocales utilizadas con fines rituales, espirituales y curativos cabe destacar los cantos multivocales de los monjes tibetanos gyotso y de los chamanes de Mongolia y Tuva, los bhajans y kirtans hindúes, los cantos del Santo Daime (*icaros*) utilizados en las ceremonias de ayahuasca, la música de garganta de los esquimales inuit y los cantos sagrados (*dhikrs*) de diversas órdenes sufíes. Estos son solo algunos ejemplos del extenso uso de la música instrumental y el canto con fines curativos, rituales y espirituales.

Nosotros utilizamos sistemáticamente la música durante el programa de terapia psiquedélica que llevamos a cabo en el Centro de Investigación Psiquiátrica de Maryland, en Baltimore (Maryland), y hemos aprendido mucho sobre su extraordinario potencial psicoterapéutico. La música cuidadosamente seleccionada es muy útil y cumple con funciones muy importantes en los estados holotrópicos de conciencia. Por una parte, moviliza las emociones asociadas a los recuerdos reprimidos, llevándolas a la superficie y facilitando su expresión. Por otra parte, contribuye a abrir la puerta al inconsciente, intensifica y profundiza el proceso terapéutico y proporciona un contexto significativo a la experiencia. El flujo continuo de la música crea una onda portadora que ayuda al sujeto a atravesar las experiencias difíciles, salir de los callejones sin salida, superar las defensas psicológicas, entregarse y dejarse llevar. Además, la música cumple también con una función adicional durante las sesiones de respiración holotrópica que suelen realizarse en grupo, atenuar los ruidos hechos por los participantes y entrelazarlos en una *gestalt* dinámica y estética.

Para utilizar la música como catalizador de la autoexploración y el trabajo experiencial profundo es necesario aprender una nueva forma de escucharla y de relacionarnos con ella que es ajena a nuestra cultura. En Occidente solemos emplear la música como fondo acústico que tiene poca relevancia emocional. Ejemplos típicos en este sentido serían el empleo de la música popular de las fiestas o la música ambiental empleada en los centros comerciales y en los entornos laborales. Otro enfoque característico de audiencias más sofisticadas consiste en la escucha disciplinada y atenta de la música que se da en los teatros y auditorios. La forma dinámica y elemental de escuchar música característica de los conciertos de rock se asemeja más al uso que tiene en la respiración holotrópica. Pero, en esta modalidad, la atención de los participantes suele ser extravertida y la experiencia carece de la introspección sostenida y concentrada, un elemento fundamental de la terapia y el autoconocimiento holotrópico.

Durante la terapia holotrópica es esencial entregarse por completo al flujo de la música, dejando que resuene en todo nuestro cuerpo, y responder a ella de un modo espontáneo y elemental. Esto incluye manifestaciones que serían impensables en un auditorio, donde llorar o toser se consideran una molesta intromisión. Durante el trabajo holotrópico hay que dar plena expresión a lo que la música nos despierta, independientemente de que se trate de gritos, risas, balbuceos de bebé, ruidos de animales, cantos chamánicos o hablar lenguas. También es importante no controlar ningún impulso físico, como muecas, movimientos sensuales de la pelvis, sacudidas violentas o contorsiones de todo el cuerpo. Obviamente, hay excepciones a esta regla, como la proscripción de la conducta destructiva dirigida hacia uno mismo, hacia los demás o hacia el entorno físico.

Asimismo, alentamos a los participantes a suspender provisionalmente toda actividad intelectual, como empeñarse en adivinar el compositor o la cultura de la que procede la música. Otra forma de evitar el impacto emocional que nos provoca la música consiste en recurrir a la propia experiencia profesional, como juzgar la interpretación de la orquesta, identificar los instrumentos que están sonando y criticar la calidad técnica de la grabación o del equipo de música de la sala. Si eludimos estos escollos, la música puede convertirse en una herramienta excelente para inducir y mantener estados holotrópicos de conciencia. Para ello, la música debe ser de alta calidad técnica y reproducirse a un volumen lo suficientemente elevado para que movilice la experiencia. La combinación de la música con una respiración acelerada tiene un poder extraordinario para expandir la conciencia y poner de manifiesto la mente.

En lo que respecta a la elección concreta de la música, solo mencionaré los principios generales y daré algunas sugerencias basadas en nuestra experiencia. Al cabo de un tiempo, cada terapeuta o equipo terapéutico ha elaborado una lista con sus piezas favoritas para las distintas fases de la sesión. La regla básica no consiste tanto en programar la música que se utilizará en la sesión como en responder de manera sensible al momento, intensidad y contenido de la experiencia de los participantes. Esto es congruente con la filosofía general de la terapia holotrópica y, en particular, con el profundo respeto hacia la sabiduría del sanador interior, el inconsciente colectivo y la autonomía y espontaneidad del proceso curativo. En términos generales, es importante utilizar una música que sea intensa y evocadora y que propicie una experiencia positiva. Tratamos de evitar las músicas discordantes, disonantes y generadoras de ansiedad. Hay que dar preferencia a la música de alta calidad artística que no sea muy conocida y que tenga pocos contenidos concretos. También hay que evitar canciones y composiciones vocales en idiomas conocidos por los participantes que transmitan o sugieran un determinado mensaje o tema. Cuando se utilicen piezas vocales, deben ser en idiomas extranjeros para que la voz humana se perciba como un instrumento musical más. Por esta misma razón, es preferible evitar aquellas piezas que evoquen asociaciones intelectuales concretas y puedan determinar el contenido de la sesión, como Richard Wagner, la marcha nupcial de Mendelssohn-Bartholdy y las oberturas de Carmen de Bizet o *Aida* de Verdi.

La sesión suele comenzar con una música movilizadora que sea dinámica, fluida y emocionalmente reconfortante y motivadora. La música debe ir aumentando poco a poco de intensidad a medida que avanza la sesión y dejar paso a poderosas piezas rítmicas, a ser posible extraídas de tradiciones rituales y espirituales que inducen el trance procedentes de diferentes culturas nativas. Porque, aunque muchas de estas interpretaciones puedan ser estéticamente agradables, el objetivo principal de quienes las compusieron no persigue tanto el entretenimiento como la inducción de experiencias holotrópicas. Un ejemplo de ello podría ser la danza de los derviches giróvagos, acompañada de música y cantos, cuyo objetivo no aspira tanto a ser admirada como un magnífico espectáculo de ballet como a acercar al espectador a la experiencia de lo divino.

Más o menos una hora y media después del comienzo de la sesión de respiración holotrópica, cuando la experiencia normalmente llega a su punto álgido, introducimos lo que llamamos *música de ruptura*. La música seleccionada para ese momento va desde el rango de la música sacra (misas, oratorios, réquiems y otras composiciones orquestales fuertes) hasta extractos de bandas sonoras de películas dramáticas. Durante la segunda mitad de la sesión, la intensidad de la música va atenuándose gradualmente al tiempo que se introducen piezas amorosas y emotivas (*música del corazón*). La música empleada al finalizar la sesión tiene una cualidad relajante, fluida, atemporal y meditativa.

La mayoría de los practicantes de la respiración holotrópica recopilan grabaciones y tienden a crear sus propias secuencias favoritas para las cinco fases consecutivas de la sesión: ***1) apertura, 2) inducción del trance, 3) ruptura, 4) música del corazón*, y *5) música meditativa.*** Hay quienes emplean programas de música grabados con antelación para toda la sesión lo que, si bien permite que los facilitadores estén más disponibles para el grupo, impide adaptar la música según la energía del grupo. En ocasiones especiales, podemos permitirnos el lujo de utilizar música en directo porque no olvidemos que esa es, a fin de cuentas, la práctica habitual en los rituales de las culturas nativas que permite la interacción y realimentación creativa continua entre músicos y participantes.

El empleo de un trabajo corporal liberador

La respuesta física y emocional a la respiración holotrópica varía considerablemente entre las distintas personas y sesiones. Lo más habitual es que la respiración acelerada empiece evocando manifestaciones psicosomáticas más o menos dramáticas. Los libros de texto sobre fisiología respiratoria se refieren a esta respuesta a la respiración acelerada como «síndrome de hiperventilación», al que describen como una pauta estereotipada de respuestas fisiológicas que consiste principalmente en tensiones en las manos y en los pies (*tetania* o *espasmos carpopedales*). Después de haber asistido a más de 40.000 sesiones de respiración holotrópica estamos convencidos de la inadecuación de la interpretación que la medicina tradicional nos ofrece sobre los efectos de la respiración acelerada.

Existen muchas personas para las que el mantenimiento de la respiración acelerada durante varias horas no conduce a un síndrome de hiperventilación clásico, sino a una relajación progresiva, a sensaciones sexuales intensas e incluso a experiencias místicas. Otros desarrollan tensiones en diferentes partes del cuerpo, pero sin mostrar el menor indicio de espasmo carpopedal. Además, en aquellos que desarrollan tensiones, la respiración acelerada continuada no conduce a un aumento progresivo de estas, sino que tiende a autocontenerse. En general, normalmente llega a punto álgido que va seguido de una relajación profunda, una secuencia que guarda cierta semejanza con la pauta del orgasmo sexual.

En repetidas sesiones holotrópicas, este proceso de intensificación de las tensiones seguido de la consiguiente relajación tiende a desplazarse de una parte del cuerpo a otra de un modo diferente en cada persona. La tensión muscular y la intensidad de las emociones tiende a aliviarse a medida que discurre la sesión. Lo que sucede durante este proceso es que la respiración acelerada y prolongada durante un largo período de tiempo modifica la química del organismo y posibilita la liberación, descarga periférica y posterior procesamiento de las energías físicas y emocionales bloqueadas asociadas a diferentes recuerdos traumáticos. Esto permite que los contenidos anteriormente reprimidos de esos recuerdos emerjan en la conciencia y puedan integrarse.

A diferencia de lo que afirma la práctica médica convencional, este no es un proceso patológico que deba suprimirse, sino un proceso curativo que hay que alentar y apoyar. Las manifestaciones físicas que aparecen en diferentes regiones del cuerpo no son simples reacciones fisiológicas a una respiración acelerada, sino el reflejo de una estructura psicosomática compleja, y suelen tener un significado psicológico concreto para el individuo implicado. A veces representan una versión intensificada de las tensiones y los dolores que la persona padece en la vida cotidiana, como sucede con los síntomas crónicos que aparecen en momentos de estrés emocional o físico, fatiga, debilitamiento debido a una enfermedad o efectos del consumo de alcohol o marihuana. Otras veces pueden ser reconocidos como la reactivación de viejos síntomas que el individuo padeció en la infancia, la niñez, la pubertad o algún otro momento de su vida.

Hay dos formas diferentes de liberar la tensión corporal. La primera de ellas implica la abreacción y la catarsis, es decir, la descarga de la energía física reprimida a través de temblores, espasmos, movimientos corporales intensos, tos y vómitos. La liberación y la catarsis de las emociones bloqueadas también puede producirse a través del llanto, el grito u otros tipos de expresión vocal. Hablamos de abreacción cuando las descargas emocionales y físicas están asociadas a la aparición de un determinado recuerdo traumático y utilizamos el término aristotélico «catarsis», por su parte, para referirnos a una purga general de emociones y energías físicas que carecen de fuente y contenido concreto. Se trata de mecanismos bien conocidos por la psiquiatría tradicional desde que Sigmund Freud y Joseph Breuer publicaron su *Estudios sobre la histeria* (Freud y Breuer, 1936). La psiquiatría convencional ha utilizado diferentes técnicas abreactivas para el tratamiento de las neurosis emocionales traumáticas que también constituyen una parte integral de las nuevas psicoterapias experienciales, como el trabajo neorreichiano, la práctica de la *gestalt* y la terapia primal.

El segundo mecanismo utilizado para la liberación de las tensiones físicas y emocionales reprimidas desempeña un papel importante en el trabajo de la respiración holotrópica, el *rebirthing* y otras modalidades de terapia que emplean técnicas respiratorias. Representa un nuevo desarrollo en la psiquiatría y la psicoterapia que, en ocasiones, resulta más eficaz que la abreacción.

Las tensiones profundas afloran a la superficie en forma de contracciones musculares continuas de diferente duración (*tetania*). El mantenimiento de esas tensiones consume una gran cantidad de energía reprimida y su eliminación supone una manifiesta simplificación del funcionamiento de nuestro cuerpo. La relajación profunda que suele acompañar a la intensificación provisional de viejas tensiones o a la emergencia de otras anteriormente latentes ilustra con claridad la naturaleza curativa de este proceso.

Estos dos mecanismos tienen su paralelismo en la fisiología del deporte con los conocidos entrenamientos musculares *isotónico* e *isométrico*. Como su nombre indica, el ejercicio isotónico mantiene constante la tensión muscular al tiempo que varía la longitud del músculo, mientras que, durante el ejercicio isométrico, la tensión muscular cambia, pero la longitud del músculo permanece igual. Un buen ejemplo de actividad isotónica es el boxeo, mientras que el levantamiento de pesas o el llamado *press de banca* son ejercicios netamente isométricos.

Ambos mecanismos son muy eficaces para liberar y eliminar las tensiones musculares crónicas profundamente arraigadas. Pese a sus diferencias superficiales, tienen mucho en común y, durante la respiración holotrópica, se complementan a la perfección. En muchos casos, los recuerdos, las emociones y las sensaciones físicas difíciles que emergen del inconsciente durante las sesiones de respiración holotrópica se liberan de manera espontánea y el respirador acaba en un estado meditativo profundamente relajado. En este caso no es necesaria intervención externa alguna y la persona permanece en ese estado hasta que regresa al estado de conciencia ordinario.

Pero, si no basta con la respiración para resolver el problema y quedan tensiones o emociones residuales, el facilitador deberá proporcionar al participante una forma concreta de trabajo corporal que le ayude a concluir adecuadamente la sesión. La estrategia general de este abordaje consiste en pedir al respirador que centre su atención en la zona en la que advierta la presencia de tensiones no liberadas y haga lo necesario para intensificar las sensaciones físicas existentes. Luego, el facilitador ayuda a intensificar aún más estas sensaciones a través de la adecuada intervención externa. Mientras la atención del respirador se concentra en la región problemática energéticamente cargada, se le anima a encontrar una respuesta espontánea a esa situación.

Esta respuesta no debe ser el fruto de una decisión consciente del respirador, sino que debe estar dictada por el mismo proceso inconsciente. A menudo adopta una forma completamente inesperada y sorprendente (como, por ejemplo, vocalizaciones semejantes a las de los animales, hablar lenguas o hacerlo en una lengua extranjera desconocida, cantos chamánicos de una determinada cultura, cháchara incomprensibles o balbuceos semejantes a los de un bebé). Igualmente frecuentes son las reacciones físicas inesperadas (como temblores violentos, sacudidas, toses y vómitos), así como movimientos animales característicos (como trepar, volar, cavar, arrastrarse y deslizarse, entre otros). Es muy importante, en este sentido, que el facilitador no se limite a aplicar una técnica ofrecida por tal o cual escuela terapéutica, sino que facilite y apoye lo que aflora de manera espontánea.

Este trabajo debe proseguir hasta que facilitador y respirador coincidan en que la sesión ha concluido. El respirador debe terminar la sesión en un estado relajado y cómodo. Una expresión que hemos escuchado repetidamente a los respiradores durante esta fase es la que dice: «¡Nunca antes había estado tan relajado!», o «Creo que, por primera vez en mi vida, estoy realmente en mi cuerpo». Después de recibir el visto bueno de los facilitadores, los respiradores que han completado la sesión se trasladan a la sala de arte para dibujar sus mandalas.

Contacto físico solidario y nutritivo

En la respiración holotrópica, también empleamos una forma distinta de intervención física destinada a proporcionar apoyo a un nivel preverbal profundo. Esto se basa en la observación de que existen dos formas de trauma fundamentalmente diferentes –una diferencia no reconocida por la psicoterapia convencional– y que requieren, en consecuencia, enfoques completamente diferentes. Tomando prestada la terminología del derecho británico, podríamos denominar *trauma por comisión* al primero de ellos, un tipo de trauma que es el resultado de acciones externas que tuvieron un impacto dañino en el desarrollo futuro del individuo (como el abuso físico, emocional o sexual, las situaciones aterradoras, las críticas destructivas, la humillación o el ridículo). Estos traumas son elementos ajenos al inconsciente que pueden ser llevados a la conciencia, descargarse energéticamente y resolverse.

La segunda forma de trauma, el *trauma por omisión*, es de naturaleza radicalmente diferente y requiere, por tanto, un abordaje asimismo diferente. En realidad, se deriva del problema opuesto, de la falta de experiencias positivas esenciales para un desarrollo emocional sano. El bebé, como el niño, tiene fuertes necesidades básicas de satisfacción y seguridad instintivas que los pediatras y psiquiatras infantiles denominan *anacliticas* (del griego *anaklinein*, que significa «apoyar») y entre las que cabe destacar la necesidad de ser sostenido en brazos, de experimentar el contacto con la piel, de ser abrazado, acariciado, reconfortado, de que jueguen con ellos y de recibir la atención de los demás, una necesidad cuya insatisfacción tiene graves consecuencias para el futuro del individuo.

Son muchas las personas que, durante la niñez y la infancia, atravesaron una historia de abandono, negligencia y privación emocional que dio lugar a una grave frustración de sus necesidades anaclíticas. Otros nacieron prematuramente y pasaron sus primeros meses de vida en una incubadora ajenos a todo contacto humano íntimo. La única forma de curar este tipo de trauma consiste en proporcionar una experiencia correctiva en forma de contacto físico de apoyo durante un estado holotrópico de conciencia. Pero, para que este enfoque sea eficaz, el individuo debe experimentar una regresión profunda al estadio de desarrollo infantil, porque, en caso contrario, la medida correctiva no llega al nivel de desarrollo en el que se produjo el trauma.

Dependiendo de las circunstancias y del consentimiento previo, este apoyo físico puede ir desde un simple apretón de manos o un toque en la frente hasta un contacto corporal completo. El uso del contacto físico nutritivo es una forma muy eficaz de curar los traumas emocionales tempranos, pero su uso requiere atenerse a unas normas éticas muy estrictas. Por ello, hay que explicar, antes de la sesión, los fundamentos de esta técnica a los acompañantes y a los respiradores y obtener su aprobación para emplearla. En ningún caso es posible practicar este enfoque sin el consentimiento previo y tampoco es posible ejercer la menor presión para obtenerlo. Es innecesario decir que el contacto físico está ligado, en muchas personas, a una historia de abuso sexual, un tema delicado y emocionalmente muy cargado.

Quienes más necesitan este toque sanador suelen ser los que más se resisten a él. A veces puede pasar tiempo y varias sesiones antes de que una persona confíe lo suficientemente en el facilitador y en el grupo para poder aceptar este enfoque y beneficiarse de él. El contacto físico de apoyo solo debe utilizarse para satisfacer las necesidades del respirador y en modo alguno las del acompañante. Y con ello no me refiero solo a las necesidades de índole sexual o de intimidad que, por supuesto, son las más evidentes porque igualmente problemática puede ser la necesidad del cuidador de ser necesitado, amado o valorado o de tener insatisfechas las necesidades maternales y otras formas menos extremas de deseos emocionales.

Veamos, a modo de ejemplo, un incidente que se produjo durante uno de nuestros talleres celebrados en el Instituto Esalen de Big Sur (California). Al comienzo de nuestro seminario de cinco días, una de las participantes, una mujer postmenopáusica, compartió con el grupo lo mucho que había deseado tener hijos y cuánto sufría por no haber sido madre. En mitad de una sesión de respiración holotrópica en la que ella desempeñaba el papel de acompañante de un joven, levantó de repente la parte superior del cuerpo de su compañero y, colocándolo en su regazo, empezó a mecerlo y consolarlo. El momento no pudo ser más inoportuno porque, como descubrimos más adelante, él se hallaba, en ese momento, imaginando atravesar una experiencia de otra vida en la que era un poderoso guerrero vikingo durante una expedición militar. Describió con gran sentido del humor cómo, al comienzo, trató de experimentar ese balanceo como el movimiento del barco en el océano pero, cuando la escuchó dirigirse a él como si de un bebé se tratara, le resultó imposible seguir con la experiencia y se vio inmediatamente devuelto a la realidad ordinaria. Este es un caso en el que las necesidades maternales de la mujer que actuaba como acompañante eran tan intensas que se apoderaron de ella y no le permitieron evaluar objetivamente la situación y actuar en consecuencia.

No es difícil advertir que el respirador está experimentando una regresión a la primera infancia. En tal caso, las arrugas del rostro tienden a desaparecer y el individuo llega a parecerse y comportarse realmente como si fuese un bebé. Esto puede implicar posturas y gestos infantiles, así como una copiosa salivación y hasta chuparse el dedo. En otras ocasiones, es el contexto mismo el que ilustra la conveniencia de proporcionar un contacto físico como, por ejemplo, cuando el respirador acaba de revivir el nacimiento biológico y parece perdido y desamparado.

Nunca hemos tenido problemas con este método, siempre y cuando lo hayamos usado en un entorno grupal en el que explicamos públicamente a los participantes los fundamentos del método. Todo se explica públicamente y todo el mundo ve lo que ocurre. Llevar esta estrategia terapéutica a la práctica privada y utilizarla en una situación individual a puerta cerrada requiere una precaución especial en lo que respecta a los límites. Ha habido casos en los que los terapeutas que utilizan este método en la intimidad de su consulta han tropezado con graves problemas éticos.

El uso del contacto físico nutritivo en estados holotrópicos para curar los traumas provocados por el abandono, el rechazo y la privación emocional se vio desarrollado por dos psicoanalistas londinenses, Pauline McCririck y Joyce Martin, con sus pacientes de LSD, un método al que llamaron terapia de fusión. Durante estas sesiones, los clientes pasaban varias horas en una profunda regresión de edad, tumbados en un sofá y cubiertos con una manta, mientras Joyce o Pauline permanecían a su lado, abrazándolos estrechamente como una buena madre consolaría a su hijo (Martin, 1965).

Este revolucionario método dividió y polarizó efectivamente la comunidad de terapeutas de LSD. Algunos de los practicantes se dieron cuenta de que se trataba de una forma muy poderosa y lógica de curar los «traumas por omisión», es decir, los problemas emocionales causados por la privación emocional y la falta de un buen maternaje. A otros les horrorizaba la radicalidad de esta «terapia anaclítica» y señalaron que el contacto físico estrecho entre terapeuta y cliente en un estado no ordinario de conciencia provocaría un daño irreversible a la relación de transferencia/contratransferencia.

Durante el segundo congreso internacional sobre el uso del LSD en psicoterapia celebrado en mayo de 1965 en Amityville (Nueva York), Joyce y Pauline mostraron su fascinante película sobre el uso de la técnica de fusión en la terapia psiquedélica. En el acalorado debate que siguió, la mayoría de las preguntas giraron en torno a las cuestiones de transferencia/contratransferencia. Pauline dio una explicación muy interesante y convincente sobre las razones por las cuales este enfoque presentaba menos problemas que el enfoque freudiano ortodoxo. Según dijo, la mayoría de los pacientes que acuden a terapia experimentaron, durante su infancia y niñez, una falta de afecto por parte de sus padres y que la actitud fría del analista freudiano no hace más que reactivar las heridas emocionales resultantes y desencadena llamadas de atención desesperadas del paciente para lograr así la satisfacción de la que tan privados se habían visto (Martin, 1965).

En opinión de Pauline, la terapia de fusión proporcionaba una experiencia correctiva al satisfacer el antiguo deseo anaclítico. Después de sanar sus heridas emocionales, los pacientes reconocían que el terapeuta no era un objeto sexual apropiado y podían encontrar parejas adecuadas fuera de la relación terapéutica. Pauline explicó que esta es una situación que discurre paralela al desarrollo temprano de las relaciones de objeto. Las personas que, durante la infancia y la niñez, reciben un maternaje adecuado son capaces de desapegarse emocionalmente de sus madres y padres y de encontrar relaciones maduras. Por su parte, los que experimentaron una privación emocional permanecen patológicamente apegados y van por la vida tratando de satisfacer las necesidades infantiles primitivas. Ocasionalmente utilizamos la terapia de fusión en el programa de investigación psiquedélica del Centro de Investigación Psiquiátrica de Maryland, sobre todo en el trabajo con pacientes de cáncer terminal (Grof, 2006).

A mediados de los años 70, cuando desarrollamos la respiración holotrópica, el apoyo anaclítico pasó a formar parte de nuestros talleres y de nuestro proceso de formación. Antes de cerrar esta sección sobre el trabajo corporal, me gustaría responder a una pregunta que surge a menudo en el contexto de los talleres holotrópicos o de las conferencias que damos sobre el trabajo experiencial: «¿Por qué el hecho de revivir un recuerdo traumático es terapéutico en lugar de retraumatizador?». La mejor respuesta a esta pregunta nos la ofrece el artículo «Unexperienced Experience» [Experiencias no experimentadas] del psiquiatra irlandés Ivor Browne (Browne, 1990). Según Browne, en la terapia no nos enfrentamos a una reproducción o repetición exacta de la situación traumática original, sino a la primera ocasión en que es posible experimentar completamente las reacciones emocionales y físicas apropiadas. Y esto significa que, si bien los acontecimientos traumáticos se registran en la persona en el momento en que ocurren, lo cierto es que no se han experimentado, procesado ni integrado de un modo totalmente consciente.

Además, la persona que se enfrenta a un recuerdo traumático antes reprimido ya no es el niño ni el bebé indefenso y dependiente que era en la situación original, sino un adulto. El estado holotrópico inducido en las modalidades experienciales de psicoterapia permite al individuo estar presente y moverse simultáneamente en dos sistemas diferentes de coordenadas espaciotemporales. La regresión de edad completa permite experimentar todas las emociones y sensaciones físicas de la situación traumática original desde la perspectiva del niño, pero, al mismo tiempo, le ofrece también la posibilidad de analizar y evaluar el recuerdo en la situación terapéutica desde la perspectiva del adulto maduro.

Esta idea se ve respaldada por los informes de los respiradores que reviven recuerdos traumáticos difíciles. Aunque, desde el punto de vista de un observador externo, parecen estar experimentando mucho dolor y sufrimiento, al finalizar la sesión afirman tener una sensación subjetiva positiva del proceso. Sentían que estaban eliminando el dolor de sus cuerpos y no experimentaban sufrimiento, sino alivio.

Dibujo de mandalas: el poder expresivo del arte

Mandala es una palabra sánscrita que significa «círculo» o «conclusión». En su acepción más amplia, esta palabra puede utilizarse para hablar de cualquier dibujo que evidencie una simetría geométrica compleja, como una tela de araña, la disposición de los pétalos de una flor o de un capullo, una concha marina (como, por ejemplo, la llamada «galleta de mar»), una imagen de caleidoscopio, la vidriera de una catedral gótica o un diseño laberíntico. El mandala es una construcción visual que puede ser fácilmente captada por el ojo porque se corresponde con la estructura del órgano de percepción visual. La misma pupila del ojo tiene forma de simple mandala.

En la práctica ritual y espiritual, el término «mandala» se refiere a imágenes que pueden ser dibujadas, pintadas, modeladas o hasta bailadas. En las ramas tántricas del hinduismo, el budismo, el vajrayana y el jainismo, esta palabra se refiere a elaborados cosmogramas compuestos por formas geométricas elementales (como puntos, líneas, triángulos, cuadrados y círculos), flores de loto y complejas figuras y escenas arquetípicas. Se utilizan como importantes apoyos para la meditación que ayudan a los practicantes a centrar la atención en sí mismos y facilitan el acceso a determinados estados de conciencia.

Aunque las ramas tántricas del hinduismo, el budismo y el jainismo hayan perfeccionado y sofisticado mucho el empleo de los mandalas, el arte de dibujar mandalas aparece en la práctica espiritual de muchas otras culturas. Ejemplos de mandalas especialmente hermosos son las *nierikas*, telas creadas por los indios huicholes del centro de México que representan visiones inducidas por la ingestión ritual de peyote. Las elaboradas pinturas de arena utilizadas por los navajos en sus rituales de curación y las pinturas hechas por los aborígenes australianos en corteza de árbol también incluyen muchas intrincadas pautas mandálicas.

El uso de los mandalas en la alquimia y en la práctica espiritual y religiosa de diferentes culturas llamó la atención de C.G. Jung, quien observó la aparición de pautas semejantes en las pinturas de los pacientes que se hallaban en un determinado estadio de desarrollo psicoespiritual. «El mandala –según dijo– es una expresión psicológica de la totalidad del yo». En sus propias palabras: «La pauta impuesta por este tipo de imagen circular contrarresta el desorden y la confusión del estado psíquico reforzando la creación de un punto central con el que todo está relacionado» (Jung, 1959).

Nuestro propio uso del dibujo de mandalas se inspiró en el trabajo de la arteterapeuta Joan Kellogg, miembro de nuestro equipo del Centro de Investigación Psiquiátrica de Maryland, en Baltimore (Maryland), donde realizaba terapia psiquedélica. En su trabajo como arteterapeuta en los hospitales psiquiátricos de Wyckoff y Paterson (Nueva Jersey), Joan dio a cientos de pacientes un trozo de papel en el que había dibujado un círculo y materiales de pintura y les pidió que pintasen lo que se les ocurriera. De ese modo pudo encontrar correlaciones significativas entre los problemas psicológicos de esos pacientes, sus diagnósticos clínicos y determinados aspectos de sus pinturas, como la elección de los colores, la preferencia por las formas puntiagudas o redondas, el empleo de círculos concéntricos, la división del mandala en secciones y si respetaban o no los límites del círculo.

En el Centro de Investigación Psiquiátrica de Maryland, Joan comparó los mandalas pintados por los sujetos experimentales antes y después de sus sesiones psiquedélicas buscando correlaciones significativas entre los rasgos básicos, el contenido de las experiencias psiquedélicas y el resultado de su terapia, un método que nos ha parecido muy útil en nuestro trabajo con la respiración holotrópica. La misma Joan veía el dibujo del mandala como un test psicológico y en distintos escritos describió los criterios de interpretación de sus distintos rasgos (Kellogg, 1977 y 1978). Nosotros no interpretamos los mandalas, sino que los utilizamos en los grupos de intercambio como fuente de información sobre la experiencia de los respiradores.

Una alternativa interesante al dibujo de mandalas es el método llamado «SoulCollage» desarrollado por Seena B. Frost (Frost, 2001). Son muchos los participantes en los talleres, la formación y la terapia holotrópica que, cuando se enfrentan a la tarea de dibujar o pintar, experimentan bloqueos psicológicos, algo que suele originarse en una baja autoestima que les lleva a cuestionar sus capacidades y obstaculiza su desempeño, o en algunas experiencias traumáticas que tuvieron de niños con sus profesores o sus compañeros de las clases de arte.

El SoulCollage es un proceso creativo que casi cualquiera puede hacer porque utiliza cuadros o fotografías ya existentes y ayuda a esas personas a superar sus bloqueos y resistencias emocionales. En lugar de materiales de dibujo y pintura, los participantes reciben una rica selección de revistas ilustradas, catálogos, calendarios, tarjetas de felicitación y postales. También pueden traer fotos personales de un álbum familiar o imágenes de personas, animales y paisajes que ellos mismos hayan seleccionado. Con unas tijeras, recortan las imágenes o los fragmentos que más adecuados les parecen para representar su experiencia, que luego encajan y pegan sobre una cartulina. En el caso de participar en un grupo de trabajo continuo, acaban teniendo una baraja de cartas que, para ellos, tiene un profundo significado personal y pueden llevar a casa de un amigo, a sesiones de terapia individual, a grupos de apoyo o emplear simplemente para decorar su casa.

El curso de la sesión holotrópica

La naturaleza y el desarrollo de las sesiones holotrópicas varían considerablemente de una persona a otra y de una sesión a la siguiente. Hay quienes permanecen completamente callados y casi no se mueven, dando la impresión de estar durmiendo o de que no pasa nada, aunque puedan tener experiencias muy profundas. Otros, por su parte, se agitan y exhiben una gran actividad motora, hasta el punto de parecer frenéticos. Experimentan fuertes temblores y complejas torsiones, ruedan y giran, adoptan posiciones fetales, se comportan como bebés que luchan por nacer, o parecen y actúan como si fuesen recién nacidos. También son muy habituales los movimientos de gatear, nadar, cavar o escalar.

Hay veces en que los movimientos y gestos son muy complejos, sofisticados, concretos y diferenciados. Pueden asemejarse a movimientos animales que emulan a serpientes, pájaros o depredadores felinos e ir acompañados de los correspondientes sonidos. Otras veces, los respiradores asumen de manera espontánea diferentes posturas de yoga y gestos rituales (*asanas* y *mudras*) con los que no están intelectualmente familiarizados. En contadas ocasiones, los movimientos o sonidos automáticos parecen representaciones rituales o teatrales de culturas diferentes, como los cantos chamánicos, las danzas javanesas, los cantos de los monos balineses (*ketchak*), el kabuki japonés o hablar otras lenguas, como sucede durante las reuniones pentecostales.

Las cualidades emocionales que se observan durante las sesiones holotrópicas abarcan un espectro muy amplio. En uno de los extremos del espectro, los participantes pueden experimentar sentimientos de extraordinario bienestar, profunda paz, tranquilidad, serenidad, dicha, unidad cósmica o éxtasis místico, y, en el otro, puede haber episodios de un terror indescriptible, una culpa devastadora, una agresividad asesina o la sensación de condena eterna. La intensidad de estas emociones puede trascender cualquier cosa que podamos experimentar o imaginar en el estado de conciencia ordinaria. Estos estados emocionales extremos suelen estar asociados a experiencias de naturaleza perinatal o transpersonal.

En el centro del espectro de experiencias que podemos observar durante las sesiones de respiración holotrópica se encuentran cualidades emocionales menos extremas y que se hallan más cerca de lo que conocemos en nuestra vida cotidiana, como episodios de ira, ansiedad, tristeza, desesperanza y sensaciones de fracaso, inferioridad, vergüenza, culpa o asco, que suelen estar asociados a recuerdos biográficos cuyas fuentes se remontan a experiencias traumáticas de la infancia, la niñez y momentos de la vida postnatal. Sus contrapartidas positivas son los sentimientos de felicidad, plenitud emocional, alegría, satisfacción sexual y un aumento general del entusiasmo y la vitalidad.

Hay veces en que una respiración acelerada no provoca ninguna tensión física ni emoción difícil, sino que conduce directamente a una relajación creciente, una sensación de expansión y bienestar y visiones de luz. El respirador puede sentirse inundado por sentimientos de amor y experimentar la conexión mística con otras personas, la naturaleza, el cosmos y Dios. Estos estados emocionales positivos aparecen con más frecuencia al finalizar las sesiones holotrópicas, después de haber atravesado los aspectos difíciles y turbulentos de la experiencia. Y también hay veces en las que los sentimientos positivos o hasta extáticos se extienden a lo largo de toda la sesión.

Resulta sorprendente la cantidad de personas que, debido a una fuerte ética protestante o a razones muy diversas, tienen, en nuestra cultura, grandes dificultades para aceptar las experiencias extáticas, a menos que hayan sufrido o trabajado mucho. También hay veces en las que eso les lleva a responder con un sentimiento de culpa o a la sensación de que no las merecen. Asimismo es habitual, sobre todo entre los profesionales de la salud mental, reaccionar a las experiencias positivas con desconfianza y la sospecha de que se trata de «formaciones reactivas» que ocultan y enmascaran material especialmente doloroso, desagradable e inaceptable. Es muy importante, cuando este es el caso, asegurar a los respiradores que las experiencias positivas son extremadamente curativas y animarles a que las acepten sin reservas como si se tratara de un regalo inesperado.

Bien integradas, las sesiones de respiración holotrópica van acompañadas de una profunda sensación de bienestar, relajación física y libertad emocional. Las sesiones continuadas de respiración constituyen un método muy potente y eficaz para reducir el estrés y pueden proporcionar una considerable curación emocional y psicosomática. Otro resultado frecuente de este trabajo es la conexión con las dimensiones numinosas de la psique y de la existencia en general. Algunos facilitadores formados han utilizado los profundos efectos relajantes de la respiración holotrópica y la han ofrecido a diferentes empresas bajo la etiqueta de «reducción del estrés» y otros han utilizado el efecto vinculante de los talleres de respiración holotrópica y lo han presentado como una forma de «crear equipo».

El potencial curativo de la respiración se pone claramente de relieve en el *kundalini yoga*, en donde los episodios de respiración acelerada se utilizan en el curso de la práctica meditativa (*bhastrika*), o se producen espontáneamente como parte de las manifestaciones emocionales y físicas conocidas como *kriyas*. Esto concuerda con mi propia experiencia de que los episodios espontáneos similares de respiración acelerada que ocurren en pacientes psiquiátricos, que suelen diagnosticarse como *síndrome de hiperventilación*, son intentos naturales de autocuración. Por eso, en lugar de tratar de suprimirlos rutinariamente, que es la práctica médica habitual, habría que apoyarlos y fomentarlos.

La duración de las sesiones de respiración holotrópica varía de un individuo a otro y de una sesión a la siguiente. En este sentido, es esencial, para la mejor integración de la experiencia, que facilitadores y asistentes permanezcan con el respirador durante todo el tiempo que dure el proceso. En la fase final de la sesión, un buen trabajo corporal puede facilitar enormemente la resolución emocional y física. El contacto íntimo con la naturaleza también puede tener un efecto muy tranquilizador y de enraizamiento y contribuye de manera muy positiva a la integración de la sesión. En este sentido, es especialmente eficaz el contacto con el agua, como sumergirse en un *jacuzzi* o nadar en una piscina, un lago o el mar.

El dibujo del mandala y los grupos de intercambio

Cuando la sesión concluye y el respirador regresa al estado ordinario de conciencia, el asistente le acompaña a la sala de mandalas, una sala equipada con diferentes materiales artísticos, como témperas, rotuladores, lápices pastel y acuarelas, así como con grandes blocs de dibujo, en cuyas hojas hay dibujos a lápiz de círculos del tamaño de un plato. Entonces se pide a los respiradores que se sienten, mediten sobre su experiencia y traten de encontrar el modo de expresar, empleando esas herramientas, lo ocurrido durante la sesión.

No existen directrices concretas para el dibujo de los mandalas. Hay quienes se limitan a hacer combinaciones de colores, mientras que otros construyen mandalas geométricos o dibujos e imágenes figurativas. Estos últimos pueden representar algo ocurrido durante la sesión o una especie de diario de viaje pictórico compuesto por diferentes secuencias. En ocasiones, el respirador decide documentar una sesión con varios mandalas que reflejan aspectos o fases distintas de esta. En contadas ocasiones, por último, el respirador no tiene la menor idea de lo que va a dibujar y esboza un dibujo automático.

También hemos visto casos en los que el mandala no reflejaba la sesión inmediatamente anterior, sino que, muy al contrario, anticipaba la siguiente. Esto está en consonancia con la idea de C.G. Jung de que los productos de la psique no pueden explicarse por completo partiendo solo de los acontecimientos históricos ocurridos. En muchos casos, no se limitan a tener un aspecto retrospectivo, sino que también tienen un aspecto prospectivo (teleológico o finalista). Así, hay mandalas que reflejan un movimiento de la psique que Jung denominó «proceso de individuación» y que anticipan cuál será el siguiente paso. Una posible alternativa al dibujo de mandalas es el modelado con arcilla, un método que introdujimos cuando trabajamos con participantes ciegos que no podían dibujar mandalas. Entonces fue interesante ver que algunos integrantes videntes preferían emplear, cuando estaba disponible, este medio u optaban por una combinación entre el mandala y la figura tridimensional.

En un momento posterior, los respiradores llevan sus mandalas a una sesión de intercambio en la que hablan de su experiencia. La estrategia de los facilitadores que dirigen el grupo apunta a fomentar la máxima apertura y sinceridad posibles a la hora de compartir su experiencia. La disposición de los participantes a revelar el contenido de sus sesiones, incluidos algunos detalles íntimos, favorece el establecimiento y la consolidación de una confianza en el grupo que anima a los demás miembros del grupo a compartir su experiencia con igual sinceridad, lo que intensifica, acelera y profundiza el proceso terapéutico.

A diferencia de lo que ocurre durante la práctica de la mayoría de las escuelas de psicoterapia, el facilitador se abstiene de interpretar la experiencia de los participantes. Y ello es así debido a la falta de acuerdo que existe entre las diferentes escuelas sobre el funcionamiento del psiquismo, sus principales fuerzas motivadoras y la causa y el significado de los síntomas. Dadas estas circunstancias, cualquier interpretación es tan cuestionable como arbitraria. Otra razón para abstenerse de interpretaciones es el hecho de que los contenidos psicológicos están típicamente sobredeterminados y no siempre se limitan a un nivel de la psique, sino que a veces están relacionados con varios de ellos (Grof, 2010; Grof, 1975). Dar una explicación o interpretación supuestamente definitiva también conlleva el peligro de estancar el proceso y obstaculizar el progreso terapéutico.

Más interesante nos parece formular preguntas que sirvan para obtener información adicional proporcionada por el mismo cliente que, al ser la persona que vive la experiencia, es el mayor experto en lo que respecta a su experiencia. Es curioso que, cuando somos pacientes y resistimos la tentación de compartir nuestras propias impresiones, los participantes suelen encontrar explicaciones que se adaptan más a su experiencia. Hay veces en las que puede resultar muy útil compartir nuestras observaciones del pasado sobre experiencias similares, o señalar la relación con las experiencias de otros miembros del grupo. Cuando las experiencias contienen material arquetípico, puede ser útil utilizar el método de *amplificación* de C.G. Jung (que consiste en destacar los paralelismos que hay entre una determinada experiencia y motivos mitológicos similares procedentes de diferentes culturas) o consultar un buen diccionario de símbolos

Seguimiento y uso de técnicas complementarias

También resulta muy útil apelar, en los días que siguen a las sesiones intensas que implicaron un gran paso adelante o una importante apertura emocional, a una amplia variedad de enfoques complementarios que pueden facilitar la adecuada integración. Entre ellos destacamos la posibilidad de hablar de la sesión con un facilitador experimentado, escribir el contenido de la experiencia, dibujar mandalas adicionales, la meditación sedente, o algún tipo de meditación en movimiento como el *hatha yoga*, el *tai-chi* o el *qi-gong*. Un buen trabajo corporal con un profesional que permita la expresión emocional, correr, nadar y otras formas de ejercicio físico o de danza expresiva puede ser también muy útil en aquellos casos en los que la experiencia holotrópica haya liberado grandes cantidades de energía física anteriormente reprimida.

Una sesión del juego de arena junguiano de Dora Kalff (Kalff y Kalff, 2004), la terapia *gestalt* de Fritz Perls (Perls, 1976), el psicodrama de Jacob Moreno (Moreno, 1948) o la desensibilización y reprocesamiento por medio del movimiento ocular (EMDR) de Francine Shapiro (Shapiro, 2001) pueden ser de gran ayuda para facilitar la comprensión e integración de la experiencia holotrópica. Muchos facilitadores de la respiración holotrópica también han encontrado interesante y útil incluir en sus talleres el trabajo de constelaciones familiares de Bert Hellinger, que es la adaptación de un proceso que aprendió en África como sacerdote católico y misionero con el pueblo zulú (Hellinger, 2003).

El potencial terapéutico de la respiración holotrópica

Christina y yo desarrollamos y practicamos la respiración holotrópica fuera de un entorno clínico en nuestros seminarios de un mes de duración y en talleres más cortos celebrados en el Instituto Esalen de Big Sur (California), en diferentes talleres de respiración que se celebraron en muchas otras partes del mundo y en nuestro programa de formación para facilitadores. No he tenido la oportunidad de comprobar la eficacia terapéutica de este método con el mismo rigor que pude hacerlo cuando, en el pasado, trabajé con la terapia psiquedélica. La investigación psiquedélica que llevamos a cabo en el Centro de Investigación Psiquiátrica de Maryland (MPRC) incluía estudios clínicos controlados con pruebas psicológicas y un seguimiento sistemático y profesional.

Lo cierto, sin embargo, es que los resultados terapéuticos de las sesiones de respiración holotrópica han sido a menudo tan espectaculares y se hallaban tan significativamente conectados con experiencias concretas de la vida de la persona que no tengo la menor duda de que se trata de una herramienta muy valiosa de terapia y autoexploración. Han sido muchos, a lo largo de los años, los casos en que hemos visto que los participantes en los talleres y en los procesos de formación de facilitadores han podido salir de una depresión que duraba varios años, superar distintas fobias, librarse de tortuosos sentimientos irracionales que les consumían y aumentar espectacularmente la autoestima y la confianza en sí mismos. También hemos atestiguado, en muchas ocasiones, la desaparición de graves problemas psicosomáticos, como las migrañas, y de mejoras radicales y duraderas –y hasta la eliminación– de casos de asma psicógena.

En muchas ocasiones, los participantes en la formación o en los talleres llegaron a comparar favorablemente su progreso después de varias sesiones holotrópicas al efecto de años de terapia verbal. Y, cuando hablamos de la importancia de evaluar la eficacia de poderosas formas de psicoterapia experiencial como el trabajo con psiquedélicos o la respiración holotrópica, es importante subrayar la existencia de algunas diferencias fundamentales entre estos enfoques y las modalidades verbales de terapia.

La psicoterapia verbal suele durar varios años y los grandes avances no son comunes, sino excepcionales. La presencia de cambios de síntomas en la psicoterapia verbal se da a largo plazo y es difícil demostrar su conexión causal con algo ocurrido durante la terapia o el proceso terapéutico en general. En el caso de las sesiones psiquedélicas o de respiración holotrópica, por el contrario, pueden producirse cambios espectaculares en el transcurso de unas pocas horas que pueden estar directamente ligados a hechos concretos ocurridos durante la terapia. También hay que decir que los cambios observados durante la respiración holotrópica no se limitan a los problemas emocionales o psicosomáticos, porque, en muchos casos, las sesiones de trabajo de respiración desembocan en una considerable mejora de problemas físicos que los manuales médicos describen como enfermedades orgánicas.

Entre las mejoras más espectaculares cabe destacar la eliminación de infecciones crónicas (como sinusitis, faringitis, bronquitis y cistitis) después de que el desbloqueo bioenergético restablece la circulación sanguínea de determinada zonas. Hasta el momento no tenemos explicación para la solidificación de los huesos de una mujer aquejada de osteoporosis que ocurrió después de un proceso de formación holotrópica.

También hemos asistido al restablecimiento de la circulación periférica completa en quince personas que padecían de enfermedad de Raynaud, un trastorno que implica la frialdad de manos y pies, acompañado de cambios distróficos en la piel. En varios casos, la respiración holotrópica condujo a una sorprendente mejora de la artritis. En todos estos casos, el factor crítico que conducía a la curación parecía ser la liberación de un bloqueo bioenergético de las regiones corporales afligidas, seguido de la posterior vasodilatación. La observación más sorprendente de esta categoría fue la remisión espectacular de los síntomas avanzados de la *artritis de Takayasu*, una enfermedad de etiología desconocida que se caracteriza por la oclusión progresiva de las arterias de la parte superior del cuerpo, una enfermedad que suele considerarse progresiva, incurable y potencialmente letal.

Son muchos también los casos en los que el potencial terapéutico de la respiración holotrópica se ha visto confirmado por estudios clínicos dirigidos por profesionales a los que habíamos formado y que utilizan este método de manera independiente en su trabajo. Un número significativo de estudios clínicos se vieron también dirigidos por psiquiatras y psicólogos de Rusia que no habían participado en nuestra formación para facilitadores. Una lista de estudios que implican o están relacionados con la respiración holotrópica está incluida en una sección especial de la bibliografía de nuestro libro sobre la respiración holotrópica (Grof y Grof, 2010).

También son muchas las veces en que hemos tenido la oportunidad de recibir comentarios informales de personas años después de que sus síntomas emocionales, psicosomáticos y físicos mejoraran o desapareciesen tras unas sesiones holotrópicas en nuestra formación o en nuestros talleres. Esto pone de relieve los resultados duraderos de las mejoras logradas durante las sesiones holotrópicas. Espero que la eficacia de este interesante y prometedor método de autoexploración y terapia se vea confirmada en el futuro mediante investigaciones clínicas bien diseñadas.

Mecanismos biológicos implicados en la respiración holotrópica

Nos parece interesante tratar de dilucidar, dado el poderoso efecto que la respiración holotrópica tiene sobre la conciencia, los mecanismos fisiológicos y bioquímicos que podrían estar implicados. Mucha gente cree que, cuando respiramos más aprisa, simplemente llevamos más oxígeno al cuerpo y al cerebro, pero lo cierto es que la cosa es, en realidad, bastante más complicada. Es cierto que la respiración acelerada lleva más aire –y, por tanto, más oxígeno– a los pulmones, pero no lo es menos que también elimina más dióxido de carbono (CO_2) y provoca vasoconstricción en determinadas partes del cuerpo. Como el CO_2 es ácido, la disminución de su contenido en sangre rebaja la acidez de la sangre (pH) y, en un entorno alcalino, se transfiere relativamente menos oxígeno a los tejidos lo que, a su vez, desencadena un mecanismo homeostático que funciona en sentido contrario porque, para compensar este cambio, los riñones excretan orina más alcalina.

El cerebro es también una de las zonas del cuerpo que tiende a responder a una respiración acelerada mediante la vasoconstricción, lo que reduce la cantidad de oxígeno entrante. Además, el grado de intercambio de gases no solo depende de la frecuencia respiratoria, sino también de su profundidad, lo que determina el volumen del «espacio muerto» en el que no se produce el intercambio entre el CO_2 y el oxígeno. Por tanto, la situación es bastante compleja y no es fácil evaluar el contexto general en un caso individual sin contar con una batería de exámenes específicos de laboratorio.

Sin embargo, si tenemos en cuenta todos los mecanismos fisiológicos mencionados, la situación durante la respiración holotrópica es muy parecida a lo que ocurre cuando uno está en lo alto de una montaña, donde hay menos oxígeno y el nivel de CO_2 disminuye por la respiración acelerada compensatoria. El neocórtex, al ser la parte evolutivamente más joven del cerebro, es también más sensible a una serie de influencias (como el alcohol y la anoxia) que sus regiones más antiguas, una situación que provoca la inhibición de las funciones corticales y la intensificación de la actividad en las regiones más arcaicas del cerebro, lo que favorece el acceso a los procesos inconscientes.

Es interesante constatar que muchos individuos, así como culturas enteras que vivían en altitudes extremas, eran conocidos por su avanzada espiritualidad, como ilustran los casos de los yoguis del Himalaya, los budistas tibetanos del altiplano de Qingzang y los antiguos incas y q'eros de los Andes peruanos. Pero, por más tentador que resulte atribuir esta situación al hecho de que, en una atmósfera con menor contenido de oxígeno, tenían fácil acceso a las experiencias transpersonales, lo cierto es que una estancia prolongada en lugares elevados provoca adaptaciones fisiológicas, incluida la hiperproducción compensatoria de glóbulos rojos en el bazo. Quizás no sea tan adecuado, por tanto, comparar la situación aguda que ocurre durante la respiración holotrópica con una estancia prolongada en alta montaña.

Sea como fuere, hay un largo camino entre la descripción de los cambios fisiológicos que se producen en el cerebro y el riquísimo abanico de fenómenos provocados por la respiración holotrópica, como la identificación experiencial con animales, las visiones arquetípicas o los recuerdos de vidas pasadas. Esta situación es parecida al problema de los efectos psicológicos del LSD porque, por más que se trate de una substancia con una estructura química conocida que podemos administrar en dosis exactas, ese conocimiento no nos proporciona el menor indicio para entender las experiencias que desencadena. El hecho de que ambos métodos puedan inducir experiencias transpersonales en las que se accede a información nueva y precisa sobre el universo a través de canales extrasensoriales dificulta la aceptación de que dichas experiencias se almacenen en el cerebro.

Después de haber experimentado estados psiquedélicos con mescalina y LSD, Aldous Huxley llegó a la conclusión de que nuestro cerebro no puede ser la fuente del amplio y rico abanico de fenómenos que había experimentado. Entonces sugirió que el cerebro debe funcionar como una especie de válvula reductora que nos protege de una entrada de *inputs* cósmicos infinitamente mayor. Nociones como la «memoria despojada de sustrato material» (Foerster, 1965), los «campos morfogenéticos» de Sheldrake (Sheldrake, 1981) y el «campo psi» u «holocampo akásico» de Laszlo (Laszlo, 2004) proporcionan un importante apoyo y hacen más plausible la idea de Huxley.

Por último, quisiera comparar la psicoterapia que emplea estados holotrópicos de conciencia, en general, y la respiración holotrópica, en particular, con las terapias verbales. Los métodos de psicoterapia verbal tratan de llegar indirectamente a la raíz de los problemas emocionales y psicosomáticos ayudando a los clientes a recordar acontecimientos relevantes olvidados y reprimidos de su vida, o reconstruyéndolos indirectamente a través del análisis de los sueños, los síntomas neuróticos o las distorsiones de la relación terapéutica (transferencia).

La mayoría de las psicoterapias verbales utilizan un modelo de la psique que se limita a la biografía postnatal y el inconsciente freudiano individual. También emplean técnicas que no pueden llegar a los dominios perinatal y transpersonal de la psique ni, por tanto, a las raíces más profundas de los trastornos que pretenden curar. Las limitaciones de las terapias verbales resultan especialmente evidentes en relación con los recuerdos de acontecimientos traumáticos que tienen un fuerte componente físico, como un parto difícil, los episodios de casi ahogo, las asfixias por inhalación de objetos extraños y las heridas o enfermedades. Los traumas de este tipo no pueden trabajarse y resolverse solo hablando de ellos, sino que es necesario revivirlos y expresar plenamente las emociones y energías físicas bloqueadas a ellos asociadas.

Otras ventajas de la respiración holotrópica son de carácter netamente económico y tienen que ver con la relación entre el número de participantes en los grupos de respiración y el número de facilitadores formados necesarios. En los años 60, cuando yo estaba en proceso de formación como analista, se estimaba que un psicoanalista típico podía tratar como máximo a unos ochenta pacientes en toda su vida. Y, pese a todos los cambios que ha experimentado la psicoterapia desde los tiempos de Freud, la relación entre el número de clientes que necesitan tratamiento y el número de terapeutas profesionales disponibles para esa tarea sigue siendo desproporcionada.

Un grupo típico de respiración holotrópica requiere un facilitador capacitado por cada ocho o diez participantes del grupo. Aunque se podría objetar que la psicoterapia de grupo tradicional tiene una proporción similar o incluso mejor de terapeuta/cliente es importante señalar que, en los grupos de trabajo con la respiración, cada participante tiene una experiencia personal centrada específicamente en sus problemas. La respiración holotrópica proporciona mecanismos terapéuticos mucho más potentes y utiliza el potencial curativo de los demás miembros del grupo que, para ser buenos asistentes, no necesitan tener una formación especial.

Los asistentes también suelen informar de la profunda experiencia que para ellos supuso acompañar a otras personas, es decir, del privilegio que implicó ser testigos de un proceso tan personal e íntimo de otro ser humano y de lo mucho que aprendieron de él. Han sido muchos los asistentes a talleres de respiración holotrópica que se interesaron tanto por el proceso que decidieron inscribirse en un programa de formación de facilitadores. El número de personas de diferentes países que, hasta el momento, han completado nuestra formación y se han certificado como facilitadores ha superado los 2.000. Y, aunque no todos ellos ofrecen talleres, este efecto de «reacción en cadena» de la respiración holotrópica es una señal muy esperanzadora para futuros estudios clínicos controlados.

También me gustaría mencionar un aspecto muy apasionante, que los conocimientos teóricos y habilidades prácticas que adquieren los participantes durante la formación en respiración holotrópica son útiles y aplicables a todo el espectro de estados holotrópicos de conciencia. Y ello no solo incluye los inducidos por substancias psiquedélicas, sino diversos medios no farmacológicos, como las prácticas espirituales, los métodos chamánicos y los que se producen espontáneamente (es decir, las «emergencias espirituales»).

A la vista del actual renacimiento mundial del interés por la investigación psiquedélica y, en particular, del éxito de la terapia con MDMA para el tratamiento de pacientes con TEPT y de la psicoterapia asistida con psilocibina y LSD para el tratamiento de pacientes con enfermedades potencialmente mortales que sufren una profunda ansiedad, cabe pensar que, si alguno de estos tratamientos se generaliza, es posible que, en un futuro no muy lejano, se necesite un número importante de acompañantes. Anticipándose a esta posibilidad, el Instituto de Estudios Integrales de California (CIIS) ha lanzado recientemente un curso acreditado para acompañantes de sesiones psiquedélicas y ha decidido utilizar la respiración holotrópica para formar a los candidatos en este programa hasta que sea posible ofrecerles legalmente sesiones de formación psiquedélica.

Bibliografía

Browne, I. 1990. «Psychological Trauma, or Unexperienced Experience». *Re-Vision Journal* 12(4):21-34.

Foerster, H. von. 1965. Memory without a Record. En The *Anatomy of Memory* (D.P. Kimble, ed.). Palo Alto: Science and Behavior Books.

Freud, S. y Breuer, J. 1936. *Studies in Hysteria.* New York, NY: Penguin Books.

Freud, S, 2010. *The Interpretation of Dreams.* Strachey, James. New York: Basic Books A Member of the Perseus Books Group.

Frost, S.B. 2001. *SoulCollage.* Santa Cruz, CA: Hanford Mead Publications.

Goldman, D. 1952. «The Effect of Rhythmic Auditory Stimulation on the Human Electroencephalogram». *EEG and Clinical Neurophysiology.* 4:370.

Grof, S. 1975. *Realms of the Human Unconscious: Observations from LSD Research.* New York. Viking Press. Vuelto a publicar como *LSD: Gateway to the Numinous.* Rochester, VT: Inner Traditions.

Grof, S. 2000. *Psychology of the Future: Lessons from Modern Consciousness Research.* Albany, NY: State University of New York (SUNY) Press.

Grof, S. 2006. *The Ultimate Journey: Consciousness and the Mystery of Death.* Santa Cruz, CA: MAPS Publications.

Grof, S. y Grof, C. 2010. *Holotropic Breathwork: A New Approach to Self-Exploration and Therapy.* Albany, NY: State University of New York (SUNY) Press.

Hellinger, B. 2003. *Farewell Family Constellations with Descendants of Victims and Perpetrators* (C. Beaumont, traductor). Heidelberg, Alemania: Carl-Auer-Systeme Verlag.

Jilek, W. J. 1974. *Salish Indian Mental Health and Culture Change: Psychohygienic and Therapeutic Aspects of the Guardian Spirit Ceremonial.* Toronto y Montreal: Holt, Rinehart, and Winston of Canada.

Jilek, W. 1982. «Altered States of Consciousness in North American Indian Ceremonials». *Ethos.* 10:326-343.

Jung, C.G. 1959. *Mandala Symbolism.* Traducido por R.F.C. Hull. Bollingen Series. Princeton, NJ: Princeton University Press.

Kalff, D. y Kalff, M. 2004. *Sandplay: A Psychotherapeutic Approach to the Psyche.* Cloverdale, CA: Temenos Press.

Katz, R. 1976. The Painful Ecstasy of Healing. *Psychology Today*, Diciembre.

Kellogg, J. 1977. The Use of the Mandala in Psychological Evaluation and Treatment. *Amer. Journal of Art Therapy.* 16:123.

Kellogg, J. 1978. *Mandala: The Path of Beauty*. Baltimore, MD: Mandala Assessment and Research Institute.

Laszlo, E. 2004. *Science and the Akashic Field: An Integral Theory of Everything*. Rochester, VT: Inner Traditions.

Lee, R.B. y DeVore, I. (eds.) 1976. *Kalahari Hunter-Gatherers: Studies of the !Kung San and Their Neighbors*. Cambridge, MA: Harvard University Press.

Martin, J. 1965. LSD Analysis. Conferencia y película presentadas en el segundo congreso internacional sobre el uso del LSD en psicoterapia celebrado en el South Oaks Hospital, del 8 al 12 de mayo, Amityville, NY. Artículo publicado en H.A. Abramson (ed.) *The Use of LSD in Psychotherapy and Alcoholism*. Indianapolis, IN: Bobbs-Merrill. Pp. 223-238.

Moreno, J. L. 1948. «Psychodrama and Group Psychotherapy». *Annals of the New York Academy of Sciences*. 49 (6):902-903.

Neher, A, 1961. «Auditory Driving Observed with Scalp Electrodes in Normal Subjects». *Electroencephalography and Clinical Neurophysiology.* 13:449-451.

Neher, A. 1962. «A Physiological Explanation of Unusual Behavior Involving Drums». *Human Biology.* 14:151-160.

Perls, F. 1976. *The Gestalt Approach and Eye-Witness to Therapy*. New York, NY: Bantam Books.

Ramacharaka (William Walker Atkinson). 1903. *The Science of Breath*. London: Fowler and Company, Ltd.

Reich, W. 1949. *Character Analysis*. New York, NY: Noonday Press.

Reich, W. 1961. *The Function of the Orgasm: Sex-Economic Problems of Biological Energy*. New York, NY: Farrar, Strauss, and Giroux.

Shapiro, F. 2001. *Eye Movement Desensitization and Reprocessing: Basic Principles, Protocols, and Procedures*. New York, NY: Guilford Press.

Sheldrake, R. 1981. *A New Science of Life: The Hypothesis of Formative Causation*. Los Angeles, CA: J. P. Tarcher.

Índice

abasia, 266, 269
abducción alienígena, experiencias de, 102, 176, 325, 329, 345-348
Abraham, Karl, 14, 226, 229, 247, 248, *249*, 266, 275
abreacción, 200, 202, 230, 256, 374
Abulafia, Avraham ben Shemu'el, 39
acorazamiento, 224, 227
acrofobia, 261
Activitas nervosa superior, 87
adicción
    alcohol, 289-293
    como emergencia espiritual, 350-352
    narcóticos, 289-293
    tratamiento de la, 352-359
Adler, Alfred, 22, 215-221, 232
Adler, psicología individual de, 215-221
Administración federal de Drogas y Alimentos (FDA), 77
Adonis, 47, 165
afonía, 269
agitada, depresión, 269
agorafobia, 256
agresividad, teoría freudiana, 205
aicmofobia, 259
akásico, campo, 118, 392
Alcohólicos Anónimos (AA), 351, 355
alcoholismo
    características psicológicas del, 289-293
    como emergencia spiritual, 350-352
    tratamiento del, 352-359
Alexander, Franz, 304, *306*
Al-Hallaj, Mansur, 39
Alá, 39, 179
Alcibíades, 49
Allegro, John, 52

Alone (Byrd), 88
Alpert, Richard, *75*, 77
Altamira, pintura de las cavernas de, 40
alturas, miedo a las, 261-262
Amanita muscaria, 52, 66
amok, 286
amplificación, 387
anaclítico, apoyo, 376-380
anal, fase
    concepto de, 204
    fijación, 248
Ananta, 264
anāpānasati, 366
Anāpānasati Sutta, 367
anestesia durante el parto, 153, 291-292
animal, espíritu, crisis chamánica de iniciación y, 330
Anna O. (paciente), 200, *201*
anómalo, fenómeno, 103, 107, 109
ansiedad, histeria de
    acrofobia, 261
    agorafobia, 256
    aicmofobia, 259
    aracnofobia, 263
    bacilofobia, 257
    cancerofobia, 257
    claustrofobia, 255
    entomofobia, 264
    fijación fálica y, 247-248
    fobia a viajar en coche, 260
    fobia al aeroplano, 260
    fobias al embarazo y el parto, 259
    hidrofobia, 265
    misofobia, 257
    nosofobia, 256-257
    ofiofobia, 264
    pirofobia, 265

queraunofobia, 265
siderodromofobia, 260
tanatofobia, 256
zoofobia, 263
apertura psíquica, 338-340
aplysia, 152
apolíneo, éxtasis, 166
Apropos of Four-Dimensional Vision (Nevole), 96
Apropos of Sensory Illusions and Their Formal Genesis (Nevole), 96
aracnofobia, 263
arc de cercle, 267
arco iris, serpiente del, 264
Aristóteles, 49, 237
Armstrong, Anne, 120
arquetípico, mundo
    adicción y, 293
    astrología y, 137
    estados psicóticos adultos y, 310
    experiencias de abducción alienígena y, 345-348
    experiencias perinatales y, 151, 154
    visión de Jung del, 227
Ars Moriendi, 344
arte, poder expresivo del, 380-383
Artemidoro de Éfeso, 202
artritis, potencial de la respiración holotrópica el tratamiento de la, 389
asanas, 333, 383
Asimov, Isaac, 178
asma, 248
Asociación de Psicología Prenatal y Perinatal, 292
asociación libre, método de la, 202
Asociación Psicoanalítica, 230
Asociación Psicoanalítica Internacional, 223
Asociación Transpersonal Internacional (ITA), 419
Assagioli, Roberto, 119, 315, 325
astasia, 266
astrología arquetípica, 137

ataque histérico mayor, 269
Atis, 47, 165
Atkinson, William Walker, 366
Atman, 39, 337
atómica, teoría, 106
auditación, 131
autistas, psicosis infantiles, 248, 309-310
autocumplida, profecía, 148
Avatamsaka, budismo (Hwa Yen), 106
avidyā, 334
ayahuasca, 52, 53, 59, 67, 102, 370
aztecas, medicinas psiquedélicas utilizadas por los, 53

bacanales, 48
bacilofobia, 257
«Bailarín, El» (caverna de La Gabillou), 42
Bailey, Alice, 119
balineses, canto de los monos, 366
Banisteria caapi, 61
banisterina, 61, 67
Banisteriopsis caapi, 53
Banisteriopsis liana, 59
bardos, 116
Bardo Thödol, 100, 116, 237, 344
Basílides, 119
Bateson, Gregory, 106
Baum, Frank, 161
Bayless, Raymond, 122
Becher, Johann Joachim, 106
Beckett, Samuel, 160
Beethoven, Ludwig van, 265
benedictina, orden, 102
Bergson, Henri, 237
Beringer, Kurt, 60
Bernheim, Hippolyte, 198
Bess, Barbara, 218-219
bhastrika, 385
bioenergética, 222
biofeedback, método, 89
biográfico, dominio
    estados holotrópicos y, 128-129

sistemas COEX, 135-147
traumas físicos, 131-132
biológicos, mecanismos
    aproximación biológica a los
        trastornos psiquiátricos, 245-246
    respiración holotrópica y, 383-385
biológicos, miedo a los contaminantes, 257
Bodh Gaya, 116
Bohm, David, 189, 226
Bohr, Niels, 183
borderline, trastornos de la personalidad, 248, 309-310
Böszörményi, Zoltan, 67
Bourne, Peter, 85
Brahman, 39, 52, 172, 177
Breuer, Joseph, 198, 200, *201*, 374
Brown, Barbara, 89
Browne, Ivor, 380
Brücke, Ernst, 203
Buda, 39, 52, 116, 179, 261, 264, 367
budismo, 106
    bardos, 116
    enseñanza de la interpenetración mutua, 106
    karma y reencarnación, 340
    mandalas, 376
    respiración utilizada en los estados holotrópicos, 364-365
    visión trascendental, 334
Bufo alvarius, 56, 61, 67
Bufo marinus, 53
bufotenina, 61
Bunker, Jane, 104
Burckhardt, Jacob, 235
Búsqueda científica del alma, La (Crick), 113
Byrd, Richard, 88

Cábala, 190
cabalística, teología, 51, 340
Camino a Eleusis, El (Wasson et al), 50
Campbell, Joseph, 29, 42, 130, 136, 159, 314

canalización, 342-343
cancerofobia, 257
cannabidiol (CBD), 69
cannabis, 51
cáñamo, *véase cannabis*
Capra, Fritjof, 106, *107*, 123
carácter, análisis del, 221
caracterial, armadura, 221, 225, 306
carbono, dióxido de (CO_2), eliminación del, 390
carpopedales, espasmos, 373
Carter, Jimmy, 85
castración, complejo de, 204, 207, 294-296
catarsis, 374
cauda pavonis, 155
Central Intelligence Agency (CIA)
    e investigación del LSD, 87
Centro de Investigación Psiquiatrica de Maryland (MPRC), 101, 355, 356, 370, 379, 381, 388
cercanas a la muerte, experiencias (ECM)
    experiencia del «comité de bienvenida», 119
    experiencias perinatales y, 153
    investigación tanatológica de las, 102, 107
    naturaleza de las, 115, 344-345
cerebral, corteza, mielinización del, 151-152
cerebral, estructura
    conciencia y, 111-123
    corteza motora, 112
    del recién nacido, 125, 151
    efectos vasoconstrictores, 390
    microtúbulos citoesqueléticos, 112
    mielina, 152
    ondas cerebrales, entrenamiento de las, 98-99
cerrados, espacios, 255
chakras, 331
Chalmers, David, 111
chamanismo, 25, 40, 42, 45, 70, 108, 191, 210

Champollion, Jean François, 138
Chandogya Upanishad, 38
Chaplin, Charlie, 167
Charcot, Jean Martin, 198
chi, 365
chichimeca, tribu, medicinas psiquedélicas utilizadas por la, 53
Chintamani, 52
Chrysalis, 353
Cicerón, Marco Tulio, 49
«ciencia anormal», 105, 110
«ciencia normal», 105
Ciencia y el campo akásico, La (Laszlo), 118
cienciología, 131
5-hyidroxi-DMT, 61
5-metoxi-DMT, 61
circuncisión, 296
citoesqueléticos, microtúbulos, 112
Clark, Walter Houston, 80
claustrofobia, 255
Clinton, Bill, 219
coches, miedo a los, 260
Cohen, Maimon, 78
Cohen, Sidney, 78, 79, 357
coherente, luz, 186
colectivo, inconsciente, 71, 127, 154, 155, 157, 181, 235-236, 237, 238, 325
comisión, trauma por, 376
«comité de bienvenida», experiencia, 119
complejos psicológicos, 137, 238
conciencia
    bardos, 116
    feto y recién nacido, 125
    naturaleza y origen de la, 111-123
    supervivencia después de la muerte, 120-122
    teoría de la turbina y, 117, 122
conciencia cósmica, 179
conciencia, investigación sobre la
    contexto histórico, 105-107
    fenómenos anómalos, 103, 107, 109
    lecciones de la, 108-111
    naturaleza de la conciencia, 111-123
    necesidad de cambiar de contexto en la, 108-111
conciencia unitiva, episodios de, 333-335
condensada experiencia, sistemas de, *véase* COEX, sistemas
Confucianismo, 39
Confusión de lenguas entre los adultos y el niño (Ferenczi), 240
constelaciones familiares, trabajo, 387
contacto físico, uso como apoyo, 376-380
Cook, James, 366
Copérnico, Nicolás, 106
coprofagia, 301
coprofilia, 301
cora, tribu, medicinas psiquedélicas utilizadas en la, 53
corazón, música del, 372
corenergética, 222
córtex motor, 112
Cósmico, Abismo, 179
cósmico, Cristo, 39, 179
cósmico, entrampamiento, *véase* matrices perinatales básicas (MPB)
Cosmos creativo, El (Laszlo), 118
Crick, Francis, 113
criminal sexual, patología, 302
cristianismo
    benedictina, orden, 102
    chispa divina en la identidad humana, 39
    estados holotrópicos usados en el, 38, 39
    Iglesia cristiana espiritista, 121
Crítica de la razón pura (Kant), 114
crónicas, infecciones, potencial de la respiración holotrópica, 389
Crowley, Mike, 52
CSICOP Grupo, 110
Cuando ocurre lo imposible (Grof), 121
cumbre, experiencias, 333-335
curso de milagros, Un, 343

Dabrowski, Kazimierz, 47
Dalton, John, 106
Dante Alighieri, 162
De legibus (Cicerón), 49
déjà vecu, 178, 340
déjà vu, 178, 340
delirio de referencia, 340
delirios, 37
Delysid, 97
Dement, William, 90
Demócrito, 106
demoníaco aspecto, lucha muerte y renacimiento, 164
Demóstenes, 216
depresión, *véanse también* tendencias y conductas suicidas
    agitada, 275
    inhibida, 275-277
    trastornos maníaco-depresivos, 273-275
derivados de la triptamina, síntesis de, 61
Descenso al Maelstrom (Poe), 161
desensibilización y reprocesamiento mediante el movimiento ocular (EMDR), 387
desmayos, 267
despertar de *kundalini*, 329, 331-333
DET (dietiltriptamina), 67
devoradora de lo femenino, dimensión, 263
día de Año Nuevo, dramas rituales, 338
Diabasis, 353
Dianética (Hubbard), 131
dibujo de mandalas, 376, 380-383, 385-386
dibujos, poder expresivo de los, 380-383
Die Experimentelle Psychose (Leuner), 140
difusor del haz, 186
dimetiltriptamina (DMT), 61
Dionisíaco, éxtasis, 166
Dionisio, 47, 165, 293
Diosa Madre Terrible, arquetipo, 155

Divina comedia, *La* (Dante), 162
divinidad, identidad humana y, 39
divino interior, lo, 337
DMT (dimetiltriptamina), 61, 67
Doblin, Rick, 84
dominante, paradigma
    cambio de paradigma y, 106
    lucha con el, 101-103
DPT (dipropiltriptamina), 67
Driesch, Hans, 179, 236
drogas, adicción a las
    características psicológicas, 289-293
    como emergencia espiritual, 350-352
    tratamiento, 351-355
«ducha marrón», 219
Dumuzi, 47, 165

Eco, Umberto, 110
Edipo, complejo de, 204, 207, 208, 227, 230, 247, 266, 267, 268
Edison, Thomas Alva, 122
Edwin T. (paciente), 351
Egipto, religiones mistéricas antiguas en, 47-48
ego
    ego ideal, 207
    inflación del, 343
    muerte del, 220
    Rank, teoría de, 227
    teoría de Freud, 203, 205
ego, psicología del, 247
Einstein, Albert, 106, 109, 189, 223, 233
Eisner, Betty, 357
El hombre máquina (La Mettrie), 117
El libro de los médiums (Kardec), 121
El maravilloso mago de Oz (Baum), 161
«El señor de las bestias», pintura de la caverna de Les Trois Frères, *44*
élan vital, 237
Electra complejo de, 204, 208, 247, 266, 267, 268, 294
Eleusis, misterios de, 48

embarazo, miedo al, 257
emocionales, trastornos
　alcoholismo, 289-293
　ansiedad, histeria de
　　acrofobia, 261
　　agorafobia, 256
　　aicmofobia, 259
　　aracnofobia, 263
　　bacilofobia, 257
　　cancerofobia, 257
　　claustrofobia, 255
　　entomofobia, 264
　　fijación fálica y, 247-248
　　fobia a viajar en coche, 260
　　fobia al aeroplano, 260
　　fobias al embarazo y el parto, 259
　　hidrofobia, 265
　　misofobia, 257
　　nosofobia, 256-257
　　ofiofobia, 264
　　pirofobia, 265
　　queraunofobia, 265
　　siderodromofobia, 260
　　tanatofobia, 256
　　zoofobia, 263
　aproximación psicológica al, 245-247
　biológica, aproximación a, 245-246
　borderline, estados, 309-310
　conversión, histeria de, 266-270
　drogas, adicción a las, 289-293
　ecléctico, enfoque, 245
　estudio de casos: Norbert , 251-252
　infantiles, psicosis, 309-310
　narcisista, personalidad, 309-310
　obsesivo-compulsivos, trastornos, 270-273
　psicodinámica del, 310-315
　psicosomáticas, manifestaciones, 303-308
　raíces perinatales del, 250-252
　raíces transpersonales, 250, 251
　sexuales, trastornos y desviaciones,
　　véase también sadomasoquismo

　　castración, complejo de, 204, 207, 294-296
　　complejo de Edipo, 227, 230
　　complejo de Edipo/Electra, 204, 208
　　coprofagia, 301
　　coprofilia, 301
　　disfunción eréctil, 297
　　incompetencia orgástica, 297
　　ninfomanía, 298
　　patología criminal sexual, 302
　　satiríasis, 298
　　sexualidad infantil, 293
　　urolagnia, 301
　　vagina dentata, concepto de, 294
　suicidas, tendencias y conductas
　　explicada, 283
　　no violenta, 284
　　violenta, 285-287
　trastorno maníaco-depresivo
　　depresión agitada, 275
　　depresión inhibida, 275-278
　　manía, 274-275, 279
　　teorías biológicas de la, 274
emplumada, serpiente, *véase* Quetzalcóatl
encuentros ovni, 345-348
Energía: física, emocional y psíquica, taller, 121
enfermedad, miedo a la, 256-257
engramas, 132
ensoñación cotidiana incontrolada, 270
entelequia, 237
enteógenos, 53
enteógenos, era de los, 81-83
entomofobia, 264
«entre esto y aquello», estado, 47
entrenamiento de las ondas cerebrales, 98
Epícteto, 49
eréctil, disfunción, 297
Eros, 205
Escala de Clasificación de Shulgin, 81
Escher, Maurits, 180
escitas, 52

Escuela de Nancy, 198
esenios, 51, 366
Esmeralda, tabla de, 180, 190
espacios abiertos, miedo a los, 256
espacios estrechos, miedo a los, 228
espectral, psicología, 325
espiritismo, 120, 122
espirituales, emergencias, 90
    abducción alienígena, experiencias de, 345-350
    alcohol y drogas, adicción al, 350-352
    apertura psíquica, 338-340
    comunicación con guías espirituales, 342-343
    concepto de, 319-322
    crisis de iniciación chamánica, 329-331
    definición, 102
    despertar de *kundalini*, 331-333
    diagnóstico de las, 319
    encuentros ovni, 345-348
    episodios de conciencia unitiva, 333-335
    estados de posesión, 348-350
    experiencias cercanas a la muerte (ECM), 344-345
    experiencias de vidas pasadas, 340-342
experiencias extracorporales verídicas (EEC), 115
    experiencias perinatales y, 154
    proceso de renovación, 336
    Spiritual Emergence Network (SEN), 321
Esquema del psicoanálisis (Freud), 205, 254
esquizofrenia, 64
«estados alterados», 37, *véase también* estados holotrópicos
estados no ordinarios, 17 *véase también* holotrópicos, estados
estrés postraumático, trastorno de (TEPT), 83

estroboscópica, luz, ondas cerebrales, entrenamiento, 98-100
Estructura de las revoluciones científicas, La (Kuhn), 105
Estudio del desarrollo de las relaciones interpersonales (Instituto de Investigación Psiquiátrica), 147
Estudios Integrales de California (CIIS), 127
Estudios sobre la histeria (Freud y Breuer), 200
Eurípides, 49
Evans, Richard I., 238
exorcismo ritual, 349
experiencias holotrópicas espontáneas, *véanse* espirituales, emergencias
experimental, psicosis, 97
explicado, orden, 189
éxtasis
    apolíneo, 157
    dionisíaco/volcánico, 166
éxtasis (droga), *véase* MDMA
extracorporales, experiencias (EEC), 115, 338

fálica, fase, 204, 248
Fenichel, Otto, 247, *248*, 281
fenómeno, 113
Ferenczi, Sandor, 240-242
Ferenczi, teoría de, 240-242
feto
    conciencia del, 125, 152
    unión primordial con la madre, 156-159
Filemón (guía espiritual), interacciones de Jung con, 119
fimosis, 296
Findeisen, Barbara, 353
Fischer, Friederike Meckel, 83
físico, trauma, *véase también* perinatal, dominio
    impacto psicodinámico de los, 152
    sistemas COEX y, 135-147

Fliess, Wilhelm, 267
flogisto, teoría del, 106
Flournoy, Theodore, 234
fobias
    acrofobia, 261
    agorafobia, 256
    aicmofobia, 259
    aracnofobia, 263
    bacilofobia, 257
    cancerofobia, 257
    claustrofobia, 255
    entomofobia, 264
    fijación fálica y, 247-248
    fobia a viajar en coche, 260
    fobia al aeroplano, 260
    fobias al embarazo y el parto, 259
    hidrofobia, 265
    misofobia, 257
    nosofobia, 256-257
    ofiofobia, 264
    pirofobia, 265
    queraunofobia, 265
    siderodromofobia, 260
    tanatofobia, 256
    zoofobia, 263
Fodor, Nandor, 211, 232
Font de Gaume, pintura de las cavernas, 40
formaciones reactivas, 384
formativa, psicología, 222
Freud, Anna, 214, 248
Freud, Sigmund, 374
    El trauma del nacimiento, Rank, 228
    Esquema del psicoanálisis, 205, 254
    Estudios sobre la Histeria, 200
    histeria de conversión, 266-270
    inconsciente individual, 126-128
    instinto de muerte, 250, 300
    Interpretación de los sueños, 206
    método de la asociación libre, 202
    «psicopatología de la vida cotidiana», 140, 206
    psique, modelo de la, 203
    regresión hipnótica, 202
    teoría del instinto, 203-205
    teoría del suicidio, 205
    teoría sexual, 203-205
        complejo de castración, 204, 207, 294
        complejo de Edipo, 230, 266
        complejo de Edipo/Electra, 204, 294
        estadios del desarrollo, 204
        libido, 203, 247
        sexualidad infantil, 293
    terapia psicoanalítica, 207-213, 288
    vagina dentata, 294, 296
freudiana, psicología, 128-130
    Esquema del psicoanálisis, 205
    Estudios sobre la histeria, 200
    hipnótica, regresión, 202
    instinto, teoría del, 203-205
    Interpretación de los Sueños, 206
    libido, teoría de la, 203, 247
    libre asociación, método de la, 202
    modelo topográfico de la psique, 206
    teoría psicoanalítica, 206
frigidez, 297
Frost, Seena B., 382
frustración por demora, 204
fuego, miedo al, 265
funcional, psicosis, 324-326

Gabor, Dennis, 183
Galilei, Galileo, 106
Gasparetto, Luiz, 121
gemelos, héroes, 344
Gennep, Arnold van, 46
gestalt, terapia, 370, 374
Giger, Hansruedi, 307
gloria de la mañana, 20
gnosticismo, 190, 334
gobierno, investigación con el LSD, 63
Gran Cadena del Ser, 181
Gran Espíritu, 179
Gran Madre, diosa, 42, 155, 170, 172, 311
Grecia, misterios de Eleusis, 48

Green, Alyce, 89
Green, Elmer, 89
Gregorio Palamas, San, 39
Griffiths, Roland, 71
Grof, Christina, 101, 188, 319, 321, *321*, 358, 359, 363, 388
Grof, Paul, 86, 99
Grupo Oxford, 351
Grygar, Jiří, 110
gurúes, 331

Hades, 165
Hameroff, Stuart, 112
hantu belian, 286
ha'ole, 366
haoma, 51
harmalina, 20, 61
harmina, 67
Hartmann, Heinz, 214, 248
hatha yoga, 387
Havel, Dagmar, 110
Havel, Václav, 110
hawaiana, tradición, respiración en la, 366
haz de referencia, 186
haz de trabajo, 186
Healing Journey, The (Naranjo), 76
Heard, Gerald, 357
Hécate, 232
«Hechicero de Les Trois Frères», 40
Heffter, Arthur, 60
Heim, Roger, 66
Heimia solicifolia, 53
heliocéntrico, sistema, 106
Helios, 346
heliotropismo, 37
Hellinger, Bert, 387
Helmholtz, escuela de medicina, 203
hesicasmo, 51
hidrofobia, 265, 266
hieros gamos, 313, 336
Hinduismo
    chispa divina en la identidad humana, 39

estados holotrópicos estados usados en el, 17
karma y reencarnación, 340
mandalas, 363
hiperventilación, síndrome de, 367, 373, 385
hipnótica, regresión, 198, 202
hipótesis *ad hoc*, 109
Hirohito, emperador, 289
histeria
    ansiedad histérica, 255-266
    ataque histérico mayor, 267, 268, 269
    histeria de conversión, 266-270
    histeria de conversión, 248, 266-270
Hoffer, Abram, 69
Hofmann, Albert, 18, 50
    aislamiento de la psilocibina y la psilocina, 67
    aislamiento del LAE-32, 67
    descubrimiento del LSD-25, 50, 61, 63, 64, 97
    visión de una Nueva Eleusis, 80
holografía óptica, 183-186
holos, 37
Holotrópicos, estados, *véase también*
    emergencia espiritual; *véase también* holotrópica respiración
    derivados de la triptamina, 59
    espiritualidad nativa, 45-47
    experiencia inicial del autor con la, 77-80
    experiencias transpersonales, 173
    historia de la
        descubrimiento del LSD, 50
        edad de oro de la psicofarmacología, 61-65
        era de los enteógenos, 81-83
        experimentación con el LSD, 61-77
        grandes religiones, 38-39
        LAE-32, 67
        legislación, 77-80
        investigación del siglo xx, 59-61

investigación militar y
 gubernamental, 87-88
religiones mistéricas antiguas,
 38-50
técnicas de laboratorio, 63-64
inducción de la, 102
investigación etnomicológica de los
 Wasson, 65-69
material biográfico, 130
modelado con holografía óptica,
 183-191
paleolítico, 40-47
potencial terapéutico y heurístico,
 17-21
psilocibina y psilocina, 67
psiquiatría y, 103-105
tránsitos planetarios y, 127
tratamiento de la adicción al alcohol y
 a las drogas, 352-359
usos rituales, 45-47
hongos, investigación etnomicológica en
 los, 65-69
Hubbard, Ron, 131
Hugo, Victor, 150
huichol, tribu, 53, 381
humana, psique, *véase* psique, cartografía
 de la
Hunahpú, 344
Huxley, Aldous, 74, 357, 391
Huyghens, ondas, 186
hystera, 266

I Ching, 237
iboga, arbusto, 20
ibogaína, 60, 67, 76
ícaro, 293
id, 272
 teoría de Freud, 128, 203, 206
 teoría de Rank, 227
ida, 331
identidad humana, chispa divina en la, 39
Iglesia cristiana espiritista, 121
Iglesia de la cienciología, 132

Ignacio de Loyola, 51
ilusión de referencia, 340
implicado, orden, 189
impotencia, 297
impronta, 292
Inanna, 47
inconsciente, *véanse* inconsciente
 colectivo, inconsciente individual
inconsciente individual
 dominio biográfico, 130
 proceso de individuación, 238, 386
 psicología freudiana del, 128-130
 quimioarqueología, 136
Indra, 346
infantil, sexualidad, 293
infantiles, psicosis, 309-310
inferioridad, complejo de, 216
inhibidas, depresiones, 275-277
iniciación chamánica, crisis de, 329-331
insectos, miedo a los, 264
instintos, teoría de los, 203
Instituto de Ciencias Noéticas (IONS),
 122
Instituto de Investigación Psiquiátrica,
 101
Instituto Nacional de Salud Mental
 (NIMH), 77
*Interpersonal Diagnostic, Test of
 Personality* (Leary), 147
Interpersonales, sistemas COEX, 143-147
Interpretación de los sueños, La (Freud),
 206
investigación psiquedélica, renacimiento
 del interés en la, 84-86
Ipomoea violacea, 53
Isis, 47
Islam
 estados holotrópicos usados en el,
 38, 51
isométricos, ejercicios, 375
isotónicos, ejercicios, 375
Ixión, 160

Jacobson, Edith, 214
Jainismo, 38, 340, 381
James, William, 291, 351
Janov, Arthur, 222
Janus, Sam, 218, 219
jasídicas, danzas, 51
Jean Valjean, fenómeno, 150
Jesús, 39, 160, 165, 232
Jesús, oración de, 51
jivas, 106
Jones, Ernst, 228
Juan de la Cruz, san, 161
Judaísmo, 38, 340
juego de arena junguiano, 387
Jung, Carl Gustav, 130, 315
    amplificación, 387
    Asociación Psicoanalítica y, 246-247
    complejos psicológicos, 137
    emergencia espiritual, 119
    experiencias psicoides, 179
    inconsciente colectivo, 71, 154, 181, 235, 325
    modelo de la psique, 250, 319
    numinosidad, 155
    proceso de individuación, 386
    ruptura con Freud, 235
    Símbolos de transformación, 235
        acontecimientos sincrónicos, estudio de los, 339
    sobre el despertar de *kundalini*, 329
    sobre los mandalas, 381
    sobre los ovnis, 346
    teoría de la conciencia, 127
    teoría del alcoholismo, 291, 351
    viaje nocturno por el mar, 161
Jung on Film, 238
junguiana, psicología, 233-240

kabuki, 383
kahunas, 366
Kalff, Dora, 352, 387
Kali, 126, 172
kamikaze, pilotos, 289

kanaka maoli lapa'au, 365
Kandel, Eric, 152
Kant, Immanuel, 114
Kardec, Allan, 121
karma, reencarnación y, 340
Katia (participante en respiración holotrópica), 133
Kautz, William, 120
kava kava, 102
Keeler, Christine, 219
Keleman, Stanley, 222
Kellogg, Joan, 381
Kelly, Charles, 222
Kennedy, John, 219
Kennedy, Robert, 77
Kennedy, Ted, 219
Kepler, Johannes, 106
Kernberg, Otto, 214, 248, 309
Keter, 179
Ketjak, 366
ki, 365
kilesa, 367
Klein, Melanie, 207
Kohut, Heinz, 214, 248, 309
Korzybski, Alfred, 106
Krafft-Ebing, *psychopathia sexualis*, 164
Kris, Ernst, 214
kriyas, 332
Kučera, Otakar, 250, 300
Kuhn, Thomas, 105
Kundalini, despertar de, 264, 322, 329, 331-333
Kundalini Experience, The (Samnela), 333
Kundalini yoga, 366, 385
!Kung bosquimanos, 369
Kykeon, 48, 50

La Berge, Stephen, 90
«La bestia mítica» (pintura en la caverna de Lascaux), 40
La Gabillou, pinturas en caverna, 42
La Mettrie, Julien Offray de, 116

Laboratorio, técnicas de, 88
lactancia, significado psicológico de la, 152
LAE-32, 67
Lake, Frank, 233
Lambarène, 60
Lascaux, pinturas en caverna, 40
láser, holografía óptica con, 180-189
Lash, John, 52
Laszlo, Ervin, 116-118, 122, 177, 226, 392
Laufberger, William, 125
Lavoisier, Antoine, 106
Lawson, Alvin, 345
Leary, Timothy, 77, 79, 80, 147, 148
legislación, 77-80
Leibniz, Gottfried Wilhelm, 106
leitmotivs, 138
Les Misérables (Hugo), 150
Les Trois Frères, pinturas en caverna, 40
Leucipo, 106
Leuner, Hanscarl, 137, 140-141
Lewis-Williams, David, 42
liana, 53, 59
libido, teoría de la, 203, 247
Libro de los muertos egipcio, 344
Libro Rojo (Jung), 119
Libro tibetano de los muertos, El, 344
Liébault, Ambroise, 198
Lilly, John, 88
Lisergic acid diethylamida (Cohen), 78
lisérgico, ácido, 61, 67
lluvia dorada, 219
lobotomía, 78, 98, 273
Loewenstein, Rudolph, 214
Lophophora williamsii, 53
Lowen, Alexander, 222
LSD
  Delysid, 97
  descubrimiento del, 50
  experiencia inicial del autor con, 99-100
  experimentos de Wilson con el, 357
  investigación realizada por los estamentos gubernamental y militar, 87-88
  primeros estudios con el, 61-65
LSD-25 (Werner), 50

Mack, John, 102, 347
Macy, Mark, 122
madre, unión primordial con la (MPB-I), 156-159
Madre Naturaleza, arquetipo de la, 155
Magical from the Point of View of Psychiatry, The (Vondráček), 96
Mahayana, budismo, 52
Mahler, Margaret, 214, 248, 309
Mahoma, 39
«malos viajes», 124
mandrágora, 164
Mandragora officinarum, 164
manía, 279-282
maníaco-depresivos, trastornos, *véase también* suicidas, tendencias y conductas
  agitada, depresión, 278, 284
  manía, 279-282
  teorías biológicas de la depresión inhibida, 274
mantras, 332
Manual diagnóstico y estadístico de los trastornos mentales, 328
Marco Aurelio (emperador), 49
mareo, 260
marijuana, *véase cannabis*
Martin, Joyce, 378-379
Maslow, Abraham, 315, 333
Matrices perinatales básicas (MPB)
  como puerta de acceso al inconsciente colectivo, 154-155
  cualidades arquetípicas de las, 155
  estados psicóticos adultos y, 310-315
  MPB-I (unión primordial con la madre), 155-156

MPB-II (entrampamiento cósmico y situación de no salida)
  alcoholismo y abuso de drogas, 287
  depresión inhibida, 275-277
  naturaleza de la, 161
  tendencias suicidas no violentas, 284-285
  y zoofobia, 263
MPB-III (lucha muerte y renacimiento)
  acrofobia y, 261
  agorafobia y, 256
  alcoholismo y abuso de drogas y, 287
  bacilofobia y, 257
  histeria de conversión y, 266-270
  manía y, 280-282
  naturaleza de la, 162-169
  pirofobia y, 265
  queraunofobia y, 264
  raíces del superego y, 212
  sadomasoquismo y, 300
  suicidio violento y, 285-288
  trastornos obsesivo-compulsivos y, 271
MPB-IV (experiencia de muerte y renacimiento)
  manía y, 281
  naturaleza de la, 169-172
  pirofobia y, 265
  queraunofobia y, 264
  teoría freudiana y, 209
  visión global de la, 126
matrimonio sagrado, 313, 336
Maya, 261
maya, cultura, medicinas psiquedélicas usadas en la, 53
mayas, héroes gemelos, 48, 165
mazateca, tribu, 20
McCririck, Pauline, 378
MDA, 76
MDMA, 81
  psicoterapia asistida por MDMA, 76
  síntesis de la, 81
  ubicación en la lista I de la DEA, 85-86
Mechoulam, Raphael, 67
meconio, 162, 228, 258
meditación introspectiva, 367
meditativa, música, 372
mediumnidad, 119-120
Medusa, 126, 232
Meek, George, 122
memoria, corteza, 112
memoria del nacimiento, *véase* perinatal, dominio
Menninger, Karl, 288
Mente consciente, La (Chalmers), 111
Mente holotrópica, La (Grof), 104
Mente natural, La (Weil), 40
Merck, 81
Merkur, Dan, 52
mescalina, 60, 64
Meskalin Rausch (Beringer), 60
metacósmico, Vacío, 130, 179, 314
metro, miedo a viajar en, 260
Metzner, Ralph, 77, 82
Meyer, Richard, 82
micófilos, 66
micófobos, 65
mielina, 152
Milan (participante en terapia psicolítica), 134-135
militar, investigación militar del LSD, 87-88
Miller, Frank, 234
Miller Fantasies (Miller), 234
Mind in the Cave, The (Lewis-Williams), 42
Mindell, Amy, 239
Mindell, Arny, 239
misofobia, 257
místéricas, religiones, estados holotrópicos usados en las, 50-51
Misterio de la mente, El (Penfield), 112
Misterio del maná, El (Merkur), 52

mística, visión del mundo, modelado con holografía óptica, 183
Mithoefer, Annie, 84
Mithoefer, Michael, 84
mitologemas, 236
Mitra, 48
Mitraísmo, 50
MK-ULTRA, programa, 87
moiré, pautas, 186
Monadología (Leibniz), 106
Moniz, Edgar, 78, 273
monoaminooxidasa (MAO), inhibidor, 59
monocromática, luz, 186
Moody, Raymond, 121, 344
Moreno, Jacob, 387
morfogenéticos, campos, 392
MPB, *véase* matrices perinatales básicas (MPB)
Muchalinda, 264
mudras, 333
muerte, *véase también* matriz perinatal básica (MPB)
   análisis de Ferenczi, 240
   experiencia de muerte y renacimiento, 169-172
   instinto de muerte, 205, 211, 220, 227, 250, 300
   lucha entre muerte y renacimiento, 163-165
   miedo a la, 256
   religiones mistéricas, nacimiento y muerte, 50
   supervivencia de la conciencia después de la, 119-122
   teoría de Adler, 220
Muktananda, 39
Mushrooms, Russia, and History (Wasson y Wasson), 66
música, potencial terapéutico de la, 368-373
mutuo, análisis, 240

nada yoga, 369
nadis, 331
Naranjo, Claudio, 76
narcisista, personalidad, 248, 309-310
narcóticos, adicción a los narcóticos
   características psicológicas de la, 290-293
   como emergencia espiritual, 350-352
   tratamiento de la, 352-359
Narcóticos Anónimos (NA), 355
nativa, espiritualidad
   ceremonias sagradas de la, 102
   crisis de iniciación, 46
   paleolítico, 20
   ritos de paso, 20, 25
navajo, pueblo, 381
necrofilia, 302
neokraepeliniano, enfoque, 250
neoplatónicos, 340
neorreichianas, terapias, 222, 363
Nevole, Svetozar, 96
niamida, 87
Nicotiana tabacum, 53
nierikas, 381
niketamida, 63
ninfomanía, 298
Niño de Hawái, El, 187
nirvāna, 367
no violento, suicidio, 284
noche oscura del alma, 161
non sequitur, 114
Norbert (paciente), 251-252
Norris, Jack, 357
nosofobia, 256-257
noumenos, 113
numinosidad, 155

obsesivo-compulsivos, trastornos (TOC), 270-273
oceánico, éxtasis, 157
ofiofobia, 264
ololiuqui, 20
omisión, trauma por, 376
opistótono, 267
óptica, holografía, 183-191

oral, fase, 294
órficos, 340
Organización Mundial de la Salud
    (OMS), 86
orgasmo, reflejo del, 222
orgástica, incompetencia, 297
orgón, 223, 226
Osiris, 47, 165
Osmond, Humphry, 69
Otto, Rudolf, 154-155

pacientes de cáncer, terapia psiquedélica
    para los, 72
Pahnke, Walter, 70, 333
paleolítica, era, estados holotrópicos
    usados en la, 40-45
Palladino, Eusapia, 119
Pappenheim, Bertha, 200
paradigma, cambio de
    contexto histórico, 105-106
    necesidad de, 108-109
    paralaje, 187
    vidas pasadas, experiencia de, 252,
        340-342
paradigma, definición, 105
parto, miedo al, 259
Pauli, Wolfgang, 233
Pedrusco archidelirante de diamante,
    premio, 110
«Pedrusco delirante», premio, 110
Peerbolte, Lietaert, 211, 233
Peganum harmala, 61
Penfield, Wilder, 112
perinatal, dominio, 71, 130, *véase
    también* matrices perinatales básicas
    (MPB)
    anestesia durante el parto, 169
    como raíz de los trastornos
        emocionales, 247-248
    concepto de Jung del, 239
    descubrimiento del, 125
    dominio transpersonal, 71
        adicción y, 293
    como raíz de los trastornos
        emocionales, 250-254
    definición, 130
    existencia y naturaleza del, 173-
        183
    histeria de conversión y, 266-270
    lógica experiencial del, 153
    psicodinámica de los estados
        psicóticos adultos, 310-315
    sexualidad y, 230-231
    sistemas COEX, 135-150
    teoría de Rank, 226, 231
    teoría de Reich, 227
    traumas del, 151-156
    vidas pasadas, experiencias de, 252
Perls, Fritz, 387
Perry, John Weir, 315, 336, 337, 348, 353
Perséfone, 47, 165
Peter (paciente), 142-145
Petronio, 285
peyote, 20, 53, 59, 60, 102, 291, 381
Pfizer, empresa farmacéutica, 87
*Phantastical and Magical from the
    Point of View of Psychiatry:
    The Pharmacology of the Soul*
    (Vondráček), 96
phren, 365
Pierrakos, John, 222
PiHKAL (Shulgin), 82
Píndaro, 49
pingala, 331
pinturas en las cavernas, chamanismo, *41,
    42, 43, 44*
pirocatártica, experiencia, 166, 265
pirofobia, 265
piromanía, 265
pitagóricos, 340
placenta praevia, 162
placer, principio del, 204, 205, 206, 211
planetarios, tránsitos, estados
    holotrópicos y, 127
Platón, 49
platónicos, 340

Pleroma, 39
pneuma, 365
Pocket Ranch, 353
poder, animales de, en la crisis de iniciación chamánica, 330
poder, sexualidad y, 223
Poe, Edgar Allen, 161
Pollan, Michael, 85-86
posesión, estados de, 348-350
positiva, desintegración, 47
posnatales, experiencias biográficas
　estados holotrópicos y, 131-132
　sistemas COEX, 135-147
　traumas físicos, 131-132
posparto, psicopatología, 260
prajñāpāramitā, 334
prāna, 365
prānāyāma, 366
prefrontal, lobotomía, 78, 99, 273
pregenitales, conversiones, 248, 304
Prenatal Dynamics (Peerbolte), 233
Pribram, Karl, 110
Prigogine, Ilya, 226
primal, terapia, 222
primordial, mente, 45
primordial con la madre, unión (MPB-I), 156-159
privación sensorial, tanque de, 88, *89*
proceso, psicoterapia del, 238
proceso de renovación, 336-338
Profumo, John, 219
Programa de Investigación de Experiencias Extraordinarias (PEER), 347
programas de los doce pasos, 351, 355
Prometeo, 160
proyección de hologramas, 190
pseudologia fantastica, 270
psi, campo, 392
psicodrama, 387
psicoespirituales, crisis, *véanse* espirituales, emergencias
psicofarmacología, edad de oro de la, 61

psicogénico, estupor, 270
psicogénicos, tics, 248
psicoides, experiencias, 179
Psicología del masas del fascismo (Reich), 223
Psicología del futuro, La (Grof), 104
psicomanteo, 122
psiconáutica, definición, 20
psiconáutica, historia de la
　antiguas religiones mistéricas, 38
　derivados de la triptamina, 61
　descubrimiento del LSD, 61-65
　edad de oro de la psicofarmacología, 61
　era de los enteógenos, 81-83
　espiritualidad nativa, 45-47
　experimentación con el LSD, 70-77
　grandes religiones, 20, 38
　investigación en los comienzos del siglo XX, 61-65
　investigación etnomicológica de Watson, 65-69
　investigación militar y gubernamental, 87, 88
　LAE-32, 67
　legislación, 77-80
　Paleolítico, 40-45
　psilocibina y psilocina, 67
　renacimiento global del interés en la investigación psiquedélica, 84-86
　técnicas de laboratorio, 74
　usos rituales, 46-50
«psicopatología de la vida cotidiana», 140, 206
psicosíntesis, 119
psicosomáticos, trastornos, 304-308
　aproximación biológica a los, 245-247
　aproximación ecléctica a los, 245
　raíces perinatales de los, 252
psilocibe, hongos, 102
Psilocybe coerulea aztecorum, 53
Psilocybe mexicana, 53, 66

psilocibina, 67, 273
psilocina, 67
psique, cartografía de la, 325
psychopathia sexualis, 220
Psychotria viridis, 53
pubertad, ritos de, 46
puer aeternus, 293

qi-gong, 387
queraunofobia, 264
Quetzalcóatl, 48, 58, 165, 264, 344
quimioarqueología, 136

Radix, terapia, 222
Ralph (paciente), 262
Ramacharaka, Yogui, 366
Rank, Otto, 130
    arquetípicas, interpretaciones, 130
    Asociación Psicoanalítica y, 246-247
    trauma del nacimiento, teoría, 211, 213, 216, 226
rape, 59
rastafaris, 52
Raynaud, enfermedad de, 389

Realms of the Human Unconscious (Grof), 74, 137
recién nacidos
    conciencia, 156
    estructura cerebral de los, 151-152
    unión primordial con la madre, 156-159
    visión freudiana de, 128
reencarnación, *véase* vidas pasadas, experiencias de
Reich, Robert, 110
Reich, Wilhelm, 221-227, 232, 247, 306, 307, 368
respiración holotrópica
    componentes de la, 364-365
    curso de las sesiones, 383-385
    dibujo de mandalas, 380-383
    en el tratamiento del alcohol y la adicción a las drogas, 354
    esculpir con arcilla, 386
    estudio de casos
        Norbert, 251-252
        Ralph, 262
    fenómenos transpersonales en la, 173
    grupal, 382-383
    mecanismos biológicos implicados en, 390-393
    música en la, 364, 366, 368-373
    poder curativo de la, 365-368
    potencial terapéutico de la, 388-390
    seguimiento, 387-388
    técnicas complementarias, 387-388
    trabajo físico durante la, 376-380
    uso del trabajo de liberación corporal, 373-376
    ventajas sobre las psicoterapias verbales, 388-389
    visión global de la, 118
retorno al centro, renovación a través del, 336-338
Reunions (Moody), 122
Rh, incompatibilidad, 171
Richards, Bill, 71
Richardson, Allan, 66
Rig Veda, 51
ritos de paso, 20, 25, 38, 45-47
Rivea corymbosa, 53
Rogo, Scott, 122
Roland H. (paciente), 351
Rosetta, piedra, 137
Roubíček, George, 97, 98
ruach, 365
Ruck, Carl, 50
ruptura, fenómeno de, 88
ruptura, música de, 372

Sabina, Maria, 66
Sacred Mushroom and the Cross, The (Allegro), 52
sádico, asesinato, 302
sadomasoquismo, 299-300
    estudio de casos: Peter, 142-145

fracaso de Freud para explicar el, 209
historia de los traumas físicos y, 133
teoría de Kučera, 250
Sagan, Carl, 110
Sahagún, Bernardino de, 66
Saltus, Carol, 218
Salvia divinatorum, 53
salvia utilizada por los adivinos, 53
Sandoz, empresa farmacéutica, 97
Sannella, Lee, *332*, 333
Santo Daime, 59, 369
Sartre, Jean Paul, 160
satiríasis, 298
Schucman, Helen, 343
Schultes, Richard, 53
Search For The Beloved, The (Fodor), 232
Secret Drugs of Buddhism (Crowley), 52
secreto de la flor de oro, el, 237
secundarios, 132
Self, símbolos representativos del, 337
Séneca, 285
Senkowski, Ernest, 122
Septem Sermones ad Mortuos (Jung), 119
serpentofobia, 264
serpientes
    kundalini, despertar de, 331-333
    miedo a las, 264
Severn, Elizabeth, 240
sexual económía, 221
Sexual Profile of Men in Power, A (Janus et al), 218
sexuales, trastornos y desviaciones, *véase también* sadomasoquismo
    complejo de castración, 204, 207, 294, 295, 296
    complejo de Edipo/Electra, 204, 208, 247
    coprofagia, 301
    coprofilia, 301
    disfunción eréctil, 297
    estudio de caso (Peter), 142-145
    incompetencia orgástica, 297

ninfomanía, 298
patología criminal sexual, 302
satiríasis, 298
sexualidad infantil, 293
urolagnia, 301
sexualidad, *véase también* sexuales, trastornos y desviaciones
    A Sexual Profile of Men in Power, 218
    contexto muerte y renacimiento, 163
    economía sexual, 221
    psychopathia sexualis, 220
    reflejo del orgasmo, 222
    teoría de Adler, 217
    teoría de Ferenczi, 240
    teoría de Jung, 236
    teoría de Reich, 221-227
    teoría freudiana, 202-204
        complejo de castración, 294-296
        complejo de Edipo/Electra, 204, 208, 247
        concepto de *vagina dentata*, 294, 296
        libido, 203
        sexualidad infantil, 202
        voluntad de poder y, 218
shakti, 331
Shapiro, Francine, 387
Shen Neng (emperador), 51
shikantaza, 367
Shiva, 39, 172
Shulgin, Alexander Theodore «Sasha», 81-82
Shulgin, Ann, 81
Siddha Yoga, 39, 102, 366
siddhis, 179
siderodromofobia, 260
Sidpa bardo, 116
Sijismo, 340
simbióticas infantiles, psicosis, 248, 259, 309-310
Símbolos de transformación (Jung), 235
síncope, 267

sincronicidades, 236, 237, 239, 339
síndrome de la cabina vacía, 88
Singer, June, 234
Sísifo, 160
sistemas COEX
    complejos psicológicos comparados con los, 137
    concepto de, 135
    depresión agitada y, 278
    depresión inhibida y, 275-276
    estudio de casos (Peter), 142-145
    experiencias perinatales y, 155-156
    interpersonal, 145-148
    manía y, 279
    sistemas dinámicos transfenoménicos comparados con los, 140
    trastornos emocionales y, 248-252
Sisyphus Club de Praga, 110
Sófocles, 49
soma, 51
SoulCollage, 382
Spiritual Emergence Network (SEN), 321
Spitz, René, 214, 248
Stace, W.T., 333
State University of New York (SUNY) Press, 104
Stoll, Walter, 64
Stoll, Werner, 64, 96
suciedad, miedo a la, 257
sueño lúcido, 90
sueño privación de, 89, 322
sueños
    Freud, teoría de, 206
    Jung, teoría de, 236
    lúcido, 90
    Rank, teoría de, 230
    sueño y privación del sueño, 89
Sufismo, 198
sufrimiento, arquetipos griegos del, 160
suicidas, tendencias y conductas
    explicada, 283
    no violenta, 284
    violenta, 285

sukara maddava, 52
Sullivan, Harry Stack, 213
Sumeria, misterios de muerte y renacimiento en, 47-48
superego, 203, 206, 207, 272
Supracósmico, Vacío, 130, 179
sushumna, 331
Szara, Stephen, 67

Tabernanthe iboga, 59, 60
Tabernanthe manii, 60
tai-chi, 387
Takayasu, arteritis, potencial de la respiración holotrópica para, 389
tanatofobia, 220
tanatología, 102, 107
Tánatos, 205, 206, 211, 220, 240, 250, 300
Tántalo, 160
tantra, 102, 180, 190
Tao, 39, 158
Tao de la física, El (Capra), 106
taoísmo, 38, 198, 340
Tarnas, Richard, 127, 137
tartamudeo, 248
tdysts, *véase* sistemas dinámicos transfenoménicos
Teilhard de Chardin, Pierre, 38
Teodosio (emperador), 48
teonanacatl, 53, 66
teoría de la turbina, 117
Teoría psicoanalítica de la neurosis, La (Fenichel), 247
TEPT, *véase* estrés postraumático, trastorno de (TEPT)
terapia de fusión, 378-379
Teresa, santa, 161
tetania, 373, 374
tetrahidrocannabinol (THC), 67
Thalassa (Ferenczi), 240
Theravada, budismo, 52
Thetford, William, 343
Thompson, Clara, 240

Tibetano, budismo, 51
TiHKAL (Shulgin), 82
Tjio, Joe Hin, 80
Toad and the Jaguar, The (Metzner), 83
«tocar fondo», 356
toltecas, 53
tormentas eléctricas, miedo a las, 264
Tormentosa búsqueda del ser, La (Grof), 104, 337
toxicosis, 311
trabajo respiratorio, *véase* respiración holotrópica
transcomunicación interdimensional (TID), 122
trascendental, sabiduría, 334
trauma
  por comisión, 376
  por omisión, 376
Trauma del nacimiento, El (Rank), 226
tren, miedo a viajar, 260
trepo/trepein, 37
3,4-metilendioxi-N-metilanfetamina, *véase* MDMA
«Trip Treatment, The» (Pollan), 85
Trismegisto, Hermes, 180, 190
Tuc d'Audoubert, caverna, evidencias chamánicas, 42

«Unexperienced Experience» (Browne), 380
União do Vegetal, 53
universal, mente, 130
Upanishads, 39, 158
uretral, fase, 204
urolagnia, 301

vagina dentata, 212, 213, 294
Vajrayana, 102, 163, 340, 366, 381
Variedades de la experiencia religiosa (James), 291, 351

vasoconstricción, 390
velada, 66
Venus, 42
verbal, psicoterapia, 389-393
Viaje alucinante (Asimov), 178
vida cotidiana, psicopatología de la, 140, 279
Vida después de la vida (Moody), 121, 344
Viernes Santo, experimento del, 71
violento, suicidio, 285, 286
Vipassana, budismo, 102
Vishnu, 264
Vision 97, premio, 31
volcánico, éxtasis, 166
Vondráček, Vladimír, 96

Wasson, Gordon, 29, 50, 52, 65, 67
Wasson, Valentina Pavlovna, 65-66
  etnomicológica, investigación, 65-69
Watts, Alan, 38, 173
Weil, Andrew, 40
Weiner, Anthony, 219
Weizenbaum, Joseph, 110
Wilber, Ken, 325
Wilson, Bill, 291, 351, 355, 357

Xbalanqué, 344
xenoglosia, 120
Xenoglossy (Kautz)
Xochipilli, escultura azteca de, 53

Yahvé, 272

Zeff, Leo, 81
Zen, budismo, 102, 381
Zend Avesta, 51
Zimbardo, Phillip G., 110
zoofobia, 263
zoroastrismo, 340

Sobre el autor

Stanislav Grof es un psiquiatra con más de sesenta años de experiencia en la investigación de los estados no ordinarios de conciencia y uno de los fundadores y principales teóricos de la psicología transpersonal. Nació en Praga (Checoslovaquia), donde también recibió su formación científica, incluido su doctorado en Filosofía en la facultad de medicina de la Universidad Charles y su doctorado en Medicina por la Academia de Ciencias de Checoslovaquia. También recibió títulos de *doctor honoris causa* de la Universidad de Vermont en Burlington (Vermont), del Instituto de Psicología Transpersonal en Palo Alto (California), del Instituto de Estudios Integrales de California (CIIS) en San Francisco y de la Universidad Budista Mundial de Bangkok (Tailandia).

Hizo sus primeras investigaciones en el Instituto de Investigación Psiquiátrica de Praga, donde fue investigador principal de un programa destinado a explorar el potencial heurístico y terapéutico del LSD y de otras substancias psiquedélicas. En 1967, recibió una beca del fondo de concesión de becas para la investigación en psiquiatría de New Haven (Connecticut) y fue invitado a trabajar como becario clínico y de investigación en la Universidad Johns Hopkins y en el departamento de investigación del Hospital Spring Grove en Baltimore (Maryland).

En 1969, se convirtió en profesor asistente de psiquiatría de la Universidad Johns Hopkins y continuó su carrera como jefe de investigación psiquiátrica en el Centro de Investigación Psiquiátrica de Maryland en Catonsville (Maryland). En 1973, fue invitado como becario residente al Instituto Esalen en Big Sur (California) donde desarrolló, con su difunta esposa Christina, la respiración holotrópica, una forma innovadora de psicoterapia experiencial que actualmente se utiliza en todo el mundo.

El doctor Grof fue el fundador de la Asociación Transpersonal Internacional (ITA) de la que, durante varias décadas, fue presidente. En 1993, recibió un premio honorífico de la Asociación de Psicología Transpersonal (ATP) por sus importantes contribuciones al campo de la psicología transpersonal y su desarrollo, otorgado con motivo de la convocatoria del 25.º aniversario celebrada en Asilomar (California). En 2007 recibió el prestigioso premio Vison 97 a la trayectoria de la Fundación de Dagmar y Václav Havel en

Praga (Checoslovaquia). En 2010, recibió el premio Thomas R. Verny de la Asociación de Psicología y Salud Pre- y Perinatal (APPPAH) por sus contribuciones fundamentales en este campo. También fue asesor de efectos especiales en la película de ciencia ficción *Brainstorm* (MGM) y el documental *Millenium* (20th Century Fox).

Entre las publicaciones del doctor Grof se encuentran más de 160 artículos en revistas profesionales y numerosos libros, entre los que cabe destacar *Realms of the Human Unconscious*, reeditado como *LSD: Gateway to the Numinous (2009); Beyond the Brain (1985); LSD Psychotherapy (1978); The Cosmic Game (1990); Psychology of the Future (2000); The Ultimate Journey (2006); When the Impossible Happens (2006); Books of the Dead (1994); Healing Our Deepest Wounds (2012); Modern Consciousness Research and the Understanding of Art (2015); The Call of the Jaguar (2002); Beyond Death (1980); The Stormy Search for the Self (1990); Spiritual emergency (1989) y Holotropic Breathwork (2010)* (los cuatro últimos escritos en colaboración con Christina Grof).

Estos libros se han traducido a veintidós idiomas, entre ellos el alemán, el francés, el italiano, el español, el portugués, el holandés, el sueco, el danés,

Stanislav Grof.

el ruso, el ucraniano, el esloveno, el rumano, el checo, el polaco, el búlgaro, el húngaro, el letón, el griego, el turco, el coreano, el japonés y el chino.

Desde abril de 2016, está felizmente casado con Brigitte Grof. Viven en Alemania y California y viajan juntos por los mundos interior y exterior dirigiendo seminarios y talleres de respiración holotrópica por todo el mundo.

En agosto de 2019 vio la luz la edición original inglesa de esta enciclopedia sobre la vida y la obra de Stan Grof titulada *The Way of the Psychonaut* y se estrenó también la película documental titulada *The Way of the Psychonaut: Stan Grof and the Journey of Consciousness*: thewayofthepsychonaut.com

En mayo de 2020, Grof lanzó, junto a su esposa Brigitte Grof, su nueva formación para trabajar con los estados holotrópicos de conciencia, el llamado Grof® Legacy Training internacional: grof-legacy-training.com

Su sitio web es **stanislavgrof.com.**

Anexo

Psychedelic Literacy Fund es una iniciativa filantrópica destinada a financiar la traducción a distintos idiomas de libros, ebooks y audiolibros sobre terapia psicodélica. El fondo está gestionado por RSF Social Finance, una institución financiera sin ánimo de lucro con sede en San Francisco (California).

La creación de este fondo se debe al interés y la pasión de Jonas Di Gregorio y Kristina Soriano por los libros y terapias psiquedélicas y a su conciencia de las dificultades a las que se enfrentan principalmente quienes no hablan inglés para encontrar información fidedigna sobre estos temas. Estos libros son, para muchas personas, el único medio con que cuentan para conocer los beneficios y los riesgos que acompañan a las terapias psiquedélicas. El Psychedelic Literacy Fund aspira a eliminar las barreras lingüísticas para que personas de todo el mundo puedan acceder a este tipo de contenidos.

Desde una perspectiva global, la integración en la sociedad de información fiable sobre el potencial de los psiquedélicos como herramienta de curación es muy importante, especialmente en un momento como este en el que la psicoterapia psiquedélica está empezando a legalizarse.

Los fundadores del Psychedelic Literacy Fund están abiertos a la posibilidad de crear nuevas asociaciones con editores, autores, agentes literarios y traductores que se comprometan a difundir este precioso contenido al público en general.

¿Por qué donar?

Su donación contribuirá a que personas de todo el mundo puedan acceder a libros sobre terapias psiquedélicas en su lengua materna. Estas donaciones son deducibles de impuestos según lo permitido por la ley y pueden realizarse mediante cheque, tarjeta de crédito o transferencia bancaria. RSF Social Finance acepta donaciones en todas las monedas, incluidos Bitcoins y otras criptomonedas.

RSF Social Finance forma parte de la Rudolf Steiner Foundation y «ofrece la posibilidad de que las personas adapten sus donaciones a sus valores» y contribuyan a «crear un mundo en el que el dinero se base en una economía basada en la generosidad y la interconexión y se halle al servicio de las intenciones más elevadas del espíritu humano».

Los lectores interesados pueden encontrar más información al respecto en https://psychedelicliteracy.org

Multidisciplinary Association for Psychedelic Studies (MAPS) es una organización educativa y de investigación sin fines de lucro fundada en 1986 destinada a la creación de entornos médicos, legales y culturales para que la gente pueda beneficiarse del empleo cuidadoso de los psiquedélicos y la marihuana. Los lectores interesados en este tema pueden encontrar más detalles al respecto en maps.org.

Entre sus objetivos cabe destacar:

- El desarrollo psiquedélicos y marihuana medicinal a los que pueda accederse con prescripción médica
- La formación de terapeutas y el establecimiento de una red de centros de tratamiento
- Alentar la investigación científica de la espiritualidad, la creatividad y la neurociencia
- Educar adecuadamente al público sobre los riesgos y los beneficios de los psiquedélicos y la marihuana.

¿Por qué donar? maps.org/donate

La donación contribuye a la creación de un mundo en el que sea posible el acceso con receta a psiquedélicos y marihuana para uso médico que puedan ser empleados de forma legal y segura para el crecimiento personal, la creatividad y la espiritualidad. Las donaciones son deducibles de impuestos y pueden realizarse mediante tarjeta de crédito o un cheque personal a nombre de MAPS. También son bienvenidas las donaciones de acciones y animamos a los interesados a incluir a MAPS en su testamento o planificación patrimonial (maps.org/bequests).

MAPS se toma muy en serio la privacidad. Nuestra lista de correo electrónico es estrictamente confidencial y no se comparte con otras organizaciones. El boletín mensual de MAPS se envía en un sobre neutro.

Suscríbase a nuestro boletín por correo electrónico en maps.org.

MAPS
3141 Stevens Creek Blvd #40563
San Jose, CA 95117
Tel.: 831-429-MDMA (6362). Fax: 831-429-6370
Email: askmaps@maps.org
Web: maps.org | psychedelicscience.org